大学赤本シリーズ

455

名古屋外国語大学

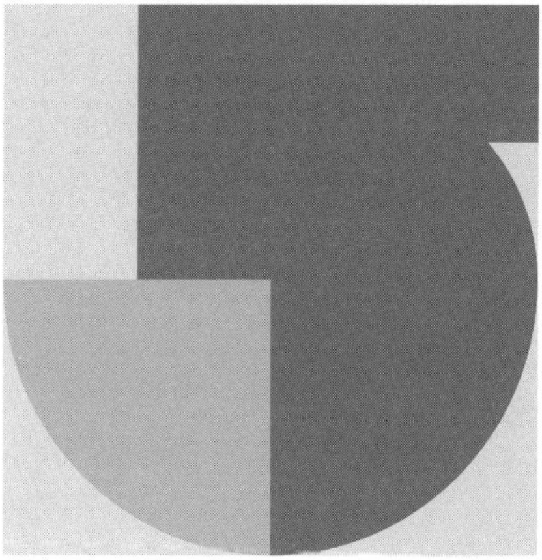

教学社

はしがき

おかげさまで，大学入試の「赤本」は，今年で創刊70周年を迎えました。

これまで，入試問題や資料をご提供いただいた大学関係者各位，掲載許可をいただいた著作権者の皆様，各科目の解答や対策の執筆にあたられた先生方，そして，赤本を使用してくださったすべての読者の皆様に，厚く御礼を申し上げます。

以下に，創刊初期の「赤本」のはしがきを引用します。これからも引き続き，受験生の目標の達成や，夢の実現を応援してまいります。

本書を活用して，入試本番では持てる力を存分に発揮されることを心より願っています。

編者しるす

＊　＊　＊

学問の塔にあこがれのまなざしをもって，それぞれの志望する大学の門をたたかんとしている受験生諸君！　人間として生まれてきた私たちは，自己の欲するままに，美しく，強く，そして何よりも人間らしく生きることをねがっている。しかし，一朝一夕にして，この純粋なのぞみが達せられることはない。私たちの行く手には，絶えずさまざまな試練がまちかまえている。この試練を克服していくところに，私たちのねがう真に人間的な世界がはじめて開かれてくるのである。

人生最初の最大の試練として，諸君の眼前に大学入試がある。この大学入試は，精神的にも身体的にも，大きな苦痛を感ぜしめるであろう。あるスポーツに熟達するには，たゆみなき，はげしい練習を積み重ねることが必要であるように，私たちは，計画的・持続的な努力を払うことによって，この試練を克服し，次の一歩を踏みだすことができる。厳しい試練を経たのちに，はじめて満足すべき成果を獲得できるのである。

本書は最近の入学試験の問題に，それぞれ解答を付し，さらに問題をふかく分析することによって，その大学独特の傾向や対策をさぐろうとした。本書を一般の参考書とあわせて使用し，まとはずれのない，効果的な受験勉強をされるよう期待したい。

（昭和35年版「赤本」はしがきより）

挑む人の、いちばんの味方

70th
赤本創刊70周年

　1954年に大学入試の過去問題集を刊行してから70年。赤本は大学に入りたいと思う受験生を応援しつづけてきました。これからも，苦しいとき落ち込むときにそばで支える存在でいたいと思います。

　そして，勉強をすること，自分で道を決めること，努力が実ること，これらの喜びを読者の皆さんが感じることができるよう，伴走をつづけます。

そもそも赤本とは…

受験生のための大学入試の過去問題集！

70年の歴史を誇る赤本は，500点を超える刊行点数で全都道府県の370大学以上を網羅しており，過去問の代名詞として受験生の必須アイテムとなっています。

…………… なぜ受験に過去問が必要なのか？ ……………

大学入試は大学によって問題形式や頻出分野が大きく異なるからです。

赤本の掲載内容

傾向と対策

これまでの出題内容から，問題の「**傾向**」を分析し，来年度の入試に向けて具体的な「**対策**」の方法を紹介しています。

問題編・解答編

- 年度ごとに問題とその解答を掲載しています。
- 「**問題編**」ではその年度の試験概要を確認したうえで，実際に出題された過去問に取り組むことができます。
- 「**解答編**」には高校・予備校の先生方による解答が載っています。

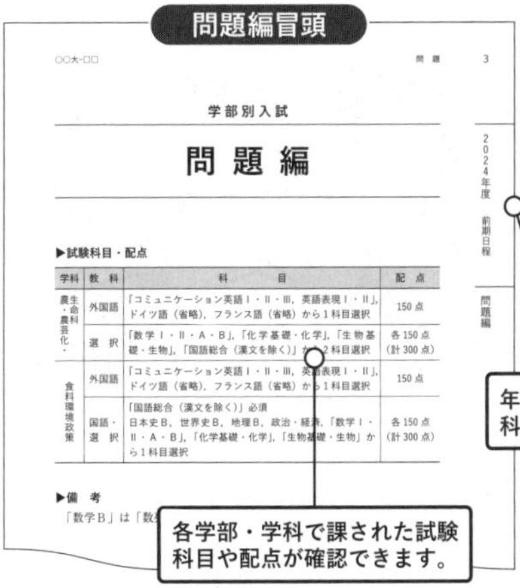

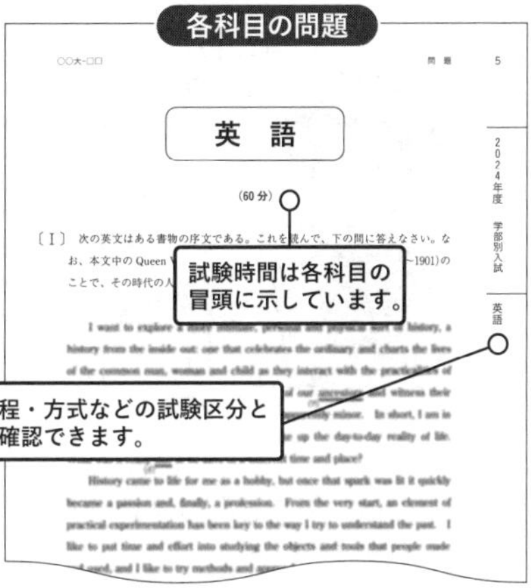

他にも，大学の基本情報や，先輩受験生の合格体験記，在学生からのメッセージなどが載っていることがあります。

掲載内容について

著作権上の理由やその他編集上の都合により問題や解答の一部を割愛している場合があります。なお，指定校推薦入試，社会人入試，編入学試験，帰国生入試などの特別入試，英語以外の外国語科目，商業・工業科目は，原則として掲載しておりません。また試験科目は変更される場合がありますので，あらかじめご了承ください。

受験勉強は

過去問に始まり，

STEP 1

なにはともあれ

まずは解いてみる

しずかに…
今，自分の心と
向き合ってるんだから
ムーン
それは
問題を解いて
からだホン!

過去問は，**できるだけ早いうちに解く**のがオススメ！
実際に解くことで，**出題の傾向，問題のレベル，今の自分の実力**がつかめます。

STEP 2

じっくり具体的に

弱点を分析する

分析の結果だけど
英・数・国が苦手みたい
スリー
必須科目だホン
頑張るホン

間違いは自分の弱点を教えてくれる**貴重な情報源。**
弱点から自己分析することで，**今の自分に足りない力や苦手な分野**が見えてくるはず！

合格者があかす 赤本の使い方

傾向と対策を熟読

(Fさん／国立大合格)

大学の出題傾向を調べるために，赤本に載っている「傾向と対策」を熟読しました。

繰り返し解く

(Tさん／国立大合格)

１周目は問題のレベル確認，２周目は苦手や頻出分野の確認に，３周目は合格点を目指して，と過去問は繰り返し解くことが大切です。

過去問に終わる。

STEP 3

志望校にあわせて

苦手分野の重点対策

明日からはみんなで頑張るよ！
参考書も！ 問題集も！
よろしくね！
呼んだ？
なにを!?
どこから!?
グッ
グッ

参考書や問題集を活用して，苦手分野の**重点対策**をしていきます。**過去問を指針**に，合格へ向けた具体的な学習計画を立てましょう！

STEP 1 ▶ 2 ▶ 3

サイクルが大事！

実践を繰り返す

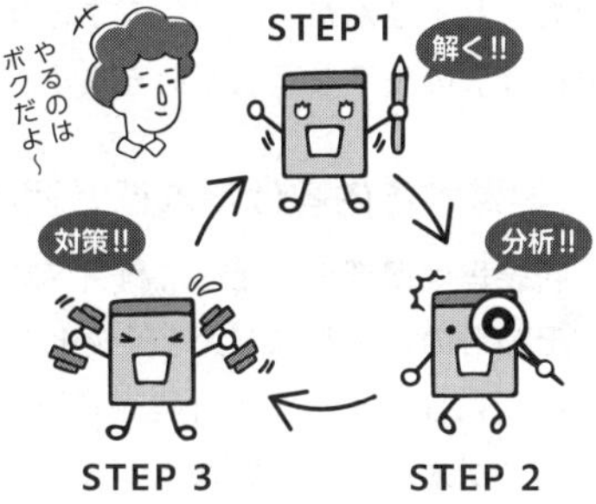
やるのはボクだよ～
STEP 1
解く!!
分析!!
対策!!
STEP 3
STEP 2

STEP 1～3を繰り返し，実力アップにつなげましょう！
出題形式に慣れることや，**時間配分を考えること**も大切です。

目標点を決める

（Yさん／私立大合格）

赤本によっては合格者最低点が載っているので，それを見て目標点を決めるのもよいです。

時間配分を確認

（Kさん／私立大学合格）

赤本は時間配分や解く順番を決めるために使いました。

添削してもらう

（Sさん／私立大学合格）

記述式の問題は先生に添削してもらうことで自分の弱点に気づけると思います。

新課程入試Q&A

2022年度から新しい学習指導要領（新課程）での授業が始まり，2025年度の入試は，新課程に基づいて行われる最初の入試となります。ここでは，赤本での新課程入試の対策について，よくある疑問にお答えします。

Q1. 赤本は新課程入試の対策に使えますか？

A. もちろん使えます！

旧課程入試の過去問が新課程入試の対策に役に立つのか疑問に思う人もいるかもしれませんが，心配することはありません。旧課程入試の過去問が役立つのには次のような理由があります。

● 学習する内容はそれほど変わらない

新課程は旧課程と比べて科目名を中心とした変更はありますが，学習する内容そのものはそれほど大きく変わっていません。また，多くの大学で，既卒生が不利にならないよう「経過措置」がとられます（Q３参照）。したがって，出題内容が大きく変更されることは少ないとみられます。

● 大学ごとに出題の特徴がある

これまでに課程が変わったときも，各大学の出題の特徴は大きく変わらないことがほとんどでした。入試問題は各大学のアドミッション・ポリシーに沿って出題されており，過去問にはその特徴がよく表れています。過去問を研究してその大学に特有の傾向をつかめば，最適な対策をとることができます。

出題の特徴の例	・英作文問題の出題の有無 ・論述問題の出題（字数制限の有無や長さ） ・計算過程の記述の有無

新課程入試の対策も，赤本で過去問に取り組むところから始めましょう。

Q2. 赤本を使う上での注意点はありますか？

A. 志望大学の入試科目を確認しましょう。

過去問を解く前に，過去の出題科目（問題編冒頭の表）と 2025 年度の募集要項とを比べて，課される内容に変更がないかを確認しましょう。ポイントは以下のとおりです。科目名が変わっていても，実際は旧課程の内容とほとんど同様のものもあります。

英語・国語	科目名は変更されているが，実質的には変更なし。 **▶▶ ただし，リスニングや古文・漢文の有無は要確認。**
地歴	科目名が変更され，「歴史総合」「地理総合」が新設。 **▶▶ 新設科目の有無に注意。ただし，「経過措置」（Q3参照）により内容は大きく変わらないことも多い。**
公民	「現代社会」が廃止され，「公共」が新設。 **▶▶「公共」は実質的には「現代社会」と大きく変わらない。**
数学	科目が再編され，「数学 C」が新設。 **▶▶「数学」全体としての内容は大きく変わらないが，出題科目と単元の変更に注意。**
理科	科目名も学習内容も大きな変更なし。

数学については，科目名だけでなく，どの単元が含まれているかも確認が必要です。例えば，出題科目が次のように変わったとします。

旧課程	「数学Ⅰ・数学Ⅱ・数学 A・数学 B（数列・ベクトル）」
新課程	「数学Ⅰ・数学Ⅱ・数学 A・**数学 B（数列）・数学 C（ベクトル）**」

この場合，新課程では「数学C」が増えていますが，単元は「ベクトル」のみのため，実質的には旧課程とほぼ同じであり，過去問をそのまま役立てることができます。

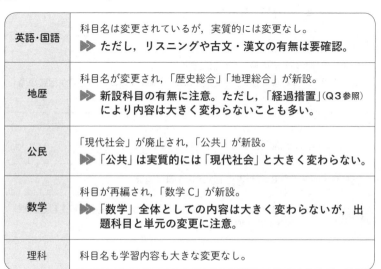

Q3.「経過措置」とは何ですか？

A. 既卒の旧課程履修者への対応です。

多くの大学では，既卒の旧課程履修者が不利にならないように，出題において「経過措置」が実施されます。措置の有無や内容は大学によって異なるので，募集要項や大学のウェブサイトなどで確認しておきましょう。

◯旧課程履修者への経過措置の例

- 旧課程履修者にも配慮した出題を行う。
- 新・旧課程の共通の範囲から出題する。
- 新課程と旧課程の共通の内容を出題し，共通範囲のみでの出題が困難な場合は，旧課程の範囲からの問題を用意し，選択解答とする。

例えば，地歴の出題科目が次のように変わったとします。

旧課程	「日本史 B」「世界史 B」から１科目選択
新課程	「**歴史総合**，日本史探究」「**歴史総合**，世界史探究」から１科目選択※ ※旧課程履修者に不利益が生じることのないように配慮する。

「歴史総合」は新課程で新設された科目で，旧課程履修者には見慣れないものですが，上記のような経過措置がとられた場合，新課程入試でも旧課程と同様の学習内容で受験することができます。

要チェックだホン

新課程の情報は WEB もチェック！
より詳しい解説が赤本ウェブサイトで見られます。
https://akahon.net/shinkatei/

科目名が変更される教科・科目

	旧課程	新課程
国語	国語総合 国語表現 現代文A 現代文B 古典A 古典B	現代の国語 言語文化 論理国語 文学国語 国語表現 古典探究
地歴	日本史A 日本史B 世界史A 世界史B 地理A 地理B	歴史総合 日本史探究 世界史探究 地理総合 地理探究
公民	現代社会 倫理 政治・経済	公共 倫理 政治・経済
数学	数学Ⅰ 数学Ⅱ 数学Ⅲ 数学A 数学B 数学活用	数学Ⅰ 数学Ⅱ 数学Ⅲ 数学A 数学B 数学C
外国語	コミュニケーション英語基礎 コミュニケーション英語Ⅰ コミュニケーション英語Ⅱ コミュニケーション英語Ⅲ 英語表現Ⅰ 英語表現Ⅱ 英語会話	英語コミュニケーションⅠ 英語コミュニケーションⅡ 英語コミュニケーションⅢ 論理・表現Ⅰ 論理・表現Ⅱ 論理・表現Ⅲ
情報	社会と情報 情報の科学	情報Ⅰ 情報Ⅱ

目　次

掲載内容についてのお断り

- 学校推薦型選抜（一般公募），および一般選抜前期から２日程分を掲載しています。総合型選抜および一般選抜後期は掲載していません。
- 著作権の都合により，下記の内容を省略しています。
  2024 年度：一般選抜前期（M3・M2 方式）「英語」大問 6 の問題文
  2023 年度：学校推薦型選抜（一般公募）　適性検査Ⅰ「英語」大問 5 の問題文

下記の問題に使用されている著作物は，2024 年５月２日に著作権法第 67 条の２第１項の規定に基づく申請を行い，同条同項の規定の適用を受けて掲載しているものです。
2023 年度：学校推薦型選抜（一般公募）適性検査Ⅰ「英語」の大問４

UNIVERSITY GUIDE

大学情報

基本情報

学部・学科の構成

大学

●外国語学部

英米語学科（英米語専攻，英語コミュニケーション専攻，英語教育専攻）

フランス語学科

中国語学科

●世界教養学部

世界教養学科

国際日本学科

●現代国際学部

現代英語学科

国際教養学科

グローバルビジネス学科

　グローバル共生学科*（設置届出中）

＊世界共生学部世界共生学科は，2025 年 4 月，現代国際学部グローバル共生学科に組織改編予定。

大学院

国際コミュニケーション研究科

大学所在地

名古屋外国語大学

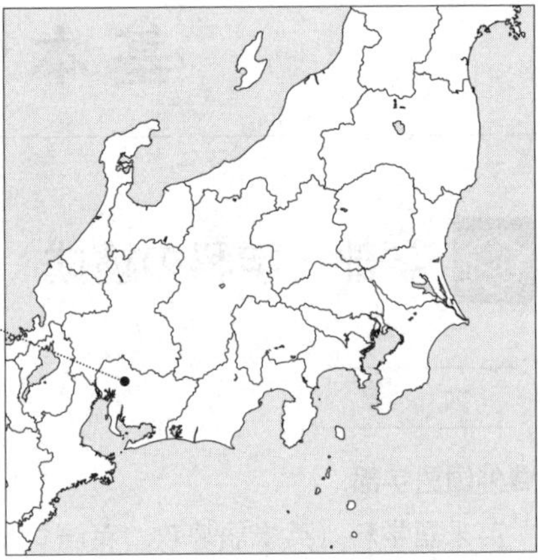

〒470-0197　愛知県日進市岩崎町竹ノ山 57

2024年度入試データ

入試状況

一般選抜

●前期A方式

学部・学科・専攻			募集人員	志願者数	受験者数	合格者数
外国語	英米語	英米語	20	157	150	26
		英語コミュニケーション	12	146	139	17
		英語教育	5	95	91	13
	フランス語		5	22	22	6
	中国語		5	23	21	6
世界教養	世界教養		9	74	69	10
	国際日本		5	24	23	6
世界共生	世界共生		9	64	58	9
現代国際	現代英語		9	56	56	10
	国際教養		9	84	80	11
	グローバルビジネス		9	50	48	9

●前期Ｍ３方式

学部・学科・専攻			募集人員	志願者数	受験者数	合格者数
外国語	英米語	英米語	16	190	182	26
		英語コミュニケーション	8	188	180	20
		英語教育	4	124	120	17
	フランス語		4	30	30	7
	中国語		4	32	31	8
世界教養	世界教養		6	94	89	13
	国際日本		4	36	36	7
世界共生	世界共生		6	74	70	8
現代国際	現代英語		6	88	86	12
	国際教養		6	125	121	12
	グローバルビジネス		6	73	70	11

（備考）募集人員は，一般選抜前期Ｍ３方式と一般選抜前期Ｍ２方式を合算した人数。

●前期Ｍ２方式

学部・学科・専攻			募集人員	志願者数	受験者数	合格者数
外国語	英米語	英米語	16	211	203	19
		英語コミュニケーション	8	207	199	16
		英語教育	4	133	129	13
	フランス語		4	46	46	6
	中国語		4	33	32	6
世界教養	世界教養		6	93	88	9
	国際日本		4	33	33	6
世界共生	世界共生		6	82	78	8
現代国際	現代英語		6	97	95	10
	国際教養		6	142	139	11
	グローバルビジネス		6	79	76	7

（備考）募集人員は，一般選抜前期Ｍ３方式と一般選抜前期Ｍ２方式を合算した人数。

●前期共通テストプラス方式

学部・学科・専攻			募集人員	志願者数	受験者数	合格者数
外国語	英米語	英米語	20	335	322	230
		英語コミュニケーション	12	318	305	217
		英語教育	5	216	208	148
	フランス語		5	54	54	48
	中国語		5	58	55	48
世界教養	世界教養		9	171	161	127
	国際日本		5	58	57	50
世界共生	世界共生		8	147	138	108
現代国際	現代英語		8	141	140	107
	国際教養		8	199	191	96
	グローバルビジネス		8	117	112	87

●後期

学部・学科・専攻			募集人員	志願者数	受験者数	合格者数
外国語	英米語	英米語	7	7	6	4
		英語コミュニケーション	5	9	9	6
		英語教育	2	0	0	0
	フランス語		2	2	2	2
	中国語		2	10	10	7
世界教養	世界教養		3	2	1	1
	国際日本		2	2	2	1
世界共生	世界共生		3	1	1	1
現代国際	現代英語		3	9	9	7
	国際教養		3	5	4	1
	グローバルビジネス		3	7	6	4

●共通テスト利用前期（3教科）

学部・学科・専攻			募集人員	志願者数	受験者数	合格者数
外国語	英米語	英米語	16	243	242	141
		英語コミュニケーション	9	230	229	145
		英語教育	3	143	142	83
	フランス語		3	54	54	36
	中国語		3	44	44	25
世界教養	世界教養		6	141	141	96
	国際日本		3	45	45	33
世界共生	世界共生		6	122	122	90
現代国際	現代英語		6	108	107	68
	国際教養		6	155	154	62
	グローバルビジネス		6	81	81	51

●共通テスト利用前期（5教科）

学部・学科・専攻			募集人員	志願者数	受験者数	合格者数
外国語	英米語	英米語	6	134	134	73
		英語コミュニケーション	4	131	131	78
		英語教育	2	85	85	48
	フランス語		2	24	24	14
	中国語		2	21	21	12
世界教養	世界教養		3	67	67	37
	国際日本		2	21	21	11
世界共生	世界共生		3	47	47	37
現代国際	現代英語		3	63	63	30
	国際教養		3	80	80	40
	グローバルビジネス		3	38	38	24

●共通テスト利用後期（2 教科）

学部・学科・専攻			募集人員	志願者数	受験者数	合格者数
外国語	英米語	英米語	6	6	6	4
		英語コミュニケーション	4	6	6	2
		英語教育	2	0	0	0
	フランス語		2	0	0	0
	中国語		2	2	2	1
世界教養	世界教養		2	3	3	1
	国際日本		2	0	0	0
世界共生	世界共生		2	2	2	2
現代国際	現代英語		2	1	1	0
	国際教養		2	6	5	1
	グローバルビジネス		2	2	2	0

学校推薦型選抜

●一般公募

学部・学科・専攻			募集人員	志願者数	受験者数	合格者数
外国語	英米語	英米語	52	95	95	80
		英語コミュニケーション	30	33	33	25
		英語教育	11	17	16	16
	フランス語		11	15	15	14
	中国語		11	14	14	13
世界教養	世界教養		20	30	30	28
	国際日本		11	14	14	14
世界共生	世界共生		19	18	18	16
現代国際	現代英語		19	15	14	13
	国際教養		19	19	19	15
	グローバルビジネス		19	21	20	18

募集要項（出願書類）の入手方法

インターネット出願が導入されています。募集要項は，大学ホームページで確認およびダウンロードしてください。

問い合わせ先

名古屋外国語大学　入試課

〒470-0197　愛知県日進市岩崎町竹ノ山 57

TEL　0561-75-1748

受験生サイト　URL　nagoyagaidai.com

TREND & STEPS

傾向と対策

科目ごとに問題の「傾向」を分析し，具体的にどのような「対策」をすればよいか紹介しています。まずは出題内容をまとめた分析表を見て，試験の概要を把握しましょう。

注　意

「傾向と対策」で示している，出題科目・出題範囲・試験時間等については，2024 年度までに実施された入試の内容に基づいています。2025 年度入試の選抜方法については，各大学が発表する学生募集要項を必ずご確認ください。

英　語

▶学校推薦型選抜：適性検査Ⅰ

年度		番号	項目	内容
2024 ◑	英語	〔1〕	文法・語彙	同意表現
		〔2〕	文法・語彙	共通語による空所補充
		〔3〕	会話文	内容説明
		〔4〕	読解	同意表現，空所補充，内容真偽
		〔5〕	読解	同意表現，空所補充，内容説明，内容真偽
		〔6〕	読解	計算
		〔7〕	文法・語彙	日本語の慣用表現を表す英文の選択
		〔8〕	文法・語彙	語句整序
	英語リスニング		リスニング	内容説明
2023 ◑	英語	〔1〕	文法・語彙	同意表現
		〔2〕	文法・語彙	共通語による空所補充
		〔3〕	会話文	内容説明
		〔4〕	読解	空所補充，内容説明，同意表現，英文和訳，内容真偽
		〔5〕	読解	空所補充，内容説明，同意表現，内容真偽
		〔6〕	読解	計算
		〔7〕	文法・語彙	日本語の四字熟語を表す英文の選択
		〔8〕	文法・語彙	語句整序
	英語リスニング		リスニング	内容真偽

（注）●印は全問，◑印は一部マークシート方式採用であることを表す。

▶一般選抜

年度			番号	項　目	内　容
2024	A方式◑	英語	〔1〕	会話文	空所補充
			〔2〕	文法・語彙	語句整序
			〔3〕	文法・語彙	誤り指摘
			〔4〕	会話文	不適切文選択
			〔5〕	読解	内容説明，内容真偽，同意表現，英文和訳
			〔6〕	読解	内容説明，内容真偽，同意表現，英文和訳
			〔7〕	文法・語彙	書き換え（語頭指定）
			〔8〕	読解	空所補充（語頭指定）
		英語リスニング		リスニング	内容説明
	M3・M2方式●	英語	〔1〕	会話文	空所補充
			〔2〕	文法・語彙	語句整序
			〔3〕	文法・語彙	誤り指摘
			〔4〕	会話文	不適切文選択
			〔5〕	読解	内容説明，同意表現
			〔6〕	読解	内容説明，同意表現
			〔7〕	読解	内容説明，同意表現
2023	A方式◑	英語	〔1〕	会話文	空所補充
			〔2〕	文法・語彙	語句整序
			〔3〕	文法・語彙	誤り指摘
			〔4〕	会話文	不適切文選択
			〔5〕	読解	内容説明，内容真偽，同意表現，英文和訳
			〔6〕	読解	内容説明，内容真偽，同意表現，英文和訳
			〔7〕	文法・語彙	書き換え（語頭指定）
			〔8〕	読解	空所補充（語頭指定）
		英語リスニング		リスニング	内容真偽
	M3・M2方式●	英語	〔1〕	会話文	空所補充
			〔2〕	文法・語彙	語句整序
			〔3〕	文法・語彙	誤り指摘
			〔4〕	会話文	不適切文選択
			〔5〕	読解	内容説明，内容真偽，同意表現
			〔6〕	読解	内容説明，内容真偽，同意表現
			〔7〕	読解	内容説明，内容真偽，同意表現

（注）●印は全問，◑印は一部マークシート方式採用であることを表す。

傾向 読解問題がカギ，時間との勝負！

01 出題形式は？

大問数は学校推薦型選抜が８題，一般選抜のＡ方式が８題，Ｍ３・Ｍ２方式が７題となっている。設問は大部分が四者択一のマークシート方式であるが，学校推薦型選抜の〔４〕〔５〕〔６〕や一般選抜Ａ方式の〔５〕〔６〕〔７〕〔８〕の内容説明，空所補充，英文和訳，書き換え（語頭指定）などは一部記述式である。また，一般選抜Ａ方式の〔５〕〔６〕やＭ３・Ｍ２方式の〔５〕〔６〕〔７〕は設問文が英文である。試験時間は学校推薦型選抜は60分，一般選抜は90分。

また，学校推薦型選抜と一般選抜Ａ方式では，上記に加えてリスニング試験が課される。試験時間は学校推薦型選抜が35分（音量確認などを含む。解答時間は15分），一般選抜Ａ方式が40分（音量確認などを含む。解答時間は20分）である。

02 出題内容はどうか？

学校推薦型選抜・一般選抜ともに読解問題が中心で，ここ数年出題内容に大きな変化はない。会話文，文法・語彙，読解問題と，限られた時間内でいかに英文を正確に読み進めることができるかが合否のカギになる。

学校推薦型選抜には，英文で書かれた計算問題が出題されている。読解問題の英文の内容は，科学，文化，経済，歴史に関するもので，多様ではあるが難しいトピックは出題されていない。学校推薦型選抜では例年，日本語のことわざや熟語，慣用表現と同じ意味の英文を選択するものも出題されている。

一般選抜Ａ方式では，〔７〕で英文から英文への書き換えが空所補充形式で出題されているほか，〔８〕で文学作品をもとにした和文を参考にしながらの英文の空所補充が出題されており，特徴的である。語頭が指定されており，問われる単語レベルも高いわけではないが，慣れていないととまどうかもしれない。過去問で傾向をつかみ，普段から別表現や言い換えを意識した勉強をするとよいだろう。

2023・2024 年度のリスニングは，学校推薦型選抜は長めの文が 5 ～ 6 問，2 人の対話が 4 ～ 5 問，一般選抜A方式は長めの文が 8 問，2 人の対話が 7 問放送され，各問題の後に質問が読まれるという形式である。いずれも流れる英文自体は日常的で平易な内容で，音声は 1 回のみ流れる。

03 難易度は？

学校推薦型選抜・一般選抜ともに問題の量が多いので，時間との闘いになる。時間配分には注意しよう。特に読解問題は，分量が多く内容も幅広いので，圧倒されるかもしれない。英文自体も標準よりは難度が高い。設問にも紛らわしいものがある。

文法・語彙問題では，一般選抜で，誤り指摘問題が出題されている。文法・語法の正確な知識が要求されるので要注意である。

会話文の問題では，一般選抜で，不適切文選択の問題が出題されている。対話の状況を正確に把握し，落ち着いて選択肢を読まないといけないため，通常の出題形式より難度が高い。

全体的にみて，標準よりやや難と言えるだろう。

対策

01 読解問題：速読力の養成と語彙の増強

読解問題がスムーズに解けるかどうかで合否が決まると言っても過言ではない。出題数は多いが，選択式の問題がほとんどなので，まず，設問中心に読み進めていく速読力が必要になる。また，内容説明の選択肢の中には，まったく的外れなものも含まれているので，本文を読む前に正答の候補をしぼるなど柔軟な対処をするとよい。不適切なものを選ぶ問題もあり，慣れないと早とちりをしたり，必要以上に時間がかかったりするので，過去問による演習が必須である。

速読力の養成には，パラグラフリーディング（各パラグラフの第 1 文だけをとばし読みをする)，やスキャニング（特定の語に注目して，意味を考えずにできるだけ早く通読し，その語を発見すること）が有効である。

また，読解問題の対策には，語彙力の増強が欠かせない。長文読解問題の演習の際，一度目の通読時には未知の語にマーカーで印を付け，設問を解いてから辞書で調べる。そして，時々復習をしてチェックする，など工夫をして取り組んでほしい。

02 文法・語法・語彙問題

一般選抜で誤り箇所を指摘する設問があり，また，読解問題でも文意を正確に把握するための基礎となるのが文法であるから，学校の文法テキストなどで文法の基本を押さえておこう。さらに，文法・語彙問題だけでなく長文読解問題でも同意表現を問う問題が例年出題されているので，あらゆる機会をとらえて語彙力の養成につとめること。一般選抜Ａ方式では，語頭文字指定で単語のスペルを書く問題があるので，意味を覚えるだけでなく単語をきちんと書けるようにしておくこと。おすすめの英単語帳としては『速読英単語　入門編』『速読英単語　必修編』（ともにＺ会）などがある。

03 語句整序問題

どの試験でも例年，語句整序問題が出題されている。対照する和文が示されているので，まずどの部分の英文が欠けているのかを探し，次に与えられている語句を参考にその箇所に対応するイディオム，構文を考えていくのがよい。構文・熟語の知識で十分解けるものなので，基本的な構文と熟語を覚えておくこと。『全解説　頻出英語整序問題 850』（桐原書店）や『スクランブル英文法・語法』シリーズ（旺文社）を使って，繰り返し手書きして暗記することがおすすめの学習方法である。

04 リスニング

流れる英文自体は日常的で平易な内容だが，１回しか流れないので，必要な情報を一度で聞き取る必要がある。そのため，英文が流れ始める前に，まず問題冊子に印刷された選択肢に目を通し，質問の内容を予想しておくのがよい。また，リスニングは音を聞き取る力だけではなく，解答スピードも求められるため，読解において速読の力を高めておくのも効果的な対策である。おすすめの参考書としては，ポイントをおさえて対策することのできる『大学入試 絶対できる英語リスニング』（教学社）などが挙げられる。

日本史

▶一般選抜

年度		番号	内容	形式
2024 ●	A方式	〔1〕	原始から現代の農業の歴史 ✓史料・地図	選択
		〔2〕	平安時代の貴族の生活	選択
		〔3〕	院政期と平氏政権 ✓史料	選択
		〔4〕	江戸時代の儒学	選択
		〔5〕	満州事変から太平洋戦争までの歴史 ✓史料	選択・配列
	M3・M2方式	〔1〕	古代から現代の鎌倉の歴史 ✓史料・地図	選択
		〔2〕	古墳時代の政治と外交	選択
		〔3〕	室町時代の一揆 ✓史料	選択
		〔4〕	江戸時代初期の外交 ✓史料	選択
		〔5〕	大正から昭和初期の文化	選択・配列
2023 ●	A方式	〔1〕	古代～近代の日本の歴史書 ✓史料・地図	選択
		〔2〕	遣隋使と遣唐使	選択
		〔3〕	源平の争乱と鎌倉時代初期の政治	選択
		〔4〕	江戸時代の文化	選択
		〔5〕	幕末～明治時代初期の政治・社会・文化	選択・配列
	M3・M2方式	〔1〕	島津氏と薩摩藩の歴史 ✓地図	選択
		〔2〕	天平文化	選択
		〔3〕	室町時代の産業	選択
		〔4〕	江戸時代後期の蝦夷地	選択
		〔5〕	桂園時代と大正の政変 ✓史料	選択・配列

（注） ●印は全問，◑印は一部マークシート方式採用であることを表す。

傾向 地図や図表，史料などを活用した学習を！ テーマ史にも要注意

01 出題形式は？

大問数は5題，解答個数も例年変わらず計50個である。試験時間は60

分。全問マークシート方式で，用語選択や正文（誤文）選択，空所補充の語句の組合せ，配列問題などが出題されている。例年地図を用いて出来事が起きた場所などを問う問題が出されている。史料問題や，過去には年表を使った問題も出題されたことがある。

なお，2025年度は出題科目が「日本史探究」となる予定である（本書編集時点）。

02 出題内容はどうか？

時代別にみると，原始から近現代までまんべんなく出題されている。ここ数年，広い時代を扱うテーマ史が出題されており，2024年度はA方式の〔１〕で原始から現代の農業の歴史，Ｍ３・Ｍ２方式の〔１〕で古代から現代の鎌倉の歴史をテーマにした出題がみられた。

分野別にみると，例年政治史を中心に各分野がバランスよく出題されており，外交史・社会経済史・文化史なども頻出である。

2023・2024年度とも両方式で史料問題があり，史料文の空所に適語を補充する問題や史料中の下線部の問いに答える問題などが出題された。

また，地図を用いた問題が毎年出題されており，日本だけでなく東アジアなどの重要な地名と場所をしっかり確認しておくことが重要である。

03 難易度は？

標準的な問題である。語句選択問題が多いが，四者択一の正文（誤文）選択問題や配列問題も出されているので，対策は必要である。また，中には細かい知識を問うものもあるので注意が必要である。しかし極端な難問はなく，問われている内容のほとんどは高校教科書にある知識の範囲で解くことができる。見直しの時間を確保できるよう，時間配分を意識して取り組もう。

対策

01 教科書の丁寧な反復学習を第一に

内容面で教科書を逸脱する出題はほとんどない。ふだんから教科書の記述を丁寧に追って，すみずみまで徹底して習得しておきたい。日本史の断片的な知識だけでは高得点は難しい。事件の前後関係，人物関係，近現代では主な内閣の政策などを，相互に関連する知識として系統的に学習することが肝要だ。必要に応じて，『日本史用語集』（山川出版社）などで歴史用語の正確な知識を確認しておこう。

02 過去の問題研究を

全問マークシート方式ではあるが，問題文を注意深く読み進めないと正解にたどりつけないような正文（誤文）選択問題が出題されることもある。試験時間内に計 50 問に解答する集中力も必要である。対処法としては，名古屋外国語大学の過去の問題を解いて，その特色や内容にできるだけ慣れておくことである。類似問題も出題されており，過去問演習の必要性は高い。正誤問題の対策としては，『日本史Ｂ正誤問題集』（山川出版社）などを利用するのも一つの方法だろう。

03 副教材の活用を

図表・年表などの副教材を活用し，事件の推移・前後関係，人物の相互関係などを丹念に確認しておこう。また，史料問題の対策もしておこう。まず高校教科書に掲載されている史料を読むことから始めること。ついで副教材の史料集を活用し，主要なものには目を通しておこう。史料文ごとに基本的な問題が設けられた史料問題集が市販されているから，それを活用するのもよいだろう。

世界史

▶一般選抜

年度		番号	内　容	形　式
2024 ●	A方式	〔1〕	前800年～前200年に活躍した思想家	選　択
		〔2〕	中国で発明された技術	選　択
		〔3〕	西欧諸国の植民地戦争とアメリカ合衆国の独立	選　択
		〔4〕	国際連盟・国際連合・地域統合	選　択
	M3・M2方式	〔1〕	非ヨーロッパ世界との交流とヨーロッパの食文化	選　択
		〔2〕	イスラーム世界の成立と拡大	選　択
		〔3〕	ヨーロッパ人の太平洋地域への進出	選　択
		〔4〕	1960年代以降の中華人民共和国	選　択
2023 ●	A方式	〔1〕	占星術の歴史	選　択
		〔2〕	宋代の中国の歴史	選　択
		〔3〕	女性の歴史	選択・配列
		〔4〕	ウクライナの歴史　✓地図	選　択
	M3・M2方式	〔1〕	東南アジアの歴史	選　択
		〔2〕	大航海時代とアメリカ大陸の歴史	選　択
		〔3〕	18世紀末～19世紀のヨーロッパの文化	選　択
		〔4〕	清末の中国の歴史	選　択

（注）●印は全問，◑印は一部マークシート方式採用であることを表す。

傾向　中国史に注意
教科書＋用語集でより詳しい理解を

01　出題形式は？

例年，大問4題の出題で解答個数は50個程度である。すべてマークシート方式で語句選択が多いが，文章の正文（誤文）選択問題もよく出題されている。選択肢の文章は，誤りの箇所がはっきりとわかるように書かれていることが多いので，長い文章でも正誤の判定はしやすくなっている。

2023 年度はA方式で配列法と地図問題が出題された。試験時間 60 分。配点は，各大問 25 点。

なお，2025 年度は出題科目が「世界史探究」となる予定である（本書編集時点）。

02 出題内容はどうか？

地域別では，欧米地域は，西ヨーロッパ史中心だが，ロシア史やアメリカ史からも出題されている。アジア地域は，中国史と西アジア史が例年よく出題されている。2024 年度はM３・M２方式で太平洋地域から大問が出題された。

時代別では，古代から現代まで偏りがないように工夫された出題となっている。教科書の章や節に準拠した比較的短期間の時代と通史問題の大問が組み合わされて出題されることが多い。

分野別では，政治・外交史中心の出題であるが，文化史が大問で出されることもある。また，社会・経済史についても注意が必要である。

03 難易度は？

教科書本文の太字事項を問う基本的な出題もあるが，欄外の内容や用語集の説明文などに基づく出題が中心となっている。全体的には難度はやや高いだろう。知識の定着度をはかる問題が多いので，自分が得意とする分野の大問から解答を始めるとよい。それをすばやく終えて，不得意分野の大問の解答に時間をかけたい。

対策

01 教科書学習を基礎に

教科書の精読によって事項・流れの理解を心がけよう。その際，本文の太字部分とその前後の説明はもちろん，地図・脚注にも必ず目を向けよう。

案外，そういう箇所に問題攻略へのヒントが潜んでいる。

02 用語集の活用

「教科書学習」といっても，教科書は各社から何種類も出版されており，自分の使用している教科書に言及されていない歴史事項も数多くある。こうした歴史事項を確認・理解するためにも『世界史用語集』（山川出版社）などの用語集を必ず利用したい。用語集の説明文に基づく出題がいくつも見受けられる。用語集をこまめに参照することが有効な対策となろう。

03 現代史対策

現代史の対策を怠ってはならない。教科書を確認しながら「アメリカ」「ソ連」「中国」「アフリカ」などの地域史や，「東西冷戦」「核兵器」「民族紛争」などのテーマ史を自分でまとめておきたい。第二次世界大戦後から直近の 2000 年代に入ってからの時事にまで注意を払っておきたい。

04 地理と年代に強くなろう

教科書や資料集などに記載されている歴史地図を見て，地域や都市の位置，時代による国家の領域の変遷などを確認する作業が大切である。学習の際には地理的位置を調べる姿勢を身につけたい。また，重要年代は必ず押さえておこう。

05 文化史に対する対策を

教科書はもちろんのこと，用語集も活用して哲学・文学・美術・科学・宗教・学問上の業績・著作などを詳細に学習しておくことが望ましい。授業で使用されている資料集や図説にまとめられている図表などの利用も効果的である。

06 過去問を解いておこう

過去問を解くことは，問題のレベルを知る上で欠かせない。過去の出題内容やテーマを分析したり，独自の出題傾向に慣れるなどして実戦力を養っておこう。

数　学

▶一般選抜

年度		番号	項　目	内　容
2024 ●	A方式	〔1〕	小問3問	(1)無理数の有理化　(2) x 軸とのなす角の正弦と直線の傾き　(3)散布図，中央値，相関係数
		〔2〕	2次関数	x 軸との交点，区間幅が1の定義域が移動するときの2次関数の最大・最小
		〔3〕	図形と計量	2次方程式，三角比の計算，第2象限での正弦・余弦の値
		〔4〕	確　率	8個の玉から1個，2個順に取り出したときの確率，余事象の確率，条件付き確率
		〔5〕	図形の性質	重心，内心の性質，直角三角形の外心，三角形の面積比
		〔6〕	整数の性質	1次不定方程式，1次式の絶対値の最小値
	M3・M2方式	〔1〕	小問3問	(1)2変数の2次式の因数分解　(2)箱ひげ図から読み取れる内容　(3)逆の対偶と元の命題の真偽
		〔2〕	2次関数	平行移動，関数の決定，x 軸とで切り取られる弦の長さ，2次関数の最小値
		〔3〕	図形と計量	余弦定理，相似，三角比，正弦定理
		〔4〕	場合の数	同じものを含む順列，ある文字どうしが隣り合わない順列，アルファベット順に並べたときの順番
		〔5〕	図形の性質	方べきの定理，相似，円に内接する四角形の性質，三角形の面積比
		〔6〕	整数の性質	最大公約数の求め方，公約数の個数，与えられた数で割り切れる最小の平方数，6進法，6で割り切れない数の個数

2023 ●	A方式	〔1〕	小問3問	(1)根号と絶対値およびその計算 (2)2つの不等式の解の和集合 (3)5組のデータからなる資料の分散，共分散
		〔2〕	2次関数	絶対値を含む2次関数の最大・最小
		〔3〕	図形と計量	正弦定理，余弦定理，円に内接する四角形，三角形の面積
		〔4〕	確率	1～5までの番号が書かれている玉を1つ取り出す試行を3回繰り返したときの最大値に関する確率
		〔5〕	図形の性質	メネラウスの定理，三角形の合同，外心，三角形の辺の比と三角形の面積比
		〔6〕	整数の性質	10進法で表された4桁の数のうち，36の倍数の最大の数，最小の数，5進法でのひき算
	M3・M2方式	〔1〕	小問3問	(1)分数式の値の計算 (2)整数値をとる平均値と中央値 (3)倍数に関する命題と対偶および真偽
		〔2〕	2次関数	2次不等式の解，連立2次不等式を満たす整数の個数
		〔3〕	図形と計量	正弦定理，余弦定理，三角形の面積，三角形の相似
		〔4〕	確率	8個の玉から3個取り出し，玉に書かれている3つの数の積が，5，15，6の倍数になる確率
		〔5〕	図形の性質	円の接線，円の外接，共通接線，接線の長さ，三平方の定理
		〔6〕	整数の性質	1次不定方程式

（注） ●印は全問，◑印は一部マークシート方式採用であることを表す。
各方式〔1〕～〔3〕は必答，〔4〕～〔6〕のうち2題を選択解答。

出題範囲の変更

2025年度入試より，数学は新教育課程での実施となります。詳細については，大学から発表される募集要項等で必ずご確認ください（以下は本書編集時点の情報）。

2024年度（旧教育課程）	2025年度（新教育課程）
数学Ⅰ・A（「数学A」は「場合の数と確率」「整数の性質」「図形の性質」の3項目のうち2項目以上を履修した者に対応した出題）	数学Ⅰ・A（「数学と人間の活動」を除く）

傾向 2次関数，図形と計量は必須

01 出題形式は？

大問6題のうち，〔1〕～〔3〕は必答，〔4〕～〔6〕は2題を選択して解答するため，実際に解答すべき大問数は5題である。全問空所補充形式の問題で，与えられた解答群の中から正しいものを選び解答欄にマークするマークシート方式が採用されている。問題用紙には計算用のスペースが与えられている。試験時間はいずれの方式も 60 分。

02 出題内容はどうか？

〔1〕は「数学Ⅰ」の各分野からの小問集合で，三角比，集合と論理は年度や方式によって出題されないことがあるが，数と式，データの分析は頻出である。〔2〕と〔3〕は例年，それぞれ 2 次関数，図形と計量の大問が出題されている。〔4〕〜〔6〕はそれぞれ「場合の数と確率」「図形の性質」「整数の性質」となっている。この大問構成は近年，いずれの年度・方式でも同じである。配点は，各大問 20 点である。

03 難易度は？

教科書の例題〜章末問題レベルの基本的な問題が並んでおり，難問・奇問の類はみられない。しかしながら，60 分で大問 5 題を解かなければならないので，1 題あたりでは 12 分程度しか使えない。いかに素早く，かつ正確に解答するかが重要となる。

対策

01 基本問題を練習しよう

教科書レベルの問題を繰り返し練習することで，基本的な解法を身につけたい。解説が詳しい問題集を使用し，解答に至る過程を確認して，不正解の問題はどこで間違えたのか，また正解の問題でも偶然の正解ではないかを検証すること。その際，多くの問題集に手を出すのではなく，これと決めた問題集を完璧に解答しきるまで練習することが大事である。マークシート方式で証明問題などは出題されていないため，計算力を上げることが重要である。

02 苦手分野を克服しよう

これまで，「数学Ⅰ・A」のほぼ全分野から出題されてきているため，苦手分野が１つでもあれば，大幅失点となりかねない。全分野を偏りなく演習し，どこが問われても対応できるよう，万全の備えが必要である。「数学Ⅰ」と「数学A」の教科書や，全範囲を網羅した問題集や参考書をしっかりと読みこなすことが基本となるが，苦手分野があれば別途重点的に対策を講じるのもよい。

03 計算力をつけよう

マークシート方式の解答では，計算ミスによる誤答でも部分点は期待できない。すべての計算を正確に行うことが求められる。計算力をつけるためには，どの問題でも，見通しが立った時点で計算を止めるのではなく，選択肢の値にたどり着くまで計算しきる習慣をつけておくことが大事である。また，少し面倒な計算を要する問題もみられる。問題量に比して試験時間が短めであるため，日頃からスピードと正確さの両立を意識して計算演習をしておきたい。そのためには，過去問よりもやや難度の高い標準レベルの問題集で実力をつけることも有効である。

04 過去問を活用しよう

近年は，出題の内容や形式，大問数などがほとんど変わっていない。そのため，過去問による対策が非常に有効であるといえる。それぞれの空所に，与えられた10個の選択肢から適切なものを選ぶ形式がほとんどで，中には紛らわしい誤答が選択肢に混じる問題もみられるため，しっかりと過去問で対策をしておきたい。また，試験時間を意識して問題を解くことも，過去問の重要な活用法の一つである。試験場では，限られた試験時間のなかで，選択問題を見極めたり，時間配分を考えたりすることが重要である。その訓練も十分に積んでおこう。

国　語

▶学校推薦型選抜：適性検査Ⅱ

年度	番号	種類	類別	内　容	出　典
2024	〔1〕	現代文	評論	書き取り，読み，空所補充，内容説明（60字他），内容真偽	「人間にとって寿命とはなにか」本川達雄
	〔2〕	現代文	評論	書き取り，読み，空所補充，欠文挿入箇所，内容説明（60字他），内容真偽	「文化立国論」青柳正規
2023	〔1〕	現代文	評論	書き取り，読み，空所補充，内容説明（50字他），内容真偽	「わたしたちはなぜ笑うのか」中山元
	〔2〕	現代文	評論	書き取り，読み，空所補充，内容説明（60字他），内容真偽	「雑草はなぜそこに生えているのか」稲垣栄洋

▶一般選抜

年度		番号	種類	類別	内　容	出　典
2024●	A方式	〔1〕	現代文	評論	書き取り，空所補充，語意，内容説明，内容真偽	「すべては音楽から生まれる」茂木健一郎
		〔2〕	現代文	評論	書き取り，空所補充，内容説明，内容真偽	「世間体国家・日本」犬飼裕一
	M3・M2方式	〔1〕	現代文	評論	書き取り，空所補充，語意，内容説明，内容真偽	「『コミュ障』のための社会学」岩本茂樹
		〔2〕	現代文	評論	書き取り，欠文挿入箇所，空所補充，内容説明，内容真偽	「科学技術の現代史」佐藤靖
2023●	A方式	〔1〕	現代文	評論	書き取り，空所補充，語意，内容説明，内容真偽	「人間になるということ」須藤孝也
		〔2〕	現代文	評論	書き取り，空所補充，内容説明，内容真偽	「『日本人』を問い直す」飯髙伸五
	M3・M2方式	〔1〕	現代文	評論	書き取り，空所補充，内容説明，内容真偽	「京大というジャングルでゴリラ学者が考えたこと」山極寿一
		〔2〕	現代文	評論	書き取り，空所補充，内容説明，内容真偽	「銀河帝国は必要か？」稲葉振一郎

（注）●印は全問，◐印は一部マークシート方式採用であることを表す。

傾向 評論の読解を重視した設問構成 精度の高い読解練習を

01 出題形式は？

学校推薦型選抜・一般選抜ともに現代文２題の出題で，試験時間は60分。学校推薦型選抜は記述式と選択式の併用で，問題文において，「解答はすべて楷書で」記入することが求められている。記述式では，字数制限つきの内容説明問題が出題されている。一般選抜は全問マークシート方式による選択式が採用されている。配点は，２題がほぼ均等のウエイトとなっている。

02 出題内容はどうか？

比較的読みやすい評論文が選ばれている。ただし，構成のしっかりした評論文というよりは，説明的文章が中心で，設問では事実の確認が求められている。内容は言語，思想，文化，社会など多岐にわたるが，社会科学の分野からの出題が多い。文章量はほぼ標準的である。

設問は書き取りや読み，語意などの知識問題と，空所補充，内容説明，内容真偽などの読解問題が中心である。後者の設問では，傍線部や空所の前後の内容を問うものと，全体の主旨をふまえて答えさせるものが組み合わされており，いずれにおいても正確な読解力が試されている。

03 難易度は？

本文の長さ，設問数，試験時間を考慮すれば，全体としては標準的なレベルで，試験時間内に解答できるだろう。ただし，内容把握に関する設問がやや多く，精度の高い読解が求められる。また，学校推薦型選抜では記述式の設問もあり，特に字数制限つきの内容説明問題では差がつきやすいだろう。

時間配分としては，１題を25分で解くことを目標とし，残った時間を，難しい設問の再検討にあてればよいだろう。

対策

01 読解を最大限重視

内容説明問題や空所補充問題の大半が，傍線部・空所の前後の正確な読解を前提として作問されている。内容真偽問題は，〈主語・目的語・時系列・因果関係〉などのズレを見抜けるかがポイントである。こういった設問については，多くの入試問題にあたることで対応力を身につけることができる。『現代評論20』（桐原書店）などの入試問題集にあたるとともに，過去問を利用して課題文の正確な読解練習を心がけてほしい。

また，中公新書やちくま新書などから出されている新書で興味のある分野のものを選び，一線で活躍中の著者の論考に触れておくとよいだろう。

02 評論語彙，漢字などの知識問題対策

語意を直接問う問題だけでなく，空所補充問題でも，熟語や慣用句，概念語の正確な意味を理解しているかが問われる問題が出題されている。わからない言葉があったら辞書を引く習慣を身につけるとともに，『高校生のための評論文キーワード100』（ちくま新書）のような評論用語集1冊に目を通して暗記しておくと，有効な対策となる。

また，漢字の書き取りは必ず出されている。学校推薦型選抜では記述式で出されているので，特に対策が必要である。一般選抜はマークシート方式なので，同音異義語を中心に練習を積んでおきたい。

2024年度

問題と解答

学校推薦型選抜（一般公募）

問 題 編

▶試験科目・配点

教 科	科 目	配 点
適性検査Ⅰ	①英語の基礎的理解と英語による一般常識	180点
	②英語リスニング	20点
適性検査Ⅱ	国語の理解	100点

▶備 考

- 適性検査Ⅰと適性検査Ⅱの両方を受験すること。どちらか片方しか受験しなかった場合，選抜対象外となる。
- 適性検査Ⅰの①と②は試験時間を分けて行う（①・②とも必ず受験すること）。②英語リスニングは，音声問題を用いて15分間で解答を行うが，解答開始前に音量確認等を行うため，試験時間は35分となる。
- 上記の他に，在籍していた高等学校等の学校長の推薦書を提出する。

適性検査 I

◀英　　語▶

（60 分）

【1】 次の(1)～(5)の下線部の意味を最もよく表しているものを、それぞれ①～④の中から選び、**マーク解答用紙(1)**にマークしなさい。
解答番号は、(1) [1] ～(5) [5] 。　（配点 10 点）

(1) During the speech contest, Emily's speech was deeply moving. The judges couldn't help but <u>compliment</u> her on her extraordinary delivery.

① advise　　② criticize
③ praise　　④ analyze　　[1]

(2) When studying abroad, experiencing different cultures and customs is inevitable. It's essential to accept differences to <u>appreciate</u> diversity.

① destroy　　② overcome
③ isolate　　④ welcome　　[2]

(3) Elementary schools are playing a pivotal role in promoting digital literacy. They are trying to <u>foster</u> a learning environment that adapts to the needs of every student.

① cultivate　　② dominate
③ evaluate　　④ state　　[3]

(4) Unfortunately, many people are indifferent to the challenges young caregivers <u>encounter</u> daily. More awareness needs to be raised about their struggles and the support they require.

① face　　② ignore

③ need　　④ oppose　　[4]

(5) To win a debate, you should listen carefully to your opponent's argument. It's crucial to justify your perspective effectively.

① attend　　② defend
③ pretend　　④ offend　　[5]

【2】 次の(1)～(3)において、各組の空所に共通する動詞として最も適当なものを、下の①～⑧の中からそれぞれ選び、**マーク解答用紙(1)**にマークしなさい。必要に応じて活用上の語形変化を考慮すること。
解答番号は、(1) [6] ～(3) [8] 。　(配点 12 点)

(1) a. I was really surprised when the medicine (　　). It was almost like magic, much better than I ever expected.
b. Unfortunately, our financial plan didn't go as well as we thought it would. We expected it to (　　) out perfectly, but it turned out differently.

[6]

(2) a. The workers, loyal and diligent, did exactly as they were told by their boss. They followed every order, (　　) out each task with great precision and dedication.
b. This bag is really heavy. Could you possibly (　　) it for me? It would be a big help if you could put it in the overhead compartment.

[7]

(3) a. After a long and intense discussion, they were finally able to (　　) a clear conclusion.
b. You'll find some straws in the box on the table. Please (　　) one to determine who is the winner.

[8]

Verbs：① be ② break ③ carry ④ do
⑤ draw ⑥ fall ⑦ play ⑧ work

【3】 次の(1)～(3)の対話を読み、各 Question に対する最も適当な答えを、それぞれ①～④の中から選び、**マーク解答用紙(1)**にマークしなさい。
解答番号は、(1) 9 ～(3) 11 。 (配点12点)

(1) Eugene：The food we are being served here is absolutely wonderful! I cannot believe how lovely everything tastes and how beautiful it looks!

Makoto：Japanese cuisine is highly acclaimed throughout the world and now there are Japanese restaurants just about everywhere, speaking for its reputation.

Eugene：Well, I have eaten Japanese food many times in Canada, but it definitely tastes better here where it originated. I'm so glad we came to this place.

Makoto：Using fresh seasonal ingredients while preserving the natural flavors and serving it on beautiful plates certainly adds to the appeal of these dishes.

Question：Where is this conversation probably taking place?

9

① They could be eating at Makoto's house in Japan where the meal was prepared by Makoto himself.

② They could be eating at Eugene's home in Canada where the meal was prepared by him.

③ They might be eating at a restaurant in Canada where it was prepared by a really good Japanese chef.

④ They might be eating at a restaurant in Japan where it was prepared by a professional chef.

(2) Melissa : Where were you last week? You were absent from class, and we were supposed to start our group project.

Sarah : I'm so sorry for my selfishness. I forgot to tell you that I was going back to my hometown to celebrate my grandfather's centenary birthday.

Melissa : That's wonderful! How is he doing? I mean, is he still pretty healthy?

Sarah : Well, he's not so active or spry, but his memory hardly seems to have faded at all, which is amazing for someone who is a hundred years old.

Question : From the context of this conversation, what do we know about Sarah's grandfather?

10

① He does not seem to be able to remember many things, especially his birthday.

② He does not seem to be very energetic anymore, but his mind is still very sharp.

③ He seems to be physically fine, but he does not remember his own name.

④ He seems to be very selfish because he wants to celebrate his own birthday.

(3) Yua : If you really want to study abroad, you need to be really motivated and spend a lot of time learning a foreign language.

Noa : I know what you mean and now I realize that. I feel that I have already missed the boat.

Yua : It's not too late. Have you talked to your class advisor? I'm sure he can give you some very good advice to help you get back on track.

Noa : Do you think it is still possible? I mean, I'm almost a third-year student.

Question : In the context of this conversation, what does Noa mean by "have already missed the boat"?

11

① It could mean that she really wants to study abroad by taking a boat across the ocean to a foreign country.

② It may mean that she might not have a chance to study abroad because she has not studied very hard.

③ It might mean that studying a foreign language is like rowing a boat and she needs to paddle as hard as she can.

④ It probably means that she really likes to travel by plane, but unfortunately, she gets airsick.

【4】 次の英文を読み、問1 〜問6に答えなさい。

(配点51点)

(A)The (e　　) that humans are causing climate change, with drastic consequences for life on the planet is, overwhelming, but the question of what to do about it remains (c　　). Economics, sociology, and politics are all important factors in planning for the future. A global conversation that began with concern over warming has now turned to the broader (1)term, *climate change*, preferred by scientists to describe the complex shifts now affecting our planet's weather and climate systems. Climate change encompasses not only rising average temperatures but also extreme weather events, shifting wildlife populations and habitats, rising seas and a range of other impacts. All of these changes are emerging as humans continue to add heat-trapping greenhouse gases to the atmosphere.

Countries around the world acknowledged the imperative to act on climate change with the Paris Agreement in 2015, making pledges to reduce greenhouse gas pollution. The Intergovernmental Panel on Climate Change (IPCC), which synthesizes the scientific consensus on the issue, has set a goal of keeping warming under 2 degrees Celsius (3.6 Fahrenheit) and pursuing an even lower warming cap of 1.5 degrees Celsius (2.7 Fahrenheit).

Both of those targets are (2)in jeopardy. Major countries are already falling behind on their pledges, according to a UN report issued at the end of 2018, and emissions levels in 2030 need to be approximately 25 to 55 per cent lower than they were in 2017. (B)Previous research suggests that even if countries do meet their pledges to reduce emissions, it won't be enough to stave off severe warming.

(3)Addressing climate change will require many solutions — there's no magic bullet. Yet nearly all of these solutions exist today, and many of them (C)hinge on humans changing the way we behave, shifting the way we make and consume energy. The required changes span technologies, behaviors, and policies that encourage less waste and (D)smarter use of our resources. For example, improvements to energy efficiency and vehicle fuel economy, increases in wind and solar power, biofuels from organic waste, setting a price on carbon, and protecting forests are all potent ways to reduce the amount of carbon dioxide and other gases trapping heat on the planet.

Scientists are also working on ways to sustainably produce hydrogen, most of which is currently derived from natural gas, to feed zero-emission fuel cells for transportation and electricity. Other efforts are aimed at building better batteries to store renewable energy; engineering a smarter electric grid; and capturing carbon dioxide from power plants and other sources with the goal of storing it underground or turning it into valuable products such as gasoline. Some people argue that nuclear power — despite concerns over safety, water use, and toxic waste — should also be part of the solution because nuclear plants don't contribute any direct air pollution while operating.

While halting new greenhouse gas emissions is critical, (E)scientists have also emphasized that we need to (　　) existing carbon dioxide from the atmosphere. More fanciful ideas for cooling the planet — so-called "geoengineering" schemes such as spraying sunlight-reflecting aerosols into the air or blocking the sun with a giant space mirror — have largely been dismissed because they may pose more environmental risks than proven benefits.

But planting trees, restoring seagrasses, and boosting agricultural cover crops could help clean up significant amounts of carbon dioxide. Restoring forests already chopped down in Brazil, for example, could draw about 1.5 billion metric tons of CO2 out of the air, and a recent study published by the National Academies of Science (4) estimates the world's forests and farms could store 2.5 gigatons. Those are relatively modest numbers given historic carbon emissions of 2.2 trillion metric tons, but every contribution is needed to curtail the world's current trajectory.

Communities around the world are already recognizing that adaptation must also be part of the response to climate change. From flood-prone coastal towns to regions facing increased droughts and fires, a new wave of initiatives focuses on boosting resilience. Those include managing or preventing land erosion, building microgrids and other energy systems built to (5) withstand disruptions, and designing buildings with rising sea levels in mind. Recent books such as *Drawdown* and *Designing Climate Solutions* have proposed bold and comprehensive yet simple plans for reversing our current course. The ideas vary, but the message is consistent: We already have many of the tools needed to address climate change. Some of the concepts are broad ones that governments and businesses must implement, but many other ideas involve changes that anyone can make — eating less meat, for example, or rethinking your modes of transport. "We have the technology today to rapidly move to a clean energy system," write the authors of *Designing Climate Solutions*. "And the price of that future, without counting environmental benefits, is about the same as that of a carbon-intensive future."

出典：Nunez, Christina. "Global Warming Solutions Explained" *National Geographic*. January 24, 2019.

問１　下線部(1)～(5)に最も意味の近いものを、それぞれ①～④の中から選び、**マーク解答用紙(1)**にマークしなさい。

解答番号は、(1) [12] ・(2) [13] ・(3) [14] ・(4) [15] ・(5) [16] 。

(1) ① semester　② condition　③ expression　④ period

(2) ① so few　② in effect　③ at risk　④ in essence

(3) ① Tackling　② Enhancing　③ Ignoring　④ Advertising

(4) ① conceals　② punishes　③ replaces　④ assesses

(5) ① grow　② resist　③ visit　④ represent

問２　下線部(A)が「人間が気候変動を起こしており、それはこの惑星の生命に劇的な結果をもたらしつつあるという証拠は、圧倒的である。だがそれについて何をなすべきかという問題は、論争の的となったままだ。」という意味になるとき、それぞれの(　　)に入る最も適当な語を**記述解答用紙(A)**に記入しなさい。ただし、最初の１字は(　　)内に示してあるので、それに続けて単語を綴ること。

問３　下線部(B)を日本語で説明するとき、以下の[㋐]、[㋑]に入る言葉を答えなさい。解答は**記述解答用紙(A)**に記入しなさい。

先行する研究は、もし各国が放出を減らすという誓約を[㋐]しても[㋑]を食い止めるには十分ではないだろう、ということを示唆している。

問４　下線部(C)、(D)を別の語で言い換えるとき、(　　)に入る最も適当な語を**記述解答用紙(A)**に記入しなさい。ただし、最初の１字は解答欄に示してあるので、それに続けて単語を綴ること。

〔解答欄〕　(C) (d　　　　　)　(D) (w　　　　　)

問５　下線部(E)が、「科学者達はまた、現存する二酸化炭素を大気の中から抜き出すことが必要だと強調している」という意味になるとき、(　　)に入る最も適当な語を①〜④の中から選び、**マーク解答用紙(1)**にマークしなさい。

解答番号は、17 。

① increase　② extract　③ destruct　④ transform

問6　本文の内容と一致するものを、①〜④の中から1つ選び、**マーク解答用紙(1)**にマークしなさい。

解答番号は、18 。

① 気候変動は、地球で暮らす動物の生態系に大きな影響を及ぼしてはいない。

② 気候変動の原因については、科学者の間で意見が一致していない。

③ 気候変動にとって原子力発電所は極めて危険であり、根絶されるべきである。

④ 我々には多くの気候変動に対処する道具があり、これを活用すべきである。

【5】 次の英文を読み、問1 ～問8に答えなさい。

(配点51点)

To a visitor, one of the most striking impressions of Iran is the sheer size of the country, a feeling enhanced by the ruggedness of the land and the difficulties of transportation. In its contemporary political borders, Iran has an area of 628,000 square miles (1,648,000 sq. km), making it the sixteenth largest country in the world. This is an area larger than France, Spain, Germany, and Italy combined; larger than Alaska, Iran would (1)occupy much of the United States east of the Mississippi.

The Zagros and Elburz mountain ranges have relatively few passes, and those are typically at high altitudes, so that they present formidable barriers to human movement. The desert regions are not only largely uninhabited, they have been virtually impassable until modern times. Unwary travelers in the kavirs* can actually break through the salt crust to be swept away and drown in the briny slime below. Transportation by water is (2)impractical, since there is only one navigable river in the entire country, the Karun, and that only for about one hundred miles. By traditional means, in the days before mechanized transport, it would (　ア　) almost two months to travel from northern Iran to the Persian Gulf and about six months (　イ　) cross the plateau from east to west. Technical, economic, and political as well as geographic factors retarded the development of transportation systems, and even after extensive recent improvements, access to many areas is not easy. (3)(A　　) Spain, another plateau country, is one-(t　　) the size of Iran, it has (t　　) as many kilometers of rails and roads (three times as many paved roads). France has a rail system approximately five times bigger and a road system ten times as large. A good impression of the difficulty involved in traveling even today in many parts of Iran can be gleaned through films such as Abbas Kiarostami's *Life and Nothing More*, which depicts the travails of a man trying to go by car from Tehran to one of the Caspian provincial towns.

Under such conditions, political unity, centralized authority, and cultural homogeneity have historically been very difficult to sustain in Iran. Regionalism has been a very pronounced factor in the history (ウ) the area. Perhaps the most significant and persistent division has been between the western areas, which have tended to interact in complex ways with the civilizations of Mesopotamia, and those of the northeast, which face Central Asia and constitute the main frontier areas. Apart from the development of related but different West Iranian and East Iranian traditions, a number (エ) distinct subregional or provincial areas have appeared, in addition to the Caspian and Mesopotamian areas mentioned above.

(4)<u>The configuration of urban areas in Iran has changed constantly according to political and economic circumstances.</u> Whatever city happens to become the seat of government tends to be the dominant metropolis. Tehran, once little more than a village, became the capital at the end of the eighteenth century and has since grown into the largest city by far. Its population in 1997 was about 8 million; in 2010, it was estimated to be 13 million. This has placed such demands on the city that the government in April 2010 announced a program of incentives to induce people to move to other parts of the country. Tabriz (with a population of 1.4 million according to the 2006 census), a former capital and center of the province of Azerbaijan, has often been second only to Tehran in importance. Historically, most of the significant cities have flourished in the belt of territory surrounding the central deserts and astride either the main east-west or north-south corridors of trade. These include the architectural jewels of Isfahan (population 1.6 million) and Yazd in central Iran; the fabled city of nightingales and poets, Shiraz (population 1.2 million), in Fars; Kerman in the southeast; Hamadan in the central Zagros; and Mashhad, famous for its religious shrine, in Khorasan (its population has grown rapidly to 2.4 million in 2006, making it now the second largest city in the country).

出典：Daniel, Elton L. *The History of Iran*. Greenwood, 2012.

* the kavirs：塩分の多い砂漠

問1　下線部(1)、(2)を言い換えるとき、前後の文脈から判断して最も意味の近いものを、それぞれ①～④の中から選び、**マーク解答用紙(1)**にマークしなさい。
解答番号は、(1) 19 ・(2) 20 。

(1) ① cover　② invade　③ leave　④ touch
(2) ① uneconomical　② unhealthy　③ uninteresting　④ unrealistic

問2　本文の空所（　ア　）、（　イ　）に入る最も適当な語を、それぞれ①～④の中から選び、**マーク解答用紙(1)**にマークしなさい。
解答番号は、(ア) 21 ・(イ) 22 。

(ア) ① come　② have　③ go　④ take
(イ) ① at　② for　③ to　④ with

問3　イランでの交通網の発達を遅らせた要因として、本文に書かれていないものを、①～④の中から1つ選び、**マーク解答用紙(1)**にマークしなさい。
解答番号は、 23 。

① 外交的な要因　② 技術的な要因
③ 政治的な要因　④ 地理的な要因

問4　下線部(3)が「同じく高原地帯の国であるスペインの国土面積はイランの3分の1だが、鉄道や道路の総距離はイランの2倍である」という意味になるとき、それぞれの（　）に入る最も適当な語を、**記述解答用紙(A)**に記入しなさい。ただし、最初の1字は（　）内に示してあるので、それに続けて単語を綴ること。

問5　本文の空所(　ウ　)、(　エ　)には同じ語が入る。その1語を**記述解答用紙(A)**に記入しなさい。

問6　下線部(4)を言い換えるとき、最も適当なものを、①～④の中から選び、**マーク解答用紙(1)**にマークしなさい。
解答番号は、 24 。

① Political and economic conditions have constantly developed in spite of the changing urban areas in Iran.
② Political and economic conditions have constantly had little impact on the changing urban areas in Iran.
③ Urban areas in Iran have continuously changed in response to political and economic conditions.
④ Urban areas in Iran have remained unchanged regardless of political and economic conditions.

問7　本文の内容を問う次の質問に対する答えを、それぞれ本文中から抜き出し、**記述解答用紙(A)**に記入しなさい。

(1) 国内を流れる唯一の航行可能な川の名前は何ですか。
(2) 18世紀後半までの首都で、現在の首都に次ぐ重要な都市の名は何ですか。
(3) 中央砂漠を囲む帯状の地域に位置し、詩人の町として知られる都市の名は何ですか。

問8　本文の内容と一致しないものを、①～④の中から1つ選び、**マーク解答用紙(1)**にマークしなさい。
解答番号は、 25 。

① イランの砂漠地帯は、大部分が無人であるだけでなく、近代まで通行することが実際には不可能だった。
② イランの地域性は、歴史的にも顕著な要素であり、最も重要かつ根強い分

け目は、南北の地域間にある。

③　イランの面積は世界で16番目に広く、これはフランス、スペイン、ドイツ、イタリアを合わせた面積よりも広い。

④　イランは、その広大な国の規模にも関わらず、鉄道や道路の総距離はフランスほど長くない。

【6】 次の(1)、(2)の文章を読み、その中にあるそれぞれの質問に対する正しい答えを、算用数字で**記述解答用紙(A)**に記入しなさい。　　(配点8点)

(1) Japan is 8 hours ahead of France, but France has Daylight Saving Time from the last Sunday of March to the last Sunday of October, in which time is one hour earlier. In August, Jean departed from Paris at 8 a.m., and arrived in Tokyo after a 12-hour flight. What time was it in Tokyo when Jean arrived? Write the time with a.m. or p.m.

(2) Amy is making patterns with sticks. Her first three patterns are shown below:

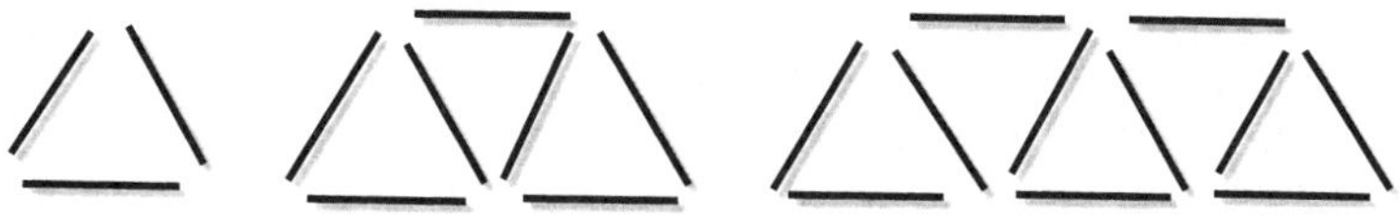

Pattern 1　3 sticks　　Pattern 2　7 sticks　　Pattern 3　11 sticks

If she continues in this way, how many sticks will she need in Pattern 21?

〔解答欄〕 ＿＿＿ sticks

【7】 次の(1)〜(4)の表現に関連する例文として最も適当なものを、それぞれ①〜⑧の中から選び、**マーク解答用紙(1)**にマークしなさい。

解答番号は、(1) 26 〜(4) 29 。　(配点 16 点)

(1) 大きな顔をする　26

(2) 顔色をうかがう　27

(3) 顔が広い　28

(4) 顔を立てる　29

① All members got together at the venue.

② He behaves like a very important person.

③ He turned pale with shame and disappointment.

④ I just tried to make you look good.

⑤ My aunt has a wide circle of acquaintances.

⑥ She disgraced her mother by not coming to the party.

⑦ She struggled to make herself known to the public.

⑧ You always worry about your boss's mood.

【8】 次の各組の(　　)内の語を並べ換えて、日本語とほぼ同じ意味の英文を作るとき、並べ換えた語について、問題文の後の[　　]内の数字の順位にくる語を、それぞれ①～⑧の中から選び、**マーク解答用紙(1)**にマークしなさい。ただし、(　　)内には不要な語が1語含まれています。

解答番号は、(1) 30 ～(4) 33 。　(配点20点)

(1) 私たちはインターネットのない生活がどんなものかをわかっていなかった。[5]

We had (① idea ② imagine ③ life ④ like ⑤ no ⑥ was ⑦ what ⑧ without) the internet.　30

(2) 諦めるな。どんなに小さくても、まだ希望はある。[6]

Don't give up. There is still hope, (① be ② even ③ how ④ it ⑤ matter ⑥ may ⑦ no ⑧ small).　31

(3) 私たちを結びつけたのは、音楽への興味だった。[5]

It was (① brought ② in ③ interest ④ music ⑤ our ⑥ that ⑦ us ⑧ with) together.　32

(4) この計画について質問があれば、すぐにご連絡ください。[3]

Please contact us immediately, (① about ② any ③ have ④ questions ⑤ should ⑥ there ⑦ this ⑧ you) plan.　33

◀英語リスニング▶

(15分)

問題は、10問あります。答えとして最も適当なものを、4つの選択肢のうちから一つ選んでください。
解答時間中に問題冊子にメモを取ってもかまいません。
はじめにサンプル問題が1問ありますが、サンプル問題の解答を解答用紙にマークしてはいけません。

Sample Question：**解答しないこと**

① blackboard ② desk ③ stool ④ table

Question 1:

① 400 dollars

② 500 dollars

③ 600 dollars

④ 1000 dollars

解答番号 1

Question 2:

① They ate noodles noisily because they thought it made them taste better.

② They complained at restaurants about noisy noodle eaters.

③ They dipped their noodles in sauces.

④ They thought the flavor of the food was strange.

解答番号 2

Question 3:

① Sam has been studying hard.

② Sam is a cosplay fan.

③ Sam likes traveling.

④ Sam wants to take a break.

解答番号 3

Question 4:

① You are free from attaining superficial goals.

② You are judged by the company you keep.

③ You have less work for your company.

④ You have to worry about your university.

解答番号 4

Question 5:

① It was taken by the Tooth Fairy.

② It was taken by the Tooth Mouse.

③ It was thrown onto the roof.

④ It was thrown under the house.

解答番号 5

Question 6:

① 6:20pm

② 6:45pm

③ 7:20pm

④ 8:20pm

解答番号 6

Question 7:

① Gene always had to tell his family what to do.

② Gene's family all had the same needs and preferences.

③ Gene's family didn't do what he suggested.

④ Gene's family often complained.

解答番号 7

Question 8:

① going to Australia

② the amount of paperwork

③ the electronic application

④ the high cost

解答番号 8

Question 9:

① her business in spices

② her experience of cooking

③ her medical history

④ her mother

解答番号 9

Question 10:

① his left hand

② his left leg

③ his right hand

④ his right leg

解答番号 10

放送内容

これから，2024年度学校推薦型選抜11月11日の英語リスニングテストを始めます。
このテストでは，聞き取る英語は，1回だけ流れます。
選択肢は，音声ではなく，すべて問題冊子に印刷してあります。
解答は，指示された解答番号の解答欄に，正しくマークしてください。
あとからまとめてマークする時間はありませんので，1問ずつマークしてください。
それでは，問題を開いてください。
問題は10問あります。
答えとして最も適当なものを，4つの選択肢のうちから一つ選んでください。
解答時間中に問題冊子にメモを取ってもかまいません。始めにサンプル問題が1問ありますが，サンプル問題の解答を，解答用紙にマークしてはいけません。
では，始めます。

Hello. It's time for the Listening Comprehension Test.
We have 10 questions in all. Let's do a sample question.

Sample Question :
In front of you, right now, is something that has some sheets of paper on it. What is this thing with a flat surface on which the exam papers are placed? What is it called?

Well, the answer is "desk," which is No. 2. OK? Let's begin.

1
A major event in the life of a high school student in the United States is a formal dance, called a prom. The prom is special because it is the last school dance before graduation. Students get dressed up in suits and dresses, and they usually go out for nice dinners before the dance. Not

surprisingly, a prom can be very expensive. One website reported the average cost for prom being 1,000 dollars. While some parents pay the entire amount, recently it's common for students to pay 40 percent and the parents to pay 60 percent. My niece recently agreed to pay half of the cost. She is saving up for the event with her part-time job.

Question 1 : Based on the average cost for prom, how much money will the speaker's niece need to save?

2

Japanese food has a variety of delicious noodles that are often served in soups or dipped in sauces. When eating noodles, it's common in Japan for people to suck in air at the same time, which is believed to improve the flavor of the food. However, for many foreign people, it is considered extremely impolite and inconsiderate to make a lot of noise while eating. A Japanese man on social media invented the expression "Nuhara", a combination of the words "noodle" and "harassment". He claimed that many foreign people were complaining at restaurants about people who ate their noodles so noisily. However, it turned out to be fake news. Visitors might find it strange, but they haven't been complaining.

Question 2 : What was the fake news about foreign people?

3

I'm planning a surprise trip for my friend Sam. She has been studying so hard recently and I think she needs a break. I want to surprise her with a trip to Tokyo. She is not really a fan of traveling, but she does love trying new things. There will be a huge cosplay festival in Tokyo, so I want to try cosplay with her. I've bought train tickets and booked a great hotel for us not too far from the festival. Now I just have to figure out how to convince Sam to take a break and leave her books behind.

Question 3 : Why is the speaker planning a surprise trip?

4

Everybody gets old. Aging is inevitable. Many people don't like to become old. Some even hate the idea of getting old. However, aging is something to be appreciated. When you are young, people are likely to judge you by the university you enter, by the company you work for, or by the marriage partner you get. You have to work hard to achieve these. You are disappointed if you fail to attain the goal. On the other hand, when you are over sixty, you no longer encounter questions about your university or company. You are no longer judged by something superficial. You don't have to worry about failing!

Question 4 : According to the speaker, what is the merit of getting old?

5

In Japan, when a child loses an upper baby tooth, it is common to throw it under the house. On the other hand, a lower baby tooth is thrown onto the roof. For a British or an American child, it is traditional to place the lost baby tooth under the pillow. Then, while the child is sleeping, the Tooth Fairy comes and takes that lost tooth, leaving some money in return. In France, however, it is the Tooth Mouse that leaves money under the pillow. I grew up in Japan, but when I lost my last upper baby tooth, I was traveling in New York with my parents. Following the American tradition, I got five dollars!

Question 5 : According to the speaker, what happened to her last upper baby tooth?

6

A : Excuse me?

B : Yes, how can I help you?

A：I need some information about the trains. If I take the express train departing at 6:45pm, what time will I arrive at Rocksdown?

B：That one arrives at 8:30pm. If you don't want to wait until 6:45, you could take the train leaving at 6:20pm. It is a little slower but will still arrive at 8:20 tonight.

A：I see. I don't mind taking a slow train, I just want to arrive as early as possible. What if I take the 7:20pm super express?

B：That will get you there at 8:35pm.

A：Okay, I see. I'll take the one that gets me there earliest. Thank you for your help.

Question 6: What time will the speaker's train leave?

7

A：Did you have a nice trip with your family, Gene?

B：Yes, but I was surprised that everyone has their own needs and preferences.

A：Like what?

B：Well, for example, when we were going to take a flight, I suggested to my aunt that she put her bag in the overhead storage, so that she would have more leg room. However, she refused.

A：Did she regret it later?

B：No. She told me that she felt more comfortable knowing exactly where her bag was at all times.

A：That makes sense.

B：I also urged my dad to choose a window seat so that he could enjoy the view, but he refused.

A：Why?

B：He often needs the toilet. I learned that we should respect each person's decisions!

Question 7: What surprised Gene on the trip?

8

A：Ugh, I didn't know it was such a troublesome thing to do...

B：What are you doing with so many documents, Nicky?

A：Well, these are for the summer study abroad program in Melbourne.

B：Are you going to Australia this summer?

A：Not me. I'm planning to let Ken have a great experience there. It is incredibly expensive, though.

B：I imagine so. Are you complaining about the cost then?

A：Not, really. What is bothering me the most is this electronic application called Australian ETA. First, it asked me to install its app. Then scan Ken's passport. And now I need to take his picture, which I can't do because he is in school right now!

Question 8: What is bothering Nicky the most?

9

A：Hey look, Bea! My herbs have been growing well in this planter. I have been taking care of them every day.

B：Oh, they look nice. How do you think you'll use them?

A：They will be good spices for cooking.

B：I'm afraid you are mistaken. Herbs are not spices. Why don't you give some examples of spices?

A：Pepper, cinnamon, ginger and...

B：Yes, a spice is an aromatic vegetable used to season food and to flavor sauces and pickles.

A：And herbs?

B：A herb is a plant which may be used for medical purposes.

A：Really, are you sure? Where did you get that idea?

B：Well, my mom told me. She is an aromatherapist.

Question 9: Where did Bea get her information about herbs and spices?

10

A：Oh, no. What happened to you, Kai? I thought you broke your left leg.

B：Well, it already mended last month.

A：That's good. So, what's this?

B：Yeah, it's terrible, isn't it? I fell again and broke this one, this time, while walking my dog.

A：I'm very sorry to hear that. You know, you really have to be more careful with your dog.

B：I totally agree with you.

A：So, how long will it take to heal completely?

B：The doctor said about three months, which is quicker than my leg.

A：It could have been worse. Well, since it's your left hand, at least you won't have any trouble eating and writing with your right hand, I guess?

B：Well, actually, I'm left-handed...

Question 10: What did Kai break most recently?

This is the end of the listening test.

これで，問題を聞く部分はすべて終わりです。
解答終了のアナウンスがあるまで，解答を続けられます。

解答をやめてください。鉛筆を置いて，問題冊子を閉じてください。

変化させ、日本文化と巧みに融合させたということ。

⑤ 古来日本人は、異国の人々や外来の品々を排除せずに親しく接して外来文化を学ぶことで、はじめて自らの適性に合った独自の文化を生み出すことができたということ。

問九 傍線部⑷「美術品であれ工芸品であれ、これはこういうものですよという解説がないと、日本文化は海外で理解されにくい」とあるが、筆者は日本文化をどのように捉えているか、**六〇字以内**で説明しなさい（句読点を含む）。 （配点10点）

問十 本文の内容に**一致しないもの**を、次の①～⑤の中から一つ選び、その番号を記入しなさい。 （配点5点）

① 日本の社会や文化に見られる特徴は、恵まれた自然環境がもたらす農業の豊かさに支えられ、育まれたものである。

② 日本は外来文化による侵食が少なかったため、古代から近代まで社会や文化が根底から覆されることはなかったといえる。

③ 日本人は、自らとは異なる外来の人々や文化をあるがままに受けとめながら、日本古来の文化や生活様式を守り伝えてきた。

④ 古来日本人の心的傾向として備わった柔軟性や斉一性が、戦後まもなくの日本に民主主義社会を成立させたと考えられる。

⑤ 西洋の芸術は、宗教に基づく物語や教えとしての主張の表現である点で寡黙でシャイな日本の芸術とは異なっている。

④　室町時代あたりの日本で中国の工芸品に対する人気が高まり、多くの品々が注文されて流入したことで、日本人にとって身近なものとなったから。

⑤　日本国内にある貴重な美術品や工芸品は、戦争や略奪などの有事に備える手段として所有者を次々に変えることで、長らく受け継がれてきたから。

問七　空欄 X に入る最も適当な言葉を、本文中から**四字**で抜き出しなさい。　（配点3点）

問八　傍線部(3)「日本古来の神さまと大陸からやってきた仏さまが仲よく手を組んだのである」とあるが、どういうことか。その説明として最も適当なものを、次の①～⑤の中から一つ選び、その番号を記入しなさい。　（配点5点）

①　日本人は、日本文化とは異なる大陸の外来文化を柔軟に取り入れて融合することで、既存の文化を巧みに作り変えて外来文化の表現や形式に同化させたということ。

②　大陸から仏教が伝来した後、日本人は既存宗教を存続させるためにあえて仏教を排除せず、神仏習合という形式を生み出すことで、大陸の勢力から日本を守ったということ。

③　日本人は日本古来の文化を重んじる一方で、流入する外来文化との対立を避けて融和し共存することで、平和な関係を築き上げるため互いの文化を尊重し合うようにしたということ。

④　日本人は、外来文化を異質なものとして拒絶せずに柔軟に受けとめ、うまく日本古来の文化の中に取り入れて自在に

問五　傍線部(1)「正倉院の宝物」とあるが、これを証拠にどのようなことを述べようとしているか。その説明として最も適当なものを、次の①〜⑤の中から一つ選び、その番号を記入しなさい。（配点4点）

① 日本古来の財宝を収蔵してきた木造建築は、海外では存在しえないものであり、日本独自の文化だということ。
② 島国である日本は、外敵からの侵略や略奪にあわなかったので、平和を重んじる穏やかな文化を生んだということ。
③ 日本の天皇制は、神話の時代から連綿と続く日本文化の根幹であり、太平洋戦争後にも守られてきたということ。
④ 争いがなかった日本は、外敵に対する防衛機能を備えることもなく、長く文化財を保管することができたということ。
⑤ 日本は島国であり、奇跡的に文化の破壊につながる外敵の侵略や略奪から免れた、平和で穏やかな国だということ。

問六　傍線部(2)「そういう中国のすぐれた工芸品が日本にはいまもたくさん残っている」とあるが、それはなぜか。その理由として最も適当なものを、次の①〜⑤の中から一つ選び、その番号を記入しなさい。（配点5点）

① 大きな戦争や紛争が少なかった日本では、価値の高い美術品や工芸品が外敵に略奪されることがなく、国によって厳重に保管されて伝わったから。
② 中国の美術品や工芸品は、室町時代頃には日本からの注文によって数多く伝来し、その時代の権力者や寺社、金持ちがその所有者となったから。
③ 価値ある美術品や工芸品は時代の移り変わりとともにその所有者を変えながら、大切に代々継承されるよう、日本では長らく平和が保たれてきたから。

(a) カチク　(c) ナガめ　(d) ビンカン

問二　傍線部(b)・(e)の漢字を**平仮名**にしなさい。　（配点4点）

(b) 愚行　(e) 添削

問三　空欄 [A] ・ [B] ・ [C] に入る最も適当な言葉を、次の①～⑧の中からそれぞれ一つずつ選び、その番号を記入しなさい。ただし、同じ番号は一度しか選べない。　（配点6点）

①　ところで　②　あるいは　③　ところが　④　もっとも

⑤　なぜなら　⑥　たとえば　⑦　すると　⑧　つまり

問四　次の文は本文の一部であるが、文中の [Ⅰ] ～ [Ⅴ] のどこに入れるのが最も適当か。次の①～⑤の中から一つ選び、その番号を記入しなさい。　（配点3点）

あらためて日本の文化財の蓄積の長さと厚みに驚かざるをえない。

①　Ⅰ　②　Ⅱ　③　Ⅲ　④　Ⅳ　⑤　Ⅴ

ところが日本の美術品、ことに仏像などは、一点をじっと見据えたまま何も語らない。なかには法隆寺の玉虫厨子《たまむしのずし》「捨身飼虎図」のように釈迦《しゃか》の前世の物語を描いた絵画もあるが、こういうものは日本美術の主流にはなっていない。メッセージや物語をストレートに表現することをよしとせず、せいぜい仄《ほの》めかすぐらいにとどめる。あるいはメッセージ性には背を向けて、自然を愛《め》で風流を尊ぶ花鳥風月の世界に遊ぶ。当てつけがましさがないという意味では、非常にシャイな文化である。

寡黙でシャイというのは、言い換えると、作者と鑑賞者の距離が近いということだ。もともと作者と鑑賞者で共有し理解しあう部分が大きいから、くどくどとした説明を意図的にはぶいた寡黙な芸術が成立するのである。あれこれ言わなくても、見る側にはちゃんとわかる。これを前提に成り立っているのが日本文化であろう。

（青柳正規《あおやぎまさのり》『文化立国論――日本のソフトパワーの底力』による。出題の都合上、一部改変した箇所がある）

（注１）廃仏毀釈――明治初期に仏教を退けようとして、寺や仏像などを壊したこと。
（注２）岡倉天心――思想家、美術運動家（１８６３～１９１３）。欧米を巡り、東京美術学校を創設した。
（注３）新島襄――キリスト教徒の教育者（１８４３～１８９０）。
（注４）鈴木大拙――仏教学者（１８７０～１９６６）。

問一　傍線部(a)・(c)・(d)の片仮名を漢字にしなさい。　（配点６点）

化している。

日本人にかかると、外来文化をうまく咀嚼《そしゃく》して、いつのまにか自分たちの都合のいいように変幻自在につくりかえてしまう。この柔軟性は見事というしかない。

江戸時代の鎖国下でも日本人は外来文化には(d)ビンカンだった。当時、外来文化の数少ない伝達者のひとつが朝鮮通信使で、彼らが来日すると、江戸へ向かう街道筋の宿場ごとに、その地域の漢学者が自分の漢詩を持参して通信使に作品の(e)添削を願い出ている。つまり、彼らを異国人というよりも知識人として見ており、柔軟性をもって彼らと接していたことがわかる。ただし、新《あら》井《い》白石《はくせき》が登場するころには、わが国の漢学も朝鮮と同じレベルに達したようである。

戦後、大きな混乱もなく日本に民主主義が根づいたのも、この変幻自在の柔軟性によるところが大きい。それと、日本人すなわち単一民族と考えがちな日本人のメンタリティのなかに溶けこんでいる斉一性。日本人がもつこの柔軟性と斉一性が、世界でも希有《けう》なほど短時間、かつスムーズに第二次世界大戦後の民主主義を定着させた要因であろうと思われる。

ただ惜しむらくは、こうした日本人がもたらす日本文化の特徴をわれわれ日本人自身があまりよくわかっていない。

それもあって、海外にむけて日本文化のよさを説明できる人材が日本には不足している。たとえば明治時代に日本の文化や美術の価値を国際的に知らしめた(注2)岡倉天心《おかくらてんしん》や(注3)新島襄《にいじまじょう》、あるいは(注4)鈴木大拙《すずきだいせつ》のような人物がいまの日本にいればと思うが、なかなかむずかしい。(4)美術品であれ工芸品であれ、これはこういうものですよという解説がないと、日本文化は海外で理解されにくい。といって、日本の文化や芸術が難解というわけではない。そうではなく、日本の文化はなんでもそうだが、みずから多くを語らない。つまり寡黙な文化なのである。

西洋の芸術はおしなべて饒舌《じょうぜつ》である。作品それ自体が、自分はこんなにすばらしいのだと主張している。あるいは絵画などはキリスト教と結びつき、教義という口を借りて雄弁に語りかける。

一万点強の仏像が一時避難させられたためで、その後、結局そのままになってしまった。このように廃仏毀釈のときに散逸した仏像がどれほどにのぼるのか計り知れないほどである。さらに明治以降、海外から日本の文化財が大量に買い集められており、それだけ海外に流出してもなお多くの文化財が残っているのである。 Ⅳ

それも結局、もともとの日本社会の X に加えて、外来文化による侵食が小さかったからであろう。外来文化によって生活様式や思想が一気に様変わりすることは過去になかった。こういう国はやはり世界でもめずらしい。 Ⅴ

C 、だからといって島国日本では古来のピュアな文化が連綿と受け継がれたかというと、決してそうではないのである。

外来文化による侵食が小さかったのは事実であるけれども、それは外来文化が来なかったわけではなく、日本にもそれは来ている。ところが日本の場合、それと敵対することなく、柔軟に受けとめて、いつのまにか既存の文化と融合させてしまうのだ。外来文化を異分子として排除するのではなく、そのときどきに入ってくる外来文化をいわば自家薬籠中のものとするごとく、うまく取り込んでしまう。要するに外来文化にたいして非常に柔軟性があり、それが日本文化のもうひとつの特徴で、かつユニークなところなのである。

そういう視点で日本の文化を(c)ナガめてみると、たとえば平安末期から鎌倉時代にかけて、運慶《うんけい》や快慶《かいけい》らの仏師により非常にリアルな仏像がつくられるようになるが、これは当時、中国で写実的な芸術表現がさかんになったためだ。その後、中国・宋《そう》の時代に朱子学を中心とした新しい儒学が隆盛になると、日本でも宋学の研究がさかんになるとともに五山文学のような知的で洗練された文化が栄えている。

そもそも六世紀に仏教が伝来したときも、日本の既存宗教とのあいだで大きな衝突は起きておらず、やがて神仏習合が生まれ、いつしか仏教寺院の境内に寺の守護神が祭られて鳥居が立つようになった。(3)日本古来の神さまと大陸からやってきた仏さまが仲よく手を組んだのである。やはり大陸から伝わった漢字も万葉仮名になり、さらに平安時代になると、万葉仮名はひらがなに変日本文化が外敵から侵食されなかったなによりの証拠が(1)正倉院の宝物であろう。あのような防衛機能もない木造建造物に、聖武天皇、光明皇后ゆかりの宝物が長い年月にわたって保管されてきた。このようなことは海外では絶対にありえないことだと断言してもいい。海外であれば一度戦争が起きたら、あのような施設はたちまち破壊されて、収蔵物はそっくり盗まれてしまう。それが日本では古代から現在にいたるまで、何度かの戦いに巻き込まれたにもかかわらず残っているのは奇跡といってよく、なんという平和で、穏やかな国であることか。およそ世界の常識では考えられないことなのである。

それゆえに過去の有力者や寺社などに代々受け継がれた伝世品の豊かさ。これは世界に冠たるものがある。

B　中国の舶来品は唐の時代から日本に伝わりはじめ、室町時代あたりからは日本から注文を出して中国で陶器をはじめとする工芸品が作られるようになったが、(2)そういう中国のすぐれた工芸品が日本にはいまもたくさん残っている。当の中国では故宮博物院などに収蔵されているものを除けば、伝世品としてのいいものはほとんど残っていない。むしろ日本のほうが中国文化の歴史を語る逸品がよく残っている。　Ⅰ

ヨーロッパでは、隠されたまま忘れ去られていた「遺宝」が見つかることがよくある。戦争になると徹底的に略奪されるため、防衛手段として宝物をひそかに隠しておく。それが後世、偶然発見されることがめずらしくない。こうした遺宝が日本で見つかることが少ないのは、それだけ戦争や略奪が少なく平和だった証拠である。　Ⅱ

宝物の多くはその時代時代の権力者や神社仏閣あるいは金持ちから次の世代のかれらのもとへと転々としており、所有者を変えながら伝承されていくのが日本の宝物といえる。旧所有者との政治的、宗教的な対立が激しくないため、旧所有者の名前を明示することによって伝世品の価値を高めることができた。　Ⅲ

悔やまれるのは明治初年、日本全国に吹き荒れた廃仏毀釈(注1)の(b)愚行で、これがなければより多くの貴重な文化財が残っていたにちがいない。パリにある東洋美術専門のギメ美術館には、日本の仏像が大量に所蔵されている。明治の廃仏毀釈のとき、ここに

二　問題文を読んで次の問一～問十に答えなさい。解答はすべて楷書で所定の解答用紙に記入しなさい。

山国の日本は耕地面積が少ない反面、降水量が多く、しかも土が肥えている。古来、日本に耕作のための奴隷が存在しなかったのは、そのせいである。世界の多くの国は、日本ほど土壌に恵まれていなかったために無理な耕作を強いられた。このためウシやラバ、ロバといった農耕用の動物を必要とし、さらにこれらの動物よりもよく言うことをきく労働力として奴隷が生まれた。

A 日本では、だいたいどこでも鍬《くわ》ひとつあれば家族が食べていけるくらいの作物をつくることができた。耕作地が限られているから、せせこましい農業ではあるけれども、大規模農業ではないため、耕作用に(a)カチクが必ずしも必要というわけではなく、まして奴隷は必要としなかった。結果的に自然環境に適応した多品種小規模農業が普及した。それも結局、土地が肥えていたからできたことである。

日本列島の土が農業に向いているのは火山のおかげで、火山灰に含まれるリン酸やカリウム、窒素が農作物の養分となる。火山列島の日本は、その充分な恩恵にあずかることができ、それほど無理をしなくても四〇〇〇万～五〇〇〇万の人口であれば食べていけるだけの豊かさをもっていた。日本文化の基盤に、まずこうした穏やかな農業の恵みがあったことを踏まえておきたい。

日本の文化や社会に通底する、この穏やかさは、島国という地理的条件によって育まれたことも見逃せないであろう。

日本は四方を海に囲まれているおかげで、古来、外敵から侵略されたり徹底的に荒らされたことがない。太平洋戦争で敗北したが、終戦後、天皇制にはアメリカの占領軍も手をつけることができなかった。天皇制は神話の時代から連綿と続く日本文化のいちばんの根幹部分であり、戦勝国のアメリカですら日本文化を蹂躙《じゅうりん》することはできなかったのである。このことで思い出されるのは、アフガニスタン紛争が一応の終結を迎えた二〇〇二年、カブールの国立アフガニスタン博物館の正面に「その国の文化が生きている限り、その国は生きている」という垂れ幕が誇らしげに掲げられたことである。

を大量に使っているということ。

⑤ かつては人の手がおよばなかった死さえ、お金を支払ってエネルギーを買いそれを使うことで、誰でも活発なものに変えているということ。

問九　本文の内容に**一致しないもの**を、次の①～⑤の中から一つ選び、その番号を記入しなさい。（配点5点）

① 生物の体の中で起きている主要な化学反応は、一定量のエネルギーが必要となるサイクルをなしており、その回転速度はエネルギー消費量に比例する。

② お金を出してエネルギーを買うことで間接的に時間を買っていることになり、そのようにして社会生活を享受することが現代の消費である。

③ 人間が時間そのものを変えることはできない、と考えるのが一般的だが、実際には現代人はお金を使うことによって時間に手を加えて生活していると言える。

④ 現代において鬱になったり自殺したりする人が多いのは、社会の時間が速くなるに従って体の時間も速くなることで、身体的な負担が増えていることによる。

⑤ 昔と比べて物や情報があふれる時代となった今、これ以上エネルギーを使って時間を速くしたとしても、われわれが幸福感を感じられるとは限らない。

や戦争を防ぐ目的にも使用されている、ということ。

⑤　昔の社会では蒸気や石油などを消費する内燃機関が主に使われていたのに対し、現代社会では送電のためのネットワークを必要とする電気が主なエネルギーとなっている、ということ。

問七　傍線部(3)「社会の時間もやはりきっちり正比例なのでしょうか」とあるが、社会の時間がエネルギー消費量に正比例しているかどうかについて、筆者はどのように結論づけているか、**六〇字以内**で説明しなさい（句読点を含む）。　（配点10点）

問八　傍線部(4)「そんなふうにして時間を操作している」とあるが、どういうことか。その説明として最も適当なものを、次の①～⑤の中から一つ選び、その番号を記入しなさい。　（配点5点）

①　時間を実際よりも長く感じられるよう、快適に過ごすことのできる環境を現代の技術によって整え、見かけの効率を高められるようにしているということ。

②　インターネットの発達により、お金を出してアクセスすることで自らが移動する必要がなくなり、仕事にとり組むことのできる時間を増やしているということ。

③　お金を出して買ったエネルギーを注ぎ込むことによって、仕事だけでなく社会生活の時間も速くなり、就労年齢や寿命までコントロールしているということ。

④　不活発な時間をより多く活発な時間に変えることができるさまざまな製品を作り出すための技術開発に、エネルギー

代社会で車やコンピュータなどの機械がなければ生活が成立しないことと同じであるから。

③ 現代社会で使われている移動に便利な機械は省エネルギーにより効率化されてはいるが、エネルギーを多く消費するほど速度が高くなるという点では産業革命の時代の蒸気機関によって動く機械と同じであるから。

④ 人間の文明が進んで社会生活を営むようになったもののヒトが生物であることに変わりはないので、体内で化学物質が変化をしつつ元の化学物質に戻るというサイクルが続いていることについては同じであるから。

⑤ 産業革命の時代以降エネルギーを消費すればするほど社会生活を営むために必要な時間が短縮されたことが、生物の体の中の化学反応の回転速度がエネルギー消費量に比例して高くなることと同じであるから。

問六 傍線部⑵「現代社会は、組織的にエネルギーを投入して社会の時間を速めている」とあるが、どういうことか。その説明として最も適当なものを、次の①～⑤の中から一つ選び、その番号を記入しなさい。（配点5点）

① 昔の社会では家財道具や機械を長く大切に使う習慣があったのに対し、現代ではコンピュータや携帯電話など家庭の機械を頻繁に買い換えるのが普通のことになっている、ということ。

② 蒸気機関の時代は単一の機械のエネルギー消費により時間短縮するのが主であったが、現代ではエネルギーを社会生活に不可欠な多くのものに用いて時間を短縮している、ということ。

③ 産業革命以前は人力で動く機械がほとんどで個人が機械を使うのみだったが、現代では企業が組織として機械を用いて効率よく生産や消費が行われている、ということ。

④ 蒸気機関の時代はエネルギーを使う目的が物を作ることや移動することに限られていたが、現代では社会として病気

C
① サイズで決まる動物の時間
② 石油に換算できる時間
③ 縄文人より緩慢な時間
④ 便利さを享受する生活の時間
⑤ 穏やかな気持ちの時間

D
① スケール
② 疾病
③ 抑制
④ 抵抗
⑤ ストレス

問五 傍線部(1)「これは社会生活の時間にも当てはまる」とあるが、なぜ筆者はそのように考えるのか。その理由として最も適当なものを、次の①〜⑤の中から一つ選び、その番号を記入しなさい。（配点5点）

① 現代社会で物資を再利用するなどして循環させる技術を活用し環境の破壊を遅らせるようにしていることが、生物が働いて壊れた部分を元の状態に戻すことを化学反応によってくり返しているのと同じであるから。
② クエン酸回路によって食物からＡＴＰをつくりだすサイクルがなかったならば生物が動くことができないことが、現

問二 傍線部(a)・(c)の漢字を**平仮名**にしなさい。（配点4点）

(a) 維持　(c) 拍動

問三 空欄 A に入る最も適当な言葉を、本文中から**五字**で抜き出しなさい。（配点3点）

問四 空欄 B ・ C ・ D に入る最も適当な言葉を、次の各群の①～⑤の中からそれぞれ一つずつ選び、その番号を記入しなさい。（配点6点）

B
① 放言
② 金言
③ 苦言
④ 巧言
⑤ 流言

その原因が、社会の時間と体の時間との間の、大きなギャップにあると私は思っています。速い時間に置き去りにされないように精一杯で、いくら豊富に物があっても、それを堪能する余裕など持てないのです。速い時間に追いつけたとしても、それを続けることは疲れるし大きな **D** になるでしょう。追いつけなければ落ちこぼれだと落ち込んでしまいます。これでは鬱が増えるのももっともです。年間2万5千人もの自殺者が出ているのです。

技術者はより便利にしよう、より速くしようと日夜努力しています。しかし努力すればするほど、社会の時間と体の時間とのギャップはますます大きくなり、私たちはどんどん不幸になっていくというのが現実なのかもしれません。

昔は物も少なく、移動にも情報を集めるのにも、ものすごく時間がかかりました。そういう時代には、物の多い方がより速い方がより良いのはわかりきったことでした（物の多さにも、機械による生産時間の短縮と高速の輸送手段という、速くする技術が関係しています）。しかし今や物も情報もあふれる時代になってしまったのです。それにもかかわらず相も変わらず、もっと多くもっと速くを(e)ツイキュウしているのですが、そのやり方は、もう簡単には幸せに結びつかないのかもしれません。

（本川達雄《もとかわたつお》『人間にとって寿命とはなにか』による。出題の都合上、一部中略した箇所がある）

（注）ATP —— アデノシン三リン酸。生物の筋肉の収縮などに使われる物質。

問一　傍線部(b)・(d)・(e)の片仮名を漢字にしなさい。（配点6点）

(b)　ムジュン

(d)　ケタ

(e)　ツイキュウ

しかしそうは考えられていません。時間そのものは何をしても変わらないと人々は思っているからです。ここが現代人の大いなる(b)ムジュンであり、自分が何を一所懸命にしているのかが見えていないのです。見えなくさせているのが古典物理学的な時間の見方です。

そのムジュンから生じてくる問題を指摘しましょう。

世の中はどんどん速く便利になってきました。しかし、速くなればそれでいいのかは考えてみなければなりません。

われわれ現代人は大量のエネルギーを使っています。どれだけ使っているかは、ふつう、石油換算何バーレルという数値で示されますが、それでは実感が湧きません。

そこで、われわれの体が使っているエネルギーの何倍かで表してみましょう。すると、われわれ一人一人が、体の使っているエネルギーの約30倍を、電力やガソリンの形で使っていることがわかります。

社会生活の時間の速度もエネルギー消費量に正比例すると仮定すると、現代人の生活時間は、縄文時代（食べものからエネルギーを得る以外にはほとんどエネルギーを使っていなかった時代）の30倍速くなっていることになります。

しかし、心臓の(c)拍動は縄文人と違ってはいないはずです。なぜなら、ヒトと同じ体重のヒツジの心拍と、われわれの心拍とは同じであり、現代人といえども、［C］で体は動いているのです。決して心拍数が上がっているわけではありません。体の時間は昔のままなのです。そして社会の時間が(d)ケタ違いに速くなりました。

そこで根本的な疑問が湧いてきます。

「そんなに速い社会の時間に、体が無理なくついていけるのだろうか？」

私たちはこれだけ豊かで便利になったのですが、「幸福度」がいま一つ上がってはいません。朝の通勤電車では、みんな疲れた顔をしています。子どもたちの目も輝いていません。

エネルギー消費量に正比例しています。

もちろん現実はそれほど単純ではなく、クロック数を上げればそれだけ熱が出て、冷却する余分のエネルギーが必要ですし、車も速く走れば空気抵抗が増しますから、それだけ燃料も余計に食います。

細かいことを言えばそうなのですが、大まかには、車やコンピュータの時間の速度はエネルギー消費量に比例していると言ってよいでしょう。そういう機器で社会の時間が速くなっているのですから、社会の時間の速度もエネルギー消費量にほぼ比例して速くなると考えられるのではないでしょうか。

世はビジネスの時代です。ビジネスとは busy＋ness 忙しいことです。エネルギーを注ぎ込んで時間を速める、つまり忙しくするとお金になる、これが「時は金なり」というビジネスにおける **B** でしょう。ビジネスとは時間を操作することなのです。

そして消費とは、お金を出して時間を買うことでしょう。お金を出して車とガソリンを買えば時間が速くなり、同じ24時間内にさまざまなことができるようになります。お金を出して電気を買えば、夜でも仕事ができ、インターネットで情報が即座に手に入ります。夏は暑いと言ってうだうだし、冬は寒いと言って縮こまってなにもしないでいたところを、電気代を払ってエアコンディショナーを動かせば、快適な環境下でばりばり仕事ができるようになります。エネルギーを使えば不活発な時間を活発な速い時間に変えられるのです。

近年、寿命が大幅にのび、それに応じて定年をのばす企業がふえています。寿命がのびたのは医療・製薬という、かなりのエネルギーを使う技術のおかげです。だから現代人はエネルギーを使って、死という最も不活発な時間を、活発なビジネスの時間に変えているのだともみなせるでしょう。

ビジネスにおいては「エネルギー→時間→金」、そして消費においては「金→エネルギー→時間」と、現代社会は金とエネルギーと時間とが三《み》つ巴《どもえ》になって回っているのだと私は見ています。(4)そんなふうにして時間を操作しているのが現代人なのです。

蒸気機関により製品がすばやく作れ、汽車や蒸気船によりすばやく物を運べるようになりました。産業革命は、機械を使って時間を短縮したという面をもっています。そして蒸気機関は、動かすのに石炭という形のエネルギーを使います。だからこれはエネルギーを使って時間を速くする機械だと見なせるでしょう。

こういう視点から見ると、車も飛行機も携帯電話もコンピュータも同じです。これらは便利な機械であり、便利とはそれを使えば速くできてしまうものです。人力だけでやっていればゆっくりのところを、機械を使えばサッとやれて時間が短縮されます。車やコンピュータなどの時間短縮装置が、ものすごく重要になってきたのが現代社会であり、時間はエネルギーを使えば使うほど速くなるという、動物で見られた関係が現代社会の時間においても成り立っているとして間違いないと私は思います。

機械は作るのにも動かすのにも、多大なエネルギーを必要とします。またこれらは、送電網、鉄道網、道路網、通信網と、インフラがあってこそ効率よく働けるものであり、その整備と(a)維持にも、莫大《ばくだい》なエネルギーがかかっています。(2)現代社会は、組織的にエネルギーを投入して社会の時間を速めている点に、最大の特徴があると言えないでしょうか。

速くできるのが便利であり、コンビーニエントなこと。街角ごとにコンビニができ、24時間、思い立った時に即座に買い物ができる社会をわれわれは作り上げました。飢えもペストも結核もなくなり、平和になった社会では、便利なことが、幸せにつながることなのです。一般家庭で、家屋を除けば一番高価な物品は車でしょう。しょっちゅう買い換えているのがコンピュータと携帯電話。それほど時間を速めることをわれわれは重視しているのです。

動物においては、時間の速度はエネルギー消費量に正比例するのですが、(3)社会の時間もやはりきっちり正比例なのでしょうか。自動車の4サイクルエンジンは、2回転ごとに一定量のガソリンを爆発させますから、回転速度、つまり時間の速度はエネルギー消費量に正比例しています。コンピュータのCPU（中央演算処理装置）は、1動作ごとに一定量のエネルギーを使います。1秒間に何動作をするかがCPUのクロック数で、これがコンピュータの速度を決めているのですから、コンピュータの速度は

適性検査II

（六〇分）

一　問題文を読んで次の問一～問九に答えなさい。解答はすべて楷書で所定の解答用紙に記入しなさい。

何であれ働けば壊れます。壊れたらそれを、［　A　］を使って元の状態に直してやることを繰り返すと働き続けられるというのが生物のやり方です。

生物の体の中の主要な化学反応は、すべて回路（サイクル）をなしています。出発点の化学物質が変化をしながら、再度元の化学物質へと戻る回路を形成しているのです。食物からＡＴＰ[注]をつくりだすクエン酸回路、光合成の中心にあるカルビン回路、タンパク質の分解産物から尿素をつくる尿素回路（オルニチン回路）、等々、回せば続くのです。

一回まわすには一定量のエネルギーが必要です。体の中の化学反応も、体そのものも、くるくる回りながらずっと続いていこうとするのが生物のやり方です。その回転速度が生物の時間の速度です。だから生物の時間の進む速さはエネルギー消費量に比例しているのだと私は考えています。

(1)生物の時間は、エネルギーを使えば使うほど速く進みます。

これは社会生活の時間にも当てはまるのではないでしょうか。

解答編

適性検査Ⅰ

◀英　語▶

1 解答 **(1)**—③ **(2)**—④ **(3)**—① **(4)**—① **(5)**—②

解説

(1) 下線部の compliment は *A* on *B* をともなって「*A*（人）を *B*（物・事）のことで賞賛する」の意味である。したがって，ここでは，③ praise が最も意味が近い。文脈からみると，前文の後半に「エミリーのスピーチはとても感動的だった」とあり，また下線部は can't help but *do*「～せざるをえない」の *do* に当たる動詞原形である。したがって，他の選択肢では不適当である。② criticize「～を批判する」 ④ analyze「～を分析する」

(2) 下線部の appreciate は「～の価値を認める」の意味の動詞。したがって，④ welcome が最も意味が近い。目的語が diversity「多様性」であることと，「留学には異文化理解が欠かせない」という文脈から考えて，① destroy「～を破壊する」と③ isolate「～を孤立させる」は不適当。② overcome「～を克服する」がやや紛らわしいが，overcome differences は適切な表現と言えても，overcome diversity は不自然である。また appreciate の本義から考えて正解とはならない。inevitable「避けられない」 essential「不可欠な」

(3) 下線部の foster は「～を育てる，育む」の意味の動詞。したがって，ここでは① cultivate が最も意味が近い。cultivate は「～を耕す」が原義だが，そこから「～を育成する」の意味でも用いられる。小学校の果たす

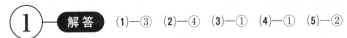

べき役割を述べている文脈と，目的語が「あらゆる生徒の必要に応じた学習環境」であることから考えて，② dominate「～を支配する」，③ evaluate「～を評価する」，④ state「～を述べる」は不適当。playing a pivotal role in ～ は「～において軸となる役割を果たす」の意味。digital literacy とは「デジタルの（インターネットなどを通して得られる）情報を読み解く能力」のこと。

(4)　下線部の encounter は「(偶然に人など）に出会う，(危険・困難など）に出合う」の意味の動詞。したがって，ここでは「～に直面する」の意味の① face が最も意味が近い。young caregivers「若年介護者」にもっと関心を寄せるべきとの文脈であることと，下線部は the challenges を修飾する関係代名詞節における述語動詞であり，the challenges は下線部の目的語に当たることから考えて，他の選択肢は不適当である。② ignore「～を無視する」 ④ oppose「～に反対する」 be indifferent to ～「～に無関心な」

(5)　下線部の justify は「～を正当化する」の意味の動詞。したがって，② defend が最も意味が近い。「ディベートに勝つためには」で始まる本節の論旨と，your perspective「自分の観点」を目的語としていることから考えても，他の選択肢は不適当である。① attend「～に出席する」 ③ pretend「～のふりをする」 ④ offend「～を攻撃する」

2　解答　(1)—⑧　(2)—③　(3)—⑤

解説

(1)　⑧ work を選ぶと，a は the medicine works で「その薬が効く」，b は expected it to work out perfectly で「それ（資金計画）が完璧にうまくいくと期待した」となり適当である。b の as we thought it would は後に go well を補って考える。「思ったように（うまく）」の意味を表す。

(2)　③ carry を選ぶと，a は carry out each task で「それぞれの職務を遂行する」，b は Could you possibly carry it for me?「それ（カバン）を運んでいただけませんか？」となり適当である。

(3)　⑤ draw を選ぶと，a は draw a clear conclusion で「明確な結論を下す」，b は draw one to determine who is the winner で「誰が勝者か

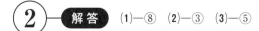

を決定するためにそれ（a straw「わら」）を1本引く」となり適当である。draw straws で「くじ（のためにわらや棒）を引く」の意味を表す。intense「激しい」

3 解答 (1)—④　(2)—②　(3)—②

解説

(1) 質問では会話の場所が問われている。ユージーンの1つ目の発言に The food we are being served here is absolutely wonderful! とあり，レストランでの会話であるとわかる。ここで正解は③と④にしぼられる。したがって，レストランが③カナダにあるのか④日本にあるのかに的をしぼって会話を探る。すると，ユージーンの2つ目の発言でユージーンはカナダで日本料理を何度も食べていると言った（第1文）後，but it（＝Japanese food）definitely tastes better here where it originated. I'm so glad we came to this place. と述べている。以上から，レストランは日本にあることがわかり，④が正解となる。acclaim「～を賞賛する」 ingredient「（料理などの）材料」

(2) 質問では，サラの祖父についてわかることが問われている。選択肢をみると，主に記憶力の健全さと身体の健康具合が問題になっていることがわかる（①～③）。これを念頭に置いて会話を探る。サラの1つ目の発言から，祖父が100歳になること，2つ目の発言の he's not so active or spry, but his memory hardly seems to have faded at all から，身体的には衰えているが記憶力は健全であることがわかる。したがって，②が正解となる。centenary「100周年の」 spry「（老人などが）元気な，活発な」 fade「衰える」 context「文脈」

(3) 質問では，ノアの発言である have already missed the boat が意味することが問われている。これは，文字どおりは「船に乗りそこなってしまった」の意味であるが，「時流に乗りそこなう，（のんびりして）チャンスを逃す」の意味で用いられるイディオムである。これを文脈から探る。ユアの1つ目の発言から，留学が話題となっていることがわかる。ユアはノアに，語学の十分な準備が必要であることを伝えている。それを受けてのノアの発言第2文に，問われているフレーズが用いられる。直前にノアは

now I realize that と言っているが，この that はユアの you need to … spend a lot of time learning a foreign language を受けている。以上から，the boat は「留学のチャンス」の暗喩であることと，「それを逃す」原因が「語学の準備不足」であることがわかる。したがって，②が正解となる。

4 解答

問1． (1)—③　(2)—③　(3)—①　(4)—④　(5)—②

問2． evidence, controversial

問3． ㋐果たしたと〔守ったと〕　㋑深刻な温暖化

問4． (C) depend　(D) wiser　**問5．** ②　**問6．** ④

解説

《地球温暖化にどう対応するか》

問1． (1)　term は，「期間，条件，(専門) 用語」などいくつかの意味で用いられる語。ここでの意味を考える際にヒントとなるのは，下線部に続いてコンマで挟まれて挿入されている climate change の語が下線部を含む the broader term と同格句になっていることである。したがって，「用語」の意味でとらえて the broader term で「より幅の広い用語」とする。すると，A global conversation … the broader term, *climate change* で「温暖化への懸念から始まった地球規模での話し合いは，今では『気候変動』という，より幅の広い用語に頼るようになっている」となり，適当である。したがって，③ expression が正解。

(2)　下線部の in jeopardy は「危険に陥って」の意味で，in danger とほぼ同義である。したがって，③ at risk が同義となる。文脈から考えると，下線部の段落は，前段最終文 (The Intergovernmental Panel …) で述べられた2つの誓約 (＝温暖化を 2℃以下に抑えることと，より低い 1.5℃以下を追求すること) について書かれており，下線部は，その2つの誓約について，Both of those targets are ～ と解説するその補語となるところである。次の文に Major countries are already falling behind on their pledges, … とあるところから，誓約の達成は困難であると考えられる。したがって，他の選択肢では不適当である。

(3)　動詞の address には，「～に話しかける，～に向けて演説する」の他に，「(問題，仕事など) に取り組む」の意味がある。ここでは，目的語に climate change がきていることから明らかなように，後者の意味で用い

られている。したがって，① Tackling が正解となる。enhance「～を高める」

(4)　下線部の estimate は，that 節を目的語として「～であると見積もる，判断する」の意味で用いられる。したがって，「～を評価する」の意味の④ assesses が正解となる。conceal「～を隠す」 punish「～を罰する」 replace「～を取り替える」

(5)　② resist が正解。下線部のある段落では，気候変動に対して今後とるべき対応について書かれている。そこで焦点が当たるのが，第 2 文（From flood-prone coastal towns to …）にある，自然災害に対する resilience「回復力」の増強である。下線部のある第 3 文（Those include …）はその具体例の列挙となっている。下線部は，その一例として挙げられている energy systems を修飾する過去分詞の built 句の中にある不定詞であり，「～するように建設されたエネルギーシステム」の意味となる。下線部の withstand「～に耐える」とその目的語である disruptions「混乱」を知らないと正答を得るのが難しいかもしれないが，withstand の語根の stand に「(倒れずに) 立っている，持ちこたえる，耐える」の意味があるところから，withstand の意味を類推することは可能であろう。

問 2．　1 つ目の括弧については，but の前までの節の構造を把握することがポイント。括弧に続く that 節の範囲は the planet までで，これを文の要素から除外する。すると，The（e　　）… is overwhelming という SVC の要素が見えてくる。この構造は，設問に与えられた和訳の「証拠は，圧倒的である」と一致している。したがって，空所は「証拠」を表す語となり，evidence が正解となる。なお，ここでの that は関係代名詞ではなく同格節を導く接続詞。節中に，主語（humans），述語動詞（are causing），目的語（climate change）がすべてそろっていることに注意する。evidence は，この that 節を伴う代表的な名詞である。

but 以下の節は，主語は the question，述語動詞は remains，補語が（c　　）となる SVC の文型である。ここは，与えられた和訳では「問題は，論争の的となったままだ」となっている。したがって，空所は「論争の的」の意味を表す形容詞であると考えられる。以上から「論争」の意味の名詞 controversy の形容詞形の controversial「議論の余地のある，異論の多い」が正解となる。

問3． ㋐　空所の前の「誓約」を表す英語は pledges である。「誓約を」と目的語になっているので，pledges を目的語とする述語動詞を下線部から探すと meet となっている。この meet は「(要求・必要など) に応じる，を満たす，(願望・目的など) を達成する」の意味である。目的語が「誓約」なので「～を果たす，達成する」の訳語が適当であろう。「～を守る」としてもよい。空所の後が「しても」となっているので，それに合わせて訳語を調整する必要がある。

㋑　日本語説明文の「もし～しても」に当たる節は，even if countries do meet their pledges to reduce emissions の even if 節である。したがって，それに続く it won't be enough 以下が，それに対応する主節である。空所とその後の「(　　　) を食い止める」が stave off severe warming と表現されている。stave off は難しい動詞句であるが「～を食い止める」を表していることは明白である。したがって，severe warming を訳出すればよい。

問4． (C)　名詞の hinge は「ヒンジ」としてそのまま日本語でも使われることがある。第一義は「ちょうつがい」の意味であるが，そこから，比喩的に「かなめ，中心点」の意味でも用いられる。その意味から派生して，「～をかなめとして動く」すなわち「～次第である」の意味で動詞としても用いられる。下線部の hinge は動詞である。後に前置詞の on が続いていることや，主語が many of them（＝these solutions）で，on の目的語が humans changing the way we behave「人間が振る舞い方を変えること」であることから，同じく on 句を伴って「～次第である」の意味を表す depend が正解となる。なお，humans changing the way we behave において，humans は動名詞 changing の意味上の主語となっている。また，shifting 以下は changing 以下と同格で，言葉を変えた説明となっている。

(D)　下線部の smarter は smart の比較級。日本語における「スマートな」は「(体形が) すらりとした，(身なりが) しゃれていて格好がいい」の意味で使われることが多いが，英語においては前者の意味では slender や slim が，後者では good-looking などの語が使われることが多く，英語での smart の第一義は「利口な，賢い」である。ここではその意味で用いられており，wise が同義語となる。比較級で答えること。

問5． 空所は，「二酸化炭素を大気の中から抜き出す」の「抜き出す」に当たるところである。したがって，② extract が正解。③ destruct「(ミサイル・ロケットなど）を自爆させる」 ④ transform「～を一変させる」

問6． 第4段第1文が Addressing climate change will …「気候変動に対処することは…」で始まっており，その第2文に，Yet nearly all of these solutions exist today とあるので，④の「我々には多くの気候変動に対処する道具があり…」に当たる部分だと推測することができる。さらに読み進めていくと，最終段第5文（The ideas vary, but …）のコロン以下に，We already have many of the tools needed to address climate change. とあり，④の前半と一致している。また，続く第6文に Some of the concepts are broad ones（＝concepts）that governments and businesses must implement とある。ここでの broad は「適用範囲の広い」の意味，implement は「～を実行する」の意味で，ここでは④の「～を活用する」とほぼ同義とみなすことができる。以上から④が正解となる。

5　解答

問1． (1)―①　(2)―④

問2． (ア)―④　(イ)―③

問3． ①　**問4．** Although, third, twice　**問5．** of　**問6．** ③

問7． (1) the Karun　(2) Tabriz　(3) Shiraz　**問8．** ②

解説

《広大な面積を持つ高原の国イラン――その特殊性》

問1． (1)　下線部の occupy は「(領土）を占有する，(空間・時間など）を占める」の意味である。したがって，① cover がほぼ同義である。イランの国土の広さを他国との比較で述べている文脈からも，他の選択肢は当てはまらないだろう。② invade「～を侵略する」

(2)　下線部の impractical は，practical の反意語で「実際的でない，実用的でない」という意味の形容詞である。したがって，ここでは④ unrealistic がほぼ同義である。下線部を含む文は，イランの砂漠での水路による移動についての記述だが，水路による移動が impractical である理由として，直後に since there is only one navigable river in the entire country, the Karun, and that only for about one hundred miles とある。

ここからも，他の選択肢は正答ではないと判断できる。

問2．(ア)　空所は助動詞 would に続く動詞原形で，直後に目的語として almost two months という時間・期間を表す語句が続いている。また，主語は it で，時間・期間を表す語句の後に to travel ～ と不定詞が続いている。以上から，必要な時間・労力を目的語に取って，「～するのに…かかる」の意味で用いられる④ take が正解となる。

(イ)　空所を含む about six months（　イ　）cross ～ は，その前の and によって almost two months to travel ～ the Persian Gulf と並列され，空所アに入る動詞 take とつながれている。ここでも，〈take＋期間・時間＋to 不定詞〉の形になっていると考えられるため，不定詞を作る③ to が正解。

問3．設問にある「交通網」の語に注目して本文をスキャンする（特定の語に注目して，意味を考えずにできるだけ早く通読し，その語を発見する）と，第 1 段第 1 文（To a visitor, …），第 2 段第 4 文（Transportation by water …）および第 2 段第 6 文（Technical, economic, and …）に transportation の語が見られる。さらに，第2段第6文に，Technical, economic, and political as well as geographic factors が「交通システムの発達を遅らせた（retarded)」とあるところから，この文が参照箇所であるとわかる。述語動詞の retard「～を遅らせる」を知らなくても，目的語に the development of transportation systems があることから判断できるだろう。したがって，ここに挙げられていない①「外交的な要因」が正解となる。

問4．another plateau country が挿入句となっているのでわかりにくいが，下線部は is と has を述語動詞とする複文になっている。したがって，1つ目の空所は接続詞とするのが妥当である。設問で与えられている和訳の「…だが」から，逆接・譲歩・対照を表す接続詞とするのが適当である。したがって，Although が正解となる。

2つ目の空所には one-(t　　) で「3分の1」を表す語が求められている。したがって，third が正解となる。

3つ目の空所には「2倍」を表す語句が求められている。したがって，twice が正解となる。後に as 句が続いていることもヒントになるだろう。文尾には as Iran が省略されている。

問5． 1つ目の空所には，「その地域の歴史」となる of または in が考えられる。2つ目の空所を検討すると，a number of ～ で「多数の～」の意味となるのが適当である。したがって，of が正解となる。

問6． 下線部の意味は「イランの都市部の配置は，政治的そして経済的状況に応じて絶えず変化してきた」となる。したがって，③が正解。下線部の constantly が③では continuously に，according to が in response to に言い換えられている。下線部の has changed constantly according to political and economic circumstances「～に応じて…は変化してきた」という表現には，political and economic circumstances も「変化してきた」ことが含意されているが，①と②にはそれが表現されていない。configuration「配置」

問7． ⑴ 「航行可能な」に注目して本文をスキャンすると，下線部⑵のある文に，only one navigable river の語句があり，その同格の名詞として the Karun の名前が挙げられている。

⑵ イランの主要都市の説明は最終段にある。「～までの首都」に注目して同段をスキャンすると，第6文（Tabriz (with a population …）に，a former capital と has often been second only to Tehran in importance の語句がある。これは Tabriz の説明である。また，「18 世紀後半」に関しては，同段第3文（Tehran, once little …）に，Tehran … became the capital at the end of the eighteenth century とあり，現在の首都テヘランは 18 世紀末に首都になったことがわかる。したがって，Tabriz が正解となる。second to ～「～に次ぐ」

⑶ 「詩人」に注目して本文をスキャンすると，最終段第8文（These include the architectural …）のセミコロン以下に，the fabled city of nightingales and poets の語句があり，その同格句として Shiraz の名が挙げられている。また，直前の第7文（Historically, most of …）に，重要な都市のほとんどは「中央砂漠を囲む帯状の地域」で繁栄してきたとの記述があり，第8文の These include …「それらの都市には…が含まれる」から，Shiraz も「中央砂漠を囲む帯状の地域」で繁栄してきた都市のひとつであることがわかる。したがって，Shiraz が正解。fabled「伝説的な」

問8． 選択肢に目を通すと，③は「16 番目に広く」の一節によりスキャンが容易であり，第1段第2文（In its contemporary …）に一致している。また，③の後半「フランス，スペイン…面積よりも広い」は，第1段第3文（This is an area …）に一致する。①は「砂漠」「無人」「通行」に注目して本文をスキャンすると，第2段第2文（The desert regions …）に，desert や largely uninhabited および virtually impassable の語句があり，同文の内容と①は一致している。同文の until modern times が①では「近代まで」となっている。②は「地域性」に注目する。すると，第3段第2文（Regionalism has been …）に regionalism があり，第3文（Perhaps the most …）に，②にある「分け目」を表す division の語がある。その「分け目」の説明として，文の補語に between the western areas, … and those of the northeast, … の句がある（between *A* and *B* のつながりに注意）。those は前の areas の言い換えの代名詞。したがって，②の「南北の地域間にある」は「西部地域と北東地域の間にある」の誤りなので，一致しないものとして②が正解となる。④は，第2段第8文（France has a rail system …）の内容と一致している。

6 解答 (1) 3 a. m.　(2) 83

解説

(1)　東京に向かってパリを飛行機で出発した場合の東京への到着時刻が問われている。前提条件がいくつかある。

- 日本とフランスの時差は8時間で，東京が進んでいる。（第1文冒頭）
- フランスにはサマータイムがあり，与えられている状況は，サマータイム下である。サマータイムは，実際の時間よりも1時間進められている。（第1文 but 以下と第2文の In August）
- パリ出発時間は午前8時で，東京までの飛行時間は12時間である。（第2文）

すると，パリ出発の実際の時間は午前7時で，これは東京時間では午後3時となり，したがって，東京到着の時間は午前3時となる。

(2)　図を見ると，パターンが1つ進むとスティックの数は4本増える。したがって，パターン n のスティック本数は，$3+\{(n-1)\times4\}$ となる。n に21を入れると83となる。

7　解答　(1)—②　(2)—⑧　(3)—⑤　(4)—④

解説

(1)「大きな顔をする」の例は「自分が重要人物であるかのように振る舞う」と考えて，②を正解とする。

(2)「顔色をうかがう」の例は「上司の機嫌を心配する」と考えて，⑧を正解とする。

(3)「顔が広い」の例は「広範囲の知人がいる」と考えて，⑤を正解とする。

(4)「顔を立てる」の例は「相手をよく見せようとする」と考えて，④を正解とする。

8　解答　(1)—⑥　(2)—⑥　(3)—⑥　(4)—③

解説

(1)（We had）no idea what life was like without（the internet.）

「わかっていなかった」を表す表現を語群から探すと，idea があるので，まず had no idea のセットフレーズを作る。次にこのフレーズの後には通常，wh 節または that 節がくるのでそれを語群から探すと what がある。最後に，この what から，「*A* はどんなものか」の意味を表す what *A* is like の構文を作る。間接疑問なので，平叙文の語順となることに注意。

(2)（Don't give up. There is still hope,）no matter how small it may be(.)

まず，「どんなに～でも」を表すのに，however を用いるのか no matter how を用いるのかを語群から決定する。次に，この譲歩節には助動詞の may が使われることがあるので，語群中に may の有無を探る。small の位置が how の直後となることに注意。

(3)（It was）our interest in music that brought us（together.）

「～のは…だった」という日本文と，文頭に与えられている It was から，強調構文を用いることを念頭に置いて語群から that を探す。そして，強調したい部分（本問では「音楽への興味」）を It was と that の間に置く。「結びつける」は bring *A* together が定番であるが，知らなくても述語動詞が brought になることは明らかである。

(4) (Please contact us immediately,) should you have any questions about this (plan.)

まず,「質問があれば」から考える。接続詞の if が語群にないので, if の省略による倒置構文が求められていることがわかる。語群にある助動詞 should には「万が一」の意味があり,「(万が一)〜ならば」を倒置構文で表すと, should S *do* の語順となる。次に,「あれば」をどう表すかがポイントとなる。there is / are の構文をとりたくなるが, 語群に you があるので you have とする。

◀英語リスニング▶

解答　**1**—②　**2**—②　**3**—①　**4**—①　**5**—①　**6**—①　**7**—③　**8**—③　**9**—④　**10**—①

解説

1.「prom（合衆国の高校などで卒業式の直前に行われる正式なダンスパーティー）にかかる平均的な費用に基づけば，話し手の姪はいくら貯めておく必要があるか？」

第5文（One website reported …）によればプロムにかかる費用は平均で1,000ドルであるとわかるが，これが答えだと早とちりしないで最後まで聞き取る必要がある。第6文（While some parents …）には，高校生が払うのは通常その40パーセントとあるが，第7文（My niece recently …）には，話し手の姪は半額を払うことに親と合意した，とある。したがって，話し手の姪が払う金額は② 500 dollarsが正解。

2.「外国人に関しての偽のニュースは何か？」

あらかじめ選択肢に目を通しておき，麺類（noodle）の食べ方が問題になっていると推測して聞き取りを行う。第4文（A Japanese man on …）で，SNSに投稿された“Nuhara”というnoodleとharassmentを組み合わせた造語が紹介される。投稿者は，日本人が麺類を音をたてて食べることについて多くの外国人がレストランで苦情を言っていると主張している（第5文（He claimed that …）参照）。しかし，続く第6文に，However, it turned out to be fake news. とある。したがって，②が正解。suck in air「空気を吸い込む」 inconsiderate「礼儀をわきまえない，思慮のない」

3.「なぜ話し手は不意の旅行を計画したのか？」

選択肢を見ながら音声を聞き取り，内容との一致・不一致を判断していく。すると，第2文に，She has been studying so hard recently … と①とほぼ同じ一節がある。続く放送を聞いて残りの選択肢を判断し，①が正解であることを確認する。leave her books behind「彼女の本を後に残す」とは，ここでは「勉強を離れる」の意味。

4.「話し手によれば，老いることの良い点は何か？」

第 1 文の Everybody gets old. から，「老い」に関することだと推測できる。第 2 ～ 4 文（Aging is … of getting old.）は老いに対する一般的な受け止め方である。第 5 文（However, aging is …）が however で始まるので，論調が変わり，話し手は老いを肯定的にとらえていることが推測できる。第 6 ～ 8 文（When you are … attain the goal.）は，そのサポートセンテンスで，青年期・壮年期の否定的な側面が列挙される。選択肢の②と④はこれらに含まれる。これを第 9 文で On the other hand で受けてまとめに入る。第 10 文（You are no …）では，第 6 ～ 8 文に書かれる人の判断基準を something superficial「表面的なこと」と批判し，第 9 文では 60 歳を越えればそのような表面的なことで判断されることがなくなるとする。以上から，①が正解となる。be free from ～「～から解放される」

5.「話し手によれば，最後に残った上の乳歯に何が起こったのか？」

すべての選択肢が代名詞の it で始まっているので，まずその it が指すものを放送から聞き取る。選択肢にある Tooth Fairy や Tooth Mouse, および It was thrown などの語句から，乳歯が抜けた際の風習が話題になっていると推測できれば，聞き取り理解に役立つだろう。第 5 文（In France, however, …）までは各国の風習の紹介で，日本，イギリス・アメリカ，フランスの場合が紹介される。選択肢を見ながら聞き取りを進めると，③と④は日本の風習であり，①はイギリスとアメリカの風習，②はフランスの風習であることがわかる。最終文に，Following the American tradition, … とある。それらを念頭に質問を聞くと，①が正解。

6.「話し手が乗る列車の発車時刻は何時か？」

選択肢にある時刻がそれぞれ何を表すのかに注目して聞き取りを進める。2 つ目のやりとりから，放送は鉄道の駅での列車の乗客（A）と駅員（B）の会話であると推測され，以下のやりとりから各選択肢は，列車の発車時刻とロックスダウン駅への到着時刻であることがわかる。それぞれ発着時刻の組み合わせは 6:45 pm → 8:30 pm, 6:20 pm → 8:20 pm, 7:20 pm → 8:35 pm となっている。できれば，これをメモしておきたい。最後の発言で，A は I'll take the one that gets me there earliest. と言っているので，8:20 pm に到着する列車の発車時刻である① 6:20 pm が正解。gets me there は get *A* to *B*「*A*（人）を *B*（場所）に連れて行く」の to 句が

thereに言い換えられた表現。

7.「旅行で，ジーンは何に驚いたか？」

最初のAの発言から，ジーンの家族旅行が話題となっていることがわかる。それに対するBの応答から，②は会話と不一致とわかる。Bの2つ目の発言から③が本文に一致するとわかり，正解の候補となる。Bの4つ目の発言からもそれが裏付けられる。以上から，③が正解となる。preference「好み」 That makes sense.は，文字どおりは「それは理にかなっている」の意味で，「なるほど」に当たる会話の常套句。urge *A* to *do*「*A*（人）に～するように強く促す」

8.「ニッキーをもっとも悩ませているものは何か？」

あらかじめ選択肢に目を通しておく。③ the electronic applicationは「電子出願」の意味。最初のA（＝ニッキー）の発言から，Aが何か厄介なことに取り組んでいることがわかる。2つ目のAの発言によってようやく，オーストラリアへの留学が話題であることがわかる。ただし，行こうとしているのはAではないことが次の会話で明らかになるので，早とちりは禁物である。Aは3つ目の発言で，行くのはAではなく（Aの息子と思われる）ケンであり，たいへん費用がかかると言っている。費用がかかることが最初の発言でAがI didn't know it was such a troublesome thing to do…と言った原因かと推測したくなるが，続きを聞くとそうではない。最後のAの発言のNot, really.の次の文で，Aが困っているのはthe electronic applicationであることが明らかになる。したがって，③が正解。

9.「ベアはどこでハーブとスパイスについての情報を手に入れたのか？」

Aの最初の発言から，Aはハーブを育てていることがわかる。2つ目のやりとりから，Aはハーブとスパイスを混同していることがわかる。3つ目と4つ目のやりとりで，B（＝ベア）がAにハーブとスパイスの違いを説明している。Bは最後の発言で，それらのことを母親から教えてもらったと言っている。以上から，①～③はすべて会話と不一致となる。したがって，④を正解として質問で確認する。③のmedical historyは「病歴，医療歴」の意味。

10.「カイはごく最近，どこを骨折したのか？」

最初のやりとりから，B（＝カイ）は以前に骨折した左足以外に新しいケガをしたらしいことがわかる。どこにケガをしたのかに注目して聞き取りを進めると，最後のやりとりのAの発言で左手であることがわかる。したがって，①が正解の候補となる。質問によって確認する。最後のやりとりでAが言う It could have been worse. は，文字どおりは「もっとひどいことになっていたかもしれない」の意味で，「不幸中の幸い」に当たる常套句。ここでは，「(左手のケガで) まだよかった」の意味を表す。その理由は次の文でわかるように「食べたり書いたりには支障がない」(とAは思った) からである。

って、「中国のすぐれた工芸品が日本にはいまもたくさん残っている」ことになる。そのことを明示しているのが③。

問七　空欄を含む一文は、日本社会に多くの文化財が残っている理由を表している文であり、その理由は、第六段落の最後から二文目に「平和で、穏やかな国」とある。答えとしては第四段落の「穏やかさ」が適切。。

問八　第十四段落に「外来文化」を「それと敵対することなく、柔軟に受けとめて、いつのまにか既存の文化と融合させてしまう」とあり、その例として挙げられているのが「神仏習合」である。したがって、④が正解。

問十　①は第三段落の内容に一致する。②は第六段落の内容に一致する。③は第十四段落にあるように、日本の社会は「外来文化」を「柔軟に受けとめて、いつのまにか既存の文化と融合させてしまう」のであるから、「外来の人々や文化をあるがままに受けとめ」ているわけではないので一致しない。④は第十九段落の内容に一致する。⑤は第二十二・二十三段落の内容に一致する。

二

出典　青柳正規『文化立国論――日本のソフトパワーの底力』〈第二章　日本文化とはなにか〉（ちくま新書）

解答

問一　ⓐ家畜　ⓒ眺（め）　ⓓ敏感
問二　ⓑぐこう　ⓔてんさく

問三　A―③　B―⑥　C―④

問四　④

問五　⑤

問六　③

問七　穏やかさ

問八　④

問九　日本文化は外来文化と対立せずそれを融合させる柔軟性を持つが、そのユニークさを言語化せず海外に伝わりにくいと捉えている。（六〇字以内）

問十　③

解説

問五　第五段落にある「アフガニスタン」の例に引きずられると④を選んでしまうかもしれないが、ここは、この傍線部を含む段落の最後の二文を手掛かりに選択肢を吟味すること。現在までの長い歴史において戦いの時期があったが正倉院の収蔵物が盗まれることなく残っているということの意味を考えると、「なんという平和で、穏やかな国であることか」というのがその意図で、⑤が正解。

問六　第九段落に、日本では「遺宝」が見つかることが少ないのは「それだけ戦争や略奪が少なく平和だった証拠である」とあり、「宝物」は略奪されるのではなく「所有者を変えながら伝承されていく」（第十段落）ともある。したがれと社会生活の時間とに類似性があるということを説明しているものが正解となる。傍線部を含む段落の二つ後ろの段落後半に「時間はエネルギーを使えば使うほど速くなるという、動物で見られた関係が現代社会の時間においても成り立っている」とあり、これを根拠に⑤を選ぶ。

問六　この傍線部の「組織的にエネルギーを投入」するとはどういうことかを理解するのが難しい。この傍線部を含む段落より二つ前に「蒸気機関」のことが書かれ、「産業革命は、機械を使って時間を短縮した」と書かれている。そして、次の段落では、「車やコンピュータなどの時間短縮装置が、ものすごく重要になってきたのが現代社会であり」とあり、エネルギーを生み出すことで時間短縮をする時代から、さまざまな装置を使って時間短縮をする時代へと変化したことが示されている。そのことを的確に表現しているのは②である。

問七　この傍線部を含む段落の次の三つの段落を見れば、正比例していることは明らかである。しかし、それで六〇字を満たすことは難しいので、どれぐらい現代人がエネルギーを消費し、それに伴ってどれぐらい社会生活が速くなったのかを書く必要がある。

問八　この傍線部の「そんなふうにして」とは、「エネルギー」を注いで「時間」を速め、忙しくして「お金」を稼ぐ。そしてその稼いだ「お金」で「エネルギー」を使い、「時間」を手に入れるというサイクルのこと。この傍線部を含む段落の直前の「死という最も不活発な時間を、活発なビジネスの時間に変えている」というのは、寿命をのばし定年をのばすということ。つまり「就労年齢や寿命までコントロール」するということなので、③が正解。

問九　空欄Cの直後に「体の時間は昔のままなのです」とあるが、④では「社会の時間が速くなるに従って体の時間も速くなる」とあり、ここが不適。

適性検査II

一

出典 本川達雄『人間にとって寿命とはなにか』〈第四章　ゾウの時間、ネズミの時間、社会の時間〉（角川新書）

解答

問一 ⓑ矛盾　ⓓ桁　ⓔ追求

問二 ⓐいじ　ⓒはくどう

問三 エネルギー

問四 B—②　C—①　D—⑤

問五 ⑤

問六 ②

問七 縄文時代に一人の体が使うエネルギーの約三〇倍を現代人は消費しており、それに正比例して三〇倍の速さで社会生活を営んでいる。（六〇字以内）

問八 ③

問九 ④

解説

問四 B、「金言」とは、「きんげん」と読んで、〝手本とすべき言葉〟という意味だが、ここでは単に〝名言〟というほどの意味。

問五 この傍線部の「これ」は直前にある「生物の時間は、エネルギーを使えば使うほど早く進みます」ということ。そ

一般選抜前期：A方式，M3・M2方式

問題編

▶試験科目・配点

<table>
<tr><th colspan="2">区　分</th><th>教　科</th><th>科　　　目</th><th>配　点</th></tr>
<tr><td rowspan="9">全学部・学科共通</td><td rowspan="4">A方式</td><td rowspan="2">外国語</td><td>①コミュニケーション英語Ⅰ・Ⅱ・Ⅲ，英語表現Ⅰ・Ⅱ</td><td>200点</td></tr>
<tr><td>②英語リスニング</td><td>30点</td></tr>
<tr><td>選　択</td><td>日本史B，世界史B，「数学Ⅰ・数学A」から１科目</td><td>100点</td></tr>
<tr><td>国　語</td><td>国語総合（近代以降の文章）・現代文B</td><td>100点</td></tr>
<tr><td rowspan="3">M3方式</td><td>外国語</td><td>コミュニケーション英語Ⅰ・Ⅱ・Ⅲ，英語表現Ⅰ・Ⅱ</td><td>200点</td></tr>
<tr><td>選　択</td><td>日本史B，世界史B，「数学Ⅰ・数学A」から１科目</td><td>100点</td></tr>
<tr><td>国　語</td><td>国語総合（近代以降の文章）・現代文B</td><td>100点</td></tr>
<tr><td rowspan="2">M2方式</td><td>外国語</td><td>コミュニケーション英語Ⅰ・Ⅱ・Ⅲ，英語表現Ⅰ・Ⅱ</td><td>200点</td></tr>
<tr><td>選　択</td><td>日本史B，世界史B，「数学Ⅰ・数学A」，「国語総合（近代以降の文章）・現代文B」から１科目</td><td>100点</td></tr>
</table>

▶備　考

- A方式は２月４日実施分，M３・M２方式は２月２日実施分を掲載。
- A方式では，外国語の①と②は試験時間を分けて行う（①・②とも受験必須）。②英語リスニングは，音声問題を用いて20分間で解答を行うが，解答開始前に音量確認等を行うため，試験時間は40分となる。
- 「数学A」は，「場合の数と確率」「整数の性質」「図形の性質」の３項目の内容のうち，２項目以上を履修した者に対応した出題とし，問題を選択し解答することができる。
- 大学指定の外部英語検定試験の等級・スコアを取得している場合，「外国語」の得点（英語リスニングを除く）に上限20点を加点することができる。

- 共通テストプラス方式は，一般選抜前期Ａ方式，Ｍ３・Ｍ２方式の外国語（「英語リスニング」を除く）と大学入学共通テスト（大学指定の２教科２科目）で選抜（ただしＡ方式，Ｍ３・Ｍ２方式での試験科目はすべて受験必須）。

英　語

◀A方式(英語)▶

(90 分)

【1】 次の対話文が自然な流れをもつように、 1 ～ 6 に入る最も適当な応答文を、それぞれ①～④の中から選び、**マーク解答用紙(1)**にマークしなさい。
解答番号は、(1) 1 ～(6) 6 。　(配点 18 点)

[Two students are talking.]

A : Wow, that math test was really hard. How do you think you did?

B : 1

(1) ① I'm doing fine, thank you. Do you have a little free time now?
② You told me that it was going to be tough, so I was prepared.
③ It was no problem for me at all. How do you think you did?
④ Not too bad, I think, but there were a few tough questions.

A : Only a few? I thought most of them were impossible!

B : 2

(2) ① Well, our teacher did tell us which parts of the textbook to prepare.
② Well, what do you expect when your teacher is quite impossible?
③ Well, it wasn't possible for me to answer all of the questions either.
④ Well, you should have said something before we went in the room.

A : Did she? When did she say that? I don't remember that at all.

B : 3

(3) ① You never remember anything that I tell you. Please be careful.

② She didn't tell you either. That was unfair, and very bad of her.

③ You must have been asleep in the last class. She told us twice.

④ She probably found that test just as difficult as it was for us.

A : Was that in the class the day after your birthday party last week?

B : That's the one. I remember that you looked exhausted the next day, and you were late.

A : [4]

(4) ① You remember me very well! I'm very happy to have you as my best friend.

② That's right. I overslept! I got home really late that night and couldn't sleep.

③ The later the better! I'm much happier being sick than having to go to school.

④ The breakfast was best! I love a strong mug of coffee early in the morning.

B : I had the same problem, but lots of coffee for breakfast helped.

A : [5]

(5) ① You really shouldn't go to sleep while you're eating breakfast. It's unhealthy.

② What are you saying to me? You'd prefer having a coffee to going to class?

③ That was smart of you. Would you like a coffee now? Do you have time?

④ I'd rather not hear about all your problems. They just make me feel worse.

B : Good idea. Yes, my next class isn't until after lunch. How about you?

A : [6]

(6) ① It's the same for me. I paid last time, so it's your turn today.

② I have to tell you something. It's my turn to pay this time.

③　Yes, I have one more class before lunch too. Shall we go?

④　You were the one who suggested that we had some coffee.

B : So you did. OK, the coffees are on me today. Let's go.

【2】 次の各組において、それぞれ①～⑦の語を空所に入れて日本語とほぼ同じ意味の英文を完成させたい。その場合、[7] ～ [12] に入れるのに最も適当なものを、それぞれ①～⑦の中から選び、**マーク解答用紙(1)**にマークしなさい。
解答番号は、(1) [7] ～(6) [12] 。　(配点 24 点)

(1) 再生可能エネルギーに対して、再生不能エネルギーとは、石油、天然ガス、石炭のように再生することが不可能な資源、つまり供給が限られていて、見境なく使えばやがては枯渇する資源をもとにしている。

In [　] [7] [　] energy, non-renewable energy comes from non-renewable resources such as oil, natural gas, and coal, resources [　] [　] [　] [　] supply and will eventually be exhausted, if used blindly.

①　in　②　to　③　are　④　that
⑤　renewable　⑥　limited　⑦　contrast

(2) 18世紀後半のイギリスで始まった産業革命は、19世紀前半にはアメリカの農業、製造業、輸送などに変化をもたらし、その変化はさらに、この国の社会的、経済的、文化的な状況に大きな影響を与えた。

The Industrial Revolution, which began in England in the late eighteenth century, [　] [8] [　] in American agriculture, manufacturing and transportation in the early 19th century, [　] [　] [　] [　] a great impact on social, economic and cultural conditions of the country.

① had　② brought　③ in　④ about
⑤ which　⑥ changes　⑦ turn

(3) 最近発表されたスポーツと健康についての調査によれば、ジョギングやスイミングなど、より強度の高い運動はいうまでもなく、1日に30分歩くだけでも寿命を延ばせる可能性があるという。

According to a recently published research on sports and health, [　] [　] [　] more intensive activities such as jogging and swimming, just walking for thirty minutes a [　] [　] [　] [9] to your life.

① mention　② add　③ day　④ may
⑤ to　⑥ not　⑦ years

(4) あるカルチュラル・スタディーズの専門家は、テレビの登場により人々がドラマを見る経験は格段に増えたが、そのことが人間の生活や想像力に与えている影響についてはまだ十分に検討されていないと指摘している。

An expert in cultural studies [　] [　] [10] [　] the arrival of television considerably increased people's experience of watching drama, but [　] [　] [　] human life and imagination have not yet been fully examined.

① on　② out　③ effects　④ that
⑤ pointed　⑥ its　⑦ has

(5) 1859年に出版されたダーウィンの『種の起源』は、人類やその他の動物は神の創造物ではなく、何百万年もの間に自然淘汰のプロセスを経て現在の姿に進化してきたと唱え、大論争を巻き起こした。

Darwin's *On the Origin of Species*, published in 1859, [　] [　] [　] by proposing that humans and other animals are not divine creations, but have evolved [　] [11] [　] [　] now over millions of years through a process of natural selection.

① what　② are　③ controversy　④ to
⑤ caused　⑥ they　⑦ great

(6) インフレに苦しむ南米の国で「バスに乗れ、タクシーに乗るな」という「生活の知恵」を聞いたことがある。バスの運賃は前払いだが、タクシーは後で払うので、その間にインフレが進んでしまうからだそうだ。

In a South American country [　] [　] [　], I heard a piece of "wisdom of life" that says, "Take a bus, don't take a taxi." This is because the bus is paid for in advance, while the taxi is paid for later, and inflation [　] [　] [　] [12].

① from　② in　③ rises　④ suffering
⑤ meantime　⑥ inflation　⑦ the

【3】 次の(1)〜(10)の各文には4か所下線が施してある。そのうち1か所を訂正すれば、その文は正しい英文になる。その箇所をそれぞれ①〜④の中から選び、**マーク解答用紙(1)**にマークしなさい。
解答番号は、(1) [13] 〜(10) [22]。　(配点20点)

(1) ①Which is urgently needed now is to find out ②how and ③to what extent world poverty can be ④reduced in the near future. [13]

(2) He ①picked up the pace in the last half of the race, ②whoever he could not ③win the championship ④by a narrow margin. [14]

(3) The more I heard of the professor's idea ①as to the ②reduction of food waste, ③more interested I ④became in it. [15]

(4) At ①sometimes in the late nineteenth century, an ②influx of immigrant workers ③led to a major change in the language

④used in the region. 16

(5) Only by understanding ①fully how various animal species ②dependent on nature ③can we help them ④survive in the changing environment. 17

(6) In ①such a confused and distracted state ②was she that I could ③make almost nothing ④in what she said about the accident. 18

(7) ①Unexpectedly, the international student's Japanese language abilities ②proved to be ③far higher than ④that of the average Japanese student. 19

(8) To put it ①simple, the sociologist saw ②much in ③common between theatrical performances and people's ④everyday actions. 20

(9) Mahatma Gandhi, ①with his idea of "non-violence", was a person ②whom inspired civil ③rights movements ④across the world. 21

(10) There were so many scientists who ①involved in the invention of television ②that it is difficult to ③name a single person ④as its inventor. 22

【4】 次の(1)～(4)のAの文に対するBの応答として、最も不適切なものを、それぞれ①～④の中から選び、**マーク解答用紙(1)**にマークしなさい。
解答番号は、(1) 23 ～(4) 26 。 (配点16点)

(1) A : We were so close on that business deal. What a pity it failed.
B : 23
① Yes, we were. If only our final price had been a little lower.
② You did your best, but the others were too strong against us.
③ Yes, you should have put it in a safer place than on the table.
④ You can't blame yourself. You did all that you possibly could.

(2) A : I've told you before. Your trip is out of the question.
B : 24
① Which of my questions led you to agree with me?
② Please say yes. My other friends are allowed to go.
③ I know you aren't happy, but please hear me out.
④ You're not listening. I have no choice but to go.

(3) A : Can you walk a little more slowly? I can't keep up with you.
B : 25
① You really need to take more exercise. Try a bit harder.
② You don't seem to have much energy today. Are you OK?
③ You should be the one in front, then. I'll follow your pace.
④ You don't need to keep it. I don't want to go back either.

(4) A : I'm not sure if you will believe me about what happened yesterday.
B : 26
① I can understand why you are a little reluctant to talk about it.
② I'm glad you told me. I've never heard anything like that before.
③ I must admit that it was a surprise, but I want to hear your side.
④ I hope you can explain it to me. I'm still rather confused about it.

【5】 次の英文を読み、下記の設問Ⅰ、Ⅱに対する最も適切な答えを、それぞれ①～④の中から選び、**マーク解答用紙(1)**にマークしなさい。また、下記の設問Ⅲの英文を和訳し、**記述解答用紙(E)**に記入しなさい。

解答番号は、Ⅰ(1) [27] ～(5) [31] 、Ⅱ(1) [32] ～(5) [36] 。

(配点ⅠⅡ 35点、Ⅲ 5点)

In September 1940, one of archaeology's most exciting discoveries was made by four French teenagers and possibly a dog. Versions of the story differ in detail, but Marcel Ravidat, Jacques Marsal, Georges Agnel and Simon Coencas came across a hole in the ground in woods near the village of Montignac in south-west France. Whether they had a dog called Robot with them and it chased a rabbit into the hole is uncertain. Another version has Ravidat finding the hole and taking the other three back with him.

There was a local story about a secret tunnel that led to buried treasure and the boys thought this might be it. After dropping stones into the hole to get an idea of how deep it was, one by one they went cautiously down into what proved to be a narrow hole. It led down 15 metres to a cave whose walls were covered with astonishing paintings. Marsal said later that going down the shaft was terrifying, but the paintings were 'a procession of animals larger than life' that 'seemed to be moving'. The boys were worried about getting back up again, but they managed it using their elbows and knees. Tremendously excited, they promised each other to keep their discovery a secret and explored it again the next day. After that they decided to show it to friends for a tiny admission fee.

The news quickly spread and so many people came to see the cave that the boys consulted their schoolmaster, Leon Laval, who was a member of the local prehistory society. He suspected it was a trick to trap him in the hole, but when he went cautiously down and saw the paintings he immediately felt sure they were prehistoric and insisted that no one must be allowed to touch them and they must be guarded against damaging. The youngest of the boys, 14-year-old Marsal, persuaded his parents to let him pitch a tent near the entrance to keep guard and show visitors round. It was the start of a (a)dedication to the paintings which lasted to his death in 1989.

Word of the discovery reached the Abbé Breuil, an eminent prehistorian, who affirmed that the paintings were (b)genuine. The sensational news spread through Europe and the rest of the world and in 1948 the family that owned the land organised daily tours that eventually brought thousands of visitors every year to see for themselves.

There were more paintings in galleries that led off the main cave and they (c)confirmed previous discoveries, which had showed that, unlike other animals, the first human beings believed in religion, magic and art. They buried their dead formally with equipment for another life and they may have believed in a great mother goddess, the source of all life. They seem to have had a deep sense of the spiritual, of something outside human beings that is powerful and mysterious.

The thousands of visitors to Lascaux did not (d)mean to harm the paintings, but they did, simply by breathing on them. It caused water damage. High-powered lighting added to the damage and the paintings began to fade. Lascaux was closed to the public in 1963, and only experts were allowed in. A replica of the site was built close by for the public in 1983 and draws 300,000 visitors a year. Efforts to protect the original paintings are continuing. In 2009 the French ministry of culture brought close to 300 experts from many different countries together in Paris to consider ways to stop the further damage. Their recommendations were published in 2011, but misgivings about the site have not been (e)wiped out.

(From the website: Discovery of the Lascaux Cave Paintings)

I According to the passage, choose the best answer.

(1) How were the cave paintings discovered?

① Four French boys ran after a rabbit and dropped into a hole where the paintings were concealed.

② Four French boys discovered them in a cave lying deep in the earth to which they climbed down.

③ Four French boys and their dog were hunting for treasures but found the cave paintings instead.

④ Four French boys were afraid of going down into the earth but one boy Marsal was courageous. **27**

(2) What is said about showing the cave paintings to the general public?

① The French boys' teacher was convinced that they were very rare and told the boys to stop showing them.

② A French expert on prehistory spread the news about them and began a campaign for attracting tourists.

③ The boy Marsal built an entrance gate to the caves and guarded them against tourists entering the caves.

④ At first they were shown only to the boys' friends but soon after that they began to be shown more widely. **28**

(3) What does the writer say about tourists coming to see the paintings?

① Too many tourists inevitably damaged the paintings, with their breathing and with the strong illumination needed.

② After tourists were prohibited from entering the caves in 1963, people were unwilling to see what the paintings were like.

③ The caves lost their charm as a tourist spot because the general public could not see the actual paintings after 1983.

④ A big conference of experts held in 2009 published its report in 2011, which finally solved the problem of tourism. **29**

(4) What may have been the purpose of the cave paintings?

① Prehistoric humans seem to have believed that painted animals would begin to move like real animals.

② The purpose of the paintings was probably to leave to later ages what the prehistoric animals were like.

③ The paintings may have had some relation to religion or magic in which prehistoric humans believed.

④ The paintings might be replicas of the animals which prehistoric humans buried for another life for the dead. **30**

(5) Which is not true about the discovery of the cave paintings and the following events?

① The cave paintings, dealing with animals, are not realistic miniatures of real animals.

② The French boys' teacher thought at first that they had some scheme to treat him badly.

③ The boy Marsal was to work for the sake of the paintings for nearly 50 years until his death.

④ After the first discovery of the cave paintings, more of them were found in nearby caves. **31**

Ⅱ Choose the word(s) that can best replace the underlined word(s).

(1) (a) <u>dedication</u>：
① commitment ② objective
③ promise ④ responsibility **32**

(2) (b) <u>genuine</u>：
① not new ② not historical
③ not fake ④ not real **33**

(3) (c) <u>confirmed</u>：
① corresponded to ② backed up
③ referred by ④ turned down **34**

(4) (d) <u>mean</u>：
① reject ② intend
③ seem ④ prefer **35**

(5) (e)wiped out： ① erased ② damaged
③ polished ④ refused 36

Ⅲ Translate the underlined part into Japanese:
The boys were worried about getting back up again, but they managed it using their elbows and knees.

【6】 次の英文を読み、下記の設問Ⅰ、Ⅱに対する最も適切な答えを、それぞれ①～④の中から選び、**マーク解答用紙(1)**にマークしなさい。また、下記の設問Ⅲの英文を和訳し、**記述解答用紙(E)**に記入しなさい。
解答番号は、Ⅰ(1) 37 ～(5) 41 、Ⅱ(1) 42 ～(5) 46 。
(配点ⅠⅡ 35点、Ⅲ 5点)

How many people in the world speak English? That's hard to say. We're not even sure how many native speakers there are. Different (a)authorities put the number of people who speak English as a first language at anywhere between 300 million and 400 million. That may seem imprecise, but there are some sound reasons for the vagueness. In the first place, it is not simply a matter of taking all the English speaking countries in the world and adding up their populations. America alone has forty million people who don't speak English — about the same as the number in England who do speak English.

Then there is the even thornier problem of deciding whether a person is speaking English or something that is *like* English but is really a quite separate language. This is especially true of the many English-based creoles in the world, such as Krio, spoken in Sierra Leone, and Neo-Melanesian, spoken in Papua New Guinea. According to Dr. Loreto Todd of Leeds University, the world has sixty-one such creoles spoken by up to 200 million people — enough to make the number of English speakers high, if you (b)consider them as English speakers.

A second and rather (c)harsher problem is deciding whether a person speaks English or simply he/she thinks they speak it. I have before me a brochure from the Italian city of Urbino, which contains a dozen pages of the most gloriously baroque and meaningless English prose, full of misspellings, unexpected hyphenations, and (d)twisted grammar. For example, "The integrity and thus the vitality of Urbino is no chance, but a conversation due to the factors constituted in all probability by the approximate framework of the unity of the country, ..." It goes on and on. There is hardly any sentence that makes even the (e)slightest bit of sense. However, it is likely if the author was asked, "Do you speak English?" they would say of course.

There are obvious problems in trying to put a figure to the number of English speakers in the world. Most estimates put the number of native speakers at about 330 million, as compared with 260 million for Spanish, 150 million for Portuguese, and a little over 100 million for French. Of course, Mandarin Chinese spoken by some 750 million people, has twice as many speakers as any other language in the world, but see how far that will get you in Rome. No other language than English is spoken as an official language in more countries — forty-four, as against twenty-seven for French and twenty for Spanish — and none is spoken over a wider area of the globe. English is used as an official language in countries with a population of about 1.6 billion. Of course, nothing like that number of people speak it — in India, for instance, it is spoken by probably no more than 40 or 50 million people out of a total population of 700 million — but it is still used competently as a second language by perhaps as many as 400 million people globally.

(Bryson, B. (1991) *The Mother Tongue*)

I According to the passage, choose the best answer.

(1) What point does the writer want to make when comparing the U.K. and the U.S.A. with regard to speakers of English?

① We can calculate the number of native English speakers by simply adding up the populations of these two major countries.

② We cannot simply add up the population of English-speaking countries to calculate the world's total number of English speakers.

③ We should ignore the number of non-native English speakers in the U.S.A. when calculating England's native-speaker population.

④ We don't have to exclude non-speakers of English of either country when trying to calculate the number of its native speakers. 37

(2) What is a 'creole'?

① It is a language derived from Krio or Neo-Melanesian which has features in common with English.

② It is a language similar to sixty-one forms of English, which is shared with up to two million people.

③ It is a language that has developed into English and increased the population of English speakers.

④ It is a language based on English, but with features that could classify it as a different language. 38

(3) Why does the writer quote a passage from the brochure of Urbino?

① He wants to show that although many people say that they can speak English, this is not always the case.

② He wants to show that non-native English speakers in Italy can write English as well as a native speaker.

③ He wants to show that people in Urbino try to learn English in order to communicate with English speakers.

④ He wants to show that Italians are aware that their English brochures are not as good as they could be. 39

(4) Which of the following statements is not true?

① Countries where Spanish and French are official languages outnumber those that have chosen English.

② Most Italians cannot understand Mandarin Chinese, even though it is a major world language.

③ Counting official languages of the world, English is more than all other languages combined.

④ Less than ten percent of Indians may speak English, even though it is an official language there. 40

(5) What does this passage tell you about the state of languages in the world today?

① Chinese will soon overtake English, French and Spanish as the world's dominant language as many people can speak it already.

② English is very likely to become the first language of more European countries as its influence and use spread wider around the world.

③ Chinese may have many more native speakers, but India is rapidly increasing its number of English speakers, and may soon overtake China.

④ English is not the world's most spoken first language, but it is the dominant world language if we include speakers with some knowledge of it. 41

Ⅱ Choose the word(s) that can best replace the underlined word.

(1) (a) <u>authorities</u> : ① writers ② experts ③ speakers ④ users 42

(2) (b) consider：　① count　② cost　③ prove　④ make　43

(3) (c) harsher：　① more extensive　② more varied　③ more confusing　④ more difficult　44

(4) (d) twisted：　① perfect　② circular　③ wrong　④ desirable　45

(5) (e) slightest：　① widest　② least　③ honest　④ most　46

Ⅲ Translate the underlined part into Japanese.

There are obvious problems in trying to put a figure to the number of English speakers in the world.

【7】 次の(1)～(6)の対になった文がほぼ等しい意味になるように、(　　)内に適当な1語を入れなさい。ただし、各語の最初の1字は(　　)内に示してあるので、それに続けて単語を綴りなさい。
解答は、**記述解答用紙(E)**に記入しなさい。 (配点24点)

(1) He is not feeling well. Just stop bothering him.

He is not feeling well. Just (l　　) him (a　　).

(2) We missed the last bus. I'm afraid we have to walk home.

We missed the last bus. I'm afraid we have to go home (o　　) (f　　).

(3) My colleague from my previous job is in town now. I'm going to go and greet him.

My colleague from my previous job is in town now. I'm going to (s　　) (h　　) to him.

(4) I sent the parcel two days ago. You should've received it by now.

I sent the parcel the day (b　　) (y　　). You should've received it by now.

(5) I try to avoid the city center on Sundays. There are so many people.

I try to (s　　) (a　　) from the city center on Sundays. There are so many people.

(6) When traveling overseas, remember that airplanes can be delayed.

When traveling overseas, (k　　) in (m　　) that airplanes can be delayed.

【8】 日本文のあらすじを参考に、英文中の㋐～㋘の(　　)内に適当な1語を入れなさい。ただし、各語の最初の1字は(　　)内に示してあるので、それに続けて単語を綴りなさい。

解答は、**記述解答用紙(E)**に記入しなさい。　(配点18点)

We came to Manderley in early May. I wondered if he guessed that I ㋐(f　　) my arrival at Manderley now as much as I had looked forward to it before. Gone was my excitement, my happy pride. Any ㋑(c　　) I had gained during my seven weeks of marriage was gone now.

"You mustn't mind if there's a certain amount of interest in you," he said. "Everyone will want to know what you are like. They have probably talked of ㋒(n　　) else for weeks. You've only got to be yourself and they will all love you. And you won't have to worry about the house; Mrs. Danvers does everything. Just leave it all to her. She'll be stiff with you at first, I expect. She's an unusual ㋓(c　　), but you mustn't let her worry you."

We stopped at the wide stone steps at the open door, and two servants came down to meet us.

"Well, here we are, Firth," said Maxim to the older one. "And this is Robert," he added, turning towards me. We walked together up the steps, Firth and Robert following with my coat and travel bag.

"This is Mrs. Danvers," said Maxim.

Someone came forward from the sea of faces, someone tall and thin, dressed in black with great dark eyes in a white face. When she took my hand, hers was heavy and deathly cold and it lay in mine like a lifeless thing. Her eyes never ㋔(l　　) mine. I cannot remember her words now, but I know she welcomed me to Manderley, in a stiff little speech spoken in a voice as cold and lifeless as her hand had been. When she had finished, she waited, as though for a ㋕(r　　), and I tried to say something, dropping my hat in my confusion. She bent to pick it up, and as she ㋖(h　　) it to me I saw a little smile of scorn on her lips.

After tea, Firth came in. “Mrs. Danvers wondered, madam, whether you would like to see your room.”

“How did they get on with the east wing?” Maxim said.

“Very well, sir. Mrs. Danvers was rather afraid it would not be finished by your ㋗(r　　). But the men left last Monday. I think you will be very comfortable, sir. It’s a lot lighter, of course, on that side of the house”.

“What have they been doing?” I asked.

“Oh, nothing much. Only redecorating and changing the furniture in the rooms in the east wing, which I thought we would use for ours. I’ll just finish reading these letters and then I’ll come up and join you. Run along and ㋘(m　　) friends with Mrs. Danvers. It’s a good opportunity.”

(du Maurier, D. (1999) *Rebecca*, retold by A.S. M. Ronaldson)

〈あらすじ〉

私たちがマンダレイ荘にやってきたのは、5月の初旬だった。ここに来ることを私が前に楽しみにしていたのと同じくらい、今はそれを恐れていたことにマキシムは気づいていただろうか。来る前のわくわくする気持ちは消え、結婚後の7週間で私が得た自信も消えていた。

マキシムは言った。「使用人達は君に興味を持つだろうけど、気にしてはいけないよ。おそらく何週間も君のことばかり話していただろうからね。いつも通りにしていればいい。家のことはすべてダンバース夫人に任せなさい。変わった性格の人だから最初は慣れないかもしれないけど、気にしないように」

屋敷に着くと、使用人のファースとロバートにコートと鞄を預け、私たちは中に入った。

大勢の使用人の中から、ダンバース夫人が一歩前へ進み出た。彼女は背が高く、瘦せて黒い服に身を包んでいた。握手をした彼女の手は冷たかった。そして彼女は私から目をそらさなかった。彼女は感情のこもらない声で歓迎の言葉を述べたあと、私からの返答を待つかのように押し黙った。私は何か言おうとして、慌てて帽子を落としてしまった。彼女がそれを拾って手渡してくれたとき、私は彼女がうっすらとほくそ笑むのを見た。

お茶の後、マキシムはファースに尋ねた。「屋敷の東側はどんな具合だね？」「上々です。ダンバース夫人は旦那さまのお戻りまでに終わるだろうかと心配されていましたが、月曜日には終了しました。日当たりが良くて、心地良いですよ」マキシムは私に説明してくれた。「東棟の私たちの部屋を改修していたのさ。この手紙に目を通したらすぐに行くから、見て回って、ダンバース夫人とも親しくなるといい」

◀A方式(英語リスニング)▶

(20分)

問題は、15問あります。答えとして最も適当なものを、4つの選択肢のうちから一つ選んでください。
解答時間中に問題冊子にメモを取ってもかまいません。
はじめにサンプル問題が1問ありますが、サンプル問題の解答を解答用紙にマークしてはいけません。

Sample Question：**解答しないこと**

① chair　② desk　③ stool　④ table

Question 1：

① emergency guides, folktales, and mathematics

② emergency guides, folktales, and sayings

③ emergency guides, mathematics, and sayings

④ folktales, mathematics, and sayings

解答番号 1

Question 2：

① The insurance company will give them money for the damage.

② The speaker didn't say how the family would pay.

③ They will use the money they got from being on TV.

④ They will use the money they got from selling the rock.

解答番号 2

Question 3：

① Australia　② Hokkaido　③ Indonesia　④ nowhere

解答番号 3

Question 4:

① a boy scratching

② a crab running

③ a flashlight searching

④ an insect rubbing

解答番号 4

Question 5:

① Carlos owed Derlin $12,000 for pizzas.

② Carlos' Tik-Tok community was very supportive.

③ Derlin couldn't pay any bills.

④ Derlin delivers the best pizzas.

解答番号 5

Question 6:

① cooked and cleaned

② hiked and collected rocks

③ swam and caught fish

④ tripped and fell

解答番号 6

Question 7:

① in front of close friends

② in front of their family

③ privately

④ publicly

解答番号 7

Question 8:

① four years after she became champion of Norway

② nine years after she moved to Hollywood

③ twelve years after she introduced the short skirt

④ two years after the first Olympic Games

解答番号 8

Question 9:

① Avery　② Charlie　③ Emery　④ Jessie

解答番号 9

Question 10:

① He is sick.

② He is worried about his job.

③ He was in an accident.

④ He was up late reading.

解答番号 10

Question 11:

① in 5 minutes

② in 20 minutes

③ in 40 minutes

④ in 45 minutes

解答番号 11

Question 12:

① left at the third street

② past the convenience store

③ straight to the pool

④ up the hill

解答番号 12

Question 13:

① He thought the Earth was flat.

② He thought the Earth was much bigger.

③ He thought Irving was telling the truth.

④ He thought the trip was too expensive.

解答番号 13

Question 14:

① amused　② angry　③ disappointed　④ upset

解答番号 14

Question 15:

① $400　② $600　③ $1200　④ $2160

解答番号 15

放送内容

これから，2024年度一般選抜前期A方式2月4日の英語リスニングテストを始めます。
このテストでは，聞き取る英語は，1回だけ流れます。
選択肢は，音声ではなく，すべて問題冊子に印刷してあります。
解答は，指示された解答番号の解答欄に，正しくマークしてください。
あとからまとめてマークする時間はありませんので，1問ずつマークしてください。
それでは，問題を開いてください。
問題は15問あります。
答えとして最も適当なものを，4つの選択肢のうちから一つ選んでください。解答時間中に問題冊子にメモを取ってもかまいません。始めにサンプル問題が1問ありますが，サンプル問題の解答を，解答用紙にマークしてはいけません。
では，始めます。

Hello. It's time for the Listening Comprehension Test.
We have 15 questions in all. Let's do a sample question.

Sample Question :
In front of you, right now, is something that has some sheets of paper on it. What is this thing with a flat surface on which the exam papers are placed? What is it called?

Well, the answer is "desk," which is No. 2. OK? Let's begin.

1
We say, "Good things come in threes" or "Bad things come in threes." In either case, the point is, it's "three" not "two" or "one" that is used in those sayings. Actually, "three" is a kind of magic number we use on various occasions. Think about some traditional folktales. There were three pigs in "The Three Little Pigs." Momotaro, or Peach Boy, met

three animals, a dog, a monkey, and a bird, on his way to Demon Island. We seem to understand stories more effectively by using the number "three." It is also used as an emergency guide: people can survive without water for "three" days and without food for "three" weeks.

Question 1: According to the speaker, on which occasions, do we use the magic number "three"?

2

Most people have insurance on their homes. This means that if their houses are damaged by fires, earthquakes, or floods, they can get the money needed to repair the damage from their insurance companies. However, what happens when a rock from space smashes through someone's house? That's what happened to a family in the United States one afternoon. A rock from space put two holes in the roof and ceiling and even damaged the floor. Scientists on TV confirmed that the rock was from space and billions of years old. Fortunately, nobody was killed or hurt. But, it's unlikely that the family has insurance for rocks from outer space. They've decided to keep the rock, although they could probably sell it.

Question 2: How will the family pay for the damage to their house?

3

Where shall I go in the summer holidays? It is so hot here in summer, so I want to go somewhere cooler, like Hokkaido. But since the summer holidays are long, perhaps I should go somewhere further away, like Australia. But it will be winter in Australia, and I prefer to go there in the Australian summer, so maybe I should stay here for the summer and go overseas in the winter holidays instead. But it will be so hot here! I know, I could go somewhere warm where I can swim at the beach, like Indonesia. That will be cheaper than Australia, too. Yes, that is what I will do. I'm going to book a flight right away.

Question 3 : Where will the speaker most likely go in the summer holidays?

4

Last night, I had an awful experience. I woke up to the sound of scratching coming from my son's bedroom. At first, I thought he might be scratching himself in his sleep. But the noise was so loud. Perhaps it was one of my son's pet insects rubbing on the inside of its container. I got up to investigate. I used a flashlight and searched in my son's room for the source of the noise. Finally, I found it. There, on the floor, was my son's pet crab. It had escaped and was running around the room looking for a way out. I caught and returned the crab, but it was a long time before I got back to sleep!

Question 4 : What was making the noise?

5

Derlin is an 89-year-old pizza delivery guy. Carlos likes to order pizzas from Derlin. This is not because Derlin delivers the best pizzas in town, but because of his friendly character. Whenever Carlos orders a pizza, he always asks that Derlin deliver it. Then he films the delivery and uploads it onto his Tik-Tok. Carlos wondered why someone so old would still be working so hard. It turned out that Derlin couldn't afford to pay some of his bills. Since Carlos has a lot of followers on Tik-Tok, he decided to raise some money for him. In the end, Derlin was presented with $12,000. Derlin was very happy but admitted he had never heard of Tik-Tok before.

Question 5 : Why was Derlin given $12,000 dollars?

6

I had a wonderful holiday last week! I went camping with my family. Usually when we go camping, I do all the cooking and cleaning, but this time my husband wanted to do the cooking. While he was cooking lunch, I went to the river with my son. He spent a lot of time swimming and catching small fish, and I found some beautiful rocks to take home. The next morning, we all went hiking. My son tripped over a rock and fell on the way back to camp, so in the afternoon we stayed at the campsite and played games. Then my husband cooked dinner. The next day we packed up camp and came home. It was a great trip.

Question 6 : What did the speaker do on the camping trip?

7

A major event in the life of high school students in the United States is a formal dance held just before graduation and called a prom. Recently, a lot of attention is being paid to the way a student invites someone to the dance. It's a chance to be creative and make the moment memorable by asking a hopeful date in a funny, romantic, or surprising way. While many students are making their proposals public events, I think that asking someone to go to the dance with you in front of close family or friends is unwise, and it would be better asking without any audience. The answer could be no! You can make the moment memorable without unnecessary pressure.

Question 7 : What does the speaker think is the best way to invite someone to a prom?

8

Figure skating was first included in the Olympic Games in 1908, appeared again in 1920, and became part of the Winter Olympic Games when they were instituted four years later. Norwegian Sonya Henie was the most noted figure skater of that period. She won the Norway championships at the age of nine, and the world championships at the age of 13! She got gold medals at the Winter Olympics in 1928, 1932, and 1936. Then, she went to Hollywood and appeared in a number of movies. In addition, Sonya was the first woman skater to wear the short skating skirt.

Question 8 : When did Sonya Henie become world figure skating champion?

9

A : Hi, Avery. It's been a while since we've had lunch together.

B : Yeah. It's been three years, I guess. So, is everything fine with your family, Charlie?

A : Well, actually, my elder son, Jessie, is now wasting too much money on his clothes. Last week he bought a sixty-thousand-yen T-shirt for himself.

B : Wow, I've never heard of such an expensive T-shirt. You know, Emery is worse than that, though.

A : Really? I thought she didn't care much about clothes.

B : No. But she bets a lot of money on horses these days. Last month, she lost more than three-hundred-thousand yen on the horse races.

A : Oh, my gosh. She is definitely the champion among our big spenders.

Question 9 : According to the speakers, who has been wasting the most money?

10

A : Hey Alex, what's wrong?

B : Gee thanks. Do I look that bad?

A : Well, you look really tired. Are you sick?

B : No. I just didn't get much sleep last night.

A : Why? Are you worried about your job?

B : No. I just started reading a book and it was so interesting that I couldn't stop reading.

A : Oh, is that all! I was afraid you were sick, or someone you knew was in an accident or something.

B : Well, thanks for your concern, but my only worry right now is what is going to happen to the main character. I stayed up until three in the morning, and I still haven't finished!

A : Okay, now I'm worried. Maybe you should seek professional help.

B : Yeah, ha ha.

Question 10 : Why does Alex look so tired?

11

A : Excuse me. I'm waiting for a friend of mine flying over from Burlington. He promised to meet me at five o'clock sharp. He is supposed to be here by now.

B : Which airline? Or do you know the flight number?

A : No, I don't. I just know it is a flight coming in from Burlington.

B : OK. Let me check... From Burlington... Ah! It's TransAtlantic Air, flight number 55. It is behind schedule due to heavy snow in the Burlington area. It hasn't arrived yet. It is scheduled to arrive 40 minutes late.

A : Oh, thank you so much. I'm relieved. So the plane will arrive in 20 minutes.

B : For now. Please check the latest information on the information board.

Question 11 : When is the plane expected to arrive?

12

A：Hi there, are you lost?

B：Oh yes, I am. I am trying to find the nearest station.

A：There are two, but neither is very near. The JR station is straight up that hill. It's quite a climb. The subway station is over that way. You need to go past the convenience store and then take the third left.

B：I need the subway station. How long does it take to walk there?

A：About 15 minutes if you don't get lost. Some of the streets are pretty small, so it's easy to get confused. If you reach the swimming pool, you've gone too far.

B：Okay, I'll be alright. If I reach the swimming pool, I'll stop and ask for help!

Question 12: Which way should the lost speaker go first to get to her station?

13

A：Hey Charlie, did you know that Columbus set sail for Asia in 1492?

B：Of course! He wanted to leave seven years earlier, but was refused by the King of Spain.

A：Right, the king thought the world was flat, and not round.

B：Yeah, I grew up believing that was the reason, too.

A：Oh?

B：Actually, it was a lack of funding. Just too expensive for the king.

A：But most people at that time believed the world was flat!

B：That myth began 200 years ago, when Irving published Columbus' life story. Since then, most people have grown up believing that.

A：Believing what, Charlie?

B：That everyone in Columbus' time believed the world was flat!

A：Probably Columbus thought the world was much smaller.

B：Oh, boy...

Question 13 : According to Charlie, what was the real reason the King of Spain refused Columbus' trip?

14

A : So Kim, how was your trip to Nara?

B : It was great! I've never laughed so hard in my life!

A : What are you talking about? Did you go to a comedy show while you were there?

B : No, but we were discriminated against by the deer!

A : What are you talking about?

B : Whenever a Japanese person went up to the deer and bowed, the deer bowed back. However, when we bowed, the deer completely ignored us! It was so funny I've even recorded it on my phone!

A : Wow! That's incredible! Usually, when people experience discrimination, they're angry or disappointed about it.

B : Well, I laughed so hard that I cried, but I wasn't upset. It was just like something you'd see in a TV commercial.

Question 14 : How did Kim feel about being treated differently by the deer?

15

A : This one looks nice for Bob's summer camp. If we book early, perhaps we can save 50% like we did last year.

B : Yeah, that was an amazing deal, only paying $400 for 7 nights. Half price!

A : Hold on a minute. They're not having the early booking deal this year!

B : Oh, that's a shame! $800 a week is a little much.

A : But look, they are having a 10% discount if you book for 3 weeks.

B : That's crazy! That's way too long!

A : But Bob really enjoyed himself last year, and he learned so much!

B：Well, I guess you're right. Let's go with that plan then. Book it now before I change my mind!

Question 15: How much will Bob's summer camp cost this year?

This is the end of the listening test.

これで，問題を聞く部分はすべて終わりです。
解答終了のアナウンスがあるまで，解答を続けられます。

解答をやめてください。鉛筆を置いて，問題冊子を閉じてください。

◀M 3・M 2 方式▶

（90 分）

【1】 次の対話文が自然な流れをもつように、[1] ～ [6] に入る最も適当な応答文を、それぞれ①～④の中から選びなさい。
解答番号は、(1) [1] ～(6) [6] 。 （配点 18 点）

[Two business colleagues are talking.]

A : Good morning, Sarah. Do you have time to talk with me now about the business proposal I gave you yesterday?

B : [1]

(1) ① Sorry, I was planning to read it, but I had something better to do today.

② Did I give you a proposal yesterday? I really don't remember doing that.

③ Of course. I had a chance to look at it last night. Let's talk about it now.

④ Sarah was hoping to join us, but she has been delayed in another meeting.

A : That's good. What were your first impressions?

B : [2]

(2) ① Most of it seemed reasonable. I do have a couple of questions, though.

② To be honest, I couldn't find a single thing wrong with it. It's wonderful.

③ I can't see why you were so impressed. It wasn't anything special at all.

④ Do we talk about this proposal, or do you have something else in mind?

A : Of course, I expected that. What would you like to ask about first?

B : [3]

(3) ① Can we start at the bottom of each page? How much did you pay for the paper?

② Could we start with your quoted product prices? Are you sure they're high enough?

③ Shall we speak a little more quietly? I don't want our other colleagues to hear us.

④ Shall we try to make a competition to see which of us can make the best proposal?

A : Do you think they are on the low side? I didn't want to make our prices uncompetitive.

B : I know some of our competitors charge less for similar products, but our quality is higher, and a higher price would show this.

A : [4]

(4) ① It's a pity that you don't understand that point. Cheap is always much better.

② If we make a higher quality product, we'd be able to ask a higher price for theirs.

③ What we need most is to ask our colleagues in those companies what they think.

④ Still, times are hard, and many customers go for cheapness rather than quality.

B : I take your point. An attractive price is important. We should ask our other colleagues for their opinion. What is your other point of concern?

A : [5]

(5) ① I was wondering if the period of the guarantee for free servicing was too long.

② I was considering offering a much longer period for free

servicing and repairs.

③ I was planning to make the proposal shorter, in order to repair the damage.

④ I was hoping to read the information on the back of the proposal carefully.

B : I don't think we should shorten the period. Our company is very proud of its back-up service plans.

A : [6]

(6) ① There's no need to be angry. It doesn't matter what other people think about it.

② You know what they say. Pride comes before a fall. We should be very careful.

③ I take your point. It is long; but I would still like to hear what other people think.

④ It's not fair that our competitors can charge less for a similar product to theirs.

B : Fair enough. Let's try and arrange a meeting with the other team members this afternoon.

【2】 次の各組において、それぞれ①～⑦の語を空所に入れて日本語とほぼ同じ意味の英文を完成させたい。その場合、[7]～[12]に入れるのに最も適当なものを、それぞれ①～⑦の中から選びなさい。なお、文頭にくる単語も小文字で示してある。解答番号は、(1)[7]～(6)[12]。　　(配点 24 点)

(1) AIがもたらす未来を悲観的に考える人たちも数多い。最も よく見られるのは、人間がいま行っている仕事の多くをAIが引き継ぐようになるだろうから、多量の失業者が生み出されるという議論である。

There are many people who are pessimistic about the [　] [　] [　] by AI. The most common argument is that AI [　] [　] [7] [　] of the jobs done by humans today, thus creating massive unemployment.

① over　② about　③ take　④ brought
⑤ future　⑥ many　⑦ will

(2) 学生が教授の言っていることを十分に理解できないときがあるのは、ごく当然のことである。しかし教授たちもこれには慣れていて、講義の途中でもその後でも、たいていは喜んで質問に答えてくれるものだ。

It is only natural that [　] [　] [8] [　] students cannot understand fully what their professors are saying. However, professors are used to this and are usually happy to answer [　] [　] [　] after the lecture.

① when　② questions　③ are　④ or
⑤ during　⑥ times　⑦ there

(3) 電球が発明されてから、電気による照明は人間の生活を変えるのに重要な役割を果たしてきた。それにより、人は自然光への依存を乗り越え、夜間も活動をつづけることが容易になったのである。

Since the invention of the light bulb, electric lighting has played an important [　] [　] [　] human life. It has made it easier for people to overcome [　] [9] [　] [　] light and continue their activities at night.

① their　② changing　③ role　④ dependence
⑤ natural　⑥ in　⑦ on

(4) 成人の皮膚は面積にして約1.6平方メートル、つまり畳１枚分に相当し、重量にして３キログラムもある。皮膚はいうまでもなく体を外敵から守るものだが、それは人体で最大の器官でもある。

The skin of an adult is about 1.6 square meters, which [　] [10] [　] [　] tatami mat, and weighs as much as 3 kilograms. Needless to say, it protects the body [　] [　] [　], but it is also the largest organ of the human body.

① from　② to　③ enemies　④ one
⑤ are　⑥ external　⑦ equivalent

(5) 日本の学校は宿題が多いと言われるが、日本の生徒が世界で一番多く宿題をしているわけではない。トップは週に平均14時間を費やしている上海の生徒、次は10時間をわずかに切るロシアである。

Japanese schools are said to assign a lot of homework, but Japanese schoolchildren do not do the most homework in the world. [11] [　] [　] [　] schoolchildren in Shanghai, who spend an average of 14 hours a week on homework, followed by Russia, [　] [　] [　] 10 hours.

① are　② top　③ under　④ with
⑤ at　⑥ just　⑦ the

(6) 電車や公園などで居眠りする習慣はかなり日本独特である。これはひとつには、多くの日本人が働き者で疲れ気味だからだろうが、もうひとつには、日本では誰も、寝ている間に財布を抜き取られる心配などしないからだろう。

The habit of taking a nap on trains or in parks is □ □ □ Japan. This may be partly because many Japanese are hard-working and tired, and partly because in Japan □ □ [12] □ having one's purse snatched while sleeping.

① about　② to　③ unique　④ one
⑤ quite　⑥ worries　⑦ no

【3】 次の(1)～(11)の各文には4か所下線が施してある。そのうち1か所を訂正すれば、その文は正しい英文になる。その箇所をそれぞれ①～④の中から選びなさい。解答番号は、(1) [13] ～(11) [23] 。　(配点22点)

(1) It is now a ①well-known fact that fossil fuels such as coal and petroleum give ②off greenhouse ③gases when ④it is burned. [13]

(2) ①On average, Japanese ②consume too much salt, although it has ③shown definitely that it can cause a variety of ④illnesses. [14]

(3) Most thunderstorms are ①caused by warm and ②moisture air rising ③upward and ④meeting cooler air. [15]

(4) Charles Darwin was an ①outstanding biologist in ②the nineteenth century, ③whom we are ④indebted the idea of evolution. [16]

(5) She was ①so used to ②get up early that it was a shock to her to have overslept ③on that day and ④missed the meeting. [17]

(6) The moon, by ①rotating around the earth ②every twenty-seven and a ③third days, keeps the same side ④faced the earth. [18]

(7) No matter ①how hardships she met, she ②put up with ③them and finally ④realized her dream to be an aircraft pilot. [19]

(8) When spring comes, as ①days get longer and temperature ②rises, the growth of plants ③is promoted ④according. [20]

(9) There is ①not denying that the crime was ②committed by someone ③with ④specialized knowledge about computer networks. [21]

(10) It must be ①admitted that many of the present global ②crises have something to do ③for how we normally ④act in our everyday lives. [22]

(11) When the company decided to ①make working hours ②shortly, its workers ③became able to enjoy personal hobbies more ④freely. [23]

【4】 次の(1)～(4)のAの文に対するBの応答として、<u>最も不適切なもの</u>を、それぞれ①～④の中から選びなさい。

解答番号は、(1) 24 ～(4) 27 。　　(配点16点)

(1) A：Well, that turned out very differently from what I expected!

B： 24

① You were quite right. You told me exactly what would happen.

② It's quite amazing, isn't it? Who would ever have believed it?

③ Really? I had a kind of feeling that it might end just like that.

④ True, but I am relieved that we don't have to worry any more.

(2) A：Can you go through your plan once more for me?

B： 25

① I don't see why. I've explained it four or five times already.

② Well, if I must; which part of it are you concerned about?

③ How about taking a break, then coming back to this later?

④ I'd prefer it if you changed your plan with someone else.

(3) A：Unless you stop complaining, I'll not pay any attention to you.

B： 26

① I'm sorry, but I really can't accept this situation continuing as it is.

② I didn't realize that I was complaining. I was just making a comment.

③ I'm pleased that I didn't. Your criticisms really caught my attention.

④ I understand what you say, but I want you to listen to me some morc.

(4) A：Please do whatever you think is best.

B： 27

① Thank you. I'll have another think about it and let you know.

② Yes, I am very satisfied with what you did. It went very well.

③ Yes, I will. I am grateful for all the support you're giving me.

④ That's kind of you. I believe I know the best way to do it now.

【5】次の英文を読み、下記の設問Ⅰ、Ⅱに対する最も適切な答えを、それぞれ①～④の中から選びなさい。
解答番号は、Ⅰ(1) 28 ～(5) 32 、Ⅱ(1) 33 ～(5) 37 。（配点40点）

People in 1950s America were wealthier than ever before, but life somehow didn't seem as much fun. The economy had become an unstoppable machine; gross national product (GNP) rose by 40 per cent in the decade, from about $350 billion in 1950 to nearly $500 billion ten years later, then rose by another third in the next six years. But what had once been (a) utterly delightful was now becoming very slightly, rather strangely unfulfilling. People were beginning to discover that joyous consumerism is a world in which you get back less and less.

By the closing years of the 1950s most people — certainly most middle-class people — had pretty much everything they had ever dreamed of, so increasingly there was nothing much to do with their wealth but buy more and bigger versions of things they didn't truly require: second cars, lawn tractors, extra phones and televisions, you name it. Having more things of course also meant having more complexity in your life, more (b) running costs, more things to look after, more things to clean, more things to break down. Women increasingly went out to work to help keep the whole enterprise afloat. Soon millions of people were caught in a spiral in which they worked harder and harder to buy labor-saving devices that they wouldn't have needed if they hadn't been working so hard in the first place.

By the 1960s, the average American was producing twice as much as only fifteen years before. In theory at least, people could now afford to work a four-hour day, or two-and-a-half-day week, or six-month year and still maintain a standard of living equivalent to that enjoyed by people in 1950 when life was already pretty good — and, you might say, in many respects much better. Instead, and almost uniquely among developed nations,

Americans took none of the productivity gains in additional leisure. We decided to work and buy and have instead.

Meanwhile, things weren't going terribly well for America in the wider world. In the autumn of 1957, the Soviet Union successfully tested their first intercontinental long-distance missile, which meant that now they could kill us without leaving home, and within weeks of that they launched the world's first satellite into space. Called Sputnik, it was a small metal sphere about the size of a beach ball that didn't do much but (c) orbit the Earth and make a 'ping' noise from time to time, but that was considerably more than we could do. The following month they launched Sputnik II, which carried a little dog called Laika. Our pride hurt, we responded by announcing a satellite launch of our own, and on 6 December 1957, the burners were fired on a giant Viking rocket carrying a fancy new satellite. As the world watched, the rocket slowly rose two feet, fell over and exploded. It was a humiliating setback.

America didn't get its first satellite into space until 1958 and that wasn't terribly (d) impressive: it weighed just 13 kilos and was not much larger than an orange. As late as 1961, over a third of U.S. launches failed. The Soviet Union meanwhile went from strength to strength. In 1959 they landed a rocket on the Moon, and in 1961 successfully put the first astronaut, Yuri Gagarin, into space and safely brought him home again. We were beginning to look (e) hopeless at whatever we did.

(Bryson, B. (2007) *The Life and Times of the Thunderbolt Kid*)

I According to the passage, choose the best answer.

(1) What happened to the American economy through the 1950s?

① People were happily spending their money even though the American GNP was falling.

② The population rose by 30% because a rapidly rising GDP was making life better for them.

③ GNP rose by $500 billion in the decade, making people believe it would go on increasing.

④ GNP rose by around 40% in that ten-year period, making people richer, though not happier. 28

(2) How were the spending habits of Americans changing after 1950?

① They spent more and more money on products that they didn't really need.

② They were feeling cheerful about giving names to all these new products.

③ They preferred to buy products which were much less difficult to operate.

④ They spent more money on exercise machines to improve their performance. 29

(3) What does the writer mean when he says that Americans were "caught in a spiral"?

① The way of life that they had been used to before the 1950s kept coming round again, making them want to return to the past.

② Everyone in America felt excited about the fast pace of change, and wanted this feeling to continue as long as they were able to work.

③ They worked more to make money to buy things that would save them time, which they wouldn't have needed if they worked less.

④ Working conditions became more and more difficult, so people reduced their working time and tried to catch up with their friends. 30

(4) What was life like for average Americans in the early 1960s?

① Most businesses that were launched in that decade failed, causing hardship.

② More money should have meant more leisure time, but this was not the case.

③ There was more time to relax compared with before, so life was far happier.

④ The constant attacks by the Soviet Union caused great panic in many homes. **31**

(5) How was space technology developing in the 1950s?

① America led the space race in most things, but failed to send up the first satellite.

② America was in competition with the Soviet Union, but was behind in every aspect.

③ The Soviet Union was the first to put a man into space and land him on the Moon.

④ The Soviet Union was less interested in technology than putting a dog into space. **32**

Ⅱ Choose the word that can best replace the underlined word.

(1) (a) utterly : ① vocally ② believably ③ partially ④ absolutely **33**

(2) (b) running : ① thrilling ② operating ③ growing ④ racing **34**

(3) (c) orbit : ① circle ② depart ③ observe ④ protect **35**

(4) (d) impressive : ① impossible ② heavy ③ grand ④ hasty **36**

(5) (e) hopeless： ① careless ② unpopular
③ inspired ④ useless 37

【6】 次の英文を読み、下記の設問Ⅰ、Ⅱに対する最も適切な答えを、それぞれ①～④の中から選びなさい。

解答番号は、Ⅰ(1) 38 ～(5) 42 、Ⅱ(1) 43 ～(5) 47 。(配点40点)

【出典】Marcus Rashford story: How the Manchester United star struggled for food during childhood, Republic on May 25, 2021

出典の英文は以下のサイトでご確認いただけます（出題にあたって一部改変あり）。
https://www.republicworld.com/sports/football/marcus-rashford-story-how-the-manchester-united-star-struggled-for-food-during-childhood/

なお，上記のリンクは2024年5月時点のものであり，掲載元の都合によってはアクセスできなくなる場合もございます。あらかじめご了承ください。

著作権の都合上，省略。

(From the website: Marcus Rashford Story: How the Manchester United Star Struggled for Food During Childhood)

I According to the passage, choose the best answer.

(1) Which sentence is not true about Marcus Rashford's accomplishments?

① He became one of the best professional soccer players while he was still young.

② He organized a campaign to help feed children who can't get enough food.

③ As well as playing, he also feeds other players in the Manchester United team.

④ Not only is he an excellent player, he also plays a major role in social welfare. **38**

(2) What was Marcus' family's home life like when he was growing up?

① All the children were often hungry, but appreciated what their mother did.

② His mother had multiple jobs, so the family always ate nice healthy meals.

③ He asked his friends for food every day, but he did not always get enough.

④ No one at his school knew his situation until Marcus appeared on Breakfast TV. **39**

(3) Which sentence best describes how Marcus developed into an excellent player?

① A famous United player inspired him to enroll in a special soccer academy.

② His mother brought him an express ticket so he could join the club a year earlier.

③ He was able to practice with older talented players, which helped him improve.

④ David Moyes became his personal manager and made him sign with United. **40**

(4) Why did Marcus get an early opportunity to play in the Europa League?

① He had already played 270 games for Manchester United, so he was ready.

② Several players were injured and Marcus was chosen as a replacement.

③ An England superstar who had already scored 88 goals recommended him.

④ Although Marcus was too young to play, Manchester United made an appeal. [41]

(5) What are we told about Marcus Rashford's food campaign?

① Poor children are fed during the holidays, but not during school days.

② To defeat Marcus' companies, the UK started their own campaigns.

③ He got the government to feed poor children during the long holiday.

④ The United Nations appointed Marcus an ambassador of England. [42]

II Choose the word that can best replace the underlined word.

(1) (a) compassion : ① sympathy ② passion ③ effort ④ strength [43]

(2) (b) detailed : ① demonstrated ② explained ③ repeated ④ denied [44]

(3) (c) consideration : ① devotion ② command ③ transport ④ treatment [45]

(4) (d) leading : ① bossy ② bridging ③ top ④ smartest [46]

(5) (e)launched： ① played ② cancelled ③ freed ④ started 47

【7】 次の英文を読み、下記の設問Ⅰ、Ⅱに対する最も適切な答えを、それぞれ①〜④の中から選びなさい。
解答番号は、Ⅰ(1) 48 〜(5) 52 、Ⅱ(1) 53 〜(5) 57 。（配点 40 点）

The word megalith comes from Greek, and means a great stone. It is commonly used of any structure built of large stones, usually set (a)upright in the earth, and dating from 5,000 to 500 BC. in Western Europe. The commonest kind of megalithic monument in Europe, generally called a dolmen, is a chamber formed of such stones with one or more capstones laid across them to make a roof. These were often originally covered with a mound of earth, but not always, and many of these covering mounds have now disappeared. Dolmens are found from Italy to Ireland, and from the south of Spain to Sweden. In many of them traces of human burials can be found — others seem never to have been used for burials.

The other kind of monument which occurs throughout Europe is the single standing stone. This is often called a menhir, especially if it is large, and not a part of a group or structure. It is sometimes carved or partly shaped. Some of these menhirs have been shown to have a possible astronomical function, as a marker. Their other uses are only just beginning to be understood. They are at once the simplest and most mysterious of megaliths. Alignments, long lines of standing stones, are also found in Europe. Some stand close together, others (b)stretch for miles across the countryside. An astronomical use has been clearly demonstrated for several alignments, especially those at Carnac in France, the largest and most famous of all. They also suggest ritual or ceremonial uses.

One of the most (c)striking facts about megalithic monuments is their very specific orientation. From the first megaliths onwards, the direction in which their entrance faced seems to have been of importance. The early dolmens in Portugal face south of east, roughly towards the midwinter sunrise, as does that of a mound at Carnac. English monuments, later, face east. A thousand years later, the great monument of Newgrange in Ireland was aimed clearly at the winter solstice sunrise — on midwinter day, and on only a day or two either side of it, the rising sun shines straight through a slit above the entrance to the mound, and illuminates the rock-carvings of the chamber within. This orientation is so common that it is hard to resist the conclusion that the midwinter festival was the most important at that stage, and the moment of the rebirth of the sun was the chief focus. Later, the emphasis seems to (d)switch from the winter to the summer solstice, midsummer day. Stonehenge in the U.K. was rearranged in 2,400 BC. so that its chief axis lined up with the Heel Stone, a large standing stone a little apart from the main monument, towards the midsummer sunrise.

All this shows the importance given to marking a very precise point in the annual cycle. This would be connected to farming and possibly to related festivals. The forms of the monuments themselves suggest various kinds of ritual. The avenues, alignments and standing stones very powerfully (e)evoke images of great processions, whatever their astronomical or other functions might be. And the big spaces inside are obvious settings for the dance which seems to have been men and women's earliest way of worshipping and celebrating, and of restoring themselves to harmony with the rhythms of life.

(Service, A. and Bradbery, J. (1979) *Megaliths and Their Mysteries*)

I According to the passage, choose the best answer.

(1) What does this passage tell us about dolmens?

① They are monuments made in Europe both before and after 5,000 to 500 BC.

② They are monuments whose earth covers on top of their stones still exist today.

③ They are monuments which were surprisingly not connected with human burials.

④ They are monuments made of large stones, often originally covered with earth. **48**

(2) What was the purpose of a menhir?

① They were built in groups or inside structures to point towards certain stars at night.

② There may have been various uses, which scientists are now beginning to understand.

③ There is no single purpose known, but being used to make carvings is one possibility.

④ They were certainly made for use except in the ceremonies and practices of people. **49**

(3) Why does the alignment of many monuments seem to be important?

① Many were constructed in such a way as to show the times of midsummer or midwinter.

② Some were constructed to face towards the south of Portugal as a guide for travelers.

③ Many were built by eastern peoples to indicate which part of Europe they had come from.

④ Some were built to allow the light from Newgrange to shine only on a few days each year. **50**

(4) Why was knowledge about the changing of the seasons important to ancient peoples?

① They needed to know exactly when the birthdays and anniversaries of their relatives were.

② Knowing when the seasons changed told people the best times to move the monuments.

③ Knowing about the difference between the seasons was not part of their social structure.

④ They were mostly farmers, and needed to know the best times to plant or pick their crops. **51**

(5) How might people of that time have used the megalithic sites?

① The sound that the stones made may have led their musicians to create new harmonies.

② The great stones may have been carried by people in their festivals to bring good luck.

③ The spaces inside and around the sites were possibly used for dancing and ceremonies.

④ The stars possibly shone on the stones, making people believe that the stones were gods. **52**

Ⅱ Choose the word that can best replace the underlined word.

(1) (a)upright : ① flat ② covered ③ horizontal ④ vertical **53**

(2) (b)stretch : ① extend ② explain ③ describe ④ deliver **54**

(3) (c)striking : ① painful ② remarkable ③ uninteresting ④ disputed **55**

(4) (d)switch : ① chance ② return ③ change ④ respond **56**

(5) (e)evoke : ① influence ② improve ③ imitate ④ inspire **57**

日本史

◀A 方 式▶

（60分）

【1】 農業の変遷について述べた次の文章を読み、後の問いに答えなさい。（配点36点）

縄文時代の人々は採取・(a)狩猟・漁労を中心に食料を獲得していたが、福岡県板付遺跡の発掘による知見などから、［ア］には水稲農耕が九州北部で開始されていたと考えられる。

弥生時代には北海道と南西諸島を除く日本列島の大部分の地域で水稲農耕が行われるようになり、食料生産の段階に入ったとされる。(b)農業生産が定着し、古墳時代には鉄製の農具を用いた農地の開発も進んだ。

８世紀初めには律令制度が整備され、人々への(c)さまざまな負担が法制化された。奈良・平安時代を通じて(d)墾田の開発が進み、(e)有力農民による集約的農業が行われた。

鎌倉時代には農地開発と(f)農業技術の進歩が相まって生産力が増大した。また、各地の風土に合った原料作物の栽培と加工が盛んになった。室町時代にはさらに稲作の集約化・多角化が進み、稲作以外の農地も広がった。後期になると、戦国大名が富国強兵のため積極的に土地の開発を行い、全国の耕地面積は急増した。

江戸時代にも、幕藩体制が経済的に(g)村と本百姓に依拠したものであり、必然的に幕府や諸藩は農業振興につとめることになる。(h)大規模な新田開発で耕地面積は著しく増大し、技術の発達に加えて、干鰯など金肥の使用、(i)農具の改良、［イ］が著した『農業全書』などの農書の普及により、農業が高度化した。また、商品作物も盛んに栽培され、(j)各地で特産品が生まれた。一方で、幕府は本百姓体制維持のために法令を出すなどして農村に統制を加え、［ウ］制度や寺請制度によって農民の生活を規制した。

幕末に諸外国との貿易が開始されると、主力輸出品である［エ］生産が奨励され産業として確立した。

明治維新後、政府は安定的な財源の確保と近代的な土地制度の実現をめざして改革を行なった。1872年に［　オ　］を解き、地価を定めて地券を発行した。翌年には地租改正条例を発し、(k)地租改正に着手した。「御一新」で農民は負担の軽減を望んでいたが、地租は農民にとってこれまでと変わらない重い負担のままであった。

1870年代後半になると、国立銀行条例の改正や［　カ　］の戦費調達に伴う不換紙幣の濫発によってインフレーションが起こった。これに対処するため、1881年、大蔵卿松方正義によってデフレ政策が実行された。その結果、米などの価格が下落し、(l)自作農や中小地主層が没落し、土地を手放して小作農になる者も少なくなかった。一方で土地を集積した地主層によって寄生地主制が進んだ。

1904－05年の日露戦争の反動で明治40年の恐慌が起こると、第２次桂太郎内閣は［　キ　］を出し、さらに(m)内務省を中心に農事改良による農民の就農意識改革など地方改良運動を進めた。昭和になって日中戦争が長期戦の様相を呈し、1938年には戦時体制の下で［　ク　］が制定された。

第二次世界大戦の敗戦後には、軍国主義の温床の一つとされた寄生地主制を解体するために、1945年に［　ク　］を改正して第一次農地改革案が作成されたが、連合国軍最高司令官総司令部（ＧＨＱ／ＳＣＡＰ）から不徹底な内容であると指摘された。そこで、政府は自作農創設特別措置法を制定して(n)第二次農地改革を実施した。

問１　下線部(a)に関連し、狩猟用具である矢の先端に矢じりとしてつけられた石器の名称として正しいものを、次の①～⑤の中から一つ選びなさい。解答番号は、［　1　］。

①　石槍　　②　石錘　　③　石鏃　　④　石匙　　⑤　石斧

問２　空欄ア・イに入る語句・人名の組み合わせとして正しいものを、次の①～④の中から一つ選びなさい。解答番号は、［　2　］。

①　ア　中期　　イ　大蔵永常　　②　ア　中期　　イ　宮崎安貞

③　ア　晩期　　イ　大蔵永常　　④　ア　晩期　　イ　宮崎安貞

問３ 下線部(b)に関連し、弥生時代の人々の生活について述べた文として正しいものを、次の①～④の中から一つ選びなさい。解答番号は、[3]。

① 稲作が伝来し、移動生活から定住生活への移行が始まった。

② 収穫物は貯蔵穴や、高床倉庫などに保存した。

③ 余剰生産物を巡る争いが生じ、吉野ヶ里遺跡などの高地性集落もつくられた。

④ 貯蔵用の甕、煮炊き用の壺など、さまざまな用途の弥生土器がつくられた。

問４ 下線部(c)に関連し、律令制度下の公民の負担について述べた文として正しいものを、次の①～④の中から一つ選びなさい。解答番号は、[4]。

① 班田収授などの台帳として、６年ごとに戸籍が作成された。

② 課税は人頭税であったため、18～60歳の良民男性である正丁がおもに税を負担した。

③ 租・調・庸を京に運ぶ運脚は食料が自弁であったため、大きな負担となった。

④ 兵役には、３年間の期限で九州北部の警備などにあたる衛士などがあった。

問５ 下線部(d)に関連し、次の史料は902年に出された荘園整理令である。史料中の空欄ケに入る語句として正しいものを、下の①～⑧の中から一つ選びなさい。解答番号は、[5]。

[ケ] 符す

応《まさ》に勅旨開田幷びに諸院諸宮及び五位以上の、百姓の田地舎宅《しゃたく》を買ひ取り、閑地荒田を占請するを停止すべきの事

（『類聚三代格』）

① 天皇	② 関白	③ 太政官	④ 神祇官
⑤ 式部省	⑥ 治部省	⑦ 開拓使	⑧ 検田使

問６ 下線部(e)に関連し、次の史料は有力農民の農業経営に関するものである。史料中の空欄コに入る語句として正しいものを、下の①～⑤の中から一つ選びなさい。解答番号は、[6]。

三の君の夫は、出羽権介田中豊益、偏《ひとえ》に耕農を業と為して、更に他の計《はかりごと》なし。数町の戸主、大名の［ コ ］なり。

（『新猿楽記』）

① 開発領主　② 在庁官人　③ 荘官　④ 田堵　⑤ 目代

問7　下線部(f)に関連し、鎌倉時代の農業経営について述べた文として正しいものを、次の①～④の中から一つ選びなさい。解答番号は、［ 7 ］。

① 武士の館の周りには、佃・門田などとよばれる直営地がおかれていた。
② 荘園・公領に置かれた地頭が幕府に年貢米を納め、定められた収入として加徴米などを得た。
③ 刈敷・草木灰などの使用により、全国で二毛作が行われるようになった。
④ 品種改良でつくり出された収穫量の多い大唐米が栽培されるようになった。

問8　下線部(g)に関連し、伝馬宿入用や六尺給米などの村高に応じて課せられた付加税として正しいものを、次の①～⑤の中から一つ選びなさい。解答番号は、［ 8 ］。

① 国役　② 小物成　③ 高掛物
④ 伝馬役　⑤ 本途物成

問9　下線部(h)に関連し、新田開発を進めるために印旛沼・手賀沼の干拓を企図した人物の名として正しいものを、次の①～④の中から一つ選びなさい。解答番号は、［ 9 ］。

① 田沼意次　② 松平定信　③ 三井高利　④ 柳沢吉保

問10　下線部(i)に関連し、穀粒の大小を選別する道具として正しいものを、次の①～⑤の中から一つ選びなさい。解答番号は、［ 10 ］。

① 扱箸　② 千石簁　③ 千歯扱　④ 唐箕　⑤ 踏車

問11 下線部(j)に関連し、各地の特産品として**誤っているもの**を、次の①～⑤の中から一つ選びなさい。解答番号は、 11 。

① 常陸の桐生絹　② 大和の奈良晒　③ 尾張の有松絞
④ 筑後の久留米絣　⑤ 山城の宇治茶

問12 空欄ウ・エに入る語句の組み合わせとして正しいものを、次の①～④の中から一つ選びなさい。解答番号は、 12 。

① ウ 五人組　エ 生糸　② ウ 五人組　エ 藍玉
③ ウ 五保　エ 生糸　④ ウ 五保　エ 藍玉

問13 空欄オ・カに入る語句の組み合わせとして正しいものを、次の①～④の中から一つ選びなさい。解答番号は、 13 。

① オ 田畑永代売買の禁止令　カ 西南戦争
② オ 田畑永代売買の禁止令　カ 戊辰戦争
③ オ 分地制限令　カ 西南戦争
④ オ 分地制限令　カ 戊辰戦争

問14 下線部(k)の地租改正について述べた文として**誤っているもの**を、次の①～④の中から一つ選びなさい。解答番号は、 14 。

① 土地の権利関係が整理され、地券を有するものが土地所有者と確定した。
② 地租は地価の３％で金納とされたため、政府の安定した財源となった。
③ 小作料が金納になったことで、農村に貨幣経済が広がり、貧富の差が拡大した。
④ 地租改正反対一揆を受けて、1877年に地租は地価の2.5％に引き下げられた。

問15 下線部(l)に関連し、松方財政の影響で困窮した農民が困民党を結成して蜂起した事件が起こった地として正しいものを、下の地図中の①～⑤の中から一つ選びなさい。解答番号は、 15 。

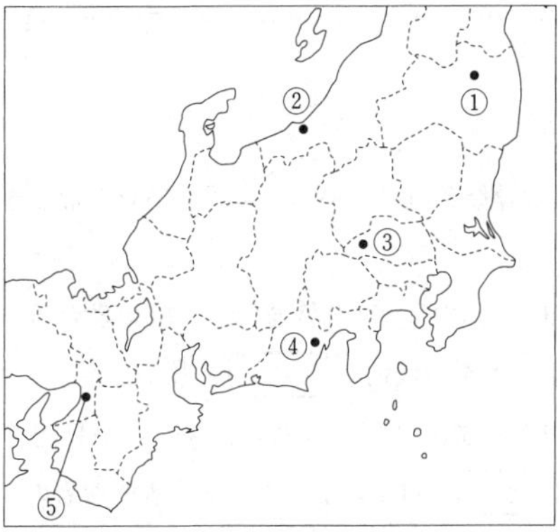

問16　空欄キ・クに入る語句の組み合わせとして正しいものを、次の①～④の中から一つ選びなさい。解答番号は、16。

① キ 「国策の基準」　ク 農業基本法
② キ 「国策の基準」　ク 農地調整法
③ キ 戊申詔書　ク 農業基本法
④ キ 戊申詔書　ク 農地調整法

問17　下線部(m)の内務省について、初代内務卿に就任した人物の名として正しいものを、次の①～⑤の中から一つ選びなさい。解答番号は、17。

① 伊藤博文　② 山県有朋　③ 黒田清隆
④ 後藤象二郎　⑤ 大久保利通

問18　下線部(n)の第二次農地改革が開始されたときの内閣総理大臣の名として正しいものを、次の①～⑤の中から一つ選びなさい。解答番号は、18。

① 芦田均　② 片山哲　③ 幣原喜重郎
④ 東久邇宮稔彦　⑤ 吉田茂

【2】 平安時代の貴族の生活について述べた次の文章を読み、後の問いに答えなさい。

(配点14点)

821年、［ア］は藤原冬嗣らに命じ、儀式のあり方などを記した『内裏式』を編纂させた。

(a)宇多天皇の治世では宮廷行事が整備され、摂関政治期にいたって神事・仏事のほか政務や遊興まで多くの儀式が［イ］として発達した。また、政務に携わる(b)貴族は、儀式の手順や進行などを子孫に伝えるため日記をつけた。(c)藤原道長の『御堂関白記』、［ウ］の『小右記』などが代表的なものである。このほか、儀式書として、源高明の『西宮記』や、(d)藤原公任の『北山抄』などが著名である。

この頃は、疫病や災厄が相次ぎ、これらから逃れようと陰陽道も盛んであった。当時の暦は、その後江戸時代前半まで使用された［エ］であったが、これに吉凶を注記した具注暦というものが陰陽寮から頒布された。(e)貴族の日々の生活は具注暦によって縛られていた。

問1　空欄ア・イに入る天皇諡号（おくりな）と語句の組み合わせとして正しいものを、次の①～④の中から一つ選びなさい。解答番号は、［19］。

① ア　嵯峨天皇　イ　年中行事
② ア　嵯峨天皇　イ　有職故実
③ ア　桓武天皇　イ　年中行事
④ ア　桓武天皇　イ　有職故実

問2　下線部(a)に関連し、宇多天皇治下の出来事として正しいものを、次の①～④の中から一つ選びなさい。解答番号は、［20］。

① 乾元大宝の鋳造
② 遣唐使の派遣中止
③ 『古今和歌集』の完成
④ 貞観格式の完成

問3　下線部(b)の貴族について述べた文として正しいものを、次の①～④の中から一つ選びなさい。解答番号は、［21］。

① 宮中で重要な行事が行われる際には、正装である直衣を着用した。
② 平常時には束帯や水干などを着用した。

③　平がなの普及に伴い、政務においても平がなをおもに使用した。

④　10〜15歳になると、元服という成人儀式を行なった。

問4　下線部(c)に関連し、藤原道長が出家後に京に建立した寺院として正しいものを、次の①〜④の中から一つ選びなさい。解答番号は、22 。

①　法興寺　②　法然院　③　法勝寺　④　法成寺

問5　空欄ウ・エに入る人名・語句の組み合わせとして正しいものを、次の①〜④の中から一つ選びなさい。解答番号は、23 。

①　ウ　藤原実資　エ　貞享暦　②　ウ　藤原実資　エ　宣明暦

③　ウ　藤原実頼　エ　貞享暦　④　ウ　藤原実頼　エ　宣明暦

問6　下線部(d)の藤原公任が編纂した作品として正しいものを、次の①〜④の中から一つ選びなさい。解答番号は、24 。

①　『梁塵秘抄』　②　『類聚国史』

③　『和漢朗詠集』　④　『倭名類聚抄』

問7　下線部(e)に関連し、平安時代の貴族の生活について述べた文として正しいものを、次の①〜④の中から一つ選びなさい。解答番号は、25 。

①　貴族は、白木造・瓦葺の寝殿造の邸宅に住むことが一般的であった。

②　貴族の結婚では、夫婦は男性側の両親と同居するのが一般的であった。

③　貴族の食事は主食の米に加えて獣肉などを副食に、１日２食を基本とした。

④　陰陽道にしたがって、凶とされる方角を避ける方違などを行なっていた。

【3】 院政および平氏政権について述べた次の文章を読み、後の問いに答えなさい。

（配点14点）

摂関家を外戚としない後三条天皇は、学者の[ア]らを登用して親政を行なった。天皇は4年ほど在位して自身の皇子に譲位し、続く[イ]も同様に幼少の実子堀河天皇に譲位した。こうして、譲位した先帝が上皇（院）として天皇を後見しながら政治の実権を握る(a)院政がはじまった。院は専制政治を行い、院の御所に[ウ]を組織するなど、軍事力の増強にもつとめた。また朝廷が大寺院の(b)僧兵による強訴に対抗するために武士を動員したことは、武士の中央政界進出への道をひらいた。

平安中期以降、律令政治の空洞化と治安の悪化を背景に武士団が形成されその連合体の頂点には、(c)清和源氏と桓武平氏の惣領が「武家の棟梁」として勢威を競った。1028年の平忠常の乱後に勢力を減退させていた平氏は、1108年に平正盛が出雲で発生した[エ]を鎮圧したことで、中央進出の足がかりを得た。さらに孫の(d)平清盛は、(e)保元の乱・平治の乱を勝ち抜いて覇権を握った。

問1　空欄ア・イに入る人名・天皇謚号の組み合わせとして正しいものを、次の①～④の中から一つ選びなさい。解答番号は、[26]。

①　ア　大江広元　　イ　白河天皇　　②　ア　大江広元　　イ　鳥羽天皇
③　ア　大江匡房　　イ　白河天皇　　④　ア　大江匡房　　イ　鳥羽天皇

問2　下線部(a)の院政について述べた文として正しいものを、次の①～④の中から一つ選びなさい。解答番号は、[27]。

①　上皇の最終的な裁断や指示である綸旨が権威を持つようになり、政治に大きく影響するようになった。
②　院は人事の実権を握っており、中・下級貴族の受領らや乳母の一族などを院近臣とした。
③　院司が発給した院庁下文によって不輸・不入などの特権を認められた荘園が増加した。

④　身分上、国司になれない上級貴族などに一国の支配権を与え、税を収入にあてさせる院分国の制がとられた。

問3　空欄ウ・エに入る語句の組み合わせとして正しいものを、次の①～④の中から一つ選びなさい。解答番号は、[28]。

①　ウ　西面の武士　　エ　藤原純友の乱
②　ウ　西面の武士　　エ　源義親の乱
③　ウ　北面の武士　　エ　藤原純友の乱
④　ウ　北面の武士　　エ　源義親の乱

問4　下線部(b)に関連し、次の僧兵の強訴に関する史料の空欄オに入る寺院名として正しいものを、次の①～⑤の中から一つ選びなさい。解答番号は、[29]。

卅日、日吉祇園神人、[　オ　]大衆、神輿を先と為し、陽明門に参じ、季仲《すえなか》卿并びに検非違使範政、八幡別当光清等の罪科遅々たる由を訴へ申す。

（『百錬抄』）

①　延暦寺　　②　園城寺　　③　東大寺
④　興福寺　　⑤　金剛峰寺

問5　下線部(c)に関連し、清和源氏の始祖の名として正しいものを、次の①～⑤の中から一つ選びなさい。解答番号は、[30]。

①　源経基　　②　源満仲　　③　源義家
④　源頼信　　⑤　源頼義

問6　下線部(d)の平清盛について述べた文として正しいものを、次の①～④の中から一つ選びなさい。解答番号は、[31]。

①　後白河法皇を幽閉して院政を停止した後、娘婿の高倉天皇を即位させた。
②　源義仲の入京に伴う都落ちの際に、摂津の福原京に遷都した。

③ 平氏一門の繁栄を願って、厳島神社に『扇面古写経』をおさめた。

④ 後白河上皇の命を受けて、蓮華王院を造営した。

問7 下線部(e)に関連し、保元の乱で敗れて讃岐に配流された天皇または上皇の諡号として正しいものを、次の①～⑤の中から一つ選びなさい。解答番号は、[32]。

① 後堀河天皇　② 順徳上皇　③ 崇徳上皇

④ 仲恭天皇　⑤ 土御門上皇

【4】 江戸時代の儒学の発達について述べた次の文章を読み、後の問いに答えなさい。

（配点14点）

江戸時代の儒学には、朱子学、陽明学、古学派などの学派があった。

このうち、朱子学は南宋の朱熹が大成した学統で、君臣・上下の秩序や礼節を重視したため、幕府や諸藩によって封建体制を維持するための教学として重んじられた。相国寺の元禅僧で、(a)京学の祖である[ア]は、林羅山らの弟子を育成したほか、徳川家康に儒学を進講した。[ア]は幕府に仕官しなかったが、弟子の羅山を推薦した。その後、[イ]が5代将軍徳川綱吉から初代大学頭に任じられて以降、林家が大学頭をつとめ、朱子学派の中心的な地位を担った。18世紀終わりには(b)朱子学は正学とされている。

陽明学は明の王陽明が創始した儒学の一派で、[ウ]が日本陽明学の祖とされる。朱子学を批判して知行合一を説き、社会批判などを行なったことから、陽明学派は弾圧されることもあった。

古学派は、朱子学・陽明学を後世の解釈であると批判し、『論語』『孟子』などに立ち返ることを説いた学派で、(c)聖学、堀川学派、古文辞学派などにわけられる。

このほか、江戸時代中期以後に折衷学派、後期に考証学派が生まれた。豊後日田に私塾[エ]を開いた(d)広瀬淡窓は折衷学派の代表的な人物とされている。

諸藩では、藩士や子弟の教育のために藩校が設立され、そこで儒学が講じられた。また、藩士・庶民の教育のために郷校がつくられたところもあった。大坂の(e)懐徳堂もその一つである。

問１　下線部(a)に関連し、京学派の学者について述べた文として正しいものを、次の①～④の中から一つ選びなさい。解答番号は、**33**。

① 木下順庵は、将軍徳川綱吉の侍講をつとめ、新井白石ら門下生を育てた。
② 室鳩巣は土佐藩の家老をつとめ、新田開発・殖産興業などを推進した。
③ 雨森芳洲は対馬藩に仕えて、己酉約条の締結に尽力した。
④ 柴野栗山は、青木昆陽・尾藤二洲とともに寛政の三博士といわれた。

問２　空欄ア・イに入る人名の組み合わせとして正しいものを、次の①～④の中から一つ選びなさい。解答番号は、**34**。

① ア　谷時中　　イ　林鵞峰　　② ア　谷時中　　イ　林鳳岡（信篤）
③ ア　藤原惺窩　イ　林鵞峰　　④ ア　藤原惺窩　イ　林鳳岡（信篤）

問３　下線部(b)に関連し、寛政異学の禁をきっかけに、林家の家塾を切り離して1797年に設立された幕府直轄の学問所の名称として正しいものを、次の①～⑤の中から一つ選びなさい。解答番号は、**35**。

① 昌平坂学問所　② 聖堂学問所　③ 蕃書調所
④ 蛮書和解御用　⑤ 和学講談所

問４　空欄ウ・エに入る人名・語句の組み合わせとして正しいものを、次の①～④の中から一つ選びなさい。解答番号は、**36**。

① ウ　熊沢蕃山　エ　咸宜園　　② ウ　熊沢蕃山　エ　明倫館
③ ウ　中江藤樹　エ　咸宜園　　④ ウ　中江藤樹　エ　明倫館

問５　下線部(c)に関連し、聖学、堀川学派、古文辞学派の学者について述べた文として正しいものを、次の①～④の中から一つ選びなさい。解答番号は、**37**。

① 山鹿素行は、著書『中朝事実』で朱子学を批判したため、赤穂に配流された。
② 伊藤仁斎は、古義学をとなえ、京都堀川に古義堂（堀川塾）を開いた。

③　荻生徂徠は、柳沢吉保の諮問に応えて『政談』を著した。

④　太宰春台は、『経済録』を著したほか、江戸に蘐園塾を開いた。

問6　下線部(d)に関連し、広瀬淡窓の門人で、『戊戌夢物語』などの著書で知られる蘭学者の名として正しいものを、次の①～⑤の中から一つ選びなさい。解答番号は、[38]。

①　稲村三伯　②　大槻玄沢　③　高野長英
④　平賀源内　⑤　渡辺崋山

問7　下線部(e)の懐徳堂で学んだ山片蟠桃の著書として正しいものを、次の①～⑤の中から一つ選びなさい。解答番号は、[39]。

①　『国意考』　②　『都鄙問答』　③　『日本外史』
④　『夢の代』　⑤　『柳子新論』

【5】　満州事変から太平洋戦争にいたる歴史について述べた次の文章を読み、後の問いに答えなさい。　（配点22点）

浜口雄幸内閣は、幣原喜重郎を外務大臣にすえ、協調外交を復活させた。しかし、当時中国では[ア]が高まっていたため、満州の直接支配をうかがう軍部や右翼は、「満蒙の危機」をとなえ幣原外交を軟弱であると批判した。

1931年9月、関東軍が軍事行動を開始し(a)満州事変が起こった。翌1932年3月、溥儀を[イ]として満州国の建国が宣言され、9月には[ウ]内閣が満州国を承認した。事変ののち、1935年の国際連盟脱退、1936年のロンドン海軍軍縮条約・ワシントン海軍軍縮条約失効など、日本は国際的孤立を深めた。国内では軍部の政治的発言力が強まって、(b)軍部大臣現役武官制が復活し、外にはソヴィエト連邦への牽制として日独防共協定を締結した。日独防共協定は翌年、日独伊三国防共協定となった。

1935年、日本は華北地方を直接支配するために華北分離工作を開始した。これに対して中国では(c)西安事件を機に国共合作が成り、抗日の機運が高まった。

1937年7月に盧溝橋で日中両軍が衝突し、戦火は拡大して本格的な日中戦争へと発展した。12月に日本軍が首都南京を攻略したが、国民政府は政府を漢口さらに[エ]に移して抵抗し、戦争は長期化した。

1939年5月、日本軍は満蒙国境でソ連軍と衝突した。しかしそのさなかに、日本と同盟関係にあった(d)ドイツが独ソ不可侵条約を結び、ときの内閣に衝撃を与えた。9月にはドイツがポーランドに侵入し、第二次世界大戦が勃発した。

日本は当初ヨーロッパでの戦争に対して不介入の立場をとったが、ドイツの快進撃を見て、(e)南方進出が強く主張されるようになった。アメリカの経済制裁が強まるなか、日本は援蔣ルートの遮断や南方の資源確保などのために、1940年9月に北部仏印進駐を断行し、直後にアメリカを仮想敵国とする(f)日独伊三国同盟を締結した。

一方で、1941年4月には(g)日米開戦の回避をはかるため対米交渉を開始している。しかし、10月には開戦をめぐる閣内対立から内閣が総辞職し、(h)東条英機内閣が成立した。11月、アメリカがいわゆるハル＝ノートを提示し、これを最後通牒と受け取った日本は、12月に英領マレー半島およびハワイ真珠湾を攻撃して太平洋戦争が始まった。当時公式には「大東亜戦争」と呼んだこの戦争で、(i)国民生活はいっそう厳しい統制下におかれた。

問1　空欄ア・イに入る語句の組み合わせとして正しいものを、次の①～⑥の中から一つ選びなさい。解答番号は、[40]。

①　ア　国家改造運動　イ　執政
②　ア　国家改造運動　イ　大総統
③　ア　国家改造運動　イ　皇帝
④　ア　国権回復運動　イ　執政
⑤　ア　国権回復運動　イ　大総統
⑥　ア　国権回復運動　イ　皇帝

問2　下線部(a)の満州事変について述べた文として正しいものを、次の①～④の中から一つ選びなさい。解答番号は、[41]。

①　関東軍の河本大作と甘粕正彦の主導により、満州事変が実行された。
②　関東軍が奉天郊外で起こした柳条湖事件(柳条溝事件)が満州事変の端緒となった。
③　満州事変により排日運動が激化し、済南事件が起こった。

④　満州事変以降、野口遵の日産コンツェルンのような新興財閥が満州に進出した。

問３　空欄ウ・エに入る人名・都市名の組み合わせとして正しいものを、次の①〜⑥の中から一つ選びなさい。解答番号は、 42 。

①　ウ　犬養毅　エ　重慶
②　ウ　犬養毅　エ　延安
③　ウ　犬養毅　エ　成都
④　ウ　斎藤実　エ　重慶
⑤　ウ　斎藤実　エ　延安
⑥　ウ　斎藤実　エ　成都

問４　下線部(b)の軍部大臣現役武官制について述べた文として正しいものを、次の①〜④の中から一つ選びなさい。解答番号は、 43 。

①　立憲同志会の結成を受け、第２次山県有朋内閣は政党の影響が軍部におよぶのを避けるために軍部大臣現役武官制を制定した。
②　陸軍２個師団増設問題で第２次桂太郎内閣と対立した陸軍は、軍部大臣現役武官制をたてに辞任した陸相の後任を推薦せず、内閣を総辞職に追い込んだ。
③　第一次護憲運動後に成立した第１次山本権兵衛内閣のもとで、軍部大臣現役武官制を改め、就任資格を広げた。
④　五・一五事件の直後に陸軍の意向で組織された広田弘毅内閣は、軍部大臣現役武官制を復活させた。

問５　下線部(c)に関連し、この事件で蔣介石を監禁して、内戦の停止と抗日を主張した人物の名として正しいものを、次の①〜⑤の中から一つ選びなさい。解答番号は、 44 。

①　袁世凱
②　周恩来
③　段祺瑞
④　張学良
⑤　毛沢東

問６　下線部(d)に関連し、独ソ不可侵条約締結を受けて総辞職した内閣の首班の名として正しいものを、次の①〜⑤の中から一つ選びなさい。解答番号は、 45 。

① 阿部信行　② 岡田啓介　③ 近衛文麿

④ 林銑十郎　⑤ 平沼騏一郎

問7　下線部(e)に関連し、日本の南方進出に関係する出来事について述べた次の文Ⅰ～Ⅲを古いものから年代順に並べるとき、配列順として正しいものを、下の①～⑥の中から一つ選びなさい。解答番号は、[46]。

Ⅰ　日本とソ連の相互不可侵などを定めた日ソ中立条約が結ばれた。

Ⅱ　アメリカは在米日本人の資産を凍結し、石油の対日輸出を禁止した。

Ⅲ　石油やゴムなどの資源を求めて、日本は南部仏印に進駐した。

① Ⅰ→Ⅱ→Ⅲ　② Ⅰ→Ⅲ→Ⅱ　③ Ⅱ→Ⅰ→Ⅲ

④ Ⅱ→Ⅲ→Ⅰ　⑤ Ⅲ→Ⅰ→Ⅱ　⑥ Ⅲ→Ⅱ→Ⅰ

問8　下線部(f)の日独伊三国同盟の史料として正しいものを、次の①～④の中から一つ選びなさい。解答番号は、[47]。

① 三締約国中何《いず》レカノ一国カ、現ニ欧州戦争又ハ日支紛争ニ参入シ居ラサル一国ニ依テ攻撃セラレタルトキハ、三国ハ有ラユル政治的、経済的及軍事的方法ニ依リ相互ニ援助スヘキコトヲ約ス

② 仍テ帝国政府ハ爾後国民政府ヲ対手トセス、帝国ト真ニ提携スルニ足ル新興支那政権ノ成立発展ヲ期待シ、是ト両国国交ヲ調整シテ更生新支那ノ建設ニ協力セントス

③ 前号外交交渉ニ依リ十月上旬頃ニ至ルモ尚我要求ヲ貫徹シ得ル目途ナキ場合ニ於テハ直チニ対米（英蘭）開戦ヲ決意ス

④ 締約国ノ一方カ「ソヴィエト」社会主義共和国連邦ヨリ挑発ニヨラサル攻撃ヲ受ケ、又ハ挑発ニ因ラサル攻撃ノ脅威ヲ受クル場合ニハ、他ノ締約国ハ「ソヴィエト」社会主義共和国連邦ノ地位ニ付負担ヲ軽カラシムルカ如キ効果ヲ生スル一切ノ措置ヲ講セサルコトヲ約ス

問9　下線部(g)に関連し、日米交渉にあたった駐米大使の名として正しいものを、次の①～⑤の中から一つ選びなさい。解答番号は、[48]。

① 重光葵　② 幣原喜重郎　③ 野村吉三郎
④ 松岡洋右　⑤ 石井菊次郎

問10 下線部(h)の東条英機内閣について述べた文として**誤っているもの**を、次の①～④の中から一つ選びなさい。解答番号は、49。

① 1942年のいわゆる翼賛選挙では、大政翼賛会の推薦を受けた者のみ立候補を認めたため、事実上、一党独裁政治となった。
② 1943年、大学生らの徴兵猶予を停止し、文科系学生らの学徒出陣が始まった。
③ 1943年、日本軍占領地域の協力体制を強化するため、東京で大東亜会議を開催した。
④ 絶対的国防圏の一角、サイパン島が陥落して東条内閣は総辞職した。

問11 下線部(i)に関連し、戦時中の国民生活について述べた文として正しいものを、次の①～④の中から一つ選びなさい。解答番号は、50。

① 兵力不足を補うために、緊急時には戦闘隊となる女子挺身隊が組織された。
② 食料不足により米騒動が起こったため、配給制や切符制が採用された。
③ 米軍機の空襲から逃れるため、大都市の尋常小学校で学童疎開が行われた。
④ 金属資源の不足を補うため、工場や一般家庭は金属の供出が命じられた。

◀M 3 ・M 2 方式▶

（60 分）

【1】 鎌倉について述べた次の文章を読み、後の問いに答えなさい。　（配点40点）

源氏ゆかりの地として知られる鎌倉は、(a)南方を相模湾、他の三方を山に囲まれた(b)要害の地である。「鎌倉」という地名がみられる最古の文献は(c)『古事記』とされ、[ア]で大和言葉を表記した最古の歌集『万葉集』にも登場する。

1028年に房総半島で起こった[イ]を源頼信が鎮圧し、清和源氏は東国に進出した。その後、頼信の子[ウ]が相模守に任じられ、鎌倉は源氏の所領となった。陸奥の豪族の[エ]氏が起こした前九年合戦の鎮圧後、[ウ]は京都から(d)石清水八幡宮を勧請し、由比郷鶴岡（現・材木座）に鶴岡若宮（由比若宮）を創建した。これが(e)鶴岡八幡宮の始まりである。

(f)平治の乱に敗れ、[オ]に配流されていた源頼朝は、1180年(g)以仁王の平氏打倒のよびかけに応じて挙兵し、鎌倉に入った。頼朝は後白河法皇の死後、朝廷から征夷大将軍に任じられ、鎌倉を拠点とする武家政権が名実ともに成立する。以後、鎌倉は、東国における政治・経済・文化の中心として繁栄した。

足利氏は京都に幕府を開いたが、依然として鎌倉も要地であり、幕府は(h)鎌倉府（関東府）を置いて東国の支配を委ねた。ところが、幕府と鎌倉府はしばしば対立し、争乱をくり返した。やがて鎌倉府の長である公方が下総古河に移り、鎌倉の政治的地位は失われた。一方で、文化的には足利義満によって整備された五山・十刹の制のもと、(i)鎌倉五山が隆盛した。

戦国時代には五代にわたって関東に覇を唱えた後北条氏が、小田原に一大城郭都市を構えたため、都市としての鎌倉は衰微した。

上杉謙信も武田信玄も落とせなかった小田原城を、後北条五代目の[カ]のとき開城に追い込んだのは豊臣秀吉であった。その秀吉から旧北条領への移封を命ぜられた徳川家康は、江戸を居城として城下町を築いたため、鎌倉に関東の中心都市の座が帰ることはなかった。

しかし、徳川幕府が社寺の復興・保護に力を入れたことで、江戸よりほど遠からぬ(j)名所・旧跡・門前町として鎌倉は次第に活気をとり戻した。ことに江戸後期には庶民が物見遊山、社寺参詣など(k)旅に出かける機会が増加し、近隣の江ノ島もあわせ景勝地鎌倉はその対象となった。

明治時代になると、東京医学校で教鞭《きょうべん》をとっていた［ キ ］が鎌倉を保養地として推奨した。(l)1889年に官営鉄道の東海道線が全通し、別荘や住宅を構える人々が増加する。1923年に発生した(m)関東大震災では甚大な被害が生じたが、復興の過程で住宅地の開発が進んだ。また、(n)画家や作家などの文化人が多く移り住み、昭和初期には(o)「鎌倉文士」といわれた作家が活躍した。

現代の鎌倉は一般的な観光都市にとどまらず、小説、(p)映画、ドラマ、漫画、アニメーションの舞台として頻繁にとり上げられるため国内外からそれら作品のファンが「聖地」として参集している。

問１　下線部(a)に関連し、次に掲げる歌詞は唱歌「鎌倉」冒頭の一節である。

「七里ヶ浜の磯づたい　稲村ヶ崎　名将の剣《つるぎ》投ぜし古戦場」

この歌詞で「名将」とうたわれ、鎌倉に攻め入って北条氏を滅亡させた人物の名として正しいものを次の①～⑥の中から一つ選びなさい。解答番号は、［ 1 ］。

① 北畠顕家　② 楠木正成　③ 名和長年
④ 新田義貞　⑤ 護良親王　⑥ 足利尊氏

問２　下線部(b)に関連し、鎌倉時代、外部から鎌倉へ入るには７つの陸路、いわゆる鎌倉七口があった。その七口の防衛に利するものを、次の①～⑥の中から一つ選びなさい。解答番号は、［ 2 ］。

① 虎口　② 枡形　③ 見付　④ 切通　⑤ 喰違　⑥ 狭間

問３　下線部(c)に関連し、712年に『古事記』を献上された天皇の諡号（おくりな）として正しいものを、次の①～⑤の中から一つ選びなさい。解答番号は、［ 3 ］。

① 元正天皇　② 元明天皇　③ 持統天皇
④ 天武天皇　⑤ 文武天皇

問4　空欄ア・イに入る語句の組み合わせとして正しいものを、次の①～④の中から一つ選びなさい。解答番号は、 4 。

① ア　片仮名　イ　平忠常の乱
② ア　片仮名　イ　平将門の乱
③ ア　漢字　イ　平忠常の乱
④ ア　漢字　イ　平将門の乱

問5　空欄ウ・エに入る人名・氏《うじ》名の組み合わせとして正しいものを、次の①～④の中から一つ選びなさい。解答番号は、 5 。

① ウ　源満仲　エ　安倍　② ウ　源満仲　エ　清原
③ ウ　源頼義　エ　安倍　④ ウ　源頼義　エ　清原

問6　下線部(d)の石清水八幡宮が保護していた大山崎の座として正しいものを、次の①～⑤の中から一つ選びなさい。解答番号は、 6 。

① 油座　② 麹座　③ 塩座　④ 絹座　⑤ 綿座

問7　下線部(e)に関連し、鶴岡八幡宮で暗殺された鎌倉幕府3代将軍と、これを襲《つ》いで4代将軍となった人物の名の組み合わせとして正しいものを、次の①～④の中から一つ選びなさい。解答番号は、 7 。

① 3代将軍－源実朝　4代将軍－藤原頼嗣
② 3代将軍－源実朝　4代将軍－藤原頼経
③ 3代将軍－源頼家　4代将軍－藤原頼嗣
④ 3代将軍－源頼家　4代将軍－藤原頼経

問8　下線部(f)に関連し、やはり平治の乱で敗者となった院近臣の名として正しいものを、次の①～④の中から一つ選びなさい。解答番号は、 8 。

① 藤原忠通　② 藤原信頼　③ 藤原元命　④ 藤原頼長

問９　空欄オに入る国の位置として正しいものを、下の地図の①～⑩の中から一つ選びなさい。解答番号は、 9 。

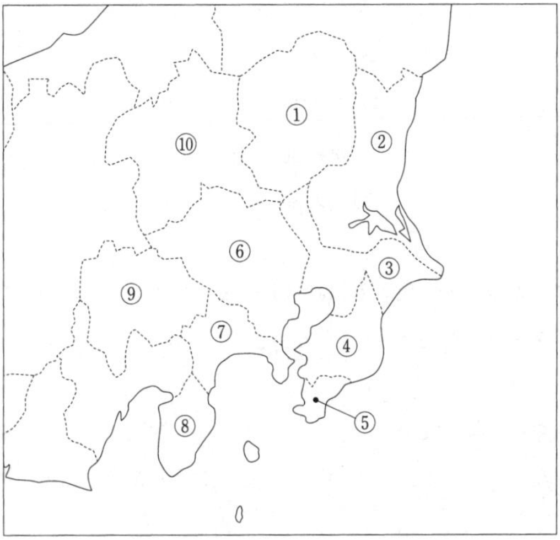

問10　下線部(g)に関連し、親王や諸王が命令・意思を伝えるために出す文書として正しいものを、次の①～④の中から一つ選びなさい。解答番号は、 10 。

①　院宣　　②　宣旨　　③　令旨　　④　綸旨

問11　下線部(h)の鎌倉府について述べた文として正しいものを、次の①～④の中から一つ選びなさい。解答番号は、 11 。

①　関東８か国を含む10か国の統治を担う地方機関として鎌倉府が置かれた。
②　鎌倉府の長官は足利直義の子孫が、補佐にあたる関東管領は上杉氏がそれぞれ世襲した。
③　足利義満と対立した鎌倉公方の足利持氏は義満に滅ぼされた。
④　15世紀中頃には足利政知の古河公方と、足利成氏の堀越公方が対立した。

問12　下線部(i)の鎌倉五山について述べた文として正しいものを、次の①～④の中から一つ選びなさい。解答番号は、 12 。

①　鎌倉幕府は建長寺の修造費用を得るために建長寺船を派遣した。

②　北条時宗に招かれた蘭溪道隆が開山となって円覚寺が建立された。

③　夢窓疎石は、天龍寺に嵐山を借景とする回遊式庭園を作庭した。

④　永保寺の観音堂と開山堂は国宝に指定されている。

問13　空欄カ・キに入る人名の組み合わせとして正しいものを、次の①～④の中から一つ選びなさい。解答番号は、[13]。

①　カ　北条氏直	キ　フェノロサ	②　カ　北条氏直	キ　ベルツ
③　カ　北条早雲	キ　フェノロサ	④　カ　北条早雲	キ　ベルツ

問14　下線部(j)に関連し、

「三年目嫁晴々《はればれ》と星月夜《ほしづくよ》」

とは、離婚を望む妻が、星の名所鎌倉の東慶寺で足かけ３年（満２年）のつとめを果たし、晴れて離婚が成立した心境を詠んだものであるが、こうした風刺文学の形式の呼称として正しいものを、次の①～⑤の中から一つ選びなさい。解答番号は、[14]。

①　俳句　　②　連歌　　③　川柳　　④　狂歌　　⑤　落書

問15　下線部(k)に関連し、江戸時代の旅・旅程などについて述べた文として正しいものを、次の①～④の中から一つ選びなさい。解答番号は、[15]。

①　原則として、大名らは本陣・脇本陣に、一般の旅行者は旅籠屋に、宿泊した。

②　朝鮮と琉球王国の使節は、将軍に謁見するために長崎から海路をとって江戸に到った。

③　式亭三馬は主人公の東海道旅行中の失敗などを『東海道中膝栗毛』に著した。

④　伊勢神宮への参詣を「ええじゃないか」とよぶなど寺社参詣が盛んに行われた。

問16　下線部(l)に関連し、近代の鉄道について述べた文として正しいものを、次の①～④の中から一つ選びなさい。解答番号は、**16**。

①　殖産興業の中心官庁である内務省の主導で新橋～横浜間に鉄道が開通した。
②　地租改正の際に支給された金禄公債を資本に日本鉄道会社が設立された。
③　第１次西園寺公望内閣は軍事的な要請などから鉄道国有法を成立させた。
④　労働組合である日本鉄道矯正会は、日本初となるストライキを敢行した。

問17　下線部(m)に関連し、関東大震災の混乱のなか殺害された伊藤野枝が参加していた日本初の女性社会主義者団体の名として正しいものを、次の①～④の中から一つ選びなさい。解答番号は、**17**。

①　青鞜社　②　赤瀾会　③　新婦人協会　④　黎明会

問18　下線部(n)に関連し、鎌倉に居住し『麗子像』などの作品で知られる画家の名として正しいものを、次の①～⑤の中から一つ選びなさい。解答番号は、**18**。

①　梅原龍三郎　②　岸田劉生　③　黒田清輝
④　藤島武二　⑤　安井曽太郎

問19　下線部(o)に関連し、鎌倉文士の先駆的存在である作家大佛次郎の、『鞍馬天狗』シリーズと並ぶ代表作として正しいものを、次の①～⑦の中から一つ選びなさい。解答番号は、**19**。

①　『赤穂浪士』　②　『仮名手本忠臣蔵』　③　『元禄忠臣蔵』
④　『忍法忠臣蔵』　⑤　『或日の大石内蔵助』　⑥　『四十七人の刺客』
⑦　『花の生涯』

問20　下線部(p)に関連し、鎌倉を舞台とした映画『晩春』『麦秋』に『東京物語』を加えた３部作を監督し、世界的にも評価の高い映画監督の名を次の①～⑧の中から一つ選びなさい。解答番号は、**20**。

① 成田巳喜男　② 黒澤明　③ 溝口健二
④ 大島渚　⑤ 衣笠貞之助　⑥ 小津安二郎
⑦ 今村昌平　⑧ 市川崑

【2】 古墳時代について述べた次の文章を読み、後の問いに答えなさい。　(配点12点)

弥生時代の首長墓が大型化した(a)古墳が出現する3世紀中頃から、古墳がつくられなくなった7世紀までを、(b)古墳時代という。

古墳の出現には広域の政治連合が形成されたことがその背景にあった。(c)出現期には大型の前方後円墳が大和地方に多くつくられたが、中期には(d)渡来人が集住した河内平野にも大型古墳が築かれた。ヤマト政権の勢力が拡大したことがうかがわれる。また、埼玉県稲荷山古墳出土鉄剣と熊本県江田船山古墳出土鉄刀に刻まれた［　ア　］の文字や古墳の分布から、東国から九州までヤマト政権の勢力が及んでいたことがわかる。なお、古墳がほとんど分布していない北海道では、古墳時代とほぼ同時期に［　イ　］が展開していた。

この頃、大陸では中国東北部におこった［　ウ　］が南下政策を進め、朝鮮半島南部の諸国は圧迫されていた。加耶の［　エ　］資源の確保を求めるヤマト政権は［　ウ　］と対立し、4世紀末には武力衝突した。

問1　下線部(a)の古墳について述べた文として正しいものを、次の①～④の中から一つ選びなさい。解答番号は、［21］。

① 前期古墳の副葬品は銅鏡など呪術的なものが多いことから、被葬者は司祭者的性格が強かったとされる。

② 中期には小型古墳が群集墳として数多くつくられたが、後期には群集墳はつくられなくなった。

③ 後期には、古墳は家族墓的な性格が強くなって、追葬可能な竪穴式石室が一般化した。

④ 蘇我蝦夷が飛鳥寺を建立するなど、豪族は権威の象徴として氏寺を造営するようになり、古墳はつくられなくなった。

問２　下線部(b)に関連し、古墳時代の人々のようすや暮らしについて述べた文として正しいものを、次の①～④の中から一つ選びなさい。解答番号は、 22 。

①　人々は掘立柱建物に住むようになり、竪穴住居はつくられなくなった。
②　住居の内部には、煮炊き用の設備である登り窯が設置された。
③　朝鮮半島から伝わった製法による硬質の須恵器が使用されるようになった。
④　鹿の肩甲骨などを焼いた際のひび割れから吉凶を占う盟神探湯が行われた。

問３　下線部(c)に関連し、奈良県にある出現期の古墳の中で最大規模の前方後円墳として正しいものを、次の①～⑤の中から一つ選びなさい。解答番号は、 23 。

①　誉田御廟山古墳　　②　大仙陵古墳　　③　高松塚古墳
④　造山古墳　　⑤　箸墓古墳

問４　下線部(d)に関連し、養蚕・機織りを伝えたとされる渡来人の名として正しいものを、次の①～⑤の中から一つ選びなさい。解答番号は、 24 。

①　阿知使主　　②　鞍作鳥　　③　司馬達等
④　弓月君　　⑤　王仁

問５　空欄ア・イに入る語句の組み合わせとして正しいものを、次の①～④の中から一つ選びなさい。解答番号は、 25 。

①　ア　意柴沙加宮　　イ　擦文文化
②　ア　意柴沙加宮　　イ　続縄文文化
③　ア　獲加多支鹵大王　　イ　擦文文化
④　ア　獲加多支鹵大王　　イ　続縄文文化

問６　空欄ウ・エに入る国号・語句の組み合わせとして正しいものを、次の①～⑥の中から一つ選びなさい。解答番号は、 26 。

①　ウ　高句麗　エ　金　　②　ウ　高句麗　エ　鉄

③　ウ　高句麗　エ　銅　　④　ウ　新羅　エ　金

⑤　ウ　新羅　エ　鉄　　⑥　ウ　新羅　エ　銅

【3】 室町時代の一揆について述べた次の文章を読み、後の問いに答えなさい。

（配点14点）

一揆とは、本来、「揆（行動）を一にする」という意味で、目的のために集団を結成することである。室町時代には、(a)土一揆や国一揆、また宗教的な結束に基づく一揆などさまざまな一揆が起こり、特に15世紀以降に多くみられる。

土一揆は、畿内とその周辺部に成立した自治的・自立的村落である(b)惣村（惣）の結合をもとにした農民らによる一揆のことで、ほとんどの土一揆は徳政を要求して蜂起したのでこれを徳政一揆ともいう。1441年に発生した(c)嘉吉の徳政一揆で初めて徳政令を出した室町幕府は以後、［ア］の納入を条件として徳政令をしばしば発した。

国一揆は、国人・地侍が中心となって守護大名などの支配に抵抗して起こした数郡から一国規模の一揆のことで、1485年に起こった(d)山城の国一揆が代表的なものである。

宗教的な結合に基づく一揆に一向一揆がある。この一揆は［イ］を組織して強く結束した［ウ］の門徒集団が中心となった。

また1532年には日蓮宗の信者が法華一揆を結び、敵対する［エ］を焼打ちした。しかし(e)1536年、法華一揆は延暦寺と衝突し、京都から放逐された。

問１　下線部(a)に関連し、正長の徳政一揆（土一揆）について「日本開闢《かいびゃく》以来、土民蜂起是れ初めなり」と記している史料として正しいものを、次の①～⑤の中から一つ選びなさい。解答番号は、［27］。

①　『蔭凉軒日録』　②　『実悟記拾遺』　③　『善隣国宝記』

④　『大乗院日記目録』　⑤　『増鏡』

問２　下線部(b)の惣村（惣）について述べた文として正しいものを、次の①～④の中から一つ選びなさい。解答番号は、 28 。

① 有力農民から選ばれた、おとな（長・乙名）・沙汰人などが惣を指導した。
② 惣は、村民が参加する会議である宮座での決定に従って運営された。
③ 惣内で土地をめぐる争いが生じた際には、惣掟に基づき下地中分が行われた。
④ 惣は、領主から荘園管理や年貢徴収を請け負う守護請を行なっていた。

問３　下線部(c)に関連し、嘉吉の徳政一揆は「代始めの徳政」と称されたが、このとき将軍就任が決定した人物として正しいものを、次の①～⑧の中から一つ選びなさい。解答番号は、 29 。

① 足利義勝　② 足利直冬　③ 足利義持
④ 足利茶々丸　⑤ 足利満兼　⑥ 足利義昭
⑦ 足利義詮　⑧ 足利基氏

問４　空欄ア・イに入る語句の組み合わせとして正しいものを、次の①～④の中から一つ選びなさい。解答番号は、 30 。

① ア　抽分銭　イ　浄土宗　② ア　抽分銭　イ　浄土真宗
③ ア　分一銭　イ　浄土宗　④ ア　分一銭　イ　浄土真宗

問５　下線部(d)の山城の国一揆について述べた文として正しいものを、次の①～④の中から一つ選びなさい。解答番号は、 31 。

① 近江坂本の馬借の蜂起を機に混乱が畿内一帯に広がり、その影響で起こった。
② 一揆勢によって守護の富樫政親が滅ぼされ、自治が実現した。
③ 一揆勢が守護大名の軍を追放した後、月行事を中心に自治が行われた。
④ 一揆勢によって行われた自治は、織田信長の攻撃により終わった。

問６　空欄ウ・エに入る語句の組み合わせとして正しいものを、次の①～⑥の中から一つ選びなさい。解答番号は、 32 。

① ウ　講　エ　石山本願寺

② ウ　講　エ　吉崎道場（吉崎御坊）

③ ウ　講　エ　山科本願寺

④ ウ　結　エ　石山本願寺

⑤ ウ　結　エ　吉崎道場（吉崎御坊）

⑥ ウ　結　エ　山科本願寺

問７　下線部(e)の1536年の元号として正しいものを、次の①～⑧の中から一つ選びなさい。解答番号は、[33]。

① 永禄	② 元亀	③ 天正	④ 天文
⑤ 享禄	⑥ 永正	⑦ 大永	⑧ 弘治

【４】 江戸時代初期の外交について述べた次の文章を読み、後の問いに答えなさい。

（配点12点）

江戸幕府は当初、豊臣政権期に引き続き(a)朱印船貿易を奨励した。ヨーロッパでは16世紀末から[ア]国のイギリス・オランダが台頭し、1600年には[イ]にオランダ船リーフデ号が漂着した。徳川家康が、その乗組員を外交顧問としたのを機に、イギリス・オランダとの貿易が始まった。

家康は、1609年にルソンの前総督ドン・ロドリゴが上総に漂着した機会をとらえ、翌年ロドリゴの帰国に京商人田中勝介を同行させ、スペイン領メキシコ（ノビスパン）との通商を模索している。

1604年には(b)糸割符制度を創設し、生糸輸入における統制を始めた。

幕府は貿易奨励のためにキリスト教を黙認していたが、信者数が増加すると政策を変更し、しだいにキリスト教への圧力を強めた。1612年には直轄領に禁教令を出した。貿易統制も強化され、1631年からは海外渡航船に[ウ]の発行する奉書の携行を義務づけた。1637年に(c)島原の乱が起こり、その鎮圧後の1641年、オランダ商館が[エ]から出島に移されたことで、いわゆる(d)鎖国が完成する。

問１　下線部(a)の朱印船貿易について述べた文として正しいものを、次の①〜④の中から一つ選びなさい。解答番号は、[34]。

①　朱印船貿易では、日本からは銀や銅などが輸出され、生糸や絹織物などが輸入された。

②　島津家久や松浦鎮信などの西国大名や、京都の茶屋四郎次郎、堺の角倉了以などの豪商が朱印船を出した。

③　朱印船貿易の活発化に伴い、海外に移住する日本人も増加し、支倉常長はアユタヤ王朝に重用された。

④　江戸幕府が明と国交を回復させたことを受け、東南アジアに渡航した朱印船が、そこで明と出会貿易を行なった。

問２　空欄ア・イに入る語句・国名の組み合わせとして正しいものを、次の①〜④の中から一つ選びなさい。解答番号は、[35]。

①　ア　カトリック	イ　土佐	②　ア　プロテスタント	イ　土佐
③　ア　カトリック	イ　豊後	④　ア　プロテスタント	イ　豊後

問３　下線部(b)に関連し、糸割符制度を定めた法令である次の史料中の下線部はどの国の船をさすか。該当する国名として正しいものを、下の①〜⑤の中から一つ選びなさい。解答番号は、[36]。

黒船着岸の時、定置《さだめおく》年寄共、糸のね《(値)》いたさざる以前、諸商人長崎へ入るべからず候。糸の直《ね》相定候上は、万望《よろずのぞみ》次第に商売致すべき者也。

（『糸割符由緒書』）

①　アメリカ　　②　イギリス　　③　オランダ
④　スペイン　　⑤　ポルトガル

問４　空欄ウ・エに入る語句・地名の組み合わせとして正しいものを、次の①〜④の中から一つ選びなさい。解答番号は、[37]。

① ウ 大目付 エ 博多 ② ウ 大目付 エ 平戸
③ ウ 老中 エ 博多 ④ ウ 老中 エ 平戸

問５ 下線部(c)に関連し、島原の乱およびその後の動向について述べた文として正しいものを、次の①～④の中から一つ選びなさい。解答番号は、[38]。

① 益田（天草四郎）時貞を首領とする一揆軍は、熊本城に籠城して抵抗した。
② 約半年にわたった一揆は、松平信綱が中心となって鎮圧した。
③ 島原の乱後、寺社奉行を設置して、信仰調査である宗門改めを実施した。
④ 島原の乱後、キリスト教徒を発見するために絵踏が始められた。

問６ 下線部(d)の「鎖国」ということばは、1801年志筑忠雄が、かつての出島オランダ商館医師が著した『日本誌』の一部を翻訳して『鎖国論』としたのが始まりとされる。その『日本誌』の著者の名として正しいものを、次の①～⑥の中から一つ選びなさい。解答番号は、[39]。

① モンタヌス ② シーボルト ③ ルイス・フロイス
④ カント ⑤ ケンペル ⑥ ヴァリニャーニ

【5】　大正から昭和初期の文化について述べた次の文章を読み、後の問いに答えなさい。

（配点22点）

第一次世界大戦後、経済の発展、工業化・(a)都市化の進行によって、サラリーマンや(b)知識人などの新中間層を中心とする(c)市民文化が形成された。また、その新中間層に支えられたのが、(d)大正デモクラシーであった。

その基礎には教育の普及がある。日露戦争終結の1905年に小学校の就学率は95％に達した。1918年に(e)原敬内閣のもとで出された［ア］などによって高等教育機関の拡充がはかられ、知識人が増加した。こうした教育の振興もあって、(f)自然科学の分野では世界的にもすぐれた成果が生まれている。また、(g)人文・社会科学では、自由主義的な立場に立った学問が発達した。一方で、(h)社会運動に連関して［イ］らによるマルクス主義の研究が活発になった。

文学では自然主義に対する反動から、人道主義・理想主義を掲げる(i)白樺派が文壇の中心となったが、(j)このほかにもさまざまな潮流の文学作品が生まれた。

問1　下線部(a)に関連し、大正から昭和初期の都市化の進行を示す事例として**誤っているもの**を、次の①～⑤の中から一つ選びなさい。解答番号は、［40］。

①　都市への人口流入と、「三ちゃん農業」の拡大

②　地下鉄の開通

③　私鉄の経営するターミナルデパートの開業

④　文化住宅の建設

⑤　モボ・モガの登場

問2　下線部(b)に関連し、知識人の間に反響をよんだ、小山内薫・土方与志が1924年に設立した劇団および劇場の名として正しいものを、次の①～④の中から一つ選びなさい。解答番号は、［41］。

①　自由劇場　②　築地小劇場　③　芸術座　④　文芸協会

問3　下線部(c)に関連し、大正から昭和初期の市民文化について述べた文として正しいものを、次の①～④の中から一つ選びなさい。解答番号は、［42］。

① 日本放送協会（ＮＨＫ）が設立されると、翌年から東京・大阪・名古屋でラジオ放送が始まった。

② 大新聞が発達し、『横浜毎日新聞』のように発行部数が100万部をこえるものもあらわれた。

③ 岩波書店が１冊１円で売り出した岩波文庫が人気を博すると、多くの円本が出版されるようになった。

④ 従来からの弁士つきの無声映画に加えて、トーキー（有声映画）の製作・上映が行われるようになった。

問４　下線部(d)に関連し、大正デモクラシーのなか、主幹三浦銕太郎が植民地の放棄などの急進的自由主義の論陣を張り、1924年からは石橋湛山が主幹を継いだ雑誌の名として正しいものを、次の①～⑤の中から一つ選びなさい。解答番号は、43 。

① 『改造』　② 『週刊朝日』　③ 『中央公論』
④ 『東洋経済新報』　⑤ 『文藝春秋』

問５　下線部(e)に関連し、原敬内閣のときの出来事について述べた文として正しいものを、次の①～④の中から一つ選びなさい。解答番号は、44 。

① 立憲同志会総裁の原敬が、日本初の本格的な政党内閣を組織した。

② 朝鮮での三・一独立運動を受け、植民地統治の方針が武断的な統治から文化政治へと修正された。

③ 衆議院議員選挙法が改正され、大選挙区制が導入された。

④ 中国での権益拡大のために西原借款が開始された。

問６　空欄ア・イに入る語句・人名の組み合わせとして正しいものを、次の①～④の中から一つ選びなさい。解答番号は、45 。

① ア　学校令　イ　幸徳秋水　② ア　学校令　イ　河上肇
③ ア　大学令　イ　幸徳秋水　④ ア　大学令　イ　河上肇

問７　下線部(f)に関連し、大正から昭和初期の自然科学について述べた文として正しいものを、次の①～④の中から一つ選びなさい。解答番号は、 46 。

① 理化学研究所を設立した細菌学者の野口英世は黄熱病などを研究した。
② 赤痢菌を発見した細菌学者の北里柴三郎は北里研究所を設立した。
③ 物理・冶金学者の本多光太郎は強力な耐久力を持つＫＳ磁石鋼を発明した。
④ 物理学者の長岡半太郎は原子構造を研究し、中間子理論を発表した。

問８　下線部(g)に関連し、日本民俗学を確立した人物の名として正しいものを、次の①～⑥の中から一つ選びなさい。解答番号は、 47 。

① 津田左右吉　② 西田幾多郎　③ 美濃部達吉
④ 柳田国男　⑤ 和辻哲郎　⑥ 牧野富太郎

問９　下線部(h)の社会運動に関連し、次の文Ⅰ～Ⅲを古いものから年代順に並べるとき、配列順として正しいものを、下の①～⑥の中から一つ選びなさい。解答番号は、 48 。

Ⅰ 米価高騰に対して富山県の主婦が起こした騒動が全国に広がった。
Ⅱ 被差別部落住民への差別撤廃などを目的に全国水平社が結成された。
Ⅲ 共産主義者などの活動取締りのために治安維持法が制定された。

① Ⅰ ⟶ Ⅱ ⟶ Ⅲ　② Ⅰ ⟶ Ⅲ ⟶ Ⅱ　③ Ⅱ ⟶ Ⅰ ⟶ Ⅲ
④ Ⅱ ⟶ Ⅲ ⟶ Ⅰ　⑤ Ⅲ ⟶ Ⅰ ⟶ Ⅱ　⑥ Ⅲ ⟶ Ⅱ ⟶ Ⅰ

問10　下線部(i)に関連し、白樺派の作家とその作品の組み合わせとして正しいものを、次の①～⑤の中から一つ選びなさい。解答番号は、 49 。

① 作家－有島武郎　作品－『暗夜行路』
② 作家－志賀直哉　作品－『或る女』
③ 作家－谷崎潤一郎　作品－『千羽鶴』

④　作家－夏目漱石　　　　　作品－『不如帰』

⑤　作家－武者小路実篤　　　作品－『友情』

問11　下線部(j)に関連し、大正から昭和初期の文学について述べた文として正しいものを、次の①～④の中から一つ選びなさい。解答番号は、［50］。

①　プロレタリア文学運動が活発化し、葉山嘉樹は『太陽のない街』を著した。

②　彫刻家としても知られる高村光太郎は詩集『道程』を刊行した。

③　鈴木三重吉は児童文芸雑誌『キング』を創刊した。

④　吉川英治の『大菩薩峠』が人気を博するなど、大衆文学が興隆した。

世界史

◀A　方　式▶

（60分）

【1】 次の文を読んで後の問いに答えなさい。　（配点25点）

西暦の紀元元年はキリスト教でイエス=キリストと呼ばれることになるイエスが生まれた年であると、古い時代に定められた（ただし、現在では、イエスの生誕は紀元元年より少し前とする説が有力である）。したがって、西暦を用いて歴史を記述することは、歴史をイエスの生誕を軸にして考えることを意味している。

しかし、キリスト教信仰は人類全体の信仰ではない。イスラーム暦や和暦があることからも、歴史を考える軸そのものが多元的であることがわかる。したがって、世界全体を見渡す歴史の見方を考えるならば、それは宗教や地理的な区分とは別のものであってもいいはずである。この観点から、(a)20世紀の哲学者カール=ヤスパースはその著作『歴史の起源と目標』（1949年）の中で、古代において世界各地にほぼ同時期に思想・哲学・宗教上の非常に重要な人物が幾人も現れたことに着目した。そして、この時代（前500年頃を中心とする前後300年の間、すなわち前800年～前200年）を「基軸時代」と名づけ、これを世界史の軸とする学説を展開した。

この基軸時代にはどのような思想・哲学・宗教が生み出されたのだろうか。古代中国には、孔子、孟子、老子、荘子、墨子、列子などがいた。また古代インドでは、ウパニシャッド、(b)仏教、懐疑論、唯物論、虚無主義、決定論などが生みだされた。古代イランでは［ A ］が善と悪の闘争という世界像をもった宗教を創始した。古代(c)パレスチナではエリヤ、イザヤ、エレミヤなどの預言者が活躍し、キリスト教の母体となる(d)ユダヤ教が形作られていった。(e)古代ギリシアには(f)ホメロスをはじめ、ソクラテス、プラトン、(g)悲劇詩人たち、(h)トゥキディデスが、そして自然科学には［ B ］が現れた。ヤスパースはここにあげた地域が互いに関係性をもつことなく、しかもほぼ同時的にこれらの思想家・哲学者・宗教家を生み出したとし、基軸時代こそ世界史における画期だと考えたのである。このような歴史認識は、西暦を当たり前のように使い、その結果西洋中心主義を無意識に取ってしまう危険がある現代において、意義深いものがあるといえるだろう。

問１　下線部(a)について、ヤスパースもその一端を担っていた20世紀の思想・哲学に関する記述として**誤っているもの**はどれか。次の①～⑤の中から一つ選びなさい。解答番号は、【1】。

① サルトルは、『西洋の没落』を書き、ヨーロッパの文明こそ文明の頂点であると考えていたヨーロッパの人々に大きな衝撃を与えた。

② マックス＝ヴェーバーは、『プロテスタンティズムの倫理と資本主義の精神』を著し、合理的な近代資本主義とプロテスタントの宗教倫理との関係を論じた。

③ デューイは、プラグマティズムの立場から、みずからの思想を実践する「実験学校」を設立した。

④ レヴィ＝ストロースは、親族関係や神話などを構造主義的な方法論を用いて分析し、現代の人類学のみならず思想界全体に大きな影響を与えた。

⑤ ブローデルは、長期的持続の相を重視する立場から歴史を研究し、世界の歴史学のみならず思想界にも大きな影響を与えたアナール派歴史学の一翼を担った。

問２　下線部(b)について、［１］仏教の創始者は誰か。［２］仏教に関する記述として**誤っているもの**はどれか。それぞれ、①～④の中から一つ選びなさい。解答番号は、【2】・【3】。

［１］　① ナーガールジュナ　② ガウタマ＝シッダールタ　③ カーリダーサ
④ ヴァルダマーナ　【2】

［２］　① ヴァルナ制を肯定した。
② 解脱にいたるための実践法として八正道を説いた。
③ クシャトリヤやヴァイシャから支持された。
④ マウリヤ朝のアショーカ王が仏典結集を行った。　【3】

問３　【A】に当てはまる、生存年には前1200～前1000年の間とする説と前630～前553年とする説がある人物で、後のササン朝で国教となった宗教を創始した人物は誰か。次の①～④の中から一つ選びなさい。解答番号は、【4】。

① モーセ　② マニ　③ ムハンマド
④ ゾロアスター

問４　下線部(c)について、［１］パレスチナを支配したことのあるイスラームの王朝として**誤っているもの**はどれか。［２］パレスチナでは現在にいたるまでアラブ人とユダヤ人の激しい対立が続いている。この対立に関する記述として正しいものはどれか。それぞれ、①〜④の中から一つ選びなさい。解答番号は、[5]・[6]。

［1］ ①　アッバース朝　②　セルジューク朝　③　ナスル朝
④　アイユーブ朝 [5]

［2］ ①　アラブ人居住者が大多数を占めるパレスチナにユダヤ人国家を建設することを目指したシオニズムがゾラによって提唱された。
②　第一次世界大戦期、イギリス政府はユダヤ人の財政援助を期待して、ユダヤ人の「民族的郷土」建設の好意的対応を約したサイクス・ピコ協定をユダヤ人との間で結び、アラブ人とユダヤ人の対立の原因の一つを作った。
③　第一次世界大戦後、国際連盟のパレスチナ分割案に基づいてユダヤ人がイスラエルを建国したが、建国を認めないアラブ諸国との間で第1次中東戦争が勃発した。
④　20世紀末、イスラエルのラビン首相とパレスチナ解放機構のアラファト議長がパレスチナ暫定自治協定（オスロ合意）に調印し、その後、両者にはノーベル平和賞が贈られた。 [6]

問5　下線部(d)に関する記述として**誤っているもの**はどれか。次の①〜⑤の中から一つ選びなさい。解答番号は、[7]。

①　一神教である。
②　バビロン捕囚からの解放後、成立した。
③　ユダヤ人だけが救われるとする選民思想がある。
④　基本戒律は十戒である。
⑤　聖典は『旧約聖書』と『新約聖書』である。

問6　下線部(e)について、古代インド同様に古代ギリシアにも唯物論はあった。万物の根源は変化も消滅もしない「アトム」であるとする唯物論を説いたのは誰か。次の①〜⑤の中から一つ選びなさい。解答番号は、[8]。

①　ヘラクレイトス　②　タレス　③　デモクリトス
④　ゼノン　⑤　キケロ

問7　下線部(f)について、ホメロスの詩作とみなされるものの組み合わせとして正しいものはどれか。次の①〜⑥の中から一つ選びなさい。解答番号は、[9]。

①　『オデュッセイア』と『神統記』　②　『イリアス』と『オデュッセイア』
③　『神統記』と『労働と日々』　④　『イリアス』と『労働と日々』
⑤　『オデュッセイア』と『労働と日々』　⑥　『神統記』と『イリアス』

問8　下線部(g)について、古代ギリシアの悲劇詩人たちに関する記述として正しいものはどれか。次の①～⑤の中から一つ選びなさい。解答番号は、[10]。

① アイスキュロスは『フェードル』を書いた。

② ウェルギリウスは『メデイア』を書いた。

③ ソフォクレスは『オイディプス王』を書いた。

④ エウリピデスは『アエネイス』を書いた。

⑤ コルネイユは『アガメムノン』を書いた。

問9　下線部(h)について、トゥキディデスは古代の戦争を描いた『歴史』を書いた。彼が描いた戦争はどれか。次の①～④の中から一つ選びなさい。解答番号は、[11]。

① ペルシア戦争　② トロイア戦争　③ ポエニ戦争

④ ペロポネソス戦争

問10　[B] に当てはまる、浮力の原理や梃《てこ》の原理を発見したシチリア島シラクサ出身の数学・物理学者は誰か。次の①～④の中から一つ選びなさい。解答番号は、[12]。

① アルキメデス　② エウクレイデス　③ エラトステネス

④ アリスタルコス

【2】 次の文を読んで後の問いに答えなさい。　(配点 25 点)

中国における「技術」というものを論じる際、必ず言及されるのは活版印刷技術、火薬、羅針盤、それに紙の開発を加えた四つである。確かに、これらの技術は世界のあり方を変えるほどの大きな影響力を持ったものであることは疑いえない。とは言え、例えば、農耕技術の発達や土器文化、春秋時代に出現した鉄製農具の使用や、[A]が造営した阿房宮やその陵墓、長城の修復などもすべて「技術」に関することがらである。

話を冒頭の四大発明に戻そう。古いもので言うならば、紙の発明は現時点で前漢時代にまでさかのぼることができる。だが、文字を書く材料としての紙、つまり(a)書写材料として紙が使用され始めたのは(b)後漢時代である。紙が書写材料として使用されるまでは、木や竹、あるいは絹の布などが書写材料として使用されていた。

印刷技術は、(c)唐代には木版印刷を用いた紙への印刷が行われた。いわゆる(d)活版印刷技術は(e)宋代に粘土活字のかたちで行われ、(f)印刷出版文化の基盤となった。

他方、火薬については、いつ、誰によって発明されたか定かではない。唐代には、硝石、硫黄、木炭から成る黒色火薬が生み出されたと言われている。また、宋代には、軍事技術について記した『武経総要』にその製法が記載されている。(g)北宋時代には戦場で使用され、北宋と(h)金との戦いで使用されている。

羅針盤についても、記述が残っているのは宋代である。ただし、類似のものが漢代より占いに使用されていたという。いずれにせよ、宋代の 11 世紀までには航海用の磁石が使用されるようになり、それがヨーロッパに伝わっていったとされる。

問 1　[A]に当てはまる人物は誰か。次の①～⑤の中から一つ選びなさい。解答番号は、[13]。

①　隋の煬帝　②　隋の文帝　③　秦の始皇帝
④　後漢の光武帝　⑤　漢の武帝

問 2　下線部(a)について、後世「書聖」として知られ「蘭亭序」を書いたとされる人物は誰か。次の①～⑤の中から一つ選びなさい。解答番号は、[14]。

①　欧陽脩　②　欧陽詢　③　顔真卿
④　王羲之　⑤　董其昌

問 3　下線部(b)について、後漢の時代、宦官として宮廷に仕え、製紙法の改良者として知られる人物は誰か。次の①～⑤の中から一つ選びなさい。解答番号は、[15]。

①　王維　②　鄭玄　③　蔡倫
④　董仲舒　⑤　司馬光

問4　下線部(c)について、唐代には外国との交易も盛んになった。このことに関する記述として正しいものはどれか。次の①～④の中から一つ選びなさい。解答番号は、16。

①　唐の都の長安には景教や祆教などの寺院が建立された。

②　日本からも遣唐使が訪れ、勘合貿易が盛んに行われた。

③　玄奘は海路でインドに赴き、経典を持ち帰った。

④　阿倍仲麻呂は日本から留学生としてやってきて詩人の白居易らと交友した。

問5　下線部(d)について、その後ヨーロッパに伝わった活版印刷術を改良して実用化させた人物は誰か。次の①～⑤の中から一つ選びなさい。解答番号は、17。

①　マルコ=ポーロ　　②　コペルニクス　　③　ガリレイ

④　グーテンベルク　　⑤　レオナルド=ダ=ヴィンチ

問6　下線部(e)について、宋代には科挙が完成したと言われるが、その背景には広範な階層への書物の流通があった。[1]宋代の科挙制度に関する記述として正しいものはどれか。[2]宋代には宋学がおこり、朱子学も広まり、士大夫に必要な教養とされるようになった。この朱子学に関する記述として正しいものはどれか。それぞれ、次の①～④の中から一つ選びなさい。解答番号は、18・19。

[1]　①　宋代には、郷挙里選によって地方長官の推薦を受けることが科挙試験の要件となった。

②　宋代では、科挙の首席合格者は内閣大学士に任命された。

③　宋代になって、科挙の合格者は九品中正の制度に基づいて官吏に任用されるようになった。

④　宋代になって、科挙の最終審査として殿試が作られた。　18

[2]　①　経典のなかでは特に『大学』『中庸』『論語』『荘子』『孟子』の五経を重視した。

②　王守仁による陽明学の弱点を補い、発展させたものとして朱子学が登場した。

③　実学と知識を重視し、「知行合一」を唱えた。

④　「理」と「気」によって世界を捉えるという「理気二元論」を唱えた。　19

問7　下線部(f)について、[1]明代には木版印刷の発達によって書物の出版数が大幅に伸び、様々な書物が流通するようになった。その中には、今でいう科学に相当するような学術的な書籍が数多く登場する。明代の学術書、技術書に関する記述として正しいものはどれか。[2]明代には、出版物の流通によって口語小説も広く知られるようになった。明代に成立したとされる四大奇書に**当てはまらないもの**はどれか。[3]明代における学術の発達は海外の宣教師らとの交流によるところも大きかった。これらの宣教師のうち、『幾何原本』の漢訳などにも携わった人物は誰か。[1]は①～④の中から、[2]・[3]は①～⑤の中から、それぞれ一つ選びなさい。解答番号は、20～22。

[1]　① 王陽明によって『崇禎暦書』が著された。
② 徐光啓によって『本草綱目』が著された。
③ 李時珍によって『農政全書』が著された。
④ 宋応星によって『天工開物』が著された。　20

[2]　① 『水滸伝』　② 『紅楼夢』　③ 『金瓶梅』
④ 『西遊記』　⑤ 『三国志演義』　21

[3]　① フェルビースト　② フランシスコ=ザビエル
③ アダム=シャール　④ マテオ=リッチ　⑤ アマースト　22

問8　下線部(g)について、北宋を建国した後周の将軍は誰か。次の①～⑤の中から一つ選びなさい。解答番号は、23。

① 鄭成功　② 朱元璋　③ 趙匡胤
④ 呉三桂　⑤ 李成桂

問9　下線部(h)に関する記述として正しいものはどれか。次の①～⑤の中から一つ選びなさい。解答番号は、24。

① 耶律阿保機が建国し、初代皇帝となった。
② 耶律大石が建国し、初代皇帝となった。
③ 契丹文字が作られ、使用された。
④ 西夏文字が作られ、使用された。
⑤ 女真文字が作られ、使用された。

【3】 次の文を読んで後の問いに答えなさい。　(配点 25 点)

大航海時代によってもたらされた世界の一体化はその結果としてヨーロッパに(a)大きな経済変動をもたらした。しかし、17 世紀に入ると交易や新大陸の産物から来る富が求められるだけではなく、北アメリカ大陸に新天地を求めて移住する人々が出てきた。たとえばイングランドのピューリタンである。1620 年、のちにピルグリム=ファーザーズと呼ばれるようになる一群のピューリタンがメイフラワー号でアメリカ東海岸に植民地を築いた。プリマス植民地である。17 世紀中にはこの周辺にも多くの移住者がやって来るようになり、(b)ニューイングランド植民地が形成された。

イギリスからの植民活動としては、このニューイングランド植民地に先立って(c)ヴァージニア植民地への入植が 1607 年に始まっている。

現実には、17 世紀において、イギリスはオランダと世界各地で覇権を争っていた。1623 年には、東南アジアの A でオランダ商館員が日本人雇用者を含むイギリス商館員 20 名を虐殺する事件が起こっている。さらに、(d)クロムウェルの指導する共和政イギリスがオランダをイギリスに関係する貿易から排除する航海法を制定したことがきっかけとなって翌 1652 年にはイギリス=オランダ戦争が起こった。北アメリカ大陸でも両国は争い、1664 年にイギリスはオランダからニューアムステルダムを奪い、のち、これを(e)ニューヨークと改称した。

18 世紀に入ると、イギリスと海上覇権を争ったのはフランスだった。とりわけ、18 世紀半ばから両者の対立は激化し、七年戦争というヨーロッパ大陸のみならず、一体化した世界を舞台にした戦争が引き起こされるに至った。インドではイギリスは B でフランスを破り、インドでの支配権を確立した。北アメリカ大陸では、七年戦争の直前から起こっていた戦いでやはりイギリスはフランスを破り、北アメリカ大陸の大半での支配権を確立した。

こうしたイギリスの支配権の確立は、しかし、アメリカ植民地の人々にとっては、不満を募らせるものであった。イギリスの戦費捻出のための負担が、植民地の同意のない形での、課税強化となって現れてきたからである。代表的な課税の一つに印紙法がある。これに対しては「代表なくして課税なし」という(f)1215 年の大憲章(マグナ=カルタ)以来の理念に基づくスローガンのもとに激しい反対運動が起こり、本国政府は翌年には撤廃せざるを得なかった。にもかかわらず、本国政府はさらに茶法を制定し、それに反発した人々がボストン茶会事件を起こし、一挙にイギリス本国政府と植民地の間の緊張は高まった。そして1775年に(g)アメリカ独立戦争の火蓋が切られたのである。独立戦争の最中、植民地側は1776年、(h)独立宣言を発した。しかし、独立後の国の形をどうするかについては、議論は難航した。1787年の憲法制定会議でようやく(i)アメリカ合衆国憲法が制定され、翌1788年、発効した。

問1　下線部(a)について、この経済変動は商業革命や価格革命と呼ばれるが、これらに関する記述として**誤っているもの**はどれか。次の①～⑤の中から一つ選びなさい。解答番号は、[25]。

①　貨幣地代に依存する領主層が衰えた。

②　北イタリア諸都市による東方（レヴァント）貿易が衰えた。

③　金利上昇により商工業が衰えた。

④　南ドイツのフッガー家が没落した。

⑤　ヨーロッパ産の銀が駆逐された。

問2　下線部(b)について、現在のアメリカ合衆国の州で**ニューイングランド植民地の地域になかった州**はどれか。次の①～⑤の中から一つ選びなさい。解答番号は、[26]。

①　メイン　②　ロードアイランド　③　コネティカット

④　ジョージア　⑤　マサチューセッツ

問3　下線部(c)に関する記述として**誤っているもの**はどれか。次の①～④の中から一つ選びなさい。解答番号は、[27]。

①　植民地名はエリザベス1世の別称にちなんでいる。

②　13植民地の中で最も早くに植民地議会が開かれた。

③　アフリカからの黒人奴隷を用いたタバコ=プランテーションなどで繁栄した。

④　植民開始の時期のイギリス国王はチャールズ2世だった。

問4　[A]に当てはまる地名はどれか。次の①～⑤の中から一つ選びなさい。解答番号は、[28]。

①　バタヴィア　②　マラッカ　③　マドラス

④　マニラ　⑤　アンボイナ

問5　下線部(d)に関する記述として**誤っているもの**はどれか。次の①～⑤の中から一つ選びなさい。解答番号は、[29]。

①　ジェントリ出身で、ピューリタンの政治家だった。

②　イギリス革命での内戦において鉄騎隊を組織した。

③ イギリス革命で、議会派の分裂後は長老派の指導者として独立派を議会から追放した。

④ アイルランドを王党派の拠点とみなし、その征服を行った。

⑤ イギリス革命で、護国卿に就任し、独裁的な体制を敷いた。

問6 下線部(e)について、ニューヨークのウォール街は、20世紀に入ると、ロンドンのロンバート街と並ぶ世界金融の中心となっていった。[1]ウォール街のニューヨーク株式市場で「暗黒の木曜日」と呼ばれる、世界恐慌の引き金となる大暴落が起こったのは、何年のことか。[2]世界恐慌を経験する中で、不況を克服するためには政府が積極的に経済に介入すべきだとする理論を展開した『雇用・利子および貨幣の一般理論』を著したイギリスの経済学者は誰か。それぞれ、①～⑤の中から一つ選びなさい。解答番号は、30・31。

[1] ① 1918年　② 1919年　③ 1929年　④ 1933年　⑤ 1939年　30

[2] ① ケインズ　② アダム=スミス　③ ジョン=ステュアート=ミル　④ マルサス　⑤ リスト　31

問7 B に当てはまる戦いはどれか。次の①～⑤の中から一つ選びなさい。解答番号は、32。

① カイロネイアの戦い　② プラッシーの戦い　③ イッソスの戦い　④ カンネーの戦い　⑤ クレシーの戦い

問8 下線部(f)について、大憲章はイギリス立憲政治の基礎となったといわれるものだが、1215年、これを認めざるを得なかったプランタジネット朝の王は誰か。次の①～⑤の中から一つ選びなさい。解答番号は、33。

① ヘンリ2世　② ヘンリ3世　③ エドワード1世　④ ウィリアム1世　⑤ ジョン王

問9 下線部(g)について、[1]この独立戦争において植民地側の勝利を決定づけた戦いはどれか。[2]フランスの貴族でこの独立戦争に義勇兵として参加し、のち、フランス革命の初期において人権宣言の起草にも関わった人物は誰か。それぞれ、①～④の中から一つ選びなさい。解答番号は、34・35。

[1] ① ヨークタウンの戦い　② レキシントンの戦い　③ コンコードの戦い　④ ゲティスバーグの戦い　34

［2］①　コシューシコ　②　マラー　③　ダントン
④　ラ=ファイエット　35

問10　下線部(h)について、［1］独立宣言に関する記述として**誤っているもの**はどれか。［2］独立宣言に影響されたフランス革命での人権宣言に関する記述として**誤っているもの**はどれか。それぞれ、①～⑤の中から一つ選びなさい。解答番号は、36・37。

［1］①　ロックの自然法思想に基づき革命権を主張した。
②　トマス=ジェファソンが起草した。
③　フランクリンやジョン=アダムズが補筆、修正した。
④　奴隷制を弾劾した。
⑤　フィラデルフィアでの第2回大陸会議で採択された。　36

［2］①　国民公会で採択された。
②　国民主権をうたった。
③　三権分立を唱えた。
④　私有権の不可侵が盛り込まれた。
⑤　自由・平等・抵抗権などの自然権を承認した。　37

問11　下線部(i)に関する記述として**誤っているもの**はどれか。次の①～④の中から一つ選びなさい。解答番号は、38。

①　人民主権による共和政を定めた。
②　立法府として一院制の連邦議会の制度を採った。
③　連邦政府に外交・通商規制・徴税の権利を認めた。
④　権力集中を防ぐ三権分立の制度を採用した。

【4】 次の(1)～(3)の文を読んで後の問いに答えなさい。　(配点25点)

(1)　二つ以上の国が集合して構成する国際的な組織体のことを国際機構と呼び、その多くが条約や協定などに基づいて設立される。19世紀には今日の国際機構に連なってゆく萌芽的な組織が設立されていったが、その大前提となったのは、1648年の[A]で国家主権の不可侵性が確認されたことである。その後、19世紀に入り、産業の近代化と欧米列強による世界各地の植民地化が進んだ。そして、人とモノの全地球規模での移動が加速したことで、様々な国際的なルール作りの必要性が出てきたのである。

全地球規模での国際機構の設立が痛感されたのが第一次世界大戦だった。莫大な死傷者数を出した総力戦にヨーロッパ諸国は疲弊し、平和を保たねばという意識が広がった。1920年に設立された(a)国際連盟は第一次世界大戦後の国際秩序の要《かなめ》の組織になるはずだった。確かに、[B]など、国際連盟の機関の一部は今日まで残り、機能し続けている。しかし全体としては、国際連盟は期待された役割を十分に果たしたとは言い難い。何よりも、第二次世界大戦の勃発を防げなかったのである。第二次世界大戦後に発足した国際連合は、国際連盟の機能不全への反省が出発点だったと言える。

(2)　1945年10月に成立した国際連合は、もとは第二次世界大戦時の連合国の枠組みを平時の組織に切り替えるものだった。1941年8月に、フランクリン=ローズヴェルトと[C]が行った大西洋上会談では、戦後の国際秩序を構想する大西洋憲章が発表され、その内容はその後の(b)国際連合憲章に継承されている。国際連合の原加盟国は51であり、その多くが連合国に加わった国だった。

国際連合には、全加盟国で構成される総会や強大な権限をもつ(c)安全保障理事会など主要6機関が存在する。国際連合には、元々の理念である平和の維持だけでなく、(d)様々な権能をもつ専門機関が設立されていった。近年では、国際連合が音頭を取った(e)「持続可能な発展」のための施策が世界で進められている。

(3)　国際機構と呼ばれるものには、ある地理的範囲内に加盟国が限定されていたり、取り扱う案件が限定されていたりする「地域機構」も含まれる。第二次世界大戦後の冷戦時代には、世界各地に地域安全保障を担う地域機構が設立された。また、(f)東西対立を超えてヨーロッパ全体の安全保障について話し合う会議も開かれた。

冷戦の終焉後、1993年に発足した(g)ヨーロッパ連合（EU）は欧州の政治的・経済的統合に大きな役割を果たしてきた。このほかにも、(h)地域内の経済協力や自由貿易の促進を目的とする地域機構は数多くつくられている。

問1　[A] に当てはまる、三十年戦争の講和条約はどれか。次の①～⑤の中から一つ選びなさい。解答番号は、[39]。

①　ヴェルダン条約　②　メルセン条約　③　ウェストファリア条約

④　ユトレヒト条約　⑤　カルロヴィッツ条約

問2　下線部(a)について、［1］国際連盟の本部が置かれた都市はどれか。［2］国際連盟に関する記述として**誤っているもの**はどれか。それぞれ、①～⑤の中から一つ選びなさい。解答番号は、[40]・[41]。

［1］①　パリ　②　ウィーン　③　ハーグ

④　ジュネーヴ　⑤　ブリュッセル　[40]

［2］①　国際連盟規約はヴェルサイユ条約やサン=ジェルマン条約などの第一次世界大戦講和条約に組み込まれる形で作成された。

②　トランスヨルダンは、国際連盟が各国に保護を委ねる委任統治の方式によって、イギリスの委任統治領とされた。

③　アメリカ合衆国は国際連盟に参加しなかった。

④　日本は、上海事変に関して国際連盟が派遣したリットン調査団の報告書を不服として国際連盟から脱退した。

⑤　社会主義国ソ連はソ連=フィンランド戦争で侵略国と認定され、国際連盟から除名された。　[41]

問3　[B] に当てはまる、国際連盟の付属の機関として発足し、かつ現存する機関はどれか。次の①～④の中から一つ選びなさい。解答番号は、[42]。

①　国際労働機関　②　国際赤十字　③　万国郵便連合

④　国際復興開発銀行（世界銀行）

問4　[C] に当てはまる人物は誰か。次の①～⑤の中から一つ選びなさい。解答番号は、[43]。

①　スターリン　②　蔣介石　③　ネヴィル=チェンバレン

④　ド=ゴール　⑤　チャーチル

問5　下線部(b)に関する記述として**誤っているもの**はどれか。次の①～④の中から一つ選びなさい。解答番号は、[44]。

①　国際連合憲章の採択と同時に世界人権宣言も採択された。

②　サンフランシスコ会議によって国際連合憲章は採択された。

③　安全保障理事会常任理事国はアメリカ、フランス、イギリス、ソ連、中国の5

カ国とされた。

④　ダンバートン=オークス会議によって、国際連合憲章の原案が作成された。

問6　下線部(c)に関する記述として**誤っているもの**はどれか。次の①～④の中から一つ選びなさい。解答番号は、45。

①　安全保障理事会の常任理事国は拒否権を有する。

②　安全保障理事会は国際連合加盟国を法的に拘束できる「決定」ができる。

③　安全保障理事会の常任理事国は、その責任の重さを考慮し、国際連合総会では1国2票の権利を有する。

④　安全保障理事会の非常任理事国の数は、当初6カ国であったが、現在は10カ国である。

問7　下線部(d)について、国際連合の専門機関として**誤っているもの**はどれか。次の①～④の中から一つ選びなさい。解答番号は、46。

①　世界保健機関　　②　ユネスコ　　③　国際通貨基金

④　世界貿易機関

問8　下線部(e)に関する記述として正しいものはどれか。次の①～④の中から一つ選びなさい。解答番号は、47。

①　1972年、モントリオールでの国連人間環境会議での「人間環境宣言」に盛り込まれた。

②　1987年、オゾン層の保護を進めることを内容としたストックホルム議定書に盛り込まれた。

③　1992年、リオデジャネイロで開かれた「環境と開発に関する国連会議」(地球サミット)でのリオ宣言に盛り込まれた。

④　1997年、パリで開かれた「気候変動枠組み条約の第3回締約国会議」(COP3)で定められた議定書に盛り込まれた。

問9　下線部(f)について、1975年、フィンランドのヘルシンキで開かれた、東西両陣営の国々が集まり、全ヨーロッパの安全保障について話し合った全欧安全保障協力会議の略称はどれか。次の①～④の中から一つ選びなさい。解答番号は、48。

①　CTBT　　②　COMECON　　③　CENTO

④　CSCE

問10　下線部(g)に関する記述として正しいものはどれか。次の①～④の中から一つ選びなさい。解答番号は、49。

① 1967年、EUの前身組織であるヨーロッパ共同体が、イギリス、フランス、西ドイツ、イタリア、ベネルクス三国の7カ国によって設立された。

② 1992年、オランダのマーストリヒトにおいてEU設立の条約が調印された。

③ 1993年、EUの発足と同時に統一の域内通貨ユーロの流通が全加盟国で始まった。

④ 2007年、ポルトガルのリスボンでの会議で、EU憲法が制定され、共通の旗や国歌も定められた。

問11　下線部(h)について、アジア地域のこうした地域機構としては東南アジア諸国連合（ASEAN）が現在ではASEAN＋6の枠組みを作るなど、存在感を示しているが、1967年に発足したときには、反共同盟的な性格を色濃く有していた。ASEAN発足時の加盟国の一つにシンガポールがあるが、1965年のマレーシアからのシンガポール分離・独立にシンガポール首相として大きな役割を果たし、その後も長期にわたって首相としてシンガポールの政治を主導した人物は誰か。次の①～⑤の中から一つ選びなさい。解答番号は、 50 。

① マハティール　② リー＝クアンユー　③ スカルノ

④ スハルト　⑤ マルコス

◀M3・M2方式▶

(60分)

【1】 次の文を読んで後の問いに答えなさい。　(配点25点)

ヨーロッパ各国を代表する飲食物といえば何だろうか。イタリアのトマトソースパスタ、イギリスのフィッシュアンドチップス、スペインのパエリア、ベルギーのチョコレート、そしてフランスのワインやドイツのビールなどだろうか。しかし、これらのいずれもヨーロッパにはもともと存在しないものであった。トマトソースのトマト、フィッシュアンドチップスのジャガイモ、チョコレートの原料であるカカオ、これらはいずれも南米大陸原産で(a)大航海時代があって初めてヨーロッパにもたらされたものである。パエリアに使う米もヨーロッパ原産ではない。米を産む稲はアジアの温帯湿潤地帯の低湿地に生えていたとする説があり、もっとも古い稲栽培の記録が中国長江中・下流地域に集中して発見されていることから、この地でおそくとも前5000年ごろには稲の栽培が始まっていたと考えられている。その代表的な例が A 遺跡である。そして米は(b)南ヨーロッパに侵入したイスラーム勢力によって10世紀ごろにヨーロッパにもたらされたものなのである。

ワインはフランス料理に欠かせないアルコール飲料として定着しているが、地理的には(c)ヨーロッパとアジアの中間に位置するカフカス地方で生まれたという説が有力である。ワインと同じくビールもヨーロッパ起源ではない。ビールは古代メソポタミアで初めて作られたものだと考えられている。(d)ハンムラビ法典にはビールについての条項が複数含まれていることからも、古代メソポタミアにおいてビールがすでに重要な産物であったことをうかがい知ることができる。

ヨーロッパといえば、おしゃれなカフェを思い浮かべる人もいることだろう。カフェで飲まれるコーヒーの原産地としては、現在のところ(e)エチオピアがもっとも有力である。カフェ自体もオスマン帝国発祥であり、したがって、コーヒー文化はイスラーム文化がヨーロッパに伝わったものであったといえる。だから、イギリスの(f)コーヒーハウス、フランスのカフェやサロンといった都会人・文化人の交流の場は、イスラームなしにはありえなかったのである。商工業が盛んになっていった17世紀から18世紀にかけての時期、コーヒーの他にもタバコ、(g)茶、砂糖といった非ヨーロッパ起源の物品が貴族層だけでなく市民層にも広がり、こうして現代につながるヨーロッパの生活文化が形成されていったのである。

このように、ヨーロッパには非ヨーロッパ的なものが深く入り込んでいる。ヨーロッパの主要な宗教、すなわちキリスト教自体、(h)地中海東岸地域の南部に位置するパレスチナで誕生した宗教であり、その意味では非ヨーロッパの宗教である。そもそもヨーロッパという言葉自体が、[B]語系のフェニキア人の言葉「エレブ」に由来するという説が有力である。「エレブ」とは「日が沈む土地」という意味である。フェニキアから見れば、西にあるヨーロッパは文字通り「日が沈む土地」として暗い場所、果ての地であり、その意味では文化・文明の中心地ではそもそもなかったのである。

問1　下線部(a)について、[1]大航海時代においてコロンブスがインドに行くつもりでアメリカに到達することになったのは、ヨーロッパから西に向かっていってもインドに到達できるとする地球球体説を信じていたということによる。地球球体説を唱えたフィレンツェ生まれの天文・地理学者は誰か。[2]大航海時代はヨーロッパに世界の様々な産物をもたらしただけではない。ヨーロッパ人が持っていた病原体を世界に広めたということも考えなければならない。ヨーロッパ人がアメリカ大陸およびその周辺に行き、先住民に未知の病原体を感染させることで莫大な数の先住民が犠牲になったが、そうした病原体の一つとして考えられるのが、天然痘ウイルスである。いまだウイルスの存在が知られていない時代に、天然痘ワクチンの接種ともいうべき種痘法を開発した医学者は誰か。それぞれ、①～⑤の中から一つ選びなさい。解答番号は、[1]・[2]。

[1]　①　トスカネリ　②　プトレマイオス　③　アリスタルコス
④　エラスムス　⑤　ガリレイ　[1]

[2]　①　ラヴォワジェ　②　ラプラース　③　ジェンナー
④　リンネ　⑤　ハーヴェー　[2]

問2　[A]に当てはまる、前5000年～前3000年頃のものと考えられている長江下流域の遺跡がある地域名はどれか。次の①～⑤の中から一つ選びなさい。解答番号は、[3]。

①　仰韶　②　竜山　③　半坡
④　河姆渡　⑤　三星堆

問3　下線部(b)について、ヨーロッパに稲栽培が持ち込まれたルートとしては二つ考えられる。一つはイスラーム勢力がその大半を支配することがあったイベリア半島経由である。もう一つが文明の十字路とも呼ばれるように、古来様々な勢力がこの地で争い、イスラーム勢力も支配することがあったシチリア島経由である。[1]イスラーム勢力は8世紀のはじめにはイベリア半島のゲルマン人国家を滅ぼすまでになったが、その後キリスト教徒のレコンキスタが始まり、1492年には最後の拠点が陥落することで終焉を迎えた。この最後の拠点となったイベリア半島の都市はどれか。[2]古代ギリシアにおける覇権争いにおいてアテネがスパルタ中心の勢力と争い、結果的に破れる契機の一つになったのがアテネの軍勢のシチリア遠征の失敗であった。アテネのポリス社会が変質し崩壊に向かう契機となったこの戦争はどれか。[3]ヨーロッパ中世においてはシチリア島は12世紀ルネサンスの舞台の一つとなった。とりわけ、神聖ローマ皇帝フリードリヒ2世の時代、シチリアはヨーロッパの文化的中心の一つとなった。フリードリヒ2世の王朝はどれか。それぞれ、①～⑤の中から一つ選びなさい。解答番号は、[4]～[6]。

[1]　① リスボン　② グラナダ　③ トレド
④ マドリード　⑤ セビリャ　[4]

[2]　① トロイア戦争　② ペロポネソス戦争　③ ペルシア戦争
④ ポエニ戦争　⑤ 同盟市戦争　[5]

[3]　① ザクセン朝　② カロリング朝　③ ノルマン朝
④ ルクセンブルク朝　⑤ シュタウフェン朝　[6]

問4　下線部(c)について、カフカス地方は北方のロシアの勢力と南方のイランの勢力との争いの地になることがしばしばあった。第2次イラン=ロシア戦争の結果として現在のアルメニアの大半をロシアに割譲することになった1828年に結ばれた条約はどれか。次の①～④の中から一つ選びなさい。解答番号は、[7]。

① サン=ステファノ条約　② イリ条約　③ ヌイイ条約
④ トルコマンチャーイ条約

問5　下線部(d)について、ハンムラビ法典およびこれを制定したハンムラビ王に関する記述として正しいものはどれか。次の①～④の中から一つ選びなさい。解答番号は、[8]。

① ハンムラビ法典は神聖文字（ヒエログリフ）と呼ばれる象形文字で記されている。
② ハンムラビ法典は同害復讐の考えに基づいている。
③ ハンムラビ王は首都ニネヴェに図書館を築いた。
④ ハンムラビ王は「王の目」「王の耳」と呼ばれた行政官に各地を巡察させた。

問6　下線部(e)に関する記述として**誤っているもの**はどれか。次の①～④の中から一つ選びなさい。解答番号は、[9]。

① 古代のエチオピアではキリスト教を受け入れていたが、そのキリスト教は単性論の立場のものだった。

② 紀元前後にエチオピアの地にアクスム王国が成立した。

③ 19世紀末、イタリアはエチオピアに侵入したが、フランスがエチオピアを支援したため、イタリアは敗退した。

④ ハイレ=セラシエは、1974年、エリトリア戦線の協力を得て皇帝に即位した。

問7　下線部(f)について、コーヒーハウスには新聞や雑誌がおかれ、人々はそうしたものを読んで議論を交わすことがあった。そのことでコーヒーハウスは新しい思想の伝播や世論の成立に大きな役割を果たしたと考えられている。イギリスで、名誉革命後、ホイッグ党の立場に立って論陣を張り、みずからも新聞を発行するなど、ジャーナリストとして活躍し、また『ロビンソン=クルーソー』などの小説も残した人物は誰か。次の①～⑤の中から一つ選びなさい。解答番号は、[10]。

① バンヤン　② ミルトン　③ デフォー

④ スウィフト　⑤ ロック

問8　下線部(g)について、茶は18世紀のイギリスでは一種の必需品になり、その輸入のため中国（清）との貿易は常に赤字を計上するようになっていた。そのため、イギリスはマカートニーを派遣して清の皇帝に対して貿易関係の改善を求めさせた。マカートニーが謁見した清の皇帝は誰か。次の①～⑤の中から一つ選びなさい。解答番号は、[11]。

① 乾隆帝　② 道光帝　③ 嘉慶帝

④ 雍正帝　⑤ 康熙帝

問9　下線部(h)について、この地中海東岸の北部に位置するシリアは南の新王国時代のエジプトと北方のヒッタイトの抗争の地であった。新王国およびヒッタイトに関する記述として**誤っているもの**はどれか。次の①～④の中から一つ選びなさい。解答番号は、[12]。

① 新王国のラメス2世とヒッタイトの王ムワタリがシリアのカデシュで戦った。

② 新王国のアメンホテプ4世は宗教改革のため、首都をテーベからテル=エル=アマルナに移した。

③ ヒッタイトは鉄製の武器を用い、また馬と戦車を駆使することで新バビロニアを滅ぼした。

④　「海の民」と総称される諸民族集団が侵入したことをきっかけにヒッタイトは滅亡し、新王国も衰退した。

問10　[B]に当てはまる、言語集団を表す語句はどれか。次の①～⑤の中から一つ選びなさい。解答番号は、[13]。

①　アルタイ　　②　セム　　③　ウラル

④　ドラヴィダ　　⑤　インド＝ヨーロッパ

【2】　次の文を読んで後の問いに答えなさい。　　（配点 25 点）

イスラーム以前のアラビア半島はどのような状況だったのだろうか。ムハンマドがアッラーの啓示を受けたとして述べた言葉を集めた『コーラン（クルアーン）』を見るならば、そこには(a)モーセもイエスも出てくる。そこから分かるのは、ムハンマドの周囲にユダヤ教徒もキリスト教徒もいたということである。

アラビア半島およびその周辺は、政治的には(b)ササン朝ペルシアと(c)ビザンツ帝国とが争いと和解を繰り返していた。そうした中、メッカに生まれたムハンマドは、7 世紀の初めに神の啓示を受けたとしてイスラームの教えを説き始めたが、メッカではなかなか受け入れられず、彼の教えを信じる人々とともにメディナに移った。これをイスラームでは聖遷といい、この聖遷によって[A]が成立したと考えられている。そのこともあり、聖遷の年、622 年がイスラーム暦の元年となっている。以後、メディナを根拠地にムハンマドは次第に信者を増やし、630 年にメッカを征服した。

632 年にムハンマドは没するが、その後の正統カリフの時代においてもイスラームの勢力は膨張し続けた。642 年、イスラームの軍は[B]でササン朝を破り、その後間もなくしてササン朝は滅亡した。正統カリフの時代は、第 4 代アリーの暗殺をもって終わった。アリーと対立していたムアーウィヤがウマイヤ朝を開き、8 世紀初めに活発な征服活動を展開した。東方ではインドとソグディアナまで版図を広げ、西方では北アフリカからさらにはイベリア半島にまで進出し、711 年には[C]を滅ぼした。フランク王国にも進出を図ったが、732 年の(d)トゥール・ポワティエ間の戦いで阻止された。一方、暗殺されたアリーを支持していた人々はその後も、アリーとその子孫だけがムハンマドの正統の後継者であるとする立場をとり続けた。(e)このグループはシーア派と呼ばれ、現在まで続いている。

8世紀半ば、アッバース家による反ウマイヤ朝運動が起こり、749年、アッバース家のアブー=アルアッバースがカリフを称し、翌750年にはウマイヤ朝を倒し、(f)アッバース朝が開かれた。

問1　下線部(a)に関する記述として正しいものはどれか。次の①～④の中から一つ選びなさい。解答番号は、[14]。

①　イスラエル人を導き「出エジプト」を果たした。

②　イェルサレムを首都としたイスラエル王国を強勢に導いた。

③　ヤハウェ神殿を築き、最高の智者と称えられた。

④　バビロン捕囚に際し、神と契約したユダヤ人こそ選民であり、救われるとする預言を行った。

問2　下線部(b)について、[1]ササン朝建国の王は誰か。[2]ササン朝に関する記述として正しいものはどれか。[3]エフェソス公会議では退けられ異端とされたが、ササン朝のもとでは活動を許され、その後中国にも伝わったキリスト教の宗派はどれか。それぞれ、①～⑤の中から一つ選びなさい。解答番号は、[15]～[17]。

[1]　①　シャープール1世　②　ダレイオス1世　③　ホスロー1世
　　④　アルダシール1世　⑤　ミトラダテス1世　[15]

[2]　①　ペルセポリスを首都とした。
　　②　エデッサの戦いでローマ皇帝トラヤヌスを捕虜にした。
　　③　『アヴェスター』を教典とするマニ教を国教とした。
　　④　エフタルと同盟して突厥を滅ぼした。
　　⑤　東方ではクシャーナ朝を破り、その結果クシャーナ朝は衰退した。　[16]

[3]　①　アタナシウス派　②　アリウス派　③　ネストリウス派
　　④　カタリ派　⑤　ストア派　[17]

問3　下線部(c)について、[1]ビザンツ帝国皇帝として、ローマ帝国の栄光回復に努めたユスティニアヌス1世（大帝）に関する記述として**誤っているもの**はどれか。[2]11世紀には、有力な貴族層に対し、軍役奉仕の代償として本人一代に限り国有地の管理権と国税収入を与える制度が始まった。この制度の名称はどれか。[3]1453年、コンスタンティノープルを占領することでビザンツ帝国を滅亡させたオスマン帝国スルタンは誰か。それぞれ、①～⑤の中から一つ選びなさい。解答番号は、[18]～[20]。

[1]　①　ハギア=ソフィア聖堂を再建した。
　　②　聖像禁止令を出し、ローマ教会との対立を深めた。

③　内陸アジアから養蚕技術を導入し、絹織物産業を育成した。
④　将軍ベリサリオスに、ヴァンダル王国を滅ぼさせた。
⑤　ローマ法を集大成した『ローマ法大全』を編纂させた。　**18**

［2］　①　プロノイア制　②　テマ制　③　イクター制
④　エンコミエンダ制　⑤　アシエンダ制　**19**

［3］　①　セリム1世　②　バヤジット1世　③　メフメト2世
④　セリム2世　⑤　スレイマン1世　**20**

問4　**A** に当てはまる、アラビア語で共同体、特に宗教に立脚した共同体を指す語句はどれか。次の①～⑤の中から一つ選びなさい。解答番号は、**21**。
①　ハディース　②　マワーリー　③　ズィンミー
④　ウンマ　⑤　シャリーア

問5　**B** に当てはまる戦いはどれか。次の①～⑤の中から一つ選びなさい。解答番号は、**22**。
①　イッソスの戦い　②　アルベラの戦い　③　アンカラの戦い
④　カタラウヌムの戦い　⑤　ニハーヴァンドの戦い

問6　**C** に当てはまる、ゲルマン人の王国はどれか。次の①～④の中から一つ選びなさい。解答番号は、**23**。
①　東ゴート王国　②　西ゴート王国　③　ブルグンド王国
④　ランゴバルド王国

問7　下線部(d)について、この戦いで勝利し、イスラーム軍の進出を阻止したフランク王国の宮宰は誰か。次の①～⑤の中から一つ選びなさい。解答番号は、**24**。
①　ピピン（小ピピン）　②　クヌート　③　エグバート
④　カール=マルテル　⑤　クローヴィス

問8　下線部(e)について、現在、シーア派の拠点となっているのはイランである。シーア派の聖職者で1979年のイラン革命を主導し、成立したイラン=イスラーム共和国でその最高指導者となったのは誰か。次の①～⑤の中から一つ選びなさい。解答番号は、**25**。
①　サダム=フセイン　②　ビン=ラーディン　③　アラファト
④　アフマディネジャド　⑤　ホメイニ

問9　下線部(f)について、［1］アッバース朝の統治に関する記述として正しいものはどれか。［2］946年、バグダードに入城し、カリフから大アミールの称号を得て、アッバース朝を傀儡化した王朝はどれか。それぞれ、①～④の中から一つ選びなさい。解答番号は、26・27。

［1］ ① アラブ人のみがワジールと呼ばれる大臣の地位に就くことができた。

② 征服地の先住民は、イスラームに改宗してもジズヤ（人頭税）とハラージュ（地租）を課せられた。

③ アラブ人は、アターと呼ばれる俸給を受け、免税特権も有していた。

④ アッバース朝樹立に協力したシーア派は、政権樹立後は弾圧された。

26

［2］ ① サーマーン朝　② ブワイフ朝　③ トゥールーン朝

④ ファーティマ朝

27

【3】 次の文を読んで後の問いに答えなさい。（配点25点）

フランスのブーガンヴィルは1766年に世界周航に出発した。これにやや遅れ、1768年にイギリスのクックが、その第1回目の世界周航に出発する。ブーガンヴィルとクックには、共通点がいくつかある。ともに(a)七年戦争（北米大陸での戦いはフレンチ=インディアン戦争と言われる）をカナダでそれぞれフランス軍、イギリス軍の軍人として経験し、世界周航においても南米大陸の南端のティエラ・デル・フエゴ（フエゴ島）と太平洋の(b)タヒチをともに訪れている。

ただ、クックはブーガンヴィルよりもはるかに広範囲に航海し、しかも綿密な測量・観察を行った。第1回目の航海（1768～1771）では(c)ニュージーランドを周回し遭難の危険を冒しながらオーストラリア東岸を航海し、現地の先住民の言語を収集したりもしている。さらに、ニュージーランドとオーストラリアのいずれにおいても、イギリスの国旗を立て、(d)イギリス国王の名において領有宣言をしている。2回目の航海では南極圏にまで南下し、3回目の航海では太平洋を北上し、現在の(e)ベーリング海峡を通り、北極海にも入ったが、その帰途、1779年2月に、ハワイ島で先住民と争い、死亡した。

19世紀に入ると、太平洋・オセアニアの欧米各国による分割競争は激化した。イギリス、フランスにドイツやアメリカも加わって、この地域での分割競争が激しくなった。ドイツは、1884年、ニューギニアに進出し一部領有するとともに、メラネシアのビスマルク諸島も領有した。さらにスペインから(f)マリアナ諸島を1899年に買収した。アメリカは19世紀末には積極的な進出策を採るようになり、(g)1898年のアメリカ=スペイン戦争での勝利によって、太平洋地域では、(h)フィリピンとグアムを獲得し、さらに同年ハワイを併合した。

問1　下線部(a)について、[1]七年戦争は世界規模で戦われた。ヨーロッパ大陸では、オーストリアとプロイセンが主に戦ったが、それぞれに他のヨーロッパの国々が支援した。この戦争に関わった主要国の組み合わせとして正しいものはどれか。[2]七年戦争の時期以前から、インドでもイギリスとフランスは戦っていた。1744年に始まり、七年戦争の終了した1763年まで3度にわたって戦われ、イギリスのインドにおける優位を決定づけた戦争の総称を何というか。[3]一部の島を除いて、イギリスがカナダを領有することを認めた1763年に締結された七年戦争の講和条約はどれか。それぞれ、①～⑥の中から一つ選びなさい。解答番号は、解答番号は、28 ～ 30。

[1]　① オーストリア側にはイギリスとロシアが、プロイセン側にはフランスとスペインがついた。
② オーストリア側にはスペインとロシアが、プロイセン側にはフランスとイギリスがついた。
③ オーストリア側にはフランスとロシアが、プロイセン側にはイギリスとスペインがついた。
④ オーストリア側にはイギリスとスペインが、プロイセン側にはフランスとロシアがついた。
⑤ オーストリア側にはフランス・ロシア・スペインが、プロイセン側にはイギリスがついた。
⑥ オーストリア側にはイギリスが、プロイセン側にはフランス・ロシア・スペインがついた。　28

[2]　① マラーター戦争　② シク戦争　③ アチェ戦争
④ カーナティック戦争　⑤ マイソール戦争　⑥ アン女王戦争　29

[3]　① ユトレヒト条約　② アーヘン条約　③ パリ条約
④ ラシュタット条約　⑤ カトー=カンブレジ条約
⑥ カルロヴィッツ条約　30

問2　下線部(b)について、タヒチは19世紀半ば以降フランスが領有するところとなり、第二次世界大戦後はフランス領ポリネシアに属している。[1]19世紀末、ヨーロッパ文明を嫌悪し、タヒチに移り住んだフランス後期印象派の画家は誰か。[2]第二次世界大戦後、フランスは核開発を進め、1960年からサハラ砂漠で核実験を行っていたが、アルジェリアの独立後、1966年からはこのフランス領ポリネシアのムルロア環礁などで核実験を行うようになった。以後、1996 年までこの地域での核実験が繰り返された。1959 年大統領に就任すると、「フランスの栄光」を掲げ核開発を進めるとともに中国承認など独自の外交を進めたが、1968 年の五月危機で権威を失い、翌年辞任したフランス大統領は誰か。それぞれ、①～⑤の中から一つ選びなさい。解答番号は、31・32。

［1］ ① ゴッホ ② ゴーガン ③ セザンヌ
④ モネ ⑤ ルノワール 31

［2］ ① オスマン ② ブルム ③ ミッテラン
④ ド＝ゴール ⑤ クレマンソー 32

問3 下線部(c)について、［1］ニュージーランドの先住民は何と呼ばれるか。［2］17 世紀半ば、クックに先駆けてニュージーランドやオーストラリアに到達していたオランダの航海者は誰か。それぞれ、①～⑤の中から一つ選びなさい。解答番号は、33・34。

［1］ ① マオリ人 ② アラム人 ③ フルリ人
④ モン人 ⑤ クルド人 33

［2］ ① ピアリ ② ドレーク ③ タスマン
④ ホーキンズ ⑤ カブラル 34

問4 下線部(d)について、このときの国王はジョージ 3 世で、在位は 1760 年から 1820 年までの長きにわたった。この国王在位の時期のイギリスに関する記述として**誤っているもの**はどれか。次の①～⑤の中から一つ選びなさい。解答番号は、35。

① 腐敗選挙区の廃止、新興都市への議席割り当て、中産階層の参政権獲得などを盛り込んだ第 1 回選挙法改正が行われた。

② アメリカ 13 植民地が反乱を起こし、アメリカ側の言う「独立戦争」に敗北し、イギリスは独立を認めざるを得なかった。

③ ワーテルローの戦いでウェリントン率いるイギリス軍はプロイセン軍・オランダ軍と協力してナポレオンを破った。

④ アイルランドの併合にともない、それまでの大ブリテン王国が大ブリテン＝アイルランド連合王国と改称された。

⑤ フランス革命に対し、イギリスのピット首相の呼びかけで第 1 回対仏大同盟が結成された。

問5 下線部(e)について、この海峡の名称は、デンマーク出身のロシアの探検家の名にちなんでいる。この探検家にユーラシア大陸とアメリカ大陸間の地域の探検を命じたロシア皇帝は誰か。次の①～⑤の中から一つ選びなさい。解答番号は、[36]。

①　アレクサンドル1世　②　イヴァン3世　③　イヴァン4世
④　エカチェリーナ2世　⑤　ピョートル1世

問6　下線部(f)について、[1]1899年当時のドイツ皇帝は積極的に対外進出を進めたヴィルヘルム2世である。この皇帝の治世期、ドイツとフランスの間の緊張を高めることになった、2度にわたって起きた事件はどれか。[2]マリアナ諸島は第一次世界大戦後は日本の委任統治領となった。第二次世界大戦では、この諸島の一つに1944年7月アメリカ軍が上陸し、日本軍守備隊は全滅した。その陥落の責任を取って東条英機内閣が総辞職し、以後、アメリカ軍の日本本土爆撃の基地が置かれたこの島はどれか。それぞれ、①～④の中から一つ選びなさい。解答番号は、[37]・[38]。

[1]　①　ファショダ事件　②　モロッコ事件　③　アンボイナ事件
④　カノッサ事件　[37]

[2]　①　サイパン島　②　ルソン島　③　ガダルカナル島
④　レイテ島　[38]

問7　下線部(g)について、アメリカ=スペイン戦争の時のアメリカ大統領で1901年に無政府主義者に暗殺された人物は誰か。次の①～⑤の中から一つ選びなさい。解答番号は、[39]。

①　セオドア=ローズヴェルト　②　ウッドロー=ウィルソン　③　タフト
④　マッキンリー　⑤　ジャクソン

問8　下線部(h)について、フィリピンではアメリカ=スペイン戦争以前から独立の機運が高まっていた。スペイン留学経験があり、帰国後、カティプーナンの蜂起への関与を疑われ、1896年に逮捕、銃殺された知識人は誰か。次の①～⑤の中から一つ選びなさい。解答番号は、[40]。

①　アギナルド　②　マルコス　③　マハティール
④　コラソン=アキノ　⑤　ホセ=リサール

【4】 次の文を読んで後の問いに答えなさい。　　(配点 25 点)

(a)毛沢東は、「大躍進」政策の失敗によって1959年国家主席を辞任したが、権力を取り戻すために(b)文化大革命（プロレタリア文化大革命）を発動した。彼に代わって国家主席となっていた [A] を始めとする人々を追い落とすための権力闘争であった。しかし、こうした権力闘争の最中にあっても外交努力は続けられていた。1971年、国連代表権が台湾の中華民国政府から中華人民共和国に移ったこと、翌(c)1972年2月ニクソン訪中が行われ、それを受けた形で同年9月の日本の [B] 首相の訪中で日中国交正常化が実現したことなどが、この時期の外交的成果としてあげられるだろう。

文化大革命の終焉ののち、実権を握ったのは鄧小平だった。彼の指導下、1978年には(d)改革・開放政策が始まり、1979年には(e)アメリカとの国交回復も果たされた。ただ、同年には(f)中越戦争が起こっている。

1980年代、改革・開放政策が進むにしたがって腐敗や人権抑圧、沿海部と内陸部の格差など様々な問題が噴出してきた。これを民主化の遅れによるものだとする学生・青年労働者が1989年、北京で民主化要求運動を起こしたが、鄧小平はこれを弾圧した。いわゆる(g)天安門事件（すでに1976年にも天安門広場で事件が起こっていたので、第二次天安門事件ともいう）である。この事件によって欧米諸国は経済制裁を中国に課し、そのため一時的に中国は国際的に孤立する状況に陥った。

1990年代に入ると、中国は孤立状況から脱し、世界との関わりを深めていく。まず、1992年、(h)盧泰愚大統領の韓国と国交を樹立した。また、すでに1984年、鄧小平は、イギリスの(i)サッチャー首相との間で、(j)香港返還についての合意を取り付けていたが、香港返還が実現する前に、鄧小平は1997年2月に死亡した。香港が返還されたのは同年7月であった。この流れを受けて、1999年には(k)マカオも中国に返還された。少し遡るが、1997年には、ASEANに日本・韓国・中国が招待される形でのASEAN＋3も始まり、アジアとの緊密化も進んだ。さらに長年の交渉の結果、2001年12月に中国は、GATTのウルグアイ＝ラウンドで設立が決まり、1995年に発足した世界貿易機関（WTO）への加盟を果たし、世界経済と中国経済の関係はさらに緊密なものになった。中国の行方を注視する必要がこれからもあるだろう。

問1　下線部(a)について、中華人民共和国建国以前の毛沢東に関する記述として正しいものはどれか。次の①～④の中から一つ選びなさい。解答番号は、[41]。

① 上海で結成された中国共産党の初代委員長となった。

② 延安で成立した中華ソヴィエト共和国臨時政府の主席となった。

③ 長征途中の遵義会議で、共産党内の主導権を確立した。

④ 中華人民共和国建設時まで、瑞金を根拠地として革命を指導した。

問2　下線部(b)について、文化大革命の時期は1966年から1977年までとされるが、この時期に関する記述として**誤っているもの**はどれか。次の①〜④の中から一つ選びなさい。解答番号は、42。

① 文化大革命の初期、毛沢東に忠誠を誓う紅衛兵が動員された。

② 文化大革命の最中、中ソ対立が激化し、ウスリー川中州の珍宝島（ダマンスキー島）で国境紛争が起こった。

③ 文化大革命が進む中、毛沢東の後継者として指名されていた林彪がソ連に逃亡を図り死亡した。

④ 文化大革命は、毛沢東の死後、華国鋒をはじめとする四人組が逮捕されることで終焉を迎えた。

問3　A に当てはまる人物は誰か。次の①〜⑤の中から一つ選びなさい。解答番号は、43。

① 劉少奇　② 周恩来　③ 陳水扁

④ 江青　⑤ 李登輝

問4　下線部(c)について、前年7月にアメリカ合衆国大統領補佐官として極秘に訪中してこのニクソン訪中を取り決め、ニクソン訪中の発表直前にも再度訪中してニクソン訪中を実現し、さらにベトナム戦争に関するパリ和平協定締結の功績で1973年のノーベル平和賞を受賞した人物は誰か。次の①〜⑤の中から一つ選びなさい。解答番号は、44。

① ハル　② キッシンジャー　③ ダレス

④ ジョン=ヘイ　⑤ ランシング

問5　B に当てはまる人物は誰か。次の①〜⑤の中から一つ選びなさい。解答番号は、45。

① 鳩山一郎　② 佐藤栄作　③ 小泉純一郎

④ 池田勇人　⑤ 田中角栄

問6　下線部(d)について、改革･開放政策で**行われていないもの**はどれか。次の①〜④の中から一つ選びなさい。解答番号は、46。

① 経済特区の設置　② 国営企業の独立採算化　③ 農業生産の請負制実施
④ 人民公社の開設

問7　下線部(e)について、米中国交回復時のアメリカ大統領は誰か。次の①～⑤の中から一つ選びなさい。解答番号は、47。

① ブッシュ（父）　② レーガン　③ カーター
④ オバマ　⑤ クリントン

問8　下線部(f)について、中越戦争は、ベトナムがカンボジアに侵攻し、カンボジア人民共和国を成立させたことを「懲罰《ちょうばつ》する」とした中国側からの攻撃で始まった。ベトナムの支援を受けてカンボジア人民共和国を樹立した人物は誰か。次の①～⑤の中から一つ選びなさい。解答番号は、48。

① フンセン　② シハヌーク　③ スー＝チー
④ ポル＝ポト　⑤ ヘン＝サムリン

問9　下線部(g)について、この事件で民主化運動に同情的であったため、鄧小平によって共産党総書記の地位を解任された人物は誰か。次の①～⑤の中から一つ選びなさい。解答番号は、49。

① 胡耀邦　② 江沢民　③ 趙紫陽
④ 胡錦濤　⑤ 習近平

問10　下線部(h)に関する記述として正しいものはどれか。次の①～⑤の中から一つ選びなさい。解答番号は、50。

① 軍人出身の大統領で、在任中に光州での民主化運動が激化したことに対し、戒厳令を出しこれを弾圧した。
② 開発独裁を主導した全斗煥大統領が暗殺された後を継ぐ形で大統領に就任した。
③ 民主化を掲げて大統領選挙を実施し当選すると、韓国・北朝鮮国連同時加盟を果たした。
④ 民主化運動出身で、朴正熙大統領時代には弾圧されたが、大統領当選後、北朝鮮に対話を呼びかける「太陽政策」を提唱し、初の南北首脳会談を行った。
⑤ 朴正熙政権時代は野党に属し民主化運動を行っていたが、後、保守派に近寄った結果、大統領選に勝利し、32年ぶりの文民大統領になった。

問11　下線部(i)に関する記述として**誤っているもの**はどれか。次の①～⑤の中から一つ選びなさい。解答番号は、51。

① アメリカの経済学者フリードマンの影響を受けた新自由主義の旗手の一人であった。

② フォークランド戦争に対処した。

③ 産業民営化など規制緩和を推進した。

④ イラクが大量破壊兵器を所持しているとしてアメリカが行ったイラク攻撃（イラク戦争）を容認したことで支持率を下げた。

⑤ 保守党に属し、イギリス初の女性首相であった。

問12　下線部(j)について、アヘン戦争の結果を受けてイギリスが香港を領有することを認めた1842年の清とイギリスの条約はどれか。次の①～⑤の中から一つ選びなさい。解答番号は、52。

① 南京条約　② 天津条約　③ 北京条約

④ 黄埔条約　⑤ 望厦条約

問13　下線部(k)について、19世紀以来このときまでマカオを領有していた国はどれか。次の①～④の中から一つ選びなさい。解答番号は、53。

① ポルトガル　② オランダ　③ スペイン

④ フランス

数 学

◀A 方 式▶

（60 分）

（注） 問題【1】〜【3】は必答問題である。【4】〜【6】は選択問題で，3題のうち2題を選択し解答すること。

（必答問題）

【1】次の問題の $\boxed{}$ に当てはまる答えを解答群から選び，その番号をマークしなさい。
解答番号は，$\boxed{1}$ 〜 $\boxed{4}$ 。 （配点20点）

(1) $\dfrac{1}{\sqrt{2}-\sqrt{3}+1}+\dfrac{1}{\sqrt{2}+\sqrt{3}-1}=\boxed{1}$ である。

$\boxed{1}$ の解答群

① $2\sqrt{2}-\sqrt{6}$　② $\sqrt{6}-2\sqrt{2}$　③ $2\sqrt{2}+\sqrt{3}-\sqrt{6}-2$

④ $\dfrac{\sqrt{2}+\sqrt{6}}{2}$　⑤ $\dfrac{\sqrt{2}-\sqrt{6}}{2}$　⑥ $\dfrac{\sqrt{6}-\sqrt{2}}{2}$

⑦ $\dfrac{-\sqrt{2}-\sqrt{6}}{2}$　⑧ $\dfrac{\sqrt{2}-\sqrt{3}+\sqrt{6}-1}{2}$　⑨ $\dfrac{-\sqrt{2}+\sqrt{3}+\sqrt{6}-1}{2}$

⑩ $\dfrac{\sqrt{2}+\sqrt{3}-\sqrt{6}-1}{2}$

(2) a を0でない定数とし，直線 $y=ax$ 上に y 座標が正である点Pをとる。原点Oと点Pを結ぶ線分OPと x 軸の正の部分でつくる角 θ （$0°\leqq\theta\leqq180°$）について $\sin\theta=\dfrac{3}{5}$ であるとき，$a=\boxed{2}$ である。

$\boxed{2}$ の解答群

① $\frac{3}{5}$　② $\frac{3}{4}$　③ $\frac{4}{3}$　④ $-\frac{3}{5}$　⑤ $-\frac{3}{4}$

⑥ $-\frac{4}{3}$　⑦ $\pm\frac{3}{5}$　⑧ $\pm\frac{3}{4}$　⑨ $\pm\frac{4}{3}$　⑩ 2

(3)　バスケットボール選手10人について，2試合の個人の得点を調べた。1試合目，2試合目の得点をそれぞれ変量x，yとする。右の図は，変量x，yの散布図である。変量xの値が16点の人のyの値が誤りで，正しいyの値は20点である。変量xのデータの中央値は $\boxed{3}$ 点である。

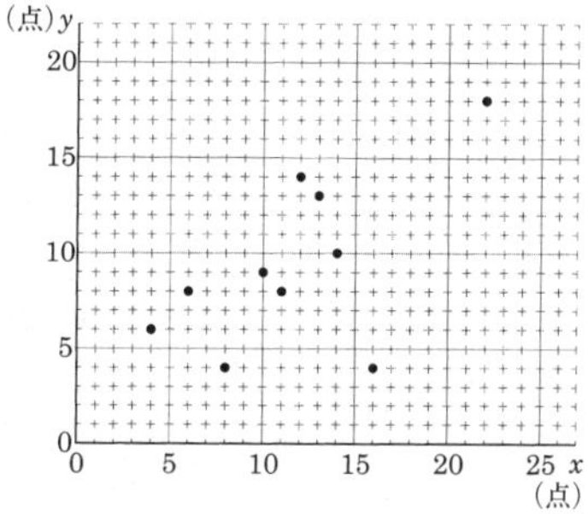

また，誤りを修正する前のxとyの相関係数をr_1，修正した後のxとyの相関係数をr_2とすると，r_1，r_2の値の組として，最も適するのは $(r_1,\ r_2) =$ $\boxed{4}$ である。

$\boxed{3}$ の解答群

① 8.5　② 9　③ 9.5　④ 10　⑤ 10.5

⑥ 11　⑦ 11.5　⑧ 12　⑨ 12.5　⑩ 13

$\boxed{4}$ の解答群

① (0.1，0.3)　② (0.3，0.1)　③ (0.6，0.8)

④ (0.8，0.4)　⑤ (0.8，0.6)　⑥ (−0.2，−0.4)

⑦ (−0.4，−0.2)　⑧ (−0.6，−0.8)　⑨ (−0.8，−0.4)

⑩ (−0.8，−0.6)

(必答問題)

【2】2次関数 $f(x)=x^2+3x-2$ がある。次の問題の $\boxed{\quad}$ に当てはまる答えを解答群から選び，その番号をマークしなさい。

解答番号は，$\boxed{5}$ ～ $\boxed{7}$。　　(配点20点)

(1)　$y=f(x)$ のグラフと x 軸の共有点の x 座標は，$\boxed{5}$ である。

$\boxed{5}$ の解答群

① $x=-1,\ -2$　　② $x=1,\ 2$　　③ $x=-3\pm\sqrt{11}$

④ $x=-3\pm\sqrt{17}$　　⑤ $x=3\pm\sqrt{11}$　　⑥ $x=3\pm\sqrt{17}$

⑦ $x=\dfrac{-3\pm\sqrt{11}}{2}$　　⑧ $x=\dfrac{-3\pm\sqrt{17}}{2}$　　⑨ $x=\dfrac{3\pm\sqrt{11}}{2}$

⑩ $x=\dfrac{3\pm\sqrt{17}}{2}$

(2)　a を実数の定数とし，$a\leqq x\leqq a+1$ における $f(x)$ の最小値を m，最大値を M とする。$m=-\dfrac{17}{4}$ となるような a の値の範囲は，$\boxed{6}$ である。

また，$M=a^2+3a-2$ となるような a の値の範囲は，$\boxed{7}$ である。

$\boxed{6}$，$\boxed{7}$ の解答群

① $a\leqq-2$　　② $a\geqq-2$　　③ $a\leqq1$　　④ $a\geqq1$

⑤ $a\leqq-\dfrac{5}{2}$　　⑥ $a\geqq-\dfrac{5}{2}$　　⑦ $a\leqq-\dfrac{3}{2}$　　⑧ $a\geqq-\dfrac{3}{2}$

⑨ $-2\leqq a\leqq-\dfrac{3}{2}$　　⑩ $-\dfrac{5}{2}\leqq a\leqq-\dfrac{3}{2}$

(必答問題)

【3】$0^\circ < \theta < 180^\circ$ かつ $\theta \neq 90^\circ$ のとき，$\tan\theta + \dfrac{1}{\tan\theta} = -4$ とする。次の問題の $\boxed{}$ に当てはまる答えを解答群から選び，その番号をマークしなさい。

解答番号は，$\boxed{8}$ ～ $\boxed{10}$ 。　　（配点20点）

(1)　$\cos\theta\sin\theta$ の値は $\boxed{8}$ である。

$\boxed{8}$ の解答群

① $\dfrac{1}{2}$　② $\dfrac{1}{4}$　③ $\dfrac{3}{4}$　④ $\dfrac{1}{6}$　⑤ $\dfrac{5}{6}$

⑥ $-\dfrac{1}{2}$　⑦ $-\dfrac{1}{4}$　⑧ $-\dfrac{3}{4}$　⑨ $-\dfrac{1}{6}$　⑩ $-\dfrac{5}{6}$

(2)　$\cos\theta + \sin\theta$ の値は $\boxed{9}$ であり，$\cos\theta - \sin\theta$ の値は $\boxed{10}$ である。

$\boxed{9}$ ，$\boxed{10}$ の解答群

① $\dfrac{\sqrt{2}}{2}$　② $\dfrac{\sqrt{3}}{2}$　③ $\dfrac{\sqrt{6}}{2}$　④ $-\dfrac{\sqrt{2}}{2}$　⑤ $-\dfrac{\sqrt{3}}{2}$

⑥ $-\dfrac{\sqrt{6}}{2}$　⑦ $\pm\dfrac{1}{2}$　⑧ $\pm\dfrac{\sqrt{2}}{2}$　⑨ $\pm\dfrac{\sqrt{3}}{2}$　⑩ $\pm\dfrac{\sqrt{6}}{2}$

(選択問題)　※問題【4】～【6】のうち、2問を選択し解答しなさい。解答番号に注意すること。

【4】赤玉3個，白玉5個の合計8個の玉が入った袋がある。この袋から1回目は1個の玉を取り出し，それを袋に戻さずに，2回目は2個の玉を取り出す。次の問題の $\boxed{}$ に当てはまる答えを解答群から選び，その番号をマークしなさい。
解答番号は，$\boxed{11}$ ～ $\boxed{13}$ 。　(配点20点)

(1)　1回目に赤玉を1個取り出し，2回目に白玉を2個取り出す確率は $\boxed{11}$ である。

(2)　取り出した3個の玉に赤玉が少なくとも1個は含まれている確率は $\boxed{12}$ である。

(3)　2回目に白玉を2個取り出したとき，1回目に取り出した玉が赤玉である条件付き確率は $\boxed{13}$ である。

$\boxed{11}$ ～ $\boxed{13}$ の解答群

① $\frac{1}{2}$　② $\frac{5}{8}$　③ $\frac{5}{14}$　④ $\frac{9}{14}$　⑤ $\frac{5}{28}$

⑥ $\frac{23}{28}$　⑦ $\frac{5}{56}$　⑧ $\frac{15}{56}$　⑨ $\frac{25}{56}$　⑩ $\frac{15}{112}$

（選択問題）※問題【４】～【６】のうち、２問を選択し解答しなさい。解答番号に注意すること。

【５】AB＝5，AC＝12，$\angle A=90^\circ$ の直角三角形 ABC の重心を G，内心を I，外心を O とする。次の問題の $\boxed{}$ に当てはまる答えを解答群から選び，その番号をマークしなさい。

解答番号は，$\boxed{14}$ ～ $\boxed{16}$ 。　　　　（配点20点）

(1)　$\dfrac{\mathrm{AG}}{\mathrm{GO}}=\boxed{14}$ である。

(2)　直線 AI と辺 BC の交点を D とすると，$\dfrac{\mathrm{AI}}{\mathrm{ID}}=\boxed{15}$ である。

$\boxed{14}$ ，$\boxed{15}$ の解答群

① 2　② 3　③ $\dfrac{1}{2}$　④ $\dfrac{3}{2}$　⑤ $\dfrac{1}{3}$

⑥ $\dfrac{2}{3}$　⑦ $\dfrac{12}{5}$　⑧ $\dfrac{5}{12}$　⑨ $\dfrac{17}{13}$　⑩ $\dfrac{13}{17}$

(3)　三角形 GIO の面積は $\boxed{16}$ である。

$\boxed{16}$ の解答群

① $\dfrac{7}{6}$　② $\dfrac{13}{6}$　③ $\dfrac{17}{6}$　④ $\dfrac{6}{7}$　⑤ $\dfrac{13}{7}$

⑥ $\dfrac{6}{13}$　⑦ $\dfrac{7}{13}$　⑧ $\dfrac{17}{13}$　⑨ $\dfrac{6}{17}$　⑩ $\dfrac{13}{17}$

(選択問題)　※問題【４】~【６】のうち、２問を選択し解答しなさい。解答番号に注意すること。

【６】次の問題の □ に当てはまる答えを解答群から選び，その番号をマークしなさい。
解答番号は，[17] ～ [19] 。　(配点20点)

(1) p，q は2以上の自然数であり，整数 x，y は等式 $5x+7y=1$ を満たすとする。このとき，$x-3$ は p の倍数，$y+2$ は q の倍数である。p，q の組は $(p,\ q)=$ [17] である。また，$|7x+8y|$ の最小値は [18] である。

[17] の解答群

① (2，3)	② (2，7)	③ (3，2)	④ (3，8)	⑤ (5，7)
⑥ (7，2)	⑦ (7，5)	⑧ (7，8)	⑨ (8，3)	⑩ (8，7)

[18] の解答群

① 0	② 1	③ 2	④ 3	⑤ 4
⑥ 5	⑦ 10	⑧ 15	⑨ 37	⑩ 38

(2) 1冊100円のノートAと1冊140円のノートBが売られている。ある人がどちらのノートも10冊以上購入したところ，代金の合計が6420円になったという。この人が購入したと考えられるノートA，Bの冊数の組合せは全部で [19] 通りある。ただし，消費税は考えないものとする。

[19] の解答群

① 1	② 2	③ 3	④ 4	⑤ 5
⑥ 6	⑦ 7	⑧ 8	⑨ 9	⑩ 10

◀M３・M２方式▶

（60 分）

（注）　問題【１】～【３】は必答問題である。【４】～【６】は選択問題で，３題のうち２題を選択し解答すること。

(必答問題)

【１】次の問題の [　] に当てはまる答えを解答群から選び，その番号をマークしなさい。
解答番号は，[1] ～ [4] 。　　　　（配点20点）

(1)　$2x^2-2y^2-x+7y-6$を因数分解すると [1] となる。

[1] の解答群

① $2(x+y+3)(x-y-1)$	② $2(x+y-3)(x-y+1)$
③ $(x+y+2)(2x-2y-3)$	④ $(x+y-2)(2x-2y+3)$
⑤ $(x-y+2)(2x+2y-3)$	⑥ $(x-y-2)(2x+2y+3)$
⑦ $(x+2y+2)(2x-y-3)$	⑧ $(x+2y-2)(2x-y+3)$
⑨ $(x-2y+2)(2x+y-3)$	⑩ $(x-2y-2)(2x+y+3)$

(2)　あるクラスの生徒 40 人が冬休みに読んだ本の冊数を調べた。その結果を箱ひげ図に表したものが右の図である。

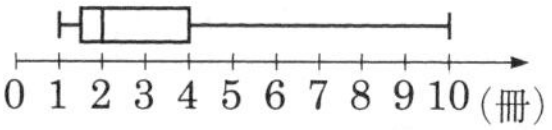

箱ひげ図から読み取れる内容は次の㋐～㋔のうち [2] である。

㋐　範囲は 10 冊である。　　　㋑　四分位範囲は 2 冊である。

㋒　平均値は 2 冊である。　　　㋓　2 冊以下の人は 20 人未満である。

㋔　4 冊以上の人は 10 人以上である。

[2] の解答群

① ㋐のみ　② ㋑のみ　③ ㋒のみ　④ ㋓のみ
⑤ ㋔のみ　⑥ ㋐と㋓のみ　⑦ ㋑と㋓のみ　⑧ ㋑と㋔のみ
⑨ ㋒と㋓のみ　⑩ ㋓と㋔のみ

(3)　x，y は実数とする。

命題「$xy>9$ ならば，$x>3$ かつ $y>3$ である。」の逆の対偶は「 [3] 」である。
また，逆の対偶「 [3] 」と元の命題の真偽について正しいものは， [4] である。

[3] の解答群

① $xy<9$ ならば，$x>3$ かつ $y>3$ である。
② $xy<9$ ならば，$x<3$ かつ $y<3$ である。
③ $xy<9$ ならば，$x<3$ または $y<3$ である。
④ $xy\leqq 9$ ならば，$x>3$ かつ $y>3$ である。
⑤ $xy\leqq 9$ ならば，$x\leqq 3$ かつ $y\leqq 3$ である。
⑥ $xy\leqq 9$ ならば，$x\leqq 3$ または $y\leqq 3$ である。
⑦ $x>3$ かつ $y>3$ ならば，$xy>9$ である。
⑧ $x<3$ または $y<3$ ならば，$xy<9$ である。
⑨ $x\leqq 3$ かつ $y\leqq 3$ ならば，$xy\leqq 9$ である。
⑩ $x\leqq 3$ または $y\leqq 3$ ならば，$xy\leqq 9$ である。

[4] の解答群

① 逆の対偶は真，元の命題は真　② 逆の対偶は真，元の命題は偽
③ 逆の対偶は偽，元の命題は真　④ 逆の対偶は偽，元の命題は偽

(必答問題)

【2】a，b を実数の定数として，x の 2 次関数 $f(x)=x^2+2ax+b$ がある。

$y=f(x)$ のグラフを x 軸方向に 3，y 軸方向に -1 だけ平行移動したグラフが点 $(1,\ -4)$ を通る。次の問題の $\boxed{\quad}$ に当てはまる答えを解答群から選び，その番号をマークしなさい。

解答番号は，$\boxed{5}$ ～ $\boxed{7}$ 。　　　　(配点20点)

(1)　b を a を用いて表すと，$b=\boxed{5}$ である。

$\boxed{5}$ の解答群

① $2a-4$　　② $-2a-4$　　③ $4a+1$　　④ $4a-7$

⑤ $-4a+1$　　⑥ $-4a-7$　　⑦ $-8a+12$　　⑧ $-8a-20$

⑨ $8a+12$　　⑩ $8a-20$

(2)　$f(x)$ の最小値が -4 のとき，a の値は $\boxed{6}$ である。

$\boxed{6}$ の解答群

① $-1,\ -3$　　② $-1,\ 5$　　③ $1,\ 3$　　④ $1,\ -5$

⑤ $-2\pm\sqrt{7}$　　⑥ $-2\pm\sqrt{15}$　　⑦ $-4\pm2\sqrt{2}$　　⑧ $-4\pm2\sqrt{6}$

⑨ $4\pm2\sqrt{2}$　　⑩ $4\pm2\sqrt{6}$

(3)　$y=f(x)$ のグラフは x 軸と異なる 2 点で交わる。その交点を A，B とするとき，線分 AB の長さの最小値とそのときの a の値は，$\boxed{7}$ である。

$\boxed{7}$ の解答群

① $a=-2$ のとき，最小値 3　　② $a=-2$ のとき，最小値 6

③ $a=-2$ のとき，最小値 $\sqrt{3}$　　④ $a=-2$ のとき，最小値 $2\sqrt{3}$

⑤ $a=2$ のとき，最小値 3　　⑥ $a=2$ のとき，最小値 6

⑦ $a=2$ のとき，最小値 $\sqrt{3}$　　⑧ $a=2$ のとき，最小値 $2\sqrt{3}$

⑨ $a=4$ のとき，最小値 2　　⑩ $a=4$ のとき，最小値 4

(必答問題)

【3】AD//BC である台形 ABCD において，$AB=2$，$BC=5$，$BD=4$，$\cos\angle ABC=\dfrac{1}{4}$ とする。次の問題の $\boxed{}$ に当てはまる答えを解答群から選び，その番号をマークしなさい。

解答番号は，$\boxed{8}$ ～ $\boxed{10}$ 。　(配点20点)

(1)　$AC=\boxed{8}$ である。

$\boxed{8}$ の解答群

① 2　② $\sqrt{2}$　③ $2\sqrt{3}$　④ $2\sqrt{6}$　⑤ $\sqrt{34}$

⑥ $\dfrac{9}{2}$　⑦ $\dfrac{3\sqrt{2}}{2}$　⑧ $\dfrac{3\sqrt{14}}{2}$　⑨ $\dfrac{\sqrt{38}}{2}$　⑩ $\dfrac{\sqrt{106}}{2}$

(2)　$AD=\boxed{9}$ である。

$\boxed{9}$ の解答群

① 3　② 4　③ 5　④ $3\sqrt{2}$　⑤ $2\sqrt{6}$

⑥ $\sqrt{22}$　⑦ $\dfrac{\sqrt{193}-1}{4}$　⑧ $\dfrac{\sqrt{193}+1}{4}$　⑨ $\dfrac{\sqrt{321}-1}{4}$　⑩ $\dfrac{\sqrt{321}+1}{4}$

(3)　2直線 AC，BD の交点を E とする。三角形 BCE の外接円の半径は $\boxed{10}$ である。

$\boxed{10}$ の解答群

① $\dfrac{5\sqrt{6}}{3}$　② $\dfrac{10\sqrt{6}}{3}$　③ $\dfrac{\sqrt{6}}{20}$　④ $\dfrac{\sqrt{6}}{40}$　⑤ $\sqrt{10}$

⑥ $2\sqrt{10}$　⑦ $4\sqrt{10}$　⑧ $\dfrac{\sqrt{10}}{10}$　⑨ $\dfrac{\sqrt{10}}{20}$　⑩ $\dfrac{\sqrt{10}}{40}$

(選択問題)　※問題【4】〜【6】のうち、2問を選択し解答しなさい。解答番号に注意すること。

【4】c, c, e, s, s, s, u の7文字を1列に並べて文字列をつくる。次の問題の □ に当てはまる答えを解答群から選び，その番号をマークしなさい。

解答番号は，[11] 〜 [13]。　(配点20点)

(1)　文字列は全部で [11] 通りあり，このうち，e と u が隣り合わない文字列は [12] 通りある。

[11]，[12] の解答群

① 60	② 120	③ 300	④ 360	⑤ 420
⑥ 720	⑦ 840	⑧ 1440	⑨ 3600	⑩ 5040

(2)　文字列をアルファベット順の辞書式に並べると，success は，最初から数えて [13] 番目である。

[13] の解答群

① 270	② 271	③ 300	④ 301	⑤ 302
⑥ 330	⑦ 331	⑧ 332	⑨ 360	⑩ 361

(選択問題)　※問題【4】〜【6】のうち、2問を選択し解答しなさい。解答番号に注意すること。

【5】AB＝6，AC＝8の三角形ABCがある。辺ABを1：2に内分する点をDとし，3点D，B，Cを通る円と辺ACの交点のうち，CでないほうをEとする。次の問題の $\boxed{\quad}$ に当てはまる答えを解答群から選び，その番号をマークしなさい。

解答番号は，$\boxed{14}$ 〜 $\boxed{16}$ 。　(配点20点)

(1)　線分AEの長さは $\boxed{14}$ である。

$\boxed{14}$ の解答群

①1　②2　③3　④5　⑤6

⑥$\dfrac{3}{2}$　⑦$\dfrac{17}{2}$　⑧$\dfrac{2}{3}$　⑨$\dfrac{8}{3}$　⑩$\dfrac{16}{3}$

(2)　線分BEとCDの交点をFとするとCF：FD＝ $\boxed{15}$ である。

また，三角形ABCの面積をS_1，三角形FBCの面積をS_2とすると，

S_1：S_2＝ $\boxed{16}$ である。

$\boxed{15}$ ，$\boxed{16}$ の解答群

①1：8　②2：13　③8：1　④13：2　⑤27：16

⑥30：13　⑦32：13　⑧39：4　⑨39：22　⑩45：26

（選択問題）※問題【4】～【6】のうち、2問を選択し解答しなさい。解答番号に注意すること。

【6】a を自然数とし，$P=(816+a)(792+a)$ とする。次の問題の $\boxed{}$ に当てはまる答えを解答群から選び，その番号をマークしなさい。

解答番号は，$\boxed{17}$ ～ $\boxed{19}$ 。　　（配点20点）

(1)　816 と 792 の正の公約数は全部で $\boxed{17}$ 個ある。

$\boxed{17}$ の解答群

①2　②3　③4　④6　⑤8
⑥9　⑦12　⑧14　⑨24　⑩60

(2)　816 と 792 の最大公約数を G とする。P が G で割り切れるような最小の a は $\boxed{18}$ である。

$\boxed{18}$ の解答群

①1　②2　③3　④4　⑤6
⑥9　⑦12　⑧18　⑨24　⑩36

(3)　P を 6 進法で表したとき，末尾が 0 ではないとする。このような a のうち 100 以下であるものは全部で $\boxed{19}$ 個ある。

$\boxed{19}$ の解答群

①4　②8　③10　④12　⑤16
⑥84　⑦88　⑧90　⑨92　⑩96

① ＡＩによって解析される膨大な個人情報のデータによって、人々の社会活動を細々と管理し統制することで生活の安全と社会の安定をもたらす社会。

② ＡＩによって詳細な個人情報のデータがあらゆる分野で活用され、人々はその定量的評価によってそれぞれ異なる待遇や位置づけを与えられる社会。

③ ＡＩによって収集された詳細な個人情報のデータをもとに各人の好みや個性を分析することで、その人に適した情報やサービスが与えられる社会。

④ ＡＩによって詳細な個人情報のデータが社会活動全般で活用され、人々はその定量的評価に基づいてそれぞれが負う社会的リスクに対応する社会。

⑤ ＡＩによって膨大な個人情報のデータが解析され、能力や適性を評価されて選抜された人々が、それぞれに応じた職業や役割が与えられる社会。

問9　本文の内容に合致するものを、次の①～⑤の中から一つ選びなさい。解答番号は、28。（配点6点）

① 世界各国がＡＩを幅広く軍事的に応用して開発競争が高まっているが、ＡＩの軍事利用の是非は論じられていない。

② 科学技術のネットワーク化とボーダレス化を加速するために、国境や地域の枠組みを超えた国際協力が必要である。

③ ＡＩは、第3次革命の核であるコンピュータに連続する技術として第4次産業革命を可能にした唯一のものである。

④ 科学研究に、費用対効果を重んじた経済性の観点から実証的データに基づく定量的評価を行うのはふさわしくない。

⑤ 信用度スコアの政策は、国民がスコアのために従順に振る舞うことで社会的リスクが増大するという副作用がある。

問7 傍線部(4)「近年データの質と量が上がり、解析技術も向上して、実証的データ重視の流れが一層進んだ」とあるが、このことに対する筆者の考えとして最も適当なものを、次の①〜⑤の中から一つ選びなさい。

解答番号は、 26 。　（配点6点）

① 実証的データを解析してリスクに対応する動きが重視されるが、実際のデータ解析は不確実性や偏りもあるので過度な依存は危ういといえる。

② 実証的データを解析してリスクに対応する動きは、その正確性と安全性により経済的、社会的サービスだけではなく科学技術分野にも及んでいる。

③ 実証的データを分析してリスクに対応する動きを重んじる風潮には、データ解析に恣意的な偏向や不確実性などありえないという思い込みがある。

④ データの収集や解析のレベルが向上しているとはいえ、データ解析は人間が直接行う作業ゆえに偏りや恣意性が入るため、依存するべきではない。

⑤ データ解析の果たす役割は社会的リスクへの対応であるが、実際のデータ解析は専門的領域で行われており一般的に実用性があるかは不明である。

問8 傍線部(5)「人々がますますデータにより評価され報償される社会が現実味を帯びてきた」とあるが、「人々」が「データにより評価」されるとはどのような「社会」か。その説明として最も適当なものを、次の①〜⑤の中から一つ選びなさい。

解答番号は、 27 。　（配点6点）

で、ＡＩという革新的技術は国際社会の隅々にまでも行き渡ったということ。

⑤ ＡＩはほぼすべての経済社会活動と軍事分野に応用範囲が広がり、ＡＩと他のあらゆる科学技術が融合しながら研究開発が進んでいることで、ＡＩは社会変革の中心的な領域となったということ。

問6 傍線部⑶「ＡＩが社会の監視に用いられることへの懸念」とあるが、ここでの「懸念」とは具体的にどういうものか。その説明として最も適当なものを、次の①～⑤の中から一つ選びなさい。解答番号は、**25**。（配点5点）

① ＡＩによって社会を管理する手段が、国家の軍事部門に取り入れられることで、人々の自由や個人情報の保護が阻害され、社会の統制と抑圧につながるというもの。

② ネットワーク化された監視カメラによってＡＩによる犯罪者などの発見が可能となることで、社会の治安がよくなり、人々の日常生活の安全が担保されるというもの。

③ ＡＩによる社会的リスクの管理が、人々の日常生活全般にまで及ぶことで、個人のプライバシーや自由が侵され、社会の統制と抑圧につながるというもの。

④ ＡＩによる社会的リスクの管理として、国家によって集められた膨大な個人情報のデータが、国家と連携した民間企業によってひそかに悪用されるというもの。

⑤ ＡＩを用いた監視カメラによる犯罪抑止政策が、人々の日常生活の隅々にまで及ぶことで、自由を制限された人々は逆に国家への不満を募らせるというもの。

ティが到来したから。

③ コンピュータの高性能化により、ＡＩの研究者が人の脳の仕組みを模した深層学習の手法を学習したことでＡＩが飛躍的に進化したから。

④ 高性能のコンピュータによって、ＡＩに学習能力をもたせる機械学習として人の脳の仕組みを模した深層学習の手法が実用化されたから。

⑤ 高性能のコンピュータがＡＩに学習能力をもたせる機械学習に深層学習の手法を可能としたことで、ＡＩが人間を凌駕し自律的に進化したから。

問5 傍線部⑵「ＡＩは無限に広大なイノベーションのフィールドとなった」とあるが、どういうことか。その説明として最も適当なものを、次の①～⑤の中から一つ選びなさい。解答番号は、**24**。　（配点5点）

① ＡＩはあらゆる経済社会活動や軍事分野において広く応用されており、他のすべての科学技術よりもはるかに投資が拡大されていることで、ＡＩは社会変革を担う中心的な領域となったということ。

② ＡＩについて各国は国際的な競争力確保に向けた国家戦略を国内で進める一方、企業は逆に国際提携に動いている点で、ＡＩは国家と民間ともにインパクトを与えた技術革新となったということ。

③ ＡＩの応用範囲はすべての経済社会活動と軍事分野に及び、軍事と民生の区別がつきにくい形でＡＩと他の科学技術が融合することで、ＡＩは国際紛争の中心となる可能性が高くなったということ。

④ ＡＩはほぼあらゆる経済社会活動と軍事分野に広く応用されており、他の科学技術と同様に研究開発されている点

問2　次の文は本文の一部であるが、文中の［Ⅰ］〜［Ⅴ］のどこに入れるのが最も適当か。次の①〜⑤の中から一つ選びなさい。（配点3点）
解答番号は、［18］。

そのため、あらゆる企業がデータの収集に力を入れるようになった。

①　Ⅰ　②　Ⅱ　③　Ⅲ　④　Ⅳ　⑤　Ⅴ

問3　空欄［A］〜［D］を補うのに最も適当なものを、次の①〜⑧の中からそれぞれ一つずつ選びなさい。ただし、同じ番号は一度しか選べない。解答番号は、A［19］、B［20］、C［21］、D［22］。（配点8点）

①　そのため　②　さらに　③　とはいえ　④　すなわち
⑤　他方で　⑥　そこで　⑦　というのも　⑧　あるいは

問4　傍線部(1)「実際にＡＩが人間を超えるパフォーマンスを示すタスクが増え、雇用への影響も増大してきた」とあるが、なぜこのようになったのか。その説明として最も適当なものを、次の①〜⑤の中から一つ選びなさい。
解答番号は、［23］。（配点5点）

①　コンピュータの性能が高まったことで、ＡＩが人の脳の仕組みを模した深層学習を進化させた機械学習によって高い学習能力を習得したから。
②　二〇一〇年代に入ってからの科学技術の発展によって、ＡＩが人間を総合的に超越し自律的に進化するシンギュラリ

問1 傍線部(ア)〜(ウ)と同じ漢字を含む熟語を、次の各群の①〜⑤の中からそれぞれ一つずつ選びなさい。
解答番号は、 15 〜 17 。　(配点6点)

(ア) ノび　15
① シンシ的な態度をとる。
② シンジツを明らかにする。
③ シンチョウに行動する。
④ カシンが王にひざまずく。
⑤ 高速道路をエンシンする工事が始まる。

(イ) ニて　16
① ルイジした出来事から推測する。
② ジヒ深い対応に感謝する。
③ 責任をとってジニンする。
④ 大勢のジドウを引率する。
⑤ 由緒あるジインを見学する。

(ウ) トウメイ　17
① 水を加熱してフットウさせる。
② 先代のやり方をトウシュウする。
③ 光がガラスをトウカする。
④ 銀行が口座をトウケツする。
⑤ 戸籍トウホンをとりよせる。

険性は大きい。定量的データに基づく分析は、一見正確で厳密なようにみえても、実際には数多くの仮定や推定を経たものであることが多く、不確実性やバイアス(注3)をともなう。またAI、特に深層学習による解析の過程は一般に(ウ)**トウメイ**性が低く、その結果に恣意性も入り込みやすい。

D、現実には科学技術のリスクへの対応やEBPM(注4)だけでなく個々の人々までもが定量的に評価され管理される時代がみえてきた。(5)人々がますますデータにより評価され報償される社会が現実味を帯びてきたのである。

ここで想《おも》い起《お》こされるのは、二〇〇〇年代に入ってからの科学研究の定量化・経済事業化である。研究者や大学は経済の論理に必ずしもなじまない。そこに定量的評価が適用されたことで歪《ひず》みが生じてきた。国民の信用度スコアのようなシステムも同様の副作用を起こすだろう。AIは、まさにわれわれの社会やわれわれ自身のふるまいをも変えてしまいかねないパワーとリスクをもつ科学技術だといえる。

（佐藤靖『科学技術の現代史』による。出題の都合上、一部中略した箇所がある。）

（注1）イノベーション――技術革新、新しい技術による社会変革のこと。
（注2）デュアルユース――民間と軍事の両方に用いられうること。
（注3）バイアス――偏向。傾向。偏り。
（注4）ＥＢＰＭ――証拠に基づく政策立案（Evidence-based policy making）のこと。

えられなかったレベルで実現する手段にもなったのである。

中国の信用度スコア構築では、官民の関係のあり方が模索されるなか、民間企業の役割が大きくなってきたが、米国でもグーグルやアマゾンなど民間企業が個人データの最大限の活用をめざしている。連邦政府や自治体も多種多様なデータの整備・活用・公開を進め、それを民間企業などが活用できるようにしており、また軍は当然つねに広範な諜報活動をしている。

欧州では、個人情報保護を新たな枠組みで担保する一般データ保護規則（ＧＤＰＲ）の制定（二〇一六年）などの動きもあった。しかし、官民を挙げたデータ重視の世界的な流れは止まらない。データの利用価値は官民の垣根や国境を越えてさまざまなデータが統合されることで大きく向上するからである。ここでも科学技術の形態のネットワーク化・ボーダーレス化の流れの加速をみてとることができる。

実証的データの重視は、経済的・社会的サービスに関わるリスクだけでなく、科学技術に関わるリスクへの対応でも一層顕著になってきた。化学物質や医薬品などのリスク評価では以前から確率論的な定量化が進んでいたが、(4)近年データの質と量が上がり、解析技術も向上して、実証的データ重視の流れが一層進んだ。

自然災害のリスク対応でも、データの比重が増してきた。きめ細かく膨大なデータが利用可能になったことで気象モデルが精密化し、集中豪雨や台風の進路予想などの精度が著しく高まった。地震のリスクについても、微小地震のデータをはじめ多様なデータを分析して地震予測を行う帰納的なアプローチが注目を集める。

そもそもリスクへの対応は、プロセスよりも結果が重視されがちな領域である。つまり、地震のメカニズムがはっきりわからなくても地震がより正確に予測できれば価値があるし、犯罪者の心理を解明するよりも犯罪を実際に減少させるほうが社会的には優先される。データ重視、結果重視の傾向は今後も変わる要因が見当たらない。

だが、リスク対応の背後にある理論や思考のプロセスが軽視されてよいわけではないだろう。データに依存し過ぎることの危この分野では米国とともに中国が世界を主導している。特に中国は「軍民融合」、すなわちデュアルユース推進政策の下、民生部門の技術の急速な進化（海外の企業や大学からの技術導入を含む）を軍事部門に取り入れる態勢を整え、ＡＩの高いデュアルユース性を活《い》かした開発戦略をとってきた。米国も、特に二〇一七年にドナルド・トランプ政権になってから軍事目的のＡＩの研究開発を一層重視する。

近年特に国際的に議論されてきたのは、自律型致死兵器システム（ＬＡＷＳ）、［Ａ］戦場で敵を自ら特定し攻撃するドローンやロボットの開発の是非である。国連などの場で多くの国がそれに反対し、ＮＧＯや科学者グループからの圧力もあるが、明確な規制は難しい。核兵器と(イ)ニて、本質的な国益がからむ科学技術についての国際的調整は容易ではない。

軍事利用以外では、(3)ＡＩが社会の監視に用いられることへの懸念もある。中国を先頭に、顔認証が可能な監視カメラなどがネットワーク化され、犯罪者などの発見が容易になった。こうしたＡＩの利用は、特に中国などでは社会の統制と抑圧につながる。だが一方でそれは膨大なデータをもとに社会的リスクを効率的に管理する手段ともなる。

ＡＩによる社会的リスクの管理は、［Ｂ］人々の日常生活の隅々まで及ぶようになった。中国政府は二〇一四年、民間企業との連携の下、国民一人ひとりについて詳細な個人情報をもとにＡＩで信用度スコアを付与するシステムの構築を始めた。信用度スコアには所得や職歴、犯罪歴や過去の問題行動、電子決済の履歴、インターネット上での交友関係や言動などが反映されるが、そうして決まったスコアに応じて融資の条件や保険料の算定をはじめ、あらゆる社会活動をする際の待遇に差が出てくる。そのため国民はみなスコアを上げるため従順に振る舞うようになる。

信用度スコアのシステムは、プライバシーの問題をはじめ個人の自由の抑圧、社会的格差の助長など、さまざまな批判の対象となり得る。［Ｃ］それは、あらゆる公的・私的なサービスの提供に際して効率的なリスク管理の手段を提供する。ＡＩは、有限な財政資源の下、費用対効果を重視しつつ実証的データに基づいてリスクに対応するという現代科学技術の方向性を、従来考ところで、ＡＩが二〇一〇年代に社会変革の中心に躍り出た背景には、深層学習の実用化とコンピュータの計算能力の(ア)ノびに加え、ＡＩに学習させるデータの量が飛躍的に増大したことが大きい。モバイル機器やＳＮＳの普及拡大などで世界に存在するデータの量は急増し、二〇一〇年代初め頃からビッグデータという概念が普及し始めた。Ⅲ

ビッグデータという用語の安定した定義はないが、構造化されていない大量のデータの集合と捉えてよいだろう。ビッグデータの統計学的解析は、それ自体イノベーションの大きな源泉となったが、ＡＩを用いることでより高度な判断や知見を導くことができる。一方で、ＡＩの能力を高めるには質の高い大量のデータの確保こそが重要になる。Ⅳ

近年第４次産業革命が論じられる際、ＡＩはその核となる技術に位置づけられるが、周辺の関連技術も重要である。量子コンピュータを含むハードウェアや、ＡＩの判断を基に環境と作用するロボット技術、センサーを取りつけたあらゆるモノをインターネットに接続しデータを送受信するモノのインターネット（ＩｏＴ）が鍵を握る。さらに、ナノテクノロジーやバイオテクノロジーなどによるイノベーションも含めて第４次産業革命が捉えられることもある。これらの幅広い技術による総合的な社会の革新は、たしかに潜在的に新しい産業革命と呼ばれ得るだろう。Ⅴ

一方で、ＡＩの興隆が、いわゆる第３次産業革命の中核的な技術とされるコンピュータの量的な性能向上を前提としたことを考えれば、第４次産業革命は第３次産業革命の延長線上にあるともいえる。ＡＩの学習用データの収集を容易にしたのがインターネットであったことを考えると、二つの産業革命の連続性はさらに際立つ。第３次・第４次産業革命の概念をどう捉えるべきかの評価は、もう少し事態の推移をみてからなされるべきだろう。

ＡＩはデュアルユース(注2)技術であり、世界各国の軍がＡＩの研究開発への投資を拡大してきた。ＡＩは、諜報《ちょうほう》、サイバーセキュリティから兵士の訓練、作戦立案、そして自律型システムの開発に至るまで幅広い軍事的応用があり、きわめて大きな戦略的重要性をもつ。

二　次の文章を読んで後の問い（問1～問9）に答えなさい。

二〇一〇年代に最も広く世界の人々の注目を集めた科学技術は、人工知能（ＡＩ）とその関連技術だろう。

ＡＩが近い将来ほとんどの人間の雇用を奪ってしまうのではないか、二〇四五年にもＡＩが人間を総合的に超越し自律的に進化する「技術的特異点（シンギュラリティ）」が到来するのではないか、といった議論には、専門家に限らず誰もが強い関心を抱く。(1)実際にＡＩが人間を超えるパフォーマンスを示すタスクが増え、雇用への影響も増大してきた。

ＡＩの研究は一九五〇年代に始まったが、コンピュータの性能が低かったこともあって二〇〇〇年代までは限られた成果しか出ていなかった。ところが二〇一〇年代に入り、ＡＩに学習能力をもたせる機械学習、特に人間の脳の仕組みを模した深層学習（ディープラーニング）の手法が実用化されると、驚嘆すべき快挙を成し遂げるようになる。非常に複雑な知的ゲームである囲碁で、ＡＩが人間のトップ棋士を凌駕《りょうが》するのははるか先だろうと思われていたにもかかわらず、二〇一六年にそれが実現したことがＡＩの進化の速さを人々に印象づけた。

ＡＩの応用範囲は金融、医療、製薬、製造、農業、流通、交通、警察・司法、教育、研究、マーケティング、組織管理など、ほとんどあらゆる経済社会活動、そして後述する軍事分野に及び、そのインパクトは計り知れない。(2)ＡＩは無限に広大なイノベーション(注1)のフィールドとなった。各国はＡＩ分野での競争力確保に向けた国家戦略を作り、産学官連携や人材育成に注力する。研究者の多くは大学と企業を行き来して活躍し、産学の垣根を簡単に乗り越える。企業はすばやく国際提携に動き、軍事と民生の区別がつきにくい形で、ＡＩと他のあらゆる科学技術が融合しながら研究開発が進んでいる。［Ⅰ］

こうした点でＡＩは、近年の科学技術の方向性のうち「システムのネットワーク化・ボーダーレス化」や「イノベーション信奉」を先鋭化した形で具現しているといえよう。［Ⅱ］

今やその実現が不可能だと疑われているという問題点。

② 社会に起こる個々の出来事に関する数多くの情報は、発信する側の社会的立場を反映したものであるが、立場の異なる人が互いの情報について話し合う機会がないという問題点。

③ 環境汚染に関する数多くの情報や意見は、当事者それぞれの社会的位置づけや利害を反映したものであり、それらをすべて拾い上げてまとめる解決は困難であるという問題点。

④ 社会に起こった特定の出来事に関する数多くの情報や意見は、発信者それぞれの社会的な立ち位置に即したものにすぎず、客観的で正しいものとはいえないという問題点。

⑤ 地球環境に関する数多くの情報は、メディアや政治家、科学者など多くの発信者のそれぞれの立場から流されるが、一般の人々にとっては理解するのが難しいという問題点。

問9 本文の内容に合致するものを、次の①～⑤の中から一つ選びなさい。解答番号は、 14 。　（配点6点）

① ピカソとマルローは芸術鑑賞において高い教養を示したが、マルローは作者の内面を洞察した点でより優れている。

② カーンが19世紀に描かれた絵画に新しい女性像を見出《みいだ》したことで、絵画へのこれまでの偏った見方が是正された。

③ イプセンの『人民の敵』が描いた温泉汚染をめぐる人々の姿は、現代の環境問題を考えるうえでの指針となりうる。

④ マスメディア、政治家、科学者の多様な意見を総合的に取り入れることにより、社会のデモクラシーは形成される。

⑤ 人は自分の立場に偏った見方をしがちだが、異なる立場の視点を捉えることで、より広い視野と思考が可能になる。

問7　傍線部(4)「人民とともに歩む『人民日報』の編集長はトマスに紙面で事実を公表するよう迫ります」とあるが、この「編集長」という人物の話題を引用することによって筆者はどのようなことを述べようとしているか。その説明として最も適当なものを、次の①〜⑤の中から一つ選びなさい。解答番号は、12。　（配点6点）

① 一つの出来事に対して、人は職業や経済力など社会的な立場からそれぞれ異なった見方をするうえ、その時々の自己の利害に合致する見方を支持して行動するということ。

② 一つの出来事が起こると、人は職業や経済力などそれぞれの社会的な立場を守ろうとする気持ちが働き、自己の利益になるような意見や見方を探し出して提示するということ。

③ 一つの出来事に対して、人は性別や職業など社会に置かれた立場からその出来事を捉えるので、それぞれの見方が提示されると各人の社会的立場のあり方が見えるということ。

④ 一つの出来事が起こると、人はまず最優先に自己の利益になるかどうかを基準として見るうえ、その見方はそれぞれの社会に置かれた立場から生まれたものであるということ。

⑤ 一つの出来事に対して、人は職業や生活水準など社会的な立場によって見方がそれぞれ異なるが、それらの多様な見方を提示されると逆に自己を見失ってしまうということ。

問8　傍線部(5)「現代社会の問題点」とあるが、筆者はどのように述べているか。その説明として最も適当なものを、次の①〜⑤の中から一つ選びなさい。解答番号は、13。　（配点5点）

① 社会に起こる出来事に関して人々の意見を拾い上げ、よりよい社会のために政治を動かすことが民主主義であるが、

切り開いたものである。

③ 女性はいかなる時も、男性からのまなざしに対して自分がどう映るか意識しているという見方は、過去の知の延長線上に成り立つものである。

④ 女性は常に男性の目には自分がどう映るかを考えているという見方は、女性が生物学的に作られる性であることを明らかにしたものである。

⑤ 女性は男性からまなざしを向けられながら、自分がどう決断するかを考えているという見方は、過去の知的枠組みを受け継ぐものである。

問6 傍線部(3)「女性が輝く瞬間」とあるが、どういうものか。その説明として最も適当なものを、次の①～⑤の中から一つ選びなさい。解答番号は、 11 。（配点5点）

① 男性から結婚を申し込まれた女性が、妻となったことで男性を強力にコントロールできる立場を手に入れる瞬間。

② 男性から言い寄られた女性が、優位な立場からその男性を選ぶかどうかを自ら決める豊かな主体性を有する瞬間。

③ 男性から見つめられた女性が、目を逸らしながらもその男性からのまなざしを意識して自らを美しく見せる瞬間。

④ 男性から結婚を口にされた女性が、自分がその男性に選ばれたことについて喜びと自信に満ちあふれている瞬間。

⑤ 男性から言い寄られた女性が、その男性との親密な関係を受け入れるかどうかという重大な決断を迫られる瞬間。

① 壮大な谷の風景画を前にしたピカソは、単なる絵画としての出来映えや技量ではなく、その絵が心に与える深い感動を評価したということ。

② 文化的教養として高い知識を身につけた人は、絵画を鑑賞するとその背後に隠された作者の深い内面まで探り出す見方ができるということ。

③ 人が同じ絵画を鑑賞する場合、それぞれ心に響くものが異なるのは、本人があらかじめ身につけた教養の程度の差を表しているということ。

④ 教養のある人が絵画を鑑賞する際には、自身に備わった文化や知識・情報に応じて、絵画の世界にとどまらない深い捉え方をするということ。

⑤ 絵に描かれた岩だらけの壮大な谷の風景が、現実とは思えない荒々しさを見せているところに、作者の卓抜な才能が見てとれるということ。

問5 傍線部⑵「バージャーのこの視点は、『女に生まれるのではない、女になるのだ』と述べたシモーヌ・ド・ボーヴォワールを引き継ぐもの」とあるが、どういうことか、その説明として最も適当なものを、次の①～⑤の中から一つ選びなさい。（配点5点）

解答番号は、[10]。

① 女性は男性から見られている視線を感じると、常にその視線から逃れようとしているという見方は、これまでの知の流れをくんだものである。

② 女性はいつでも、男性からのまなざしにとらわれながら自分自身を捉えているという見方は、女性解放運動への道を

問3 傍線部**X**・**Y**の語の意味として最も適当なものを、次の各群の①～⑤の中からそれぞれ一つずつ選びなさい。解答番号は、**7**・**8**。（配点6点）

X 示唆されても **7**

① 説きふせられても
② けしかけられても
③ おどしつけられても
④ ほのめかされても
⑤ 言いつけられても

Y 多元的 **8**

① ある物事が広くすみずみまでゆきわたっている様子
② 多様な背景をもつ人々が寄り集まっている様子
③ 事態がさまざまに変化していつまでも定まらない様子
④ 物事や考えを成り立たせている要素がたくさんある様子
⑤ いくつもの段階が何層にも積み重なっている様子

問4 傍線部(1)「あの地獄谷を見下ろして立つと、この世のものならぬ雰囲気を感じる。ダンテを思い出すよ」とあるが、この言葉を引用することによって筆者はどのようなことを述べているか。その説明として最も適当なものを、次の①～⑤の中から一つ選びなさい。解答番号は、**9**。（配点5点）

(イ) ハンエイ [2]

① 雑草がハンモする。
② 新製品がハンバイされる。
③ 著書のジュウハンが決まる。
④ 人生のハンリョを得る。
⑤ 会場から機材をハンシュツする。

(ウ) メイセイ [3]

① 彼はセイジン君子のようだ。
② 電話のオンセイが聞こえづらい。
③ あたりがセイジャクに包まれる。
④ 試合結果を受けてハンセイする。
⑤ 手指をセイケツに保つ。

問2 空欄 [A] ～ [C] を補うのに最も適当なものを、次の①～⑧の中からそれぞれ一つずつ選びなさい。ただし、同じ番号は一度しか選べない。解答番号は、A [4]、B [5]、C [6]。 (配点6点)

① あるいは ② また ③ とはいえ ④ しかし
⑤ それとも ⑥ そこで ⑦ というのも ⑧ つまり

（岩本茂樹『「コミュ障」のための社会学――生きづらさの正体を探る』中央公論新社による。
出題の都合上、一部中略・改変した箇所がある。）

（注1）スティーヴン・カーン――アメリカの歴史学者（1943〜）。
（注2）イプセン――ノルウェーの劇作家（1828〜1906）。
（注3）メルロ・ポンティ――フランスの哲学者（1908〜1961）。

問1　傍線部(ア)〜(ウ)と同じ漢字を含む熟語を、次の各群の①〜⑤の中からそれぞれ一つずつ選びなさい。
解答番号は、[1]〜[3]。（配点6点）

(ア)　ケイキ　[1]

① ケイリュウで釣りをする。
② 手紙の冒頭にハイケイと書く。
③ ケイセツの功を積む。
④ 上官にケイレイする。
⑤ 購入のケイヤクを結ぶ。

　それにしても、『人民の敵』は、僕たちが考えなければならない大切なことを鋭くつきつけてくるのです。
　一つの社会問題が起きても、立場によって見える風景が異なること、さらにその風景が人々に提示されると、受け手の人々は自分の関心や利害に引き寄せて自分が望む風景を提示する人を支持して行動するということです。
　加えて、人々の意見を拾い上げながら政治を動かすというデモクラシーの問題点をもイプセンは僕たちに提起したのです。19世紀に書かれた戯曲『人民の敵』にもかかわらず、立場によって異なって見える風景の構図は(5)現代社会の問題点をくっきりと表す縮図のように思えないでしょうか。
　福島第一原発事故や新型コロナの対応などをめぐって、マスメディア、政治家、科学者など、それぞれの意見には、彼らの社会的立場が大きく関係しているのではないかと、疑いの目で見ることの大切さを僕たちに示してくれていると思うのです。
　一つの出来事を客観的に捉えようとすることは大事だとしても、僕たちはなかなか正確に捉えることはできません。しかし、(注3)メルロ・ポンティが述べるように、出来事の状況における人間の位置づけを捉えることで客観的な把握に近づけるということではないでしょうか。
　日常の生活世界においても、僕たちの前に現れる人たちはそれぞれさまざまな社会的位置にいるわけです。そして、彼（彼女）の位置から見える風景を僕たちに提示してくれるのです。逆に言えば、自分に見える風景もまた自分が置かれている位置から見えているものに他なりません。となれば、異なる風景を提示してくれる人との出会いに脅《おび》え怯《ひる》むことなく、思考の幅を広げ合う貴重な機会と捉えて、まずは彼（彼女）の言葉に耳を傾けてみませんか。
　また、メルロ・ポンティに依拠すると、こうも言えます。
　異なる風景を語るその人の社会的位置や生育歴などに思いを馳《は》せることで、相手のことが理解でき、さらに社会を形成している根本的なものは極めてY多元的だということがわかってきます。その出会いを楽しんでみてはどうでしょう。

町の温泉施設専属医の職に就く科学者トマスは、温泉が汚染されていることを発見します。(4)人民とともに歩む『人民日報』の編集長はトマスに紙面で事実を公表するよう迫ります。ところが、町長であるトマスの兄はトマスに公表を控えるよう説得するのです。［C］、町の(イ)**ハンエイ**を願って温泉設備投資をし、やっと町が活性化してきたところです。この時点で、温泉が汚染されていることを公にされたのでは、町のイメージが悪くなり、温泉をあてにした観光客は激減します。そうなれば、温泉のおかげで潤い始めた町の人々に不利益を与えるだけだと主張します。

あくまでも、病原菌を含む汚染された温泉というのはトマスの目に映る風景であり、人間の目に入らないそのような細菌などあるのやらないのやらわからないものだと町長は言うわけです。それなのに、汚染の疑いが報じられたとなれば、当然、汚染処理の設備を整えなければならず、新たにまた多額の資金を投入しなければならないわけで、税金として町民に負担がかかってしまいます。

このように、町長の目に映る温泉汚染公表がもたらす風景は、町の財政が逼迫《ひっぱく》し、町民が苦しむ姿です。

対してトマスは、人々の健康に害を及ぼさないようにすることが科学者としての使命だと汚染公表を主張します。その揺るぎない信念は、公表すれば専属医を解職すると町長からX示唆されても動じません。

最初は科学者を正義の人として高く評価していた新聞編集長でしたが、汚染公表が町民の利害を脅かすことになり、人民から新聞への支持が得られないことが見えてくると、手のひらを返して町長の側につきます。

さらにこの状況を知った町民はどちらを支持するかというと、利害が優先され、トマスを批判するようになるのです。その人民の姿によって浮かび上がってきたのは、科学者トマスにしても汚染を公表することで自己の(ウ)**メイセイ**を当て込んでいたことでした。

映るかを考えていると評します。 **B** 、女性は男性という観察者を内に秘めながら、常に女性である自分自身をモニタリングしているというわけです。

(2)バージャーのこの視点は、「女に生まれるのではない、女になるのだ」と述べたシモーヌ・ド・ボーヴォワールを引き継ぐものです。ボーヴォワールは、男性の庇護《ひご》のもとでつくられていく女性は「第二の性」として、男性から貶《おとし》められた位置に置かれていると主張しました。彼女の発信は、女性解放運動への道を切り開いたのです。また、生物学的な分類ではなく、社会的・文化的につくられる性別を問題にするジェンダー論の幕をこじ開けた哲学者と言えるでしょう。

バージャーの評が、男性のまなざしの対象となっているというこれまでの知の流れの延長線上にあるのに対して、別の視点から捉えたのがスティーヴン・カーン(注1)です。

男性が言い寄るのに対して、受け入れるか受け入れないかという選択は女性の側にある。だから、男性が言い寄るその瞬間は、女性の側に権力があることになる。となれば男性は女性に選ばれる側に位置することになるわけで、受け身になると言うのです。そこでカーンは、ヴィクトリア朝時代の美術は、男性の色好みのまなざしから目を逸《そ》らす女性たちで満ちているけれど、女性が表現する豊かな主体性をこれまでの学者たちは見落としてきたと批判します。そして、男が結婚を口にした時に初めて、女は強力にコントロールできる立場を手にすることになる。(3)この女性が輝く瞬間を画家は描いたのだと主張するのです。

さて、みなさんはカーンの捉え方をどう思われますか。僕がカーンの主張に惹《ひ》かれるのは、絵画の見方はこうあるべきという知識人たちの偏った視点に対して、新たな視点で眺めたところにあります。

ここまで、同じものを見ていても見え方が違うことについて述べてきました。次に、一つの出来事においても、職業や経済力といった社会的な地位や立場の違いによって見える風景が異なることについて、もう少し考えてみることにしましょう。

ここでも取り上げるのは、イプセン(注2)の『人民の敵』です。

フィレンツェから追放されたダンテは、フランス放浪中にあそこへ行き、その情景をもとに『地獄篇《じごくへん》』を書いたのだからな。

ピカソには、岩だらけの谷の絵からダンテの『神曲』の「地獄篇」がイメージされるのです。ダンテを持ち出すこの連想こそが、ピカソの教養、つまり文化資本の豊かさを感じさせるわけです。 A 、それにもましてマルローはというと、ダンテが「地獄篇」を描く(ア)ケイキとなった生々しい足取りまでをも語るのです。

同じように岩だらけのレ・ボーの景観の絵を見ても、このように鑑賞者の心に響くものは異なります。単なる絵画の出来映えや技量の評価といった絵画の世界に閉じられることなく、文学界のダンテが登場し、さらには作品の背後に隠された作者自身の動向にも想《おも》いをめぐらすわけです。

いや、それにしてもつくづく思うのです。教養のある人は、絵を鑑賞するのにもなんと深みのある見方をするのだと。そこには、自分たちが身につけた文化や知識・情報が刻まれた感覚が強く反映されているということです。

深みのある鑑賞とは趣を異にした興味深い知識人たちの解釈があります。一つのキャンバスに男女が描かれた絵画をめぐるものです。

19世紀後半、フランスやイギリスの画家たちがキャンバスに男女を描く際、女性には多くの光を当てられて繊細に描きました。それに対して男性はというと、じっと女性を見つめる大雑把に描かれた横顔です。そして、男性から視線を向けられた女性は、その視線から逃れるように、どこかあらぬ方向を見ながら正面を向いているのです。

美術批評家のジョン・バージャーはこの構図を、男性は女性と親密な関係になろうと言い寄る姿で、女性は言い寄られた後の決断の瞬間《とき》に焦点が合わされているとして、「男は女を見る。女は見られている自分自身を見る」と解釈しました。

女性は、歩いている時も、父親が亡くなって涙している時も、他人からどう見られているのか、いいかえると男性の目にどう

▲M3・M2方式▼

（六〇分）

一　次の文章を読んで後の問い（**問1〜問9**）に答えなさい。

画家パブロ・ピカソと過ごしたフランソワーズ・ジローが『ピカソとの日々』という回想録を残しています。そこに興味深い話が書かれています。ピカソは、芸術家や哲学者のサルトルやボーヴォワールといった知識人ともつきあいがありました。そのなかの一人、作家アンドレ・マルローが訪れた際のことです。

ピカソはフランソワーズに彼女の描いた絵を見せるように言います。そこで彼女は、フランス南西部レ・ボー＝ド＝プロヴァンスを旅した時の思い出をもとに描いた絵を、彼らの前に差し出します。二人は岩だらけの壮大な景観を持つレ・ボーの地が描かれた絵を眺めながら、まずピカソがこう言います。

(1)あの地獄谷を見下ろして立つと、この世のものならぬ雰囲気を感じる。ダンテを思い出すよ。

するとマルローは「それもそのはず」と応えて、次のように続けるのです。

④ 人が他者と関わる中で自分の社会的な立ち位置や役割をもとに言動を行う際、世間体という社会の規律によってみな同じ役割を規定されてしまうということ。

⑤ 人が普段から対面する他者に対して自分が取るべき言動を決める時に、相手がその時の自分の言葉や行動を許容してくれるかどうかを常に考える必要があるということ。

問9 本文の内容に合致するものを、次の①～⑤の中から一つ選びなさい。解答番号は、28。　（配点6点）

① 貨幣や贅沢品を重んじるよりも、健全な家庭生活や社会貢献活動を重んじることの方が、価値ある生き方である。

② 人は言語で他者とコミュニケーションを行う際、相手と自分が概念を共有しているかを常に確かめる必要がある。

③ 現実社会における政治理念や法律などの重要な概念や決まり事は、言語に表すことで具体的な物事として存在する。

④ 社会に生きる人々は、対面する他者との関わりの中で、その時と場に応じて自らの役割やポジションが規定される。

⑤ 世間体は言語と同様、世間について人それぞれが全く異なるイメージを持っているというフィクションである。

② 人間は現実社会のさまざまな物事を言語に置き換えることで、他者との間で互いに実体のない抽象的な概念を常に共有して生きているということ。

③ 人間は現実社会に存在するあらゆる物事を言語に置き換えながら、自分が言語によって創作した物語を他者に共有してもらい生きているということ。

④ 人間は具体的な物体の名前を口にする時にその物体のイメージを心に描くが、同じ言葉であってもそのイメージは各自で異なっているということ。

⑤ 人間は現実社会にある具体的な物体を抽象的な概念に置き換えることで、常に他者との間で互いに概念を共有しながら生きているということ。

問8 傍線部⑸「ここに、世間体が介在する」とあるが、どういうことか。その説明として最も適当なものを、次の①～⑤の中から一つ選びなさい。解答番号は、 27 。（配点6点）

① 人が他者との関わりの中で自分の社会的な位置づけと役割をもとに言動を行う時に、日本ではすべての人々に対して世間体を保つよう社会的な圧力がかかるということ。

② 人が日常的に他者と自分との関係性を考えながら言動を決める際に、世間体として自分の社会的な立ち位置が相手より上か下かをいつも考える必要があるということ。

③ 人が他者との関係性において自分の社会的な位置づけと役割をもとに言動を行う際に、世間体が決定づける許容範囲の中で言動を行う人が社会性のある人とみなされるということ。

問6　傍線部⑶「ここに、内面化の恐ろしさがある」とあるが、どういうことか。その説明として最も適当なものを、次の①～⑤の中から一つ選びなさい。解答番号は、25。（配点5点）

① 日本には世間体を根拠として自他に対して過度な攻撃を行う場合がしばしばあるところに、世間体が日本社会の深層に根づいていることの恐ろしさがあるということ。
② 日本では世間体を気にして自分自身をせめる人もいるが、逆に他者に過剰な制裁を加える攻撃性を持っている人々も数多く存在しているという怖さがあるということ。
③ 日本では世間体をもとに他者に過剰な攻撃を加える人々が多く存在するところに、現代社会の中で内面が空虚な人々が増えていることの恐ろしさがあるということ。
④ 日本は世間体を保つために他者に人当たりの良さを見せる人がいると同時に、世間体を盾に他者を過剰に裁く攻撃性を持つ人もいるという二面性があるということ。
⑤ 日本では世間体を根拠に自己にも他者にも過剰に攻撃を加える場合が多々あるところに、内面が空虚であるがゆえに世間体を自らの価値とすることの怖さがあるということ。

問7　傍線部⑷「人間は本質的に他者との間で作り出したフィクションの中に生きている」とあるが、どういうことか。その説明として最も適当なものを、次の①～⑤の中から一つ選びなさい。解答番号は、26。（配点5点）

① 人間は身の周りにあるさまざまな物事を言語に置き換えることで、他者との間で互いの言葉をやりとりすることができるようになるということ。

② 生命の維持が容易となった現代社会には、嗜好品や贅沢品、貨幣に価値を置く人ばかりになっているということ。
③ 人は社会の中で生きるようになったことで、その人がどのような価値を持つ人間なのかが問われているということ。
④ 社会の中で生きる人としての在り方は、その人が価値をどこに置くかによってそれぞれ決まってくるということ。
⑤ 人は、本能の部分である生命の維持ができた次の段階として、自分が生きている社会を意識し始めるということ。

問5 傍線部(2)「絶えず世間体を気にしながら生きていくことになる」とあるが、どういうことか。その説明として最も適当なものを、次の①～⑤の中から一つ選びなさい。解答番号は、**24**。　(配点5点)

① 自分自身に対する信頼が薄い人は、社会生活を営む中で出会った他者に依存して自身の判断や思考をゆだねてしまうことで、自分の存在を他者の思惑に従属させてしまうということ。
② 日頃から自分自身に自信を持って生きている人は、周囲の人間関係の中でいつも他人からの称賛があり、そこに自分の存在価値を確認することで持続的に自信を持ちながら生きていくということ。
③ 自分の中に確かな価値基準や自己像がない人は、社会との関わりの中で生きるうちに世間体に価値を見出し、自らの拠《よ》り所とすることで世間体という規律構造の中で生きていくということ。
④ 自分の中に確固たる自己像や善悪の基準がない人は、社会の中で見失いがちな自分の存在意義を周囲の人間関係の中だけに求め周囲の評価を世間体として案じて生きていくということ。
⑤ 自分の心の中に虚《むな》しさを抱えている人は、社会生活を営む中で世間体に自分の存在意義を見出し、規律構造である世間体を保つことを生きがいにすることで充実した人生を送っていくということ。

問3 空欄 X ・ Y を補うのに最も適当なものを、次の各群の①～⑤の中からそれぞれ一つずつ選びなさい。
解答番号は、21 ・ 22 。　（配点6点）

X 21
① 物語
② 思考
③ 人生
④ 文脈
⑤ 概念

Y 22
① 恩恵に浴している
② 呪縛からは逃れられない
③ 幻影に脅えている
④ 概念の一つに過ぎない
⑤ 恐ろしさを理解していない

問4 傍線部(1)「ここに、人間性が大きく表れることになる」とあるが、どういうことか。その説明として最も適当なものを、次の①～⑤の中から一つ選びなさい。解答番号は、 23 。　（配点5点）

① 社会の中での人それぞれの在り方は、その人が社会にどのような価値をもたらすかによって決まるということ。

(イ) マネく 16

① 私がフショウの弟子です。
② 急な知らせにショウゲキが走る。
③ オリンピックをショウチする。
④ ここは文明ハッショウの地といわれる。
⑤ 舞台にショウメイを当てる。

(ウ) ソウダイ 17

① 出家してソウリョになる。
② ユウソウな武者行列を見物する。
③ うまくいって気分ソウカイだ。
④ ソウギを仏式で執り行う。
⑤ 友人はベッソウを所有している。

問2 空欄 A ～ C を補うのに最も適当なものを、次の①～⑧の中からそれぞれ一つずつ選びなさい。ただし、同じ番号は一度しか選べない。解答番号は、A 18、B 19、C 20。 （配点6点）

① 一方で ② しかも ③ たとえば ④ なぜなら
⑤ つまり ⑥ とりわけ ⑦ あるいは ⑧ むしろ

その場その場で、対面する他者との関係性や相互作用の中でダイナミックかつリアルタイムに生み出されるものだ。

そして各人が、他者や社会との関係性の中で、許容される範囲で言動を行うのが社会性のある人の在り方である。その許容される範囲を決定づけるのは、社会そのものであり、他ならぬ世間体なのだ。人間が人間である限り、この世間体というフィクションとともに生きざるを得ない。つまり、その限りにおいて人間は世間体の Y といえる。

（犬飼裕一『世間体国家・日本　その構造と呪縛』による。）

問1　傍線部(ア)〜(ウ)と同じ漢字を含む熟語を、次の各群の①〜⑤の中からそれぞれ一つずつ選びなさい。
解答番号は、15 〜 17 。　　（配点6点）

(ア)　カテ　15

① 彼はヨウリョウがいい人だ。
② 会社のドクシンリョウに住む。
③ 相手のリキリョウを見る。
④ リョウジュウで害獣を撃つ。
⑤ 日でりが続いてショクリョウ難が起きる。

しかし、物事を言語として置き換え、それを共有するという意味において、それらはいずれも人々が相互に作り出したフィクションなのだ。

人と人とがコミュニケーションを取る時、短い会話の中でも、固有名詞や名詞、形容詞や動詞など、さまざまな性質の言葉を組み合わせて意味のある文章としてやりとりする。それ自体が、実体のない、手に触れることのできない〝概念〟を常に共有していることになる。

これは「民主主義」といった政治理念や法律などの現実の社会の中にある、さまざまな概念や決まり事についてもそうだ。なぜなら「民主主義」や「刑法」などという物体は存在しないからだ。だが、重要なものであるのはいうまでもないだろう。人は、そうした概念を「存在するもの」「こういったもの」といった規定と約束事の上にコミュニケーションを取っている。

「人間はフィクションの中に生きている」という文脈で語る時に、もう一つ大きな意味がある。それは、そうした〝 X の楼閣〟ともいうべきコミュニケーションの中に生きる時に、人は「自分は他者（あるいは集団）との関係性において、どのような位置にあるのか」を常に意識と無意識の中で感じながら過ごしているということだ。

つまり人は普段、「この人は、社会的に『上（の立場の人）なのか』『下（の立場の人）なのか』『同等（の立場の人）なのか』」「これは言ってもいい言い回しだろうか、言ってはいけない言い回しだろうか」といった、自分の社会的なポジションと役割をもとに言動を取っている（あるいは取らないでいる）。

(5)<u>ここに、世間体が介在する。</u>

世間体も同様にフィクションである。人は、概念が複雑に積み上がって紡ぎ出される(ウ)**ソウダイ**かつ生き物のように蠢《うごめ》く文明というフィクションの中において、誰しもが役者として何かしらの役割を演じている。それは「夫・妻」「親・子ども」「上司・部下」「教師・生徒」「友人・恋人」といった比較的明確に規定し得るものに留まらない。たとえ一人でも社会の中で常に規定され、た外に向かえば、世間体をもとに他者を過剰に裁く攻撃性が発揮されることになる。空虚であるがゆえに内面化され、価値を過度に置かれた世間体は、往々にして後者において発現することが多い。(3)ここに、内面化の恐ろしさがある。

人間と動物を分かつものは何だろうか。その大きな要素の一つは、言語、つまり言葉と文字を操ることができるか否かにある。そしてそれは、個人と個人の間、そして社会と個人との間のコミュニケーションで欠くことのできないものになっているのはいうまでもない。普段、多くの人はこの言語について、あまり気にすることなく使っていることだろう。

もちろん言葉は、「山」「リンゴ」「自動車」といったように具体的な物品を単語として置き換えて会話や文章の中でやりとりし、それを共有することができるが、より言語が人間を人間たらしめるのは、抽象的な概念を言葉にできるという点にある。

C 「愛」「希望」といったものは、具体的な物体として存在しないが、人間が人間らしく生きる上においては、とても重要なものだ。こうした抽象的な概念を時に崇高なものとして共有できるのは、科学的に立証できる範囲において、地球上に現在は人類（現生人類）しかいない。

もっといえば、たとえ「山」「リンゴ」といった物体について指し示す単語においても、それは実際に存在する山やリンゴとは違う。

仮に１００人の人がいたとして、「山」を思い浮かべてもらうとしよう。その想起する「山」は、１００人が１００人とも違うイメージを持っている。ある人は、富士山を思い浮かべるかもしれない。別の人は、北アルプスの山脈や北海道の大雪山を思い浮かべるかもしれない。そして「富士山」を何人かが思い浮かべたとしても、それぞれの「富士山」はすべて細部や色などが違っているはずである。

これが示すのは、(4)人間は本質的に他者との間で作り出したフィクションの中に生きているということだ。だからこそ、人は文学や芸術という魅力的なフィクションを欲するともいえる。小説や映画といった創作としての物語と現実社会はもちろん違う。

［A］、価値をどこに置くかで、その人、個人の生き方が決まるといっても過言ではない。この価値については、社会と個人との相互作用の中でその意味が与えられることになる。なぜなら、生命を維持するための(ア)カテを得る上でも、貨幣を得る上でも、よく生きる上でも、大原則としてこれらは一人の力では成し遂げられないからだ。だからこそ、人は社会との間の相互作用の中に存在し、規律構造である世間体の中で生きることになる。

たとえば過度なナルシスト（ナルシシスト）、つまり病的に自己愛の強い人は、自分を支えるために絶えず自分に対する周囲からの称賛を必要とする。

なぜそのようなことになるのかといえば、ナルシストは日常的に自分自身に自信がないからだ。自分に自信がないので、人間関係の中で周囲を巻き込み、常に称賛を得なければ生きていくことが難しい。これに対して比較的自分に自信のある人は、自己の中で良し悪しを決めることができるなど、ある程度、自己の内部で自己完結ができている。だから、周囲からの称賛をいたずらに求めることはしない。

これと同じことが世間体と個人の関係にもいえる。自分の中に確固とした自己像があり、自分を信頼していれば、周りのことなど本来ならどうでもよいはずだ。しかし内面が空虚である人は、自分を存立させる、その基盤を世間体に置く比重が大きく、そのことによって(2)絶えず世間体を気にしながら生きていくことになる。

「他人の目が気になる」とはまさにこの状態を指す。もちろん、そうでない人も多くいるが、多くの日本人はこの点において世間体に価値を置きすぎている。

そのように内面化された世間体がよく発露される場合には、治安や公衆衛生の良好さとして、また「人当たりの良さ」といった面で示されることになる。

［B］、世間体が悪しき面を示す時に、それが内に向かえば自己蔑視になり、最悪は自死を(イ)マネくことにもなりかねない。ま

④　筆者が「ラ・フォル・ジュルネ」で《田園》を聴いて喜びを得られたのは、神経細胞が能動的に働いたからだと考えられる。

⑤　筆者は、単なる音ではなくミューズが地上に降り立ったかのような生の本質を感じることのできる音楽との出会いを望んでいる。

二

次の文章を読んで、後の問い（**問1〜問9**）に答えなさい。

人は生きる上で、何かしらに価値を置かなければ生きていけない。生きる意味は、すべての人にとって不可欠である。多くの人にとって、最も根源的な価値とは「生命の維持」だろう。これは人間の本能の部分で、意識するかしないかにかかわらず、誰もが行っていることだ。この「生命の維持」には、食べ物を食べ、水を飲み、防寒のために着る物を得ることが必要だ。

生命を維持できた次の段階は、社会の中で生きる人としての在り方がより大きく分かれることになる。(1)ここに、人間性が大きく表れることになる。生命の維持が比較的容易である現代においては、直接は生命の維持に必要のない、嗜好品《しこうひん》や贅沢品《ぜいたくひん》にも価値を置く人が多くいる（この点については前近代においても同様の構造はある）。また手段であるはずの貨幣そのものに、より価値を置く人もいる。

その一方で、貨幣や嗜好品、贅沢品や、それらが織りなす華美な生活よりも「より良く生きる」ことに価値を見出《みいだ》す人も多いだろう。また家庭を持ち、子どもをもうけ、子の成長を見届けながら人生を全うすることに価値を見出す人も多い（個人的には、もちろんそれは素晴らしいことだと思う）。さらに社会貢献活動や奉仕活動、政治活動や社会変革に価値を置く人もいる。

一ジャンルであるという考え方はとられてこなかったから。

② ずばぬけた才能を持つ人は脳内で音楽を受けとめながら創作活動をしていたことが、音楽は人間の本質である倫理や創造性の原点だとする古代の考え方とも一致するから。

③ 既知の曲であっても未知のものに出会ったような感動を与えてくれるのが音楽であり、他の芸術ジャンルである詩や舞踊ではそのような感動を得られることはないから。

④ 音楽の語源はギリシャ神話において人間の知的活動全般をつかさどる女神の名に由来しており、音を用いた芸術ジャンル全てを指す言葉であったことが明らかであるから。

⑤ 音楽は単なる芸術というより生命の根源的世界を体現したものだと感じられ、そのことは「音楽」の語源が知的表現全般をあらわす言葉であることにも裏づけられているから。

問9 本文の内容に**合致しないもの**を、次の①〜⑤の中から一つ選びなさい。解答番号は、[14]。　（配点6点）

① 「モーツァルト効果」は筆者にも実感され「ネイチャー」の論文でも論じられたが、それに関する論争は現在も決着していない。

② 脳科学の実験によって判明したニューロンの活性化の仕方から、音楽が生命原理に近い芸術であると言える、と筆者は考えている。

③ 「ラ・フォル・ジュルネ」で《田園》の全貌を知るという新鮮な体験をした結果、筆者が《田園》を聴いた理由も明らかになった。

問7 傍線部(4)「自分の体が音楽に反響しているのを感じる時、自分の脳内を眺めているような気分になることがたまにある」とあるが、なぜ筆者はそのように感じるのか。その説明として最も適当なものを、次の①～⑤の中から一つ選びなさい。解答番号は、12。

（配点5点）

① 脳内の多数のニューロンは制御されたタイミングで動くことを知っており、それが交響曲の奏でられるさまに似ていると感じるから。

② ベートーヴェンの《田園》を聴いて自分の生命がフル稼働したとき、ニューロンと音符とが一つ一つ対応していることを実感したから。

③ 知っているつもりだった楽曲を聴き未知の部分を見いだすとき、脳内で「喜び」が生成される過程を視覚的に確認することができるから。

④ 脳内の神経細胞群は絶え間なく働いているはずであり、それはあらゆる楽器が休むことなく音を出す交響曲の演奏と同じだと思うから。

⑤ 普通の人にはないような才能を持った人の脳の働きは、オーケストラが交響曲を演奏するときの様子と似ていることが実証されたから。

問8 傍線部(5)「音楽は、他の芸術とは一線を画するように感じられる」とあるが、なぜ筆者はそのように述べているのか。その説明として最も適当なものを、次の①～⑤の中から一つ選びなさい。解答番号は、13。

（配点6点）

① ヨーロッパでは伝統的に音楽は人間の知的活動をつかさどる中枢に位置づけられるものとして扱われており、芸術の

④ 「熱狂の日」というネーミングから、短い時間に観客が盛り上がるという一般的なクラシック音楽のイメージとはかけ離れた光景を想像した、ということ。

⑤ 特に格付けや演出が施されているわけではなく、一流の奏者による本物の音楽がむき出しの姿のままで提示されていることに感銘を受けた、ということ。

問6 傍線部(3)「『いい体験をした』。素直にそう思えたのである」とあるが、なぜ筆者はそのように思えたのか。その説明として最も適当なものを、次の①～⑤の中から一つ選びなさい。解答番号は、 11 。（配点6点）

① 聴いたこともなかった《田園》を初めて聴いてすぐに曲の実相に触れることができ、この名曲を聴く自分も高尚な世界に入ることができた、と感じたから。

② 飾り気のない本物の音楽として聴いた《田園》という曲について新鮮な発見があり、この曲と偶然のいい出会いを果たすことができた、と感じられたから。

③ これまで聴いてきたモーツァルトと異なり、ベートーヴェンの《田園》に全く不快さをおぼえる要因がなく、好んで聴くべき曲を新たに見つけられたから。

④ 一流のアーティストによって演奏された《田園》は、これまで聴いてきた《田園》とは別の曲のようにさえ思われ、格の違いを感じることができたから。

⑤ あまり《田園》に親しんでこなかった自分にも曲が理解しやすいよう演出された演奏を、格安の入場料で聴くことができたのは、幸運なことと思えたから。

いるから。

② 筆者が読んだ論文に、モーツァルトの音楽が好きでさえあれば、それを楽しむことで気分が高まることが記されていたから。

③ 筆者自身も、モーツァルトの音楽を聴くことによって、生きていてよかったと思えるほど絶好調の気分になることがあるから。

④ 筆者が専門としている脳科学の分野においても、モーツァルトの音楽がもたらす効果については、明確に証明されているから。

⑤ 筆者にとって、モーツァルトの音楽を聴く時と、自分の調子がすこぶる良い時とで、感じる気分がほぼ同じであるから。

問5 傍線部⑵「一見すると『親しみやすいクラシック音楽祭』のイメージをまとって、私の前に現れた」とあるが、どういうことか。その説明として最も適当なものを、次の①～⑤の中から一つ選びなさい。解答番号は、10。　（配点6点）

① 二百を超える多数のプログラムが組まれていることが、誰でもその気になれば日程と内容を選んで聴きに行けるように配慮したものと思えた、ということ。

② ベートーヴェンの《田園》に代表されるように、一般に親しまれていて筆者にとってもなじみのある曲を演目に選ぶなどの工夫が施されていた、ということ。

③ 入場料も安く小さな子どもも受け入れていることから、初心者向けにわかりやすいアレンジを施した演奏会であるかのような印象を持った、ということ。

問3　傍線部X・Yの語の文章中での意味として最も適当なものを、次の各群の①～⑤の中からそれぞれ一つずつ選びなさい。
解答番号は、**7**・**8**。　（配点4点）

X　能書き　**7**

① 優れた点や魅力について書きたてた言葉
② 子どもに向けて易しく説き明かす言葉
③ 虚偽で飾りたてた芝居がかった言葉
④ 効能や聴き方について注意を促す言葉
⑤ 専門的な知識に基づいた難解な言葉

Y　紛うかたなき　**8**

① 気が休まるひまがないほど長く続いた
② 原形をとどめないほどアレンジされた
③ 見ていて悲しくなってしまうほど粗雑な
④ 他のものと間違いようがないほど確かな
⑤ 従来の物差しで評価できないほど斬新な

問4　傍線部⑴「『モーツァルト効果』も理解できなくはない」とあるが、なぜ筆者はそのように述べるのか。その説明として最も適当なものを、次の①～⑤の中から一つ選びなさい。解答番号は、**9**。　（配点5点）

① 筆者が調べたところでは、アメリカでは「モーツァルト効果」が研究家によって証明され、音楽療法として定着して

A　4

① 加速度
② 充実度
③ 好感度
④ 難易度
⑤ 緊急度

B　5

① 違和感
② 幸福感
③ 陶酔感
④ 絶望感
⑤ 孤独感

C　6

① 一般的で広汎なイメージ
② 視覚的で名画のイメージ
③ 神話的で崇高なイメージ
④ 限定的で狭義のイメージ
⑤ 娯楽的で軽薄なイメージ

（イ）　オしみなく　[2]

① 野球選手が海外にイセキする。
② 船のコウセキが水面に波を立てている。
③ セキシュンの思いを俳句にする。
④ 教師としてのショクセキを果たす。
⑤ この町にもはやセキジツの面影はない。

（ウ）　ビショウ　[3]

① ヨビの椅子をいくつか持っていく。
② ビミョウな調整が必要な機械だ。
③ 刑事が容疑者をビコウする。
④ ひどいビエンに悩まされる。
⑤ この作品は近代小説のハクビと言われている。

問2　空欄 [A] ～ [C] を補うのに最も適当なものを、次の各群の①～⑤の中からそれぞれ一つずつ選びなさい。
解答番号は、[4] ～ [6]。　（配点6点）

（茂木健一郎『すべては音楽から生まれる』による。）

（注1）欲動――精神分析学の用語。人間を行動に駆り立てる心の動き。本能的なものとされる。
（注2）畢竟――さまざまなことがあるにせよ、最終的には。結局。

問1 傍線部(ア)～(ウ)と同じ漢字を含む熟語を、次の各群の①～⑤の中からそれぞれ一つずつ選びなさい。

解答番号は、1～3。　（配点6点）

(ア) ショウヒョウ　1

① 祖父はメイショウと呼ばれる野球監督だ。
② 乾杯の声にショウワする。
③ 肺炎をハッショウする。
④ ギョウショウ人から野菜を買う。
⑤ 国家プロジェクトに多くのショウチョウが関わる。

音楽とは、生命の根源的世界を現実世界に再構築してくれている、いとも優しき存在だ。だから、音楽はその本質において、私たち一人ひとりの〈生〉へのメッセージとなり得る。音楽との出会いとは、既知のものにさえ未知の魅力を吹き込んでくれるような、常に生成の可能性に溢《あふ》れた創造的なものなのである。

絵画、詩、小説……ありとあらゆる「芸術」がこの世には存在するが、(5)音楽は、他の芸術とは一線を画するように感じられる。

最も生命原理に近い、生命哲学の根幹にかかわる、とでもいおうか。

実際、古代ギリシャ以来、音楽は、芸術論の中枢だと認識されてきた。特にヨーロッパ文化においては、音楽を芸術の一ジャンルとしながらも、倫理や精神、さらには創造性の原点としてとらえる思想が、今日にも受け継がれている。

それは、「音楽」の語源にも象徴されている。英語でいえば、「ｍｕｓｉｃ（ミュージック）」。これは、ギリシャ語の「ｍｕｓｉｋｅ（ムシケー）」から生まれた言葉であり、「ムーサの技」「ムーサがつかさどるもの」という意味だ。

ムーサとは、「ミューズ」のギリシャ語名「ムーサイ」の単数形。すなわち、ギリシャ神話における人間の知的活動をつかさどる女神のことであり、「ｍｕｓｉｋｅ」という言葉には、詩や舞踊といった美的行為も含まれていたことがわかる。

つまり、「ｍｕｓｉｃ」という語それ自体は、知的表現と不可分な意味合いを持つ言葉であって、「音」という意味は持たない。ここが、日本語で「音楽」という時に想起されるもの——リズムや音程といった、「ｍｕｓｉｃ」と比べると［Ｃ］——との違いかもしれない。芸術の神ミューズから直接降り立つもの。命にかかわるもの。古来、音楽を奏でること、音楽を聴くことは、生の本質であるとさえ考えられていたのである。

音というものを梯子《はしご》にして地上に降り立った女神《ミューズ》、すなわち「ｍｕｓｉｃ」の抽象の(ウ)**ビショウ**を、私は探し続けている。それを生み出すものは音だけではなく、思考や情動、生命の躍動とも呼ぶべきものではないだろうか。このように考える時、音楽は芸術の一形態を超えた存在として、私の前に顕《あらわ》れてくる。

あの時音楽を聴きながら、感じ続けた **B** 。だがそれは決して不快なものではなく、むしろ新鮮な感覚であった。

「《田園》って、こんな曲だったんだ」

曲が終わり、拍手をしながら、(3)「いい体験をした」。素直にそう思えたのである。

「ラ・フォル・ジュルネ」でむき出しの音楽に接したことで、私は、本来自分が持っていた生命力を回復したのかもしれない。

なぜだろうか。

既知と思い込んでいた音楽が不意に目の前に全貌をさらしたことに対し、脳の中の神経細胞が自ら能動的にその音の世界に分け入り、未知の世界を見つけたのではないだろうか。

脳内の作用は、自発的な発見ほど、そのもたらす「喜び」の度合いは強くなる。自発的であればあるほど、〈私〉の生命がフル稼働するからだ。「なぜ、私はこの曲を聴いているのだろう?」と、むしろわからないままに出会った《田園》は、これまで私の知っていた《田園》ではもはやなく、ベートーヴェンという一人の作曲家の手になり、後世まで残った、密度の高い音楽そのものの姿であったのだ。

ところで私は、(4)自分の体が音楽に反響しているのを感じる時、自分の脳内を眺めているような気分になることがたまにある。

そもそも脳の中の活動とは、一千億個のニューロンによる交響曲《シンフォニー》だといっていい。(注2)畢竟《ひっきょう》、脳の働きとは、それぞれの知覚をつかさどるニューロンのどれが、どのタイミングでどのような形で動くか、ということだといえる。脳内の情報処理の形式は、「タイミングの制御が正確でなくてはいけない」という点まで、音楽表現が持っている特徴と似ている。

そして、ニューロンは休まない。絶え間なく、常に瑞々しいハーモニーを奏で続けているのが、脳内における神経細胞群の働きなのである。

そう考えると、「天才」と呼ばれる人々は、いわば、脳の中で「いい音楽」が鳴り続けている人たちなのかもしれない。

　しかし実態は、単なる「初心者向けのお手軽クラシック入門」といったものではなかった。そこは、X余計な能書きを必要としない本物の音楽が、むき出しの姿で人々を待ち受けている場であった。その音楽祭の名は、「ラ・フォル・ジュルネ」という。

「熱狂の日」という意味のこのイベントは、一九九五年にフランスの北西部の港町ナントで始まったのだという。日本に上陸したのは二〇〇五年。毎年ゴールデンウィークの時期に、東京国際フォーラムを中心として丸の内地区で開催される音楽祭の第一回目に、私はたまたま足を運んでいた。

　会期中、二百を超えるプログラムが組まれている。一公演は一時間弱。入場料は千円札一、二枚ほど。一番高価な公演のS席でも、三千円だ。無料公演も多い。小さな子どもも観客として積極的に受け入れているが、変に「お子様向け」にアレンジされているような公演はない。

　奏者は国内外の一流のアーティストたち。本物を出し(イ)オしみなく提供し、恩着せがましい格付けなどもいっさいない。なにか特別な演出があるわけでもない。ただ、朝から晩まで、Y紛《まご》うかたなき「むき出しの音楽」が、絶え間なく鳴り響いていたのである。丸の内に突如として出現した、学園祭のようだった。

　祭には、偶然性がある。思いもかけない出会いがある。果たしてこの音楽祭で、私はすばらしい音楽に遭遇した。二〇〇五年の「ラ・フォル・ジュルネ」は、「ベートーヴェン」をテーマに掲げられていた。私は、思いがけず交響曲第六番《田園》を聴いていた。

「思いがけず」というのは、当時の私が普段選ぶ曲に、《田園》はまず入ってこないからだ。正直なところ、今思い出しても、なぜ自分があの曲を聴いていたのかよくわからない。しかし、である。

「あれ？　俺、《田園》を聴いちゃってるよ……」

上でダンスを踊っているかのような気分で周囲の人たちと明るく話せる。発想が空気の中を疾走するようにどんどん湧いてくる。生きていてよかったと思える、絶好調の時の流れ。それはモーツァルトの音楽を聴いている時の感覚と非常に似ている。だから、(1)「モーツァルト効果」も理解できなくはない。

ただ、人間の脳は高度に複雑なものである。断定できることが非常に限られる分野が脳科学だともいえる。

そんな折、「ネイチャー」に再び興味を惹《ひ》かれる論文が掲載された。それは、「『喜ばしい高揚』というものによって、モーツァルト効果は説明できる」というものだった。これはモーツァルトの音楽を「楽しむ」ことによって、気分が高まるということである。要するに、モーツァルトの音楽が好きでなければ、その効果は全く期待できないのだ。つまり、ロックでもジャズでも、自分の好きな音楽を聴いている時の精神はとてもいい状態にあるということになる。

好きな音楽を聴くと快いというのは、考えてみればごく自然なことだが、ここで注目したいのは、主体の能動性ということである。

自ら作る「喜び」や「楽しむ」という姿勢が脳を活性化させ、〈生〉への取り組みを前向きなものにしてくれるということの報告は、脳科学で証明されていることとも一致する。ｆＭＲＩ（機能的磁気共鳴映像法）を用いた実験により、音楽を楽しんでいる時に活性化する脳内のニューロンは、人間が生きるために必要な欲動(注1)をつかさどる部分と等しいことが判明しているからである。

つまり、「モーツァルト効果」の本質は、モーツァルトの音楽そのものの中にあるのではなく、それを受け取り、喜びとする〈私〉の中にあるということだ。

ここでも私たちは、音楽の前で、自らの人生の［A］を試される存在なのである。

そうした中で、またしても新しい音楽体験があった。それは、(2)一見すると「親しみやすいクラシック音楽祭」のイメージをまとって、私の前に現れた。

国語

▲A方式▼

（六〇分）

一

次の文章を読んで、後の問い（問1〜問9）に答えなさい。

音楽の効用といえば、「モーツァルト効果」という言葉を思い出す人も多いだろう。ヴォルフガング・アマデウス・モーツァルトの生誕二百五十年にあたる二〇〇六年は、ヨーロッパを中心とした各国で祭典が行われ、モーツァルトの音楽が改めて評価された一年でもあった。

「モーツァルト効果」の発見は、心理学の分野でなされた「モーツァルトの音楽を聴かせた学生は、知能検査で高い成績を示した」という報告によるものである。一九九三年、イギリスの科学雑誌「ネイチャー」に掲載されたこの発表を巡って論争が起こり、決着をみないまま現在も議論が続けられている。とはいえ「モーツァルト効果」という言葉自体は、アメリカの音楽研究家によって(ア)**ショウヒョウ**登録もされ、音楽療法の一つとして定着した感がある。

私自身は、「モーツァルト・モード」と個人的に呼んでいる感覚がある。気持ちが朗らかになり、まるで木漏れ日が自分の頭の

解 答 編

英　語

◀A方式(英語)▶

1 **解答** (1)―④　(2)―①　(3)―③　(4)―②　(5)―③　(6)―①

解説

《2人の学生が数学のテストの結果について話している》

空所の前だけではなく後の会話にも注目すること。

(1)　Aが「とても難しかった」と言い，Bに感想を求めている。②・③も応答としては成立するが，Aは空所に対して「ほんの2，3問だって？」と驚いている。したがって，「まあまあだった，でも2，3問難しい問題があった」とある④が適当である。

(2)　Aの「ほとんどが手に負えなかった」に対する応答である。空所の後の，AのDid she? という応答に注目する。Did she の後に補い得る述部を選択肢から探ると，①にある tell us which parts of the textbook to prepare とするのが適当である。すると，次に続く When did she say that? とも自然につながる。

(3)　AのI don't remember that at all.（that＝先生が準備すべき場所を教えてくれたこと）に対する応答である。したがって，「この前の授業で寝ていたに違いないよ」とある③が正解。すると，これに対するAの Was that in the class … の that は「授業で寝ていたこと」を指すことになり，適当である。

(4)　Aがとても疲れた（exhausted）様子だったこと，遅刻したことを，BがAに指摘したのに対する応答である。That's right. I overslept! とある②を選ぶと，空所の後のBのI had the same problem, … という発言の中のthe same problemが②後半のI got home really late that night and couldn't sleep. を受けることになり，適当である。

(5) Bの「(眠気覚ましに) 朝食にコーヒーをたくさん飲んだのが効いた」に対する応答であるから，「頭がいいね」で始まる③を正解とする。That was smart of you. のthatがlots of coffee for breakfast（を飲んだこと）を受けることになり，適当である。また続けて，Bをコーヒーに誘っているのが次のBのGood idea. とつながり，Do you have time? と尋ねたのがYes, my next class isn't until … という返答につながる。

(6) Bはmy next class isn't until after lunchと伝えた後，How about you? とAの都合を尋ねている。したがって，It's the same for me. とある①が適当である。①後半の「この前はボクが払ったから，今度はキミの番だ」というAの発言がBの応答と自然につながる。So you did. はSurely you paid last time. の意味。～are on meは「ボクのおごりだ」の意味。

2 解答 (1)―② (2)―④ (3)―⑦ (4)―② (5)―① (6)―⑤

解説

(1) (In) contrast to renewable (energy, non-renewable energy comes from non-renewable resources such as oil, natural gas, and coal, resources) that are limited in (supply and will eventually be exhausted, if used blindly.)

問われている空所は，「再生可能（エネルギー）に対して」に当たり，空所の後にenergyが与えられていることから，空所の最後にはrenewableがくるのは明らかである。以上から「～に対して」に該当する語句を語群から探すと，「～とは対照的に」との訳語で覚えているin contrast to ～の前置詞相当句が見つかるだろう。わかりにくければ，次の空所から先に取り組んでもよいだろう。

(2) (The Industrial Revolution, which began in England in the late eighteenth century,) brought about changes (in American agriculture, manufacturing and transportation in the early 19th century,) which in turn had (a great impact on social, economic and cultural conditions of the country.)

問われている空所の後に続いている in American agriculture を目当てに日本語を探ると，空所は「変化をもたらし」に当たるところだとわかる。「もたらす」を表す動詞（句）を語群から探すと brought about が見つかる。次の空所では，「さらに」が「今度は，順番に」の意味のイディオム in turn で表される。

(3) (According to a recently published research on sports and health,) not to mention (more intensive activities such as jogging and swimming, just walking for thirty minutes a) day may add years (to your life.)

1つ目の空所が not to mention のイディオムであることは，語群の mention と，日本語の「～はいうまでもなく」からわかる。したがって，残りの語で2つ目の空所を考える。問われている空所のある節は「1日に30分歩くだけでも寿命を延ばせる可能性があるという」であることは明白である。すると空所は，「1日に」と「(寿命を) 延ばせる可能性がある」に当たることがわかる。「1日に30分歩く」が walking for thirty minutes a day となるから，残り3語となり，may add years が得られる。

(4) (An expert in cultural studies) has pointed out that (the arrival of television considerably increased people's experience of watching drama, but) its effects on (human life and imagination have not yet been fully examined.)

問われている空所の前の An expert in cultural studies がそのまま「あるカルチュラル・スタディーズの専門家」に対応しているので，空所はそれを主語とする述部となる。したがって，「指摘している」に当たるところとなる。語群から pointed out that がすぐに得られるが，日本語の現在時制に対して pointed と現在時制になっていないことと語群に残る語から判断して，has pointed として現在完了時制とする。別の方法として，次の空所を検討すると「～に与えている影響」のところで its effects on が容易に得られるだろうから，そこで残った語群から考えてもよい。

(5) (Darwin's *On the Origin of Species*, published in 1859,) caused great controversy (by proposing that humans and other animals are not divine creations, but have evolved) to what they are (now over millions of years through a process of natural selection.)

「人類やその他の動物は…進化してきたと唱え」がそのまま by proposing … 以下文末までとなっている。したがって，1つ目の空所は Darwin's *On the Origin of Species* を主語とする述部に当たる。「論争」が controversy であることがわかれば容易に解答できる。2つ目の空所は，have evolved「進化してきた」に注目して日本語を探ると，問われているのは「現在の姿に」に当たるところだとわかる。残る語群に what があることから，関係代名詞 what と be 動詞を用いた定番フレーズである He is not what he used to be.「彼は昔の彼ではない」などが思い出されればよい。

(6)　(In a South American country) suffering from inflation(, I heard a piece of "wisdom of life" that says, "Take a bus, don't take a taxi." This is because the bus is paid for in advance, while the taxi is paid for later, and inflation) rises in the meantime(.)

1つ目の空所が容易なので，まず「インフレに苦しむ」に当たる空所を埋めておく。日本語どおりにことばを当てはめて行けばよい。This is because … の文が日本語の第2文に当たるので，2つ目の空所が「その間に（インフレが）進んでしまう」に当たることがわかる。「進む」が動詞 rise で表されることはすぐには思いつかないが，語群から探すと「上昇する」の意味の rise を用いることは明白である。「その間に」の in the meantime はよく用いられる句である。

3　解答

(1)—①　**(2)**—②　**(3)**—③　**(4)**—①　**(5)**—②　**(6)**—④
(7)—④　**(8)**—①　**(9)**—②　**(10)**—①

解説

(1)　① Which → What　文の述語動詞は2つ目の is で，①から now までが主部になっている。主部の意味は，which を用いた限られた選択肢を念頭に置く「どれが今，緊急に必要とされるか」ではなく，what を用いた「何が今，緊急に必要とされるもの（こと）か」になるのが適当である。

(2)　② whoever → but　②の前の節の意味は「彼はレースの後半でペースを上げた」で，②の後の節は「わずかの差で優勝することはできなかっ

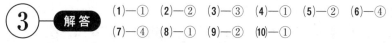

た」である。したがって，whoever では意味をなさない。②は逆接の接続詞 but にするのが適当である。「しかしながら」の意味の however は副詞なので，節と節を接続する機能はないため，ここで使用することはできない。

(3)　③ more→the more　文の前半が The more S V となっていることから，「〜すればするほど…だ」の意味の「the＋比較級 〜, the＋比較級 …」の構文だと考えるのが適当である。①を含む as to 〜 は「〜に関して」の意味の句前置詞。

(4)　① sometimes→sometime　①は in the late nineteenth century の修飾を受けて「19 世紀終盤のどこかで」の意味となるのが適当である。したがって，①は「いつか」の意味の sometime となるのが正しい。② influx「流入」 ③を含む lead to 〜 は「(物・事が) 〜に通じる，つながる」の意味。

(5)　② dependent→depend / are dependent　②は how 節の述語動詞となるべきところ。したがって，動詞の depend，または are dependent となるのが正しい。主語の species は単複同形で，ここでは不定冠詞の a を伴っていないので複数形である。文全体は，Only by … on nature の副詞句が文頭に出ているため，倒置構文となっている。主語は we，述語動詞は can help である。

(6)　④ in→of　④は make nothing of 〜 で「〜がさっぱりわからない」のイディオムとなるのが適当である。make 〜 of の形は，他には make much of 〜「〜を重んじる，重視する」，make use of 〜「〜を利用する」などがある。文全体は，「たいへん〜なので…だ」と程度を表す such 〜 that … の構文となっている。In such a … distracted state が文頭に出ているので，倒置形（VS の語順）をとっている。②の she は主語，was が動詞である。distracted「(形) 気が散った」

(7)　④ that→those　④は前の Japanese language abilities の言い換えとなる代名詞となって，「(平均的日本人学生の) 日本語能力」の意味を表すと考えるのが妥当である。したがって，複数形の those となるのが正しい。

(8)　① simple→simply　①を含む不定詞句は，to put it simply で「簡単に言えば」の意味の文修飾の独立不定詞となるのが適当である。したがって，①は put を修飾する副詞となるのが正しい。see much in common between *A* and *B*「*A* と *B* の間に多くの共通点を見る」

(9)　② whom→who　②の直後に動詞があるのがポイント。②を主格のwho にして，a person who inspired civil rights movements across the world で「世界中の公民権運動を鼓舞した人物」とするのが適当である。

(10)　① involved→were involved　動詞 involve は，be involved in ～と受動態で用いて「～に関わる」の意味となる。文全体では，程度を表すso ～ that … が用いられている。name *A* as *B*「*A* を *B* に指名する，*A* を *B* に選ぶ」

4　解答　(1)―③　(2)―①　(3)―④　(4)―②

解説

(1)　Aの We were so close on that business deal. は「あの取引はもう少しのところまで行った」の意味。What a pity ～「～とは残念だ」 ③は代名詞 it の受けるものがAの会話になく，文全体の意味も「テーブルの上よりも安全なところに置くべきだった」であり，適切な応答とならない。①の if only ～ は「～でさえあったなら」の意味の仮定法の表現で，I wish ～ の代用表現。④の all that you possibly could は「できうるすべてのこと」の意味。

(2)　Aの out of the question は「問題外で，まったく不可能で」の意味のイディオム。①の意味は「僕のどの質問によって僕に賛成する気になったの？」となり，Aへの適切な応答とならない。③の hear *A* out は「*A*（人）の話を最後まで聞く」の意味のイディオム。④の You're not listening. は「僕の言うことを聞いてないじゃないか」の意味。have no choice but to *do* は「～する以外に選択肢はない，～しないわけにはいかない」の意味のイディオム。

(3)　Aの keep up with ～ は「～に（遅れずに）ついていく」の意味のイディオム。④は代名詞 it の受けるものがAの会話になく，I don't want to go back もAへの応答としては意味をなさない。①の a bit は a little と同義の会話表現。

(4)　②が不適切。第1文に I'm glad you told me. とありAはすでに語ったことになっているが，実際のAの発言では，I'm not sure if you will

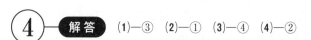

believe me … となっており，これから語ると考えるのが妥当である。③の hear *one's* side は「～の言い分を聞く」の意味。

5 **解答**　Ⅰ．(1)―②　(2)―④　(3)―①　(4)―③　(5)―④
Ⅱ．(1)―①　(2)―③　(3)―②　(4)―②　(5)―①

Ⅲ．少年たちは再び（地上に）のぼって戻れるか不安だったが，ひじと膝を使って何とかそれを果たした。

解説

《ラスコー洞窟壁画の発見》

Ⅰ．(1)　②「4人のフランスの少年が地中深くにあった洞窟でそれらを発見した。彼らはそこまで下りていった」が正解。洞窟壁画の発見の経緯は，第1・2段に書かれている。発見者については，第1段第1文（In September 1940, …）に，「考古学上最もわくわくさせる発見のひとつが，4人のフランスの10代の若者によってなされた」とある。フランス南西部の村モンティニャック近くの森で，地面に穴が開いているのを見つけた少年たち（第1段）は，その穴の中に降りていき，壁いっぱいの絵が描かれた洞窟に辿りつく（第2段）。地上から洞窟への通路は，第2段第3文に，It（＝a narrow hole）led down 15 metres to a cave … とあり，選択肢にあるように「地中深くにあった」と言える。Four French boys and their dog were hunting … とある③が紛らわしいが，第1段第3文に，Whether they had a dog called Robot with them … is uncertain. とあるので，不適切。

(2)　洞窟の壁画を一般の人に見せたことに関する問い。④「最初は，少年たちの友だちだけに見せていたが，その後すぐにもっと広く公開された」が正解。④以外のどの選択肢も紛らわしいので，洞窟発見後の経過が記されている第2段最終2文（Tremendously excited, … admission fee.）と第3段第1文（The news quickly …）を注意深く読む必要がある。第2段最終2文が④の前半の At first they were shown only to the boys' friends に一致。第3段第1文が後半の soon after that they began to be shown more widely に一致。

(3)　壁画を見に来る観光客についての問い。①「あまりに観光客が多いので，その呼吸と必要な強い照明によって壁画を傷めてしまうのをどうしても避けられなかった」が正解。解答の根拠となるのは，最終段第1文（The thousands of …）と同段第3文（High-powered lighting …）である。第1文のvisitorsが①ではtouristsに，harmがdamageに言い換えられている。「壁画を傷める」原因については，第1文のsimply by breathing on themが①のwith their breathingに一致しており，第3文のHigh-powered lighting added to the damageが①のwith the strong illumination neededに一致している。

(4)　洞窟壁画の目的が問われている。③「壁画は，先史時代の人たちが信じていた宗教や魔術と何らかの関係がある可能性がある」が正解。パラグラフリーディング（各パラグラフの第1文だけをとばし読みをすること）ができていれば，4つの選択肢に目を通した段階で，③にあるreligionとmagicの語が第5段第1文（There were more paintings …）に用いられていることに気づくだろう。同文では，previous discoveries（「以前の発見」，すなわち，最初に発見された壁画のこと）について，which had showed that, … , the first human beings believed in religion, magic and artとの説明がある。

(5)　洞窟壁画の発見に関して，誤った内容の選択肢を選ぶ問題。④「洞窟壁画が最初に発見された後，さらに多くの壁画が近くの洞窟で発見された」が本文に不一致のため，正解となる。④の参照箇所は第5段第1文（There were more …）で，そこに，書き出しに続いて「発見」の場所としてin galleries that led off the main cave「主となる洞窟から出ている通路で」の記述がある。galleryとは「地下通路」のことであり，④のnearby cavesは誤りである。他には①が紛らわしいが，第2段第4文（Marsal said later …）に壁画の動物を形容してlarger than life「(実際の姿より誇張されて）人目を引く」とあり，①のnot realistic miniatures of real animalsと一致するため，不正解。

II．(1)　(a)　dedicationは「献身」の意味である。したがって，①commitmentがほぼ同義である。commitmentはいろいろな意味をもつ語で，「献身，深く関わること」の他，「約束，責務」「(しなくてはならない）用事」「(罪などを）犯すこと」などがある。文脈からは④responsibilityが紛らわしいが，dedicationの本義とは異なる。②objective「目標」

(2)　(b) genuine は「本物の」の意味の形容詞。したがって，③ not fake がほぼ同義である。下線のある第 4 段第 1 文（Word of the discovery …）は，発見された洞窟壁画を検分した先史時代の研究者の意見を記述したもの。その文脈から①と②はつながらない。④ not real では，つづく同段第 2 文の The sensational news spread through Europe … とつながらない。

(3)　(c) confirm はここでは「～を裏付ける」の意味。したがって，②の back up がほぼ同義である。文脈からは① corresponded to ～「～に対応した，一致した」が紛らわしいが，後に発見された壁画がそれまでの壁画と「一致した」となるのは不自然である。③の refer は「～に言及する」，④の turn down は「～を却下する」の意味。

(4)　(a) mean は「～を意味する，意図する」の意味である。したがって，② intend がほぼ同義である。① reject「～を拒否する」

(5)　(e) wipe out は「～を一掃する」の意味で，下線部では過去分詞となっている。したがって，①の erase「～を消す」と最も意味が近い。③の polish は「～を磨く」の意味。下線部を含む文にある misgiving は「危惧，懸念」の意味。

Ⅲ． get back「戻る，帰る」 up は「上の方向へ」の意味の副詞で，合わせて「のぼって戻る」ことを表す。ここでは「(地下の洞窟から) 地上へ戻る」の意味である。manage「何とかして～する，なしとげる」 it は前の getting back up again を受けている。

6 解答

Ⅰ． (1)―②　(2)―④　(3)―①　(4)―③　(5)―④

Ⅱ． (1)―②　(2)―①　(3)―④　(4)―③　(5)―②

Ⅲ． 世界で英語を話す人の数を正確に言おうとすることには明白な問題点がある。

解説

《英語の世界共通語としての優位性》

Ⅰ． (1)　②「単に英語を話す国の人口を足し算するだけでは，英語を話す人口の世界総計を計算することはできない」が正解。設問文にある the U. K. と the U. S. A. の 2 つの国名に注目して本文をスキャンする（特定の語に注目して，意味を考えずにできるだけ早く通読し，その語を発見する)。すると，第1段最終文（America alone has…）に America と England の2つの国名がある。この文は直前の同段第6文（In the first …）の it is not simply a matter of … adding up their（=English speaking countries）populations のサポートセンテンスとなっている。したがって，第6文が参照箇所となる。it is not simply a matter of ～ が②では We cannot simply ～ と言い換えられている。

(2)　④「英語を基本としているが，異なる言語に分類できる特徴をもった言語である」が正解。問われている creole を本文でスキャンすると，第2段第2文に This is especially true of the many English-based creoles in the world, … とある。直前の同段第1文（Then there is …）が creole の導入になっており，そこにある something that is *like* English but is really a quite separate language が creole の説明となっている。*like* English が④では based on English に，really a quite separate language が with features that could classify it as a different language に言い換えられている。

(3)　ウルビノ市のパンフレットから引用した理由が問われている。①「多くの人が自分は英語を話すことができると言っているが，実際は必ずしもそうではないということを示したい」が正解。問いにある brochure of Urbino に注目して本文をスキャンすると，第3段第2文（I have before me …）に a brochure from the Italian city of Urbino の語句がある。その前の同段第1文（A second and rather …）に，deciding whether a person speaks English or simply he / she thinks they speak it は「もっと厳しい問題だ」とあり，第2文は，この文の具体的な説明となっている。「ある人が英語を話す」のか「英語を話していると自分で思っている」のか「判断するのは困難である」とは，①にあるように「話していると言っているが，実際は必ずしもそうではない」と筆者は考えているということ。①の case は定冠詞 the を伴って使われ，「実情，事実」の意味。this / that is the case「これ〔それ〕が事実だ」のようによく用いられる。

(4)　本文に不一致なものを選ぶ問題。③「世界の公用語を数えてみると，英語が他のすべての言語を合わせた数よりも多い」が正解。選択肢にある Spanish, French, Mandarin Chinese, official languages などの語句から，最終段を参照すればよいとわかる。その第4文（No other language than …）のダッシュ以下に，ある言語が公用語とされている国の具体的数字が挙げられており，英語が 44 カ国，フランス語が 27 カ国，スペイン語が 20 カ国となっている。したがって，③の「他のすべての言語を合わせた数よりも多い」は誤りである。ダッシュまでの No other language than English is spoken as an official language in more countries が「英語以外に，より多くの国で公用語として話されている言語はない」の意味であるため紛らわしいが，これは，「英語を公用語としている国が一番多い」ということであって，「世界の公用語の数では，英語が他のすべての言語を合わせた数よりも多い」ということではないため誤解しないこと。

どの選択肢もしっかりと本文と照らし合わせないと真偽の判断がつかない。①は最終段第 2 文（Most estimates put …）を，④は同段最終文（Of course, nothing like that number of …）を参照し，数字を当てはめてみること。②は同段第 3 文（Of course, Mandarin …）に一致する。②の Most Italians cannot understand Mandarin Chinese は，同文の see how far that will get you in Rome の言い換え。how far that will get you は一種の修辞疑問文で，that will get you nowhere と同じ意味である。これは「それは無意味だ，そんなことをしても何にもならない」の意味の常套表現。第 3 文の that は「中国語が世界で 7,500 万人に話されている」ことを指す。「それがローマでは無意味だ」とは，すなわち「ローマでは中国語がわかる人はほとんどいない（通じない，役に立たない）」ということ。

(5)　今日の世界での言語使用状況が問われている。④「英語は世界で第一言語として最も話されている言葉ではないが，いくらかでもわかって話す人を含めれば，最も有力な世界語である」が正解。最終段が本節のまとめと言える。ここで世界の有力な言語が比較されている。その第 2・3 文（Most estimates put … you in Rome.）によれば，中国語人口の方が英語人口よりもはるかに多い。しかし，(4)の設問でも参照した同段第 4 文（No other language than …）が，英語の世界共通語としての優位性を論証していて，結論と言える。

Ⅱ. **(1)**　(a) authority は「権威者，大家」の意味。したがって，②の expert が最も意味が近い。

(2)　(b) consider は「*A* as *B*」を伴って「*A* を *B* と考える，みなす」の意

味で用いられている。① count も同じ句を伴って「*A* を *B* と思う，みなす」の意味で用いられる。

(3)　(c) harsher は，「(性格・態度・気候・状況などが) 厳しい，苛酷な」の意味の形容詞 harsh の比較級である。ここでは problem を修飾しているところから，difficult と言い換えることができる。したがって，④ more difficult が正解。

(4)　(d) twisted は，元は「ねじる，ひねる」の意味の動詞 twist の過去分詞で，そこから「ねじ曲がった」の意味でも用いられる。本文の「ねじ曲がった文法」とは「ゆがめられた，正統ではない文法」を意味している。したがって，③ wrong が正解。文脈から見ても，下線部の前にある full of misspellings, unexpected hyphenations などと並列でつながる内容であるため，他の選択肢では不適当である。

(5)　(e) slightest は「ごくわずかな」の意味の形容詞 slight の最上級である。したがって，選択肢の中では② least が最も意味が近い。下線部を含む文 There is hardly any sentence that makes even the slightest bit of sense. は二重否定となっている。「ほんのわずかな意味さえなす文はほとんどない」とは，すなわち「まったく意味をなさない文がほとんどである」の意味である。

Ⅲ. figure には「(人の) 姿，人影，(重要) 人物，図」などさまざまな意味があるので要注意。ここでは「数字」の意味。put a figure は「数を正確に言う」の意味でよく用いられるフレーズである。

7　解答

(1) let / leave，alone　**(2)** on foot
(3) say hello　**(4)** before yesterday
(5) stay away　**(6)** keep，mind

解説

(1)　stop bothering ～「～の邪魔をするのをやめる」の言い換えが求められている。「邪魔をするのをやめる」とは「放っておく，かまわずにそのままにしておく」の意味であるから，let *A* alone あるいは leave *A* alone で言い換えることができる。

(2)　「歩いて，徒歩で」の意味の on foot が正解。

(3)　求められているのは greet「～に挨拶する」の言い換えである。したがって，say hello to ～ で表すことができる。

(4)　求められているのは two days ago の言い換えである。したがって，the day before yesterday で表すことができる。

(5)　求められているのは avoid「～を避ける」の言い換えである。したがって，stay away from ～ で表すことができる。

(6)　求められているのは remember の言い換えである。ここでの remember that ～ は「～を念頭に置く」の意味である。したがって，keep in mind that ～ で言い換えることができる。

8　解答

㋐ feared　㋑ confidence　㋒ nothing
㋓ character　㋔ left　㋕ reply / response
㋖ handed　㋗ return　㋘ make

解説

㋐　空所は，I を主語，my arrival を目的語とする述語動詞である。my arrival に注目して〈あらすじ〉をみると，「ここに来ること」となっていることがわかる。これを目的語としているのは「楽しみにしていた」と「恐れていた」である。英文中の I had looked forward to it が「楽しみにしていた」なので，空所に入るのは「恐れていた」の方だとわかる。以上から，feared が正解となる。過去形にするのを忘れないこと。

㋑　空所の文の述語動詞は was gone で，空所はその主語である。was gone に当たる語句を〈あらすじ〉から探すと「消えていた」となっており，その主語は「自信」である。したがって，confidence が正解となる。

㋒　空所の後に副詞の else がきていることから，something や nothing, anything などが予想される。〈あらすじ〉をみると，「何週間も君のことばかり話していただろう」となっている。「n」で始まる語を空所に入れるので，ここでは「君のこと以外何も話さなかった」と考えて，nothing を正解とする。

㋓　空所は第２段の最終文前半にある。そこから空所の節は〈あらすじ〉の「変わった性格の人だから」に当たるとわかる。すると，unusual に続く空所は「性格の人」を表す語となる。正解となる character にはさまざまな意味があるが，形容詞を伴って「(～な）人」の意味でも用いられる。

㋔　空所は文の述語動詞で，主語は Her eyes，目的語は mine（＝my

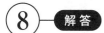

eyes）となっている。したがって，ここに対応する〈あらすじ〉の箇所は「そして彼女は私から目をそらさなかった」である。「彼女の目は私の目から離れなかった」と考えて left を正解とする。過去形にするのを忘れないこと。

㋕　空所のある節（and の前まで）は構造が複雑で，〈あらすじ〉も直訳になっていないので難しい。as though for a（r　　）は挿入句で，文頭の when 節に対する主節は she waited である。as though ～ は接続詞相当語句なので節を作る。したがって，主語と動詞を補って考えるとわかりやすい。前置詞 for に注目しながら直前を探ると，as though（she waited）for a ～ のように補える。これを前提に，as though に注目して，「～である／～するかのように」を目当てに〈あらすじ〉を探るとよい。すると「私からの返答を待つかのように」の一節がある。したがって，空所は「返答」に当たることがわかる。以上から，reply あるいは response が正解となる。

㋖　〈あらすじ〉の空所前後に当たる部分はほぼ直訳になっているので，英文との対応関係が明白である。空所は，pick it up「拾っ」たに続く as 節の述語動詞であるから，「手渡してくれた」に当たる。したがって，handed が正解となる。

㋗　空所は，Very well, sir. で始まる段の第２文にある。第１文で sir と呼びかけていること，空所を含む文が Mrs. Danvers で始まっていることから，Mrs. Danvers と同じく屋敷の使用人である Firth（空所の４行上を参照）の発言であることがわかる。空所のある by 句は，直前の be finished を修飾する副詞句である。したがって，「旦那さまのお戻りまでに」に当たっている。以上から，名詞の return が正解である。

㋘　空所の後に続く friends with Mrs. Danvers の Mrs. Danvers に注目すると，ここは「ダンバース夫人とも親しくなる」に当たることがわかる。すると，空所に続く friends から，「～と親しくなる」は make friends with ～ で表されることがわかる。

◀A方式（英語リスニング）▶

解答　**1**—②　**2**—②　**3**—③　**4**—②　**5**—②　**6**—②　**7**—③　**8**—①　**9**—③　**10**—④　**11**—②　**12**—②　**13**—④　**14**—①　**15**—④

解説

1.「話し手によれば，どの場合に魔法の数字の『3』が使われるか？」

あらかじめ選択肢に目を通しておき，emergency guides, folktales, mathematics, sayings の4つの語句に注目して聞き取りを進める。聞き取りが終わった段階で mathematics について言及がなかったことに気づく。したがって，② emergency guides, folktales, and sayings を正解として質問で確認する。sayings「成句」の内容がわかりにくいが，第1文の We say, “Good things come in threes” or “Bad things come in threes.”「良いことも悪いことも3つ（3人）でやってくる」のことを言っている。emergency guide「緊急対応ガイド」

2.「その家族は，家屋の損害の費用をどうやって支払うか？」

あらかじめ選択肢に目を通しておき，選択肢を見ながら聞き取りを進める。「家屋に対する保険」が話題らしいと推測できる。第8文（But, it’s unlikely that …）で①が不一致，続く最終文（They’ve decided …）で④も不一致とわかる。③のテレビ出演については言及がない。以上から，② The speaker didn’t say how the family would pay. を正解として質問で確認する。

3.「話し手は夏の休暇にどこに行くことになりそうか？」

あらかじめ選択肢に目を通しておき，聞き取りを進める。それぞれの地名に対して言及されていることを簡単にメモしておく。第6文（I know, I could go …）で，行きたい候補地として③ Indonesia への言及があり，最終2文（Yes, that is … right away.）で行き先として決定されたことがわかる。よって，③が正解。第4文後半（…, so maybe I should stay here for the summer and …）など誤解を与えるような文もあるので早とちりしないこと。

4.「何が物音をたてていたのか？」

あらかじめ選択肢に目を通しておき，boy，crab「カニ」，flashlight「懐中電灯」，insect「昆虫」に注目して聞き取りを進める。第2文（I woke up to …）で，息子の部屋からする scratching「ひっかくこと」の音が話題となっていることがわかる。次の第3文（At first, I …）は at first で始まっているので，続く内容は事実でないと予測できる。したがって，① a boy scratching は正解の候補から除外する。第5文（Perhaps it was …）に my son's pet insects rubbing … とあるので④が候補となるが，慎重に聞き取りを進める。第7文（I used a flashlight …）で flashlight への言及があり，第8文（Finally, I found …）が finally で始まっているので，以下を特に注意して聞き取る。続く第9文（There, on the …）で crab への言及があり，第10文（It had …）には It had escaped and was running around とあるため，カニが騒音の正体であったことがわかる。よって，② a crab running が正解。

5.「なぜデーリンは12,000ドルをもらったのか？」

あらかじめ選択肢に目を通しておき，カルロスとデーリンの関係に注目し，各選択肢を見ながら聞き取りを進める。デーリンはピザの配達員，カルロスはその利用者である。③ Derlin couldn't pay any bills. は第7文 It turned out that Derlin couldn't afford to pay some of his bills. に言及しているが，第7文の some（of his bills）と③の any の違いに気づかなければならない。③は本文に不一致である。第5文（Then he films the delivery …）でカルロスが Tik-Tok の利用者であることが語られ，第8文（Since Carlos has …）でカルロスがデーリンのために募金を行ったとある。よって，② Carlos' Tik-Tok community was very supportive. が正解となる。

6.「話し手はキャンプ旅行で何をしたか？」

ある家族のキャンプがテーマとなっている。第3文（Usually when we …）で，①にある「料理」を行ったのが誰であるのかが明らかになる（→話し手の夫）。第5文（He spent a lot of time …）で，He は直前文より話し手の息子であり，③にある「水泳と魚捕り」，②にある「ハイキングと石の採集」を行ったのが誰かが明らかになる（→③は息子，②は話し手）。第7文（My son tripped …）から，④の「つまずいて転んだ」のが息子であることがわかる。これらを念頭に質問を聞き取ると，②が正解となる。

7.「話し手は，誰かをプロム（＝合衆国の高校などで卒業式の直前に行われる正式なダンスパーティー）に誘う最善なやり方は何だと考えているか？」

第2文（Recently, a lot …）で，誰かをプロムに誘うときの誘い方がこの放送のテーマであることが明らかになる。それぞれの選択肢はプロムに誘うシチュエーションに言及していると推測できる。第4文の While many students are making their proposals public events, … が決め手となる。ここで，① in front of close friends，② in front of their family は ④ publicly の具体例となっており，話し手はそれらのやり方を unwise としている。ここまでで，③ privately が正解と予想される。第4文の最後の it would be better asking without any audience と質問文から，③が正解であることを確認する。

8.「ソニア=ヘニーがフィギュアスケートの世界チャンピオンになったのはいつか？」

選択肢から，「何かの出来事についてそれがいつなのか」が問われていると推測できる。各選択肢にある she は誰か，そしてそれぞれがどのような出来事の起こった年なのかに注目して，メモを取りながら聞き取りを進める。第1文（Figure skating was …）から，④にある the first Olympic Games とは 1908 年のことだとわかる。第2文（Norwegian Sonya Henie was …）から，選択肢の she はソニア=ヘニーという名前のフィギュアスケーターだとわかる。続く第3文（She won the …）には，①の she became champion of Norway が「彼女が9歳のとき」のことだとある。続いて同文に and the world championships at the age of 13 とあり，これが聞き取れていれば，①が正解と推測できる。②の she moved to Hollywood に関しては，第5文（Then, she went to …）でハリウッド行きについて触れられているが「行った後」に関しては言及がないので，不正解と推測できる。③の she introduced the short skirt に関しても，最終文（In addition, Sonya …）で触れられているが「その 12 年後」への言及はないので，同様に不正解と推測される。以上から，①に注目して質問で確認する。

9.「話し手たちによれば，誰が最も多くお金を浪費したか？」

最初のやりとりから，①エイブリー（＝B）と②チャーリー（＝A）が3年ぶりに会っていることがわかる。家族のことが話題となっている。Aの2つ目の発言で，④ジェシーはAの長男であり，60,000円のTシャツを買ったと語られる。また続くBの発言で，③エメリーはBの家族で「それよりひどい」と語られる。さらに，Bの3つ目の発言で，エメリーは競馬で300,000円以上を失ったことがわかる。最後にAがエメリーについて，She is definitely the champion among our big spenders. と言って終わる。よって③エメリーが正解。最後のAの Oh, my gosh. は，Oh, my God. のくだけた表現で，「えーっ，うわー，まあ」などの驚き，当惑，落胆などを表す会話の常套句。

10.「なぜアレックスはそんなに疲れた様子なのか？」

各選択肢にある He は誰かをまず聞き取る。「彼」にどのようなことが起こったのかがポイントとなる。2つ目のB（＝アレックス）の発言 I just didn't get much sleep last night. から，「寝不足」がアレックスの問題だとわかる。ここで，① He is sick. は不正解と予測できる。さらに「なぜ寝不足になったのか」を探りながら聞き取りを進める。Bの3つ目の発言から原因が読書とわかり，② He is worried about his job. も正解候補から外れ，④ He was up late reading.「読書して遅くまで起きていた」が正解とわかる。最初のBの発言にある Gee は Jesus の婉曲語で，Oh, my God. と同じく驚き，当惑，落胆などを表す表現。

11.「飛行機はいつ到着する予定か？」

最初のAの発言で，Aは友人が乗っている飛行機の到着を待っていること，予定の時間を過ぎているのに来ないことがわかる。続く会話の流れで，Bは空港の係員だとわかる。Bの2つ目の発言の最後で，It is scheduled to arrive 40 minutes late.「40分遅れて到着する予定」と語られる。ここで③ in 40 minutes が正答だ，と早合点しないことが必要だ。数字しか聞き取れなかったときは，すぐに飛びつかないで最後まで聞き取りを進めたい。最後の発言でAが So the plane will arrive in 20 minutes. と話しているので，② in 20 minutes が正解とわかる。

12.「迷子になった話し手は駅に行くために，最初にどちらの方に行くべきか？」

あらかじめ選択肢に目を通しておけば，選択肢は，「どこかへの道順」

に言及していると想像できる。最初の発言でAが are you lost? と尋ねており，それに対する応答で，Bが最寄りの駅を探していることが確認できる。冒頭の Hi, there は，ただの Hi よりも親しみをこめた挨拶で，there に特に意味はない。Aの2つ目の発言で，駅が2つあることや，片方の JR については straight up that hill，もう一方の地下鉄については go past the convenience store and then take the third left のところにあるという説明がある。JR が④に，地下鉄が①と②に該当するので，それを念頭に置きながらさらに聞き取りを進める。2つ目の発言でBは地下鉄の駅に行こうとしていることがわかるので，①と②を候補とする。続くやりとりで③にある the pool（本文によると，これは駅の向こうにある）にも触れられているので，慎重に質問を聞く。質問では「最初に行く方向」が問われているので，②が正解。

13.「チャーリーによれば，スペイン王がコロンブスの航海を拒んだ本当の理由は何か？」

各選択肢にある He が誰か，③の Irving とは誰か，④の the trip とは何の旅かに注目する。最初のAの発言から，話題は「コロンブスの航海」であるとわかる。これに対するBの応答の He wanted to leave seven years earlier, but was refused by the King of Spain. と，Bの3つ目の発言での Actually, it was a lack of funding. が解答の参照箇所となりそうだが，最後までしっかりと聞く。以下，「地球は平らだ」という当時の考え方についての意見が交換される。4つ目のBの発言から，Irving とは 200 年前にコロンブスの伝記を書いて「地球は平らだ」という myth「神話」の広がるきっかけを作った人物だと明らかになる。最後のやりとりで，Columbus thought the world was much smaller とのAの意見が出され，② He thought the Earth was much bigger. の正誤を判断する材料となる。Aの意見に対するBの Oh, boy は，喜び・驚き・落胆などを表す間投詞として使われる表現である。結局最後まで，選択肢の He が誰かは不明のままである。質問で確認すると He は the King of Spain のことだとわかるので，④ He thought the trip was too expensive. が正解となる。

14.「キムは鹿に（他の人とは）異なる扱いをされたことをどう感じたか？」

Aの最初の発言からBの奈良旅行が話題であることがわかる。これに対してBはI've never laughed so hard in my life! と意外な応答をしている。そこで，なぜ奈良旅行でそれほど笑ったのか，に聞き取りの焦点を当てる。Bは次の発言で，we were discriminated against by the deer「鹿に差別された」とさらに意外なことを言う。この後がこの会話の中心部であると予想して聞き取りを進める。鹿が日本人のおじぎには応えるのに，外国人である自分のおじぎは無視された，との報告がなされる。「差別」とはこれを指している。最後のやりとりに選択肢の語彙がほぼ出現しており，何に言及していたのかがわかる。② angry，③ disappointed，④ upset（形）「狼狽して，憤慨して」は，人が「差別」を受けたときの一般的な感じ方である。しかし，この会話では，Bは３つ目の発言で，It was so funny … と受け止めている。したがって，① amused が正解となる。

15.「今年のボブのサマーキャンプにはいくら費用がかかるか？」

ボブのサマーキャンプが話題となっており，最初のAの発言 If we book early, perhaps we can save 50％ like we did（＝saved）last year. から費用が問題になっていることがわかる。book（動）「予約する」 以下，キャンプにかかる費用に注目しながら聞き取りを進める。$400，$800 と金額が出てくるので，必要な情報をメモする。$400 に関しては，ディスカウントありの for 7 nights が，$800 ではディスカウントなしの a week がメモできるとよい。続いての 10％ discount も費用に関わるので，if you book for 3 weeks がメモできればよい。結果的に，これが参照箇所となる。この発言に対してBは，That's crazy! That's way too long! と３週間は長すぎると言って否定的に応答しているが，最後の発言で，Let's go with that plan then. とこの案に賛成している。したがって，かかる費用の予測は３週間分の 10％割引となり，($800×3)×0.9 すなわち，④ $2160 となる。質問で，求められているものを確認する。That's way too long! の way は very と同義で「とても，かなり」の意味の副詞。話し言葉でよく用いられる。わからなくても前の That's crazy! で文意は想像できるだろう。

◀M３・M２方式▶

1 解答 (1)―③ (2)―① (3)―② (4)―④ (5)―① (6)―②

解説

《仕事の同僚２人が話している》

空所の前だけでなく後の会話にも注目して自然なつながりを探ること。

(1)　BはAから前日に渡された提案の感想を求められている。空所の前の会話とつながるのは①と③である。空所の後でAは What were your first impressions? とBの感想を求めているので，Bは提案を読んでいることになる。したがって，空所は「話し合いましょう」と応じている③が正解。

(2)　前の会話で提案の第一印象を求められており，それに対する応答としてつながるのは①と②である。空所の後でAは What would you like to ask about first? とBが抱いている疑問点を尋ねている。したがって，空所は「２つ質問があります」と応えている①が正解。

(3)　空所は，最初に何を尋ねたいのかというAの促しに対する応答が入る。この空所を受けて，Aは Do you think they are on the low side? と応答している。この文中の they が指すものとして複数名詞を選択肢から探ると，② Could we start with your quoted product prices? の product prices とするのが適当である。②を正解とすると，Bが Are you sure they're high enough? と尋ねたのに対して，Aは Do you think … low side?「君は低いと考えているのか」と応じることになり自然である。on the low side「(価格が) 安い方の」

(4)　これまでの流れで，Aの提案する価格に対してBは低過ぎるという意見を持っていることをつかんでおくことが重要である。空所の前の会話でBは，競合他社の製品がもっと安価であることを認めながらも，自社の製品の質に見合う価格が妥当であると主張している。これに対する応答としてつながるのは，Still「それでもやっぱり」とBの主張を認めながらも，顧客は質よりも低価格を求めていると主張する④である。times are hard「時代は厳しい（暮らしが大変だ)」

(5)　空所の前の会話で，Bは，I take your point.「あなたの言いたいことはわかる」とAの主張を受け入れた上で保留にし，最後の発言で other point of concern「他の気にかかる点」を引き出そうとしている。そのAの応答に対して，さらに次のBの発言に注目する。Bは，「その期間を短くすべきではない。わが社は its back-up service plans を誇りに思っている」と応答している。ここから，空所でAは，back-up service plans の期間を短縮すべき，あるいは，back-up service plans の期間は長過ぎると主張したと判断できる。したがって，①が正解。

(6)　②が正解。You know what they say. の they は people の意味の一般人称。全体で「(世間で) よく言うでしょう」ぐらいの意味になる。「よく言う」の内容に当たるのが，Pride comes before a fall. で，これは「没落の前に奢りが来る」→「奢りの後には没落が来る」→「慢心は失敗の原因である」という意味。pride が，空所の前のBの Our company is very proud of its back-up service plans. を受けた表現になり，会話の流れも自然である。空所を受けた応答でBは他のメンバーとの話し合いを提案しているので，他の社員の意見を聞きたいと述べる③が紛らわしいが，I take your point. とBの言い分を認めながら，It is long と続けているのは不自然。Fair enough. は，日本語の「わかった，もっともだ」に当たる会話の常套句。

2　解答　(1)—①　(2)—⑥　(3)—④　(4)—⑦　(5)—⑤　(6)—⑥

解説

(1)　(There are many people who are pessimistic about the) future brought about (by AI.)

　空所は「AIがもたらす未来」に当たるところである。空所の直後が by AI となっているので，「AIがもたらす未来」を「AIによってもたらされる未来」と読み替える。「もたらす」の意のイディオム bring about が，brought about と過去分詞になって「未来」を後置修飾する。pessimistic「悲観的な」

(The most common argument is that AI) will take over many (of the jobs done by humans today, ….)

空所は，that 節の述語動詞に当たるところであり，「多くを（AI が）引き継ぐようになるだろう」に当たるところである。「～を引き継ぐ」take over ～

(2)　(It is only natural that) there are times when (students cannot understand fully what … .)

空所は「ときがある」に当たるところである。times を先行詞として関係副詞の when を用いる。

(… and are usually happy to answer) questions during or (after the lecture.)

「(講義の）途中でも（その後でも，たいていは喜んで）質問（に答えてくれる)」に当たるところである。during と after の 2 つの前置詞を接続詞の or でつなぎ，the lecture を共通の目的語としている。

(3)　(… , electric lighting has played an important) role in changing (human life.)

「(人間の生活）を変えるのに（重要な）役割（を果たしてきた)」に当たるところである。play a ～ role / part in … は「…において～な役割を果たす」の定番表現である。

(It has made it easier for people to overcome) their dependence on natural (light and continue … .)

空所は「自然（光）への依存」に当たるところである。dependence on ～「～への依存」 人間による依存であることを示すため，their はここで用いる。

(4)　(… , which) are equivalent to one (tatami mat, … .)

空所は「(畳）1 枚分に相当し」に当たるところである。「～に相当する」be equivalent to ～

(… , it protects the body) from external enemies(, but … .)

空所は「外敵から」に当たるところである。「外部の」の意味の形容詞 external を用いる。

(5)　At the top are (schoolchildren in Shanghai, …)

「トップは…（上海の生徒,)」に当たるところである。「トップは」に対して主語を the top とすると，動詞は is となり語群にない。2 つ目の空所を先に完成させて，残る語群から判断した方が取り組みやすいかもしれない。すると，述語動詞は are となり，前置詞の at の使い方が問題となる。述語動詞 are に対応する主語としては空所の後の schoolchildren in Shanghai しかない。以上から，倒置形の構文と判断し，副詞句の at the top を文頭に出し，VS を後続させる。

(… , followed by Russia,) with just under (10 hours.)

「(次は 10 時間) をわずかに切る (ロシアである)」に当たるところである。日本語で節となっているところが付帯状況の with 句で表されるところがポイント。この with は OC を伴い，C には形容詞，分詞の他に前置詞句もくる。ここでは under 句となる。ここでの just は，数量の少なさを強調する語。

(6) (The habit of taking a nap on trains or in parks is) quite unique to (Japan.)

空所は「…はかなり (日本) 独特である」に当たるところである。「独特」には形容詞の unique を用いる。「日本独特」は「日本に独特な」と考える。「～に独特な」unique to ～

(… partly because in Japan) no one worries about (having one's purse snatched while sleeping.)

空所は「誰も (…,) 心配などしない」に当たるところである。「心配する」に worries を用いることはすぐにわかるだろう。「～について心配する」worry about ～　語群から，「誰も～ない」という否定文は no one でつくることを理解する。

3 解答

(1)―④　**(2)**―③　**(3)**―②　**(4)**―④　**(5)**―②　**(6)**―④
(7)―①　**(8)**―④　**(9)**―①　**(10)**―③　**(11)**―②

解説

(1) ④ it is→they are　④の it は，文前半の fossil fuels を受けるとするのが妥当である。すると，単数代名詞の it では不適当で，they are とするのが正しい。

(2) ③ shown→not shown　③を含む節は，主節と接続詞 although でつながれている。although 節の主語である it は，主節にある「日本人が塩分を摂り過ぎていること」を指している。although が逆接の接続詞であることを考えると，ここは「それが種々の病気の原因となることを決定的に示すものではない」となるべきである。not 〜 definitely は部分否定で，「決定的に〜するものではない」という意味。Japanese「日本人」は単複同形で，ここでは複数形である。illness は可算・不可算の両方で用いられる。ここでは個々の病気に焦点を当てて複数形となっている。

(3) ② moisture→moist ②は直後の air を修飾して「湿った空気」となるべきところである。moisture は「湿気」の意味の名詞であるから，形容詞の moist となるのが正しい。この後にある rising 〜，meeting 〜の２つの現在分詞による句は，ともに前の air を修飾している。

(4) ④ indebted→indebted for whom 以下は関係代名詞節で，先行詞は文頭の Charles Darwin，関係代名詞節中の述語動詞は are indebted である。ここで用いられている indebted は，be indebted to *A* for *B*「*B*（物・事）のことで *A*（人）に借りがある，恩義がある」のように用いられることが多い。本問では，*A* が関係代名詞 whom，*B* が the idea of evolution に当たり，to と for の両方を欠く形となっている。for に関しては，indebted の後に置いて indebted for として the idea of evolution につなげる必要があるため，④が訂正すべき箇所，つまり正解となる。もう一方の to に関しては，関係代名詞の前に置いて to whom とするか，文の末尾に to を置くか，どちらかにする必要がある。ただし，③ whom 自体に誤りがあるわけではなく，whom we are … of evolution to. とすれば whom はそのままでも問題ない。

(5) ② get→getting ②は「慣れている」の意味の be used to から続くところである。この to は前置詞であるから，getting と動名詞になるのが正しい。なお，ここでの be used to は，「たいへん〜なので…だ」の意味を表す「so 〜 that … 」の構文の中で使われている。また，「その日」を表す that day の前の③ on は，あってもなくても正しい用法である。

(6) ④ faced→facing 設問の文は，主語を The moon，述語動詞を keeps とする SVOC の文型である。O が the same side，C が（face）the earth である。この O と C は主述関係にあり，ここでは「the same side が the earth の方を face している」と能動に立つので，現在分詞 facing となるのが正しい。③ third は「３分の１の」の意。

(7) ① how→what ①を含む No matter 〜の節は，文頭から直後の hardships までで名詞句となり，述語動詞 met の目的語となっている。すなわち①は hardships を修飾する形容詞として働いている。〈no matter＋疑問詞〉においてそのような用い方ができる疑問詞は what と which だけであるため，「どんな～でも」という意味の No matter what ～ で始めるのが正しい。

(8)　④ according→accordingly　④を含む節は「それにしたがって植物の成長が促される」の意味になると考えられる。すると，④は副詞とするのが正しい。

(9)　① not→no　①は動名詞の denying を否定している。通常，「～しないこと」の意味を表すのに用いられる動名詞を否定する語は not であるが，「～することはできない」の意味で there is に続いて用いられるときは no を用いる。There is no denying ～ は「～を否定することはできない」の意味で用いられる定番表現である。

(10)　③ for→with　③は，have something to do with ～ で「～と何か関係がある」の意味のイディオムとなるところである。ここで，前置詞 with は直後の how 節を目的語としている。② crises は「危機」の意味の crisis の複数形として正しい表現である。

(11)　② shortly→short　②の前にある不定詞 make は，OC を伴う第5文型で用いられているとし，不定詞句の意味は「労働時間を短くする」の意味とするのが妥当である。したがって，②は make の補語であるため，形容詞となるのが正しい。

4　解答　(1)―①　(2)―④　(3)―③　(4)―②

解説

(1)　Aの turn out differently from ～ は，「～とは異なる結果になる」の意味。したがって，「起こることを正確に述べた」とある①が応答として不適切。④にある true は文修飾副詞で「なるほど，確かに」の意味。会話でよく用いられる。

(2)　Aの go through ～ は「(全体にわたって)～を調べる，検討する」の意味のイディオム。Aは「あなた（＝B）の計画をもう一度検討してほしい」と頼んでいる。したがって，Bが「あなた（＝A）が誰か他の人といっしょにあなたの計画を変更してくれたらいいのだけれど」と応答してい

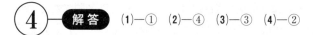

る④が不適切。

(3)　A の I'll not pay any attention to you. は「あなたのことはもう知らない」に当たる表現で，発言全体で「文句を言うのはやめてほしい」と伝えている。③に I'm pleased that I didn't. とあり I didn't の後には stop complaining が省略されていると考えられるが，「文句を言うのをやめてよかった」の意味となるため，A の発言とつながらない。catch *one's* attention「～の注意を引く」 ①の can't accept this situation continuing as it is は「この状況がこのまま続くのは受け入れられない」の意味。continuing は動名詞で as 以下を伴って accept の目的語となっており，this situation がその意味上の主語となっている。

(4)　A の Please do whatever you think is best. の you think は挿入句と考えるとわかりやすい。「あなたが最善と思うことをやりなさい」の意味。したがって，B が何かを行おうとしていると考えるのが妥当である。すると，②に what you did とあるのは B の発言としては不自然である。③ be grateful for ～ は「～に感謝している」の意味。④ That's kind of you. は「それはご親切にありがとうございます」の意味の丁寧なお礼の表現。会話での常套句である。

5　解答

I．(1)—④　(2)—①　(3)—③　(4)—②　(5)—②

II．(1)—④　(2)—②　(3)—①　(4)—③　(5)—④

解説

《アメリカの1950年代――GNPの上昇は幸福をもたらしたのか？》

I．(1)　1950年代のアメリカ経済について問われている。④「その10年間に，GNPは約40パーセント上昇し，国民をより豊かにはしたが，より幸せにはしなかった」が最も適切。本文のパラグラフリーディング（各パラグラフの第1文だけをとばし読みをすること）ができていれば，問いの「1950年代」という数字は，第1段第1文（People in 1950s …）で使われていることがわかる。また，この数字に注目して本文をスキャン（特定の語に注目して，意味を考えずにできるだけ早く通読し，その語を発見すること）してもよい。第1段を検討すると，第2文（The economy had …）のセミコロン以下の節に「GNPが10年間で40％上昇し」とあり，その直後に「1950年に3,500億ドルだったGNPが10年で5,000億ドルに上昇した」と説明されている。また，続く第3文（But what had …）には，「かつては喜ばしかったことが，今では，わずかではあるがかなり奇妙な具合にむなしくなってきた」とある。

(2) 1950年以降のアメリカ人の消費習慣の変化について問われている。①「本当は必要としない製品にますます多くのお金を使った」が最も適切。第2段第1文（By the closing …）にも「1950年代」が使われており，「1950年以降のアメリカ人の消費習慣の変化」については，その第1文後半のso以下コロンまでのところに記されている。there was nothing much to do with their wealth but buy ～とは，「～を買うこと以外に大してお金の使いみちがなかった」という意味である。ここでのbutは「～以外に」の意味の前置詞であるが，このように原形不定詞を伴うこともある。more and bigger versions of ～「～をより多く，そしてより大型化したもの」

(3) 「アメリカ人はcaught in a spiralだった」の意味することが問われている。③「時間の節約になるものを買うためのお金を稼ぐためにより多く働いた。そのようなものは，より少なく働けば必要としなかったものである」が最も適切。問いのcaught in a spiralの語句は，第2段最終文（Soon millions of people were …）で用いられている。文字通りに訳せば「螺旋にとらえられた」となるが，「螺旋」とは「悪循環」の比喩であり，具体的な説明が同文のin which they worked … in the first placeの関係代名詞節にある。③のthings that would save them time「時間の節約になるもの」は，関係代名詞節中にあるlabor-saving devicesの言い換えである。

(4) 1960年代初めのアメリカ人の生活について問われている。②「より多くのお金とはより多くの余暇を意味するはずだったが，そうはならなかった」が最も適切。問いの1960sは，第3段第1文（By the 1960s, …）にある。この段に，生産性と余暇の関係についての記述があるが，その第3文（Instead, and almost …）の文尾にleisureの語が使われており，Americans took none of the productivity gains in additional leisureとある。これは生産性の上昇が余暇の拡大につながらなかったことを述べたもの。gain「得たもの，前進，上昇」　take *A* in *B*「*A*を*B*に取り込む」

(5) 1950年代の宇宙開発について問われている。②「アメリカはソ連と競争状態にあったが，あらゆる面でソ連に遅れをとっていた」が最も適切。問いの space technology については，第 4 段および最終段にソ連との競争関係が書かれている。第 4 段第 5・6 文（Our pride hurt, … and exploded.）にアメリカ最初のロケット打ち上げの失敗が書かれ，続いて最終段にも記述があるが，はかばかしい成果はあげていない。一方，ソ連については，第 4 段第 2 ～ 4 文（In the autumn … called Laika.）および最終段第 3・4 文（The Soviet Union … home again.）に成功例が書かれている。同段最終文は We were beginning to look hopeless at whatever we did. とあり，ここの at whatever we did が②では in every aspect と言い換えられている。

Ⅱ．(1) (a) utterly は「まったく」の意味で④ absolutely が同義。① vocally「声に出して」 ③ partially「部分的に」

(2) (b) running の元となる動詞 run には「(機械を) 動かす，稼働させる」の意味があり，ここでは「維持費」の意味の running costs として用いられている。したがって，② operating がほぼ同義である。

(3) (c) orbit は，ここでは名詞ではなく，「(軌道に沿って)～の周りを回る」の意味の動詞である。したがって，① circle が最も意味が近い。circle も，「～の周りを回る」の意味で動詞として用いられることがある。本文の didn't do much but orbit ～は「～の周りを回る以外に大したことはしなかった」の意味。ここでの but は「～以外の」の意味の前置詞であるが，このように原形不定詞を伴うこともある。② depart「～を出発する」

(4) (d) impressive は「印象的な，堂々とした」の意味で，「壮大な，立派な」の意味の③ grand が最も意味が近い。④ hasty「急な，軽率な」

(5) (e) hopeless は「絶望的な」の意味で，「無用な，使い物にならない」の意味の④ useless が最も意味が近い。文脈から考えると，下線を含む文は 1960 年前後の宇宙開発競争におけるアメリカの状態をソ連と比較して記述しており，アメリカのみじめな状態について述べたものである。したがって，他の選択肢では不自然である。③ inspired「すばらしい」

6　解答　Ⅰ. (1)—③　(2)—①　(3)—③　(4)—②　(5)—③
Ⅱ. (1)—①　(2)—②　(3)—④　(4)—③　(5)—④

解説

《マンチェスター・ユナイテッドの若きスーパースターの人物像》

Ⅰ. (1)　マーカス=ラッシュフォードが達成したことに関して，本文に一致しないものを選ぶことに注意する。③「彼はプレーするだけでなく，マンチェスター・ユナイテッドの他のメンバーに食事を与えることも行った」が本文と不一致。第1段第2文（While goals and …）後半に off it the 23-year-old（＝Marcus Rashford）aims to end child food poverty in the United Kingdom とあるので，③の「マンチェスター・ユナイテッドの他のメンバー」は「イギリスの子どもたち」の誤りである。実際の活動の詳細については最終段に記述がある。off it（＝the pitch）「ピッチを離れては」

(2)　マーカスの子ども時代の家庭生活については，第2段に記述がある。マーカスによれば，「母親は，家族が食べていくためにいくつもの仕事をかけ持ちし，時には，子どもたちが食事をとることができるように自分の食事を抜くことがあった」(第2段第2文（The striker has …)),「子ども時代はお腹をすかしていたが，母親ができる限りのことをしてくれているのを知っていたので，決して不平を言わなかった」(同段第3文（During a BBC …))。したがって，①「子どもたちはみんなしばしばお腹をすかしていたが，母親がしてくれたことに感謝していた」が最も適切。

(3)　どのようにしてマーカスがすばらしいプレーヤーに成長したのかが問われている。③「年長の才能ある選手たちと練習することができたので，それが上達の助けとなった」が最も適切。問いにある develop into ～ は「成長して～になる」の意味。マーカスがサッカー選手へと成長していく過程は，第3・4段に書かれている。第3段には少年時代にマンチェスター・ユナイテッドと関わりを持つきっかけが，第4段にはサッカー選手として上達していく過程が書かれており，解答の参照箇所となる。第4段第2文に Playing with players four years his senior helped to increase his skill level. とある。ここの players four years his senior が③では older talented players と言い換えられている。同段第1文（Rashford progressed quickly …）の最後に，いっしょに練習した選手3人の名前が挙げられており，そこから彼らが有名選手であったことが推測され，③の talented という形容詞が妥当であると言える。

(4)　マーカスがなぜ早い段階でヨーロッパリーグでプレーできたのかが問われている。②「何人かの選手がけがをしてマーカスが代役に選ばれた」が最も適切。問いにある an early opportunity to play に関しては，第5段第1文に Rashford got his debut in the Europa League due to an injury crisis, … の一節がある。an early opportunity to play が his debut の言い換えとなっており，プレーできた理由については due to an injury crisis「けがによる危機のために」を参照すればよい。ここが②では Several players were injured と言い換えられている。マーカスのデビュー時の年齢については言及がないが，最初のチームでの練習が 2013-14 のシーズンで 16 歳（第4段第3文（His rapid progress resulted …）とあり，ヨーロッパリーグ出場からしばらく経った 2020-21 のシーズンには 23 歳で 21 ゴールをあげた（第5段第2～4文（Since then, the … in the team.））とあるので，かなり若いデビューと推測できる。

(5)　Marcus Rashford's food campaign の内容が問われている。③「彼は政府を動かして，長期休暇の間，恵まれない子どもたちに食事を与えるようにした」が最も適切。Marcus Rashford's food campaign に関しては，最終段第1・2文（Over 1.4 million … during the holidays.）に彼のキャンペーンの説明があり，続く第3文（Marcus also successfully …）が参照箇所となる。ここでは，persuade *A* to *do*「*A*（人）を説得して～させる」の構文が使われているが，それが③では get *A* to *do* に言い換えられている。また，extend free school meals through the summer から，③の feed poor children during the long holiday が導かれる。

Ⅱ. **(1)**　(a) compassion は「同情，憐れみ」の意味。① sympathy が同義。

(2)　(b) detailed の detail は「詳細，細部」の意味の名詞としての使用が多いが，この場合のように「～について詳述する」の意味で動詞として使われることもある。したがって，② explained が近い意味をもっている。

(3)　(c) consideration は動詞 consider の名詞形であるが，「考慮，熟考」の意味の他に，ここでのように「配慮，思いやり」の意味でも使われることが多いので注意を要する。選択肢の中では，「取り扱い，待遇」の意味の④ treatment が最も意味が近い。① devotion「献身」

(4) (d) leading は「一流の，先頭に立つ」の意味の形容詞である。したがって，ここでは③ top と同義である。

(5) (e) launched の launch は「(船) を進水させる，(ロケットなど) を打ち上げる」の意味が第一義であるが，むしろ，ここでのように「(事業・計画など) を始める，立ち上げる」の意味でよく用いられる。したがって，④ started が同義となる。

7 解答

Ⅰ. **(1)**—④ **(2)**—② **(3)**—① **(4)**—④ **(5)**—③

Ⅱ. **(1)**—④ **(2)**—① **(3)**—② **(4)**—③ **(5)**—④

解説

《巨石遺跡は何のために作られたのか》

Ⅰ. **(1)** dolmen「ドルメン（立てて並べた複数の自然石の上に平らな巨石をのせた遺跡）」とは何かが問われている。④「巨大な石で作られた遺跡で，元々は土で覆われていたものが多い」が最も適切。dolmen の語をスキャンすると，第1段第3文（The commonest kind of megalithic monument …）で最初に使われている。文の前半に megalithic monument との説明がある。したがって，④にあるように「巨大な石で作られた遺跡」と言える。また，次の第4文に，These were often originally covered with a mound of earth, … とあり，④の後半と一致する。megalithic「巨石の」は，同段第1文の megalith の形容詞形で，megalith については同文に，… means a great stone と説明がある。

(2) menhir「メンヒル（単一で直立した巨石遺跡）」の用途が問われている。②「さまざまな用途があった可能性があり，それらについてようやく科学者たちは理解し始めている」が最も適切。menhir の語をスキャンすると，第2段第2文（This is often called …）で最初に使われている。その用途については，同段第4文（Some of these menhirs …）に一例として astronomical function「天文学上の機能」の可能性が挙げられ，次の第5文に Their other uses are only just beginning to be understood. とある。②の which 節はここを言い換えたものとなっている。

(3) 数多くの遺跡を一直線に並べることがなぜ重要なのかが問われている。①「多くは夏至と冬至の頃を示すように建設された」が最も適切。本文中に何カ所か alignment の語が使われているが，「(直列した) 列石，アリニユマン」と訳される巨石遺跡の一形態を表す考古学用語としての alignment の場合と，問いにあるように「(一列の) 整列」を意味する alignment の場合がある。「列石」については，第２段第９文（An astronomical use …）で，その「天文学的な用途」が指摘される。また，第３段第１文（One of the most …）に，megalithic monuments の「驚くべき事実」として their very specific orientation「その特定の方位」が挙げられている。ここで their は前の megalithic monuments を指しているが，文脈から考えると第２段の alignment「列石」も含まれていると考えてよい。続く第３段第２文（From the first …）に「最初の巨石遺跡以来，入り口が向かう direction（＝orientation）が重要性をもっていたようである」とあり，以下の文が解答の参照箇所であることがわかる。第３文（The early dolmens …）には，ポルトガルの dolmen は「冬至の日の出の方向」を向いているとあり，第５文（A thousand years later, …）には，同じ例としてアイルランドのニューグレンジの例が挙げられている。第７文（Later, the emphasis seems to …）では，１年の区切りが，後になって冬至から夏至に移ったとの説明があり，第８文（Stonehenge in the U. K. …）に，その例としてイギリスのストーンヘンジが挙げられている。以上から，①が正解となる。

(4)　古代人にとって季節の移り変わりを知ることがなぜ重要だったのかが問われている。④「彼ら（古代人）はほとんどが農耕者であり，作物を植え収穫する最善の時期を知る必要があった」が最も適切。問いにある the changing of the seasons については，第３段において冬至と夏至に言及されている。それを受けて最終段第１文（All this shows …）は，「このことすべてが示すのは」と始め，「１年のサイクルの中のある正確な一点を示すことの重要性である」としている。その具体的な説明として，次の第２文に This would be connected to farming and … とある。

(5)　巨石遺跡のある場所を，当時の人間がどのように使用したのかが問われている。③「その場所の内部と周囲のスペースは，おそらくはダンスや儀式に使われた」が最も適切。前問で参照した最終段第２文に This would be connected to farming and possibly to related festivals. とあり，次の第３文に The forms of the monuments themselves suggest various kinds of ritual. とある。ここの festivals と ritual を③では ceremonies と言い換えている。また dancing に関しては，本文最終文に And the big spaces inside are obvious settings for the dance which seems to … とある。したがって，③が正解と言える。

Ⅱ. **(1)** (a) upright は「直立した，垂直の」の意味。④ vertical が同義となる。③ horizontal はその反意語で「水平の」の意味。

(2) (b) stretch は「伸びる，広がる」の意味の動詞。① extend がほぼ同義である。

(3) (c) striking は「目立つ，印象的な」の意味の形容詞。② remarkable がほぼ同義となる。④ disputed は動詞 dispute「論争する」の過去分詞から形容詞化された語で「争点となっている，論争中の」の意味で用いられる。

(4) (d) switch は「切り替える」の意味の動詞。したがって，ここでは③ change がほぼ同義である。

(5) (e) evoke は「(記憶・感情など) を呼び起こす，喚起する」の意味の動詞。したがって，ここでは「(感情・考えなど) を抱かせる，呼び起こす」の意味の④ inspire が最も意味が近い。文全体から考えると，下線部は The avenues「アベニュー (ストーンヘンジへと通じる道)」, alignments「(直列した) 列石，アリニュマン」 and standing stones「立石」を主語とし，images of great processions「大きな行列のイメージ」を目的語としている。また very powerfully の修飾を受けている。以上から，他の選択肢では不適当である。

日本史

◀A 方 式▶

1 解答 《原始から現代の農業の歴史》

問1．③　問2．④　問3．②　問4．①　問5．③　問6．④
問7．①　問8．③　問9．①　問10．②　問11．①　問12．①
問13．①　問14．③　問15．③　問16．④　問17．⑤　問18．⑤

2 解答 《平安時代の貴族の生活》

問1．①　問2．②　問3．④　問4．④　問5．②　問6．③
問7．④

3 解答 《院政期と平氏政権》

問1．③　問2．②　問3．④　問4．①　問5．①　問6．④
問7．③

4 解答 《江戸時代の儒学》

問1．①　問2．④　問3．①　問4．③　問5．②　問6．③
問7．④

5 解答 《満州事変から太平洋戦争までの歴史》

問1．④　問2．②　問3．④　問4．③　問5．④　問6．⑤
問7．②　問8．①　問9．③　問10．①　問11．④

◀M３・M２方式▶

1 解答 《古代から現代の鎌倉の歴史》

問1．④　問2．④　問3．②　問4．③　問5．③　問6．①
問7．②　問8．②　問9．⑧　問10．③　問11．①　問12．①
問13．②　問14．③　問15．①　問16．③　問17．②　問18．②
問19．①　問20．⑥

2 解答 《古墳時代の政治と外交》

問1．①　問2．③　問3．⑤　問4．④　問5．④　問6．②

3 解答 《室町時代の一揆》

問1．④　問2．①　問3．①　問4．④　問5．③　問6．③
問7．④

4 解答 《江戸時代初期の外交》

問1．①　問2．④　問3．⑤　問4．④　問5．②　問6．⑤

5 解答 《大正から昭和初期の文化》

問1．①　問2．②　問3．④　問4．④　問5．②　問6．④
問7．③　問8．④　問9．①　問10．⑤　問11．②

世界史

◀A 方 式▶

1 解答 《前800年〜前200年に活躍した思想家》

1—①または③　2—②　3—①　4—④　5—③　6—④　7—⑤
8—③　9—②　10—③　11—④　12—①

2 解答 《中国で発明された技術》

13—③　14—④　15—③　16—①　17—④　18—④　19—④　20—④
21—②　22—④　23—③　24—⑤

3 解答 《西欧諸国の植民地戦争とアメリカ合衆国の独立》

25—③　26—④　27—④　28—⑤　29—③　30—③　31—①　32—②
33—⑤　34—①　35—④　36—④　37—①　38—②

4 解答 《国際連盟・国際連合・地域統合》

39—③　40—④　41—④　42—①　43—⑤　44—①　45—③　46—④
47—③　48—④　49—②　50—②

◀M３・M２方式▶

1 解答 《非ヨーロッパ世界との交流とヨーロッパの食文化》

1—①　2—③　3—④　4—②　5—②　6—⑤　7—④　8—②
9—④　10—③　11—①　12—③　13—②

2 解答 《イスラーム世界の成立と拡大》

14—①　15—④　16—⑤　17—③　18—②　19—①　20—③　21—④
22—⑤　23—②　24—④　25—⑤　26—④　27—②

3 解答 《ヨーロッパ人の太平洋地域への進出》

28—⑤　29—④　30—③　31—②　32—④　33—①　34—③　35—①
36—⑤　37—②　38—①　39—④　40—⑤

4 解答 《1960年代以降の中華人民共和国》

41—③　42—④　43—①　44—②　45—⑤　46—④　47—③　48—⑤
49—③　50—③　51—④　52—①　53—①

数　学

◀A　方　式▶

1　解答　《小問3問》

1—④　2—⑧　3—⑦　4—③

2　解答　《2次関数》

5—⑧　6—⑩　7—①

3　解答　《図形と計量》

8—⑦　9—⑧　10—⑥

4　解答　《確　率》

11—⑤　12—⑥　13—①

5　解答　《図形の性質》

14—①　15—⑨　16—①

6　解答　《整数の性質》

17—⑦　18—⑤　19—⑥

◀M 3 ・M 2 方式▶

1 解答 《小問 3 問》

1—④　**2**—⑤　**3**—⑥　**4**—②

2 解答 《2 次関数》

5—④　**6**—③　**7**—⑧

3 解答 《図形と計量》

8—④　**9**—①　**10**—⑤

4 解答 《場合の数》

11—⑤　**12**—③　**13**—⑦

5 解答 《図形の性質》

14—⑥　**15**—④　**16**—⑩

6 解答 《整数の性質》

17—⑤　**18**—⑦　**19**—⑥

正解。

問7 この傍線部を含む段落の三つ後ろの段落に「定量的データに基づく分析は、一見正確で厳密なようにみえても、実際には数多くの仮定や推定を経たものであることが多く、不確実性やバイアスをともなう」とあるので、①が合致する。

問8 直前の「個々の人々までもが定量的に評価され管理される時代」に着目する。「報償」（＝仕返し、報復）の意味合いに合致するのは②である。したがって、②が正解。

問9 ①ＡＩの軍事利用については説明されているが、筆者はそれについての是非を論じているわけではないので、合致する。②科学技術のネットワーク化とボーダレス化とは、「データ重視の世界的な流れは止まらない」（傍線部⑷を含む段落の直前の段落）状況にあってはむしろ制御することがむずかしいので合致しない。③第４次産業革命の中核にあるのはＡＩではあるが、「周辺の関連技術も重要である」（空欄Ⅳの次の段落）と書かれているので「唯一のもの」とは言えず、合致しない。④空欄Ｃのある段落に「ＡＩは、有限な財政資源の下、費用対効果を重視しつつ実証的データに基づいてリスクに対応するという現代科学技術の方向性を、従来考えられなかったレベルで実現する手段にもなった」とあるので、「ふさわしくない」とするのは本文と合致しない。⑤信用度スコアの政策による副作用は、「国民がスコアのために従順に振る舞うことで社会的リスクが増大する」ことではなく、個人の自由が抑圧されたり、社会的格差が助長されたりすることであるので、合致しない。

二

出典　佐藤靖『科学技術の現代史――システム、リスク、イノベーション』〈終章　予測困難な時代へ〉（中公新書）

解答

問1　(ア)―⑤　(イ)―①　(ウ)―③

問2　④

問3　A―④　B―②　C―⑤　D―③

問4　④

問5　⑤

問6　③

問7　①

問8　②

問9　①

解説

問4　①ＡＩが「機械学習によって高い学習能力を習得した」わけではないので不適。②シンギュラリティの到来は二〇四五年と言われていると書かれているので不適。③ＡＩの研究者が深層学習の手法を学習したわけではないので不適。④傍線部の直後の段落に書かれている内容なので正解。⑤ＡＩが自律的に進化したわけではないので不適。

問5　この傍線部を含む段落と次の段落の内容をまとめた⑤が正解。

問6　この傍線部の直後に「監視カメラ」による「社会の統制と抑圧につながる」ことが懸念として記されている。そして、直後の段落の冒頭にそれらを「社会的リスクの管理」としてまとめられ、「人々の日常生活の隅々まで及ぶようになった」とも書かれている。そしてさらに次の段落では、それらによって「プライバシーの問題をはじめ個人の自由の抑圧、社会的格差の助長など」を引き起こしていることが記されている。以上の内容をまとめたものとして③が部の内容は、その彼女の考えを「引き継ぐもの」であるので注意が必要。次の段落の冒頭に「バージャーの評が、男性のまなざしの対象となっているというこれまでの知の流れの延長線上にある」と書かれているので③が正解。

問6 この傍線部の直前に「男が結婚を口にした時に初めて、女は強力にコントロールできる立場を手にすることになる」とあるが、それと同じ内容が、一つ前の段落にある。つまり「男性が言い寄るその瞬間は、女性の側に権力があることになる」という部分がそれで、これが「女性が輝く瞬間」のことなので②が正解。女性が「主体性を有する瞬間」が「輝く瞬間」である。

問7 「人民とともに歩む『人民日報』」の編集長は、科学者トマスに温泉が汚染されていることの公表を求めていたが、「汚染公表が町民の利害を脅かすことになり、人民から新聞への支持が得られないことが見えてくると、手のひらを返して」公表しないことを主張する。このように「汚染」という事実は変わらないのに、その時々の利害によって行動が変わるということを示すために、筆者はこの話を引用したのであるから①が正解。

問8 環境問題は「現代社会の問題点」の一つの例であるから、環境汚染に限定した③と⑤は誤り。同じように民主主義の実現性に限った①も誤り。②は、「立場の異なる人が互いの情報について話し合う機会がない」と言っているのではなく、むしろそれを勧めているので不適。多元的な社会において、物事の客観的な把握は困難であることを示している④が正解。

問9 ピカソとマルローの優劣を筆者は言っているのではないので①は不適。カーンが新しい指摘をしたのは事実だが、それまでの見方を是正したとまでは言えないので②も不適。イプセンの作品を「現代の環境問題を考えるうえでの指針」とすべきとは筆者は言っていないので③も不適。多様な意見に互いに耳を傾けてみることを筆者は提案しているが、それはそれらを「総合的に取り入れる」ということではないので④も不適。⑤は最後の三つの段落の内容と合致している。

一　▲M3・M2方式▼

出典　岩本茂樹『「コミュ障」のための社会学――生きづらさの正体を探る』〈9章　見えるものが見えない／見えないものが見える〉（中央公論新社）

解答

問1　(ア)―⑤　(イ)―①　(ウ)―②

問2　A―④　B―⑧　C―⑦

問3　X―④　Y―④

問4　④

問5　③

問6　②

問7　①

問8　④

問9　⑤

解説

問4　選択肢の文の主語をそれぞれ考えてみること。ピカソとマルローの例話は、教養を持つ人には、鑑賞する対象に対する見方が、それを持たない人とは異なるということを言うために筆者が持ち出したもの。したがって、②か④が正解となるが、②は「絵画」の「背後に隠された作者の深い内面まで探り出す見方ができる」というのが間違い。作者の内面ではなく、絵画の世界に留まらない広がりがあるということなので④が正解となる。

問5　「女に生まれるのではない、女になるのだ」と言ったボーヴォワールは女性解放運動への道を開いたが、この傍線わけではない。⑤が正解。この傍線部の「介在」とは二つのものの間に入って仲介することを言うが、ここではある人がある人に対して取るべき行動を判断する際の基準を指している。それが世間体であるということを明確に示している⑤が正解となる。

問9　①価値の優劣は論じていないので誤り。②「相手と自分が概念を共有しているかを常に確かめる必要がある」とまでは言っていない。第十五段落に「富士山」の例が出ているが、「それぞれの『富士山』はすべて細部や色などが違っているはずである」とあり、それでもコミュニケーションは成立するわけで、それぞれの概念を「常に確かめ」ているわけではない。③は民主主義という政治理念を考えてみるとわかりやすい。第十八段落に「『民主主義』や『刑法』などという物体は存在しない」とあるので本文と合致しない。④は最後から二つ目の段落に「対面する他者との関係性や相互作用の中でダイナミックかつリアルタイムに生み出される」とあることと合致する。⑤は世間体という言葉に対して「人それぞれが全く異なるイメージを持っている」のであれば、世間体は機能しないので誤り。

く」とは、自己像が不明瞭で、自分を信頼していない人が取る行動であるから、③が正解。

問6　この傍線部を含む第十段落の中に根拠がある。世間体を意識することで内と外とで起きる問題点を指摘している。世間体に価値を置いて、それにそぐわない自己があればそれに対して蔑視感情を招くことになり、世間体に従わない他者がいれば彼に対しては攻撃性として発揮される。つまりは、自己の内容が空虚であることにより、そこに世間体という価値が入り込み、それ以外の価値を認めないという行動に出ることが「恐ろしさ」の内容である。「内面化」とは、外にあるものを中に取り込むという意味。この傍線部の直前の「後者」とは他者への攻撃性を指すのではなく、今見たように第十段落の内容を指していることに注意。

問7　直前の第十四・十五段落に「山」「リンゴ」あるいは「富士山」という例が出ているので、物体についての説明に引きずられないようにすることが大切。第十二段落で「言語が人間を人間たらしめるのは、抽象的な概念を言葉にできるという点にある」とあり、その例としてまず挙げられているのは「愛」「希望」である。つまり「具体的な物体として存在しないが、人間が人間らしく生きる上においては、とても重要なものだ」（第十三段落）。それだけでなく、「山」「リンゴ」「富士山」が追加されているので、この傍線部の「フィクション」というのは、〈実体のないものに対するイメージ〉のことであると解釈を明確にした上で選択肢を吟味する。「実体のない抽象的な概念を常に共有して生きている」とした②がそれを的確に表現しており正解。①「互いの言葉をやりとりする」が違う。言葉は共通していなければ「やりとり」はできない。

問8　①「日本では」という限定がなされているが、筆者は日本に限定しているわけではない。人間一般を対象として論じている。②「世間体として自分の社会的な立ち位置が相手より上か下かをいつも考える」とあるが、社会的な立ち位置は世間体で考えているわけではない。例にあるような「夫・妻」「親・子ども」は世間体と関係なく決まっている。③は傍線部の説明ではなく、世間体が介在した結果、世間体をよく意識した行動を取れる人が「社会性のある人とみなされる」という結果を示している。④「世間体という社会の規律によってみな同じ役割を規定されてしまう」

（傍線部⑶の二段落後）に注目している文章である。筆者自身も「正直なところ、今思い出しても、なぜ自分があの曲を聴いていたのかよくわからない」（傍線部Yの三段落後）と書いている。したがって、③は本文の内容に合致しない。

二

出典　犬飼裕一『世間体国家・日本――その構造と呪縛』〈第1章　世間体とは何か〉（光文社新書）

解答

問1　(ア)—⑤　(イ)—③　(ウ)—②
問2　A—⑤　B—①　C—③
問3　X—⑤　Y—②
問4　④
問5　③
問6　⑤
問7　②
問8　⑤
問9　④

解説

問4　第四段落に「価値をどこに置くかで、その人、個人の生き方が決まるといっても過言ではない」とあるので、④が正解。

問5　第四段落の最後に「人は社会との間の相互作用の中に存在し、規律構造である世間体の中で生きることになる」とあることから、筆者は世間体を「規律構造」という意味で使っていることがわかる。それを「気にしながら生きてい

問5　「親しみやすい」状況について、筆者はいくつか書いている。「初心者向け」「一公演は一時間弱」「入場料は千円札一、二枚」「無料公演も多い」「小さな子どもも観客として積極的に受け入れている」など。しかし、実際には「本物の音楽」があったのだから、これらが「イメージをまとって」いるという説明になっていなければならない。①はそこが書かれていないので不適。明確に書かれている③が正解。

問6　この傍線部の二行前に「新鮮な感覚であった」とあり、また少し前には「祭には、偶然性がある。思いもかけない出会いがある。果たしてこの音楽祭で、私はすばらしい音楽に遭遇した」とあるので、この二点から②が正解。

問7　この傍線部の直後の文に「交響曲」という言葉があり、自分の脳内の活動をオーケストラが交響曲を演奏しているように比喩していることに気づく。それは、傍線部(4)の二段落前に「既知と思い込んでいた音楽が不意に目の前に全貌をさらしたことに対し、脳の中の神経細胞が自ら能動的にその音の世界に分け入り、未知の世界を見つけたのではないだろうか」という筆者自身の気づきから生まれた比喩である。神経細胞の一つ一つがあたかもオーケストラの奏者一人ひとりであるかのように感じたから、「自分の脳内を眺めているような気分」になったのである。それを的確に説明したのが①。③のように「視覚的に確認することができるから」というのは、この部分が比喩であることをとらえていないので不適。

問8　この傍線部の直後にあるように、「特にヨーロッパ文化においては、音楽を芸術の一ジャンルとしながらも、倫理や精神、さらには創造性の原点としてとらえる思想が、今日にも受け継がれている」とあるのが手掛かり。さらにその後ろで、語源的な説明がなされ、音楽という語が「人間の知的活動をつかさどる女神」に由来していることが示されているので、⑤が正解。

問9　本文は筆者が《田園》を聴いた理由を明らかにしているものではない。「思いもかけない出会い」（傍線部Yの次の段落）から神経細胞が「主体の能動性」（傍線部(1)の三段落後）を発揮することで、私たちはすばらしい体験をすることができるようになるというのが主旨。「音楽そのもの」（空欄Aの前の段落）より、それを受け取る「神経細胞」

国語

▲A 方式▼

一

出典　茂木健一郎『すべては音楽から生まれる――脳とシューベルト』〈第2章　音楽との出会い〉（PHP新書）

解答

問1　(ア)―④　(イ)―③　(ウ)―②

問2　A―②　B―①　C―④

問3　X―④　Y―④

問4　⑤

問5　③

問6　②

問7　①

問8　⑤

問9　③

解説

問4　この傍線部の前に述べられる「生きていてよかったと思える、絶好調の時の流れ。それはモーツァルトの音楽を聴いている時の感覚と非常に似ている」に合致するのは⑤である。

/////////////////// · memo · ///////////////////

· memo ·

////////////////// · memo · //////////////////

2023年度

問題と解答

■学校推薦型選抜（一般公募）

問題編

▶試験科目

教　科	科　　　目	配　点
適性検査Ⅰ	①英語の基礎的理解と英語による一般常識	180 点
	②英語リスニング	20 点
適性検査Ⅱ	国語の理解	100 点

▶備　考

- 適性検査Ⅰと適性検査Ⅱの両方を受験すること。どちらか片方しか受験しなかった場合，選抜対象外となる。
- 適性検査Ⅰの①と②は試験時間を分けて行う（①・②とも必ず受験すること）。②英語リスニングは，音声問題を用いて 15 分間で解答を行うが，解答開始前に音量確認等を行うため，試験時間は 35 分となる。
- 上記の他に，在籍していた高等学校等の学校長の推薦書を提出する。

適性検査 I

◀英　　語▶

（60 分）

【1】 次の(1)～(5)の下線部の意味を最もよく表しているものを、それぞれ①～④の中から選び、**マーク解答用紙(1)**にマークしなさい。
解答番号は、(1) [1] ～(5) [5] 。　（配点 10 点）

(1) The library administrators have greatly expanded their holdings for children. They work closely with schools to motivate children to read and teach children how to use the library.

① appreciate　② communicate
③ demonstrate　④ stimulate　[1]

(2) When teens are envious of another person's looks, popularity or money, they might use gossip and rumors to hurt that person.

① ambiguous　② gorgeous
③ jealous　④ ridiculous　[2]

(3) Some food manufacturers use the word "natural" to mislead the public into thinking their product is healthy, when in fact it may be highly processed and unhealthy.

① misguide　② mismatch
③ mistake　④ misunderstand　[3]

(4) Viruses can remain intact for a long time, and will infect cells when the time and conditions are right.

① undamaged　② unemployed
③ uninformed　④ unwanted

[4]

(5) The common cold is typically not much more than a <u>nuisance</u>, but because there is no real cure, it's best to take preventive measures.

① ambulance　② annoyance
③ assurance　④ attendance

[5]

【2】 次の(1)～(3)において、各組の空所に共通する動詞として最も適当なものを、下の①～⑧の中からそれぞれ選び、**マーク解答用紙(1)**にマークしなさい。必要に応じて活用上の語形変化を考慮すること。

解答番号は、(1) [6] ～(3) [8]。　(配点12点)

(1) a. Let's look at the kind of conditions that can cause your vehicle to rust. We'll also look at ways to prevent rust as well as how to (　　) rid of it if your car already shows signs of corrosion.

b. The language barrier still stands very high and it is hard to (　　) over this barrier. However, non-verbal ways of communication such as gestures and *emoji* lower the barrier a great deal.

[6]

(2) a. I remember my childhood: there were fruit trees along much of the route and I could (　　) out of the train, trying to grab a lemon or an olive.

b. Maybe later in my life, when I get better, I might write a musical, but I feel like my skills have always (　　) towards comedy and writing stories.

[7]

(3) a. The cliff will become less steep over time, as wind and water slowly (　　) away the rock. This process is called erosion.

b. The moving parts of bicycles, motorbikes and cars (　　) out quickly unless they are maintained regularly.

8

Verbs：① break　② change　③ depend　④ get
⑤ lean　⑥ remove　⑦ take　⑧ wear

【3】 次の(1)～(3)の対話を読み、各 Question に対する最も適当な答えを、それぞれ①～④の中から選び、**マーク解答用紙(1)**にマークしなさい。
解答番号は、(1) 9 ～(3) 11 。　(配点12点)

(1) Heitaro：I've been considering buying one of these for myself for a while, but now it's time to decide. Which one do you think I should get?

Sakura：Why have you been sitting on the fence about this decision for so long?

Heitaro：Frankly speaking, I'm a very indecisive person and too many choices confuse me.

Sakura：Well, since you asked me, I think you should buy that one.

Question：What does Sakura mean by "sitting on the fence"?

9

① She is asking Heitaro if he has a problem with making a decision to buy something.

② She is asking Heitaro if she could make a decision about buying something for him.

③ She is asking Heitaro if sitting on a wooden fence is really such a good decision.

④ She is asking Heitaro if the decision to buy that fence is such a good idea or not.

(2) Luna　 : I heard the wonderful news from friends. All that hard work seems to have really paid off.

Nozomi : I'm so happy that I am completely over the moon!

Luna　 : Studying a foreign language and developing proficiency in it really does open doors.

Nozomi : Not only that, but it opens up the world, too!

Question : According to the conversation, what is a possible effect of foreign language learning?

10

① Both Luna and Nozomi believe that more doors and windows will stay open.

② Both Luna and Nozomi think that more opportunities will become available.

③ Luna thinks that the effect of an open world is a series of open doors.

④ Nozomi believes it's possible to travel to faraway places like to the moon.

(3) Matthew : How's the new job going as a special agent in the police department?

David　 : I cannot complain. There is something interesting happening on a daily basis, so I am quite stimulated by it.

Matthew : Have you worked on any special cases so far? I suppose you probably cannot reveal too many details, am I right?

David　 : You are right about that! If I tell you, then I will have to make you disappear, ha ha!

Question : What does David explain about his new job?

11

① He explains that his job is very interesting, but he cannot make his memories of it disappear every day.

② He mentions that his job is not only interesting, but it is fun to disappear on an almost daily basis.

③ He reveals that what happens in his daily job is not as fascinating as one might probably imagine.

④ He says that his job is fascinating because of the range of things that happen almost every single day.

【4】 次の英文を読み、問1 ～問8に答えなさい。

（配点51点）

William Morris was the prime instigator of the new ideology. Morris was a late convert to Pre-Raphaelitism[*1], but (1)he (t　　) (h　　) into its precepts with characteristic abandon. Morris was a short, thick-set man, with dark hair and a luxuriant, curly beard. A man of ideas and ideals, he was bouncing with energy, displaying enthusiasms for almost every aspect of the arts, from poetry and painting to decorative crafts. He had begun his education hoping to become an architect, but was persuaded by (2)Rossetti to give this up and instead set himself the task of becoming a great painter. This career was rather short-lived, resulting in only one finished painting, *Queen Guinevere* (*La Belle Iseult*). Rossetti continued to press him towards a career as a painter, but it was soon evident that he was wildly unsuited. (3)It was while working on the Oxford murals that Morris realized his intrinsic talent for decorative pattern-making.

Morris was 'Topsy' to his friends, and along with Burne-Jones ('Ned') he became the centre of a group of intellectual and visionary young men. Like the Brotherhood before them, they shunned materialism and industrialism, finding beauty in the Middle Ages, in poetry and, at last, in the art of the Pre-Raphaelites. Rossetti had been their hero, and when (4)he took (5)them under (6)his wing, before and after the Oxford incident, they responded with enthusiasm.

In Oxford, Morris had met the latest 'stunner', Janey Burden, the daughter of a rather poor ostler[*2]. She acted as the model for Morris' *Queen Guinevere*, and a year later they were married, (7)much to the dismay of Morris' family. He was, however, financially independent, and he and Janey set up their first home, a palace of art, in which Janey was very much queen. Christopher Wood explains the ideology behind the celebrated Red House in Bexley, Kent:

> (8)*Finding that everything on the market was ugly and badly designed, Morris, Burne-Jones and their friends set about designing everything themselves — furniture, carpets, tapestries, stained glass and metalwork ... out of all this activity, and through the prodigious enthusiasm and energy of Morris, grew 'the Firm'.*

The Firm was in fact Morris, Marshall, Faulkner and Company, later to become Morris & Co., a design and manufacturing venture in which all the Pre-Raphaelites were involved — from Madox Brown, Hughes, and William de Morgan to Burne-Jones and Rossetti. It was this company which provided a focal point for the decorative talents of the Pre-Raphaelite painters, taking them and their influence into the next century.

Morris began wallpaper designing in 1862, and (9)the first group was issued in 1865; these included *Daisy, the Trellis* and *Fruit*. He originated tapestries, in which Burne-Jones produced the figures and Morris created the background, and almost all the founding members made designs for windows.

出典：Sullivan, K. E. *Discovering Art: Pre-Raphaelites*. Brockhampton Press, 1996.

*1 Pre-Raphaelitism：ラファエル前派(ラファエロ以前の表現に倣う芸術運動、ロセッティがその中心的人物)

*2 ostler：(馬屋や宿屋などで)馬の世話をする馬丁

問1　下線部(1)が「彼は特有の奔放さで、その教えに身を投じた」という意味になるとき、それぞれの(　　)に入る最も適当な語を、**記述解答用紙(A)**に記入しなさい。ただし、最初の1字は(　　)内に示してあるので、それに続けて単語を綴ること。

問2　下線部(2)について、本文の内容と一致するものを、①～④の中から1つ選び、**マーク解答用紙(1)**にマークしなさい。
解答番号は、12 。

① ロセッティは、建築家をあきらめて画家になることを目指した。
② ロセッティは、自分に叶わなかった画家の夢を後輩のモリスに託した。
③ ロセッティは、モリスとの出会いで、画家の才能を花開かせた。
④ ロセッティは、モリスには画家になることの方を強く勧めた。

問3　下線部(3)の内容を以下の英文のように言い換えたとき、それぞれの(　　)に入る最も適当な語を、**記述解答用紙(A)**に記入しなさい。ただし、最初の1字は(　　)内に示してあるので、それに続けて単語を綴ること。

Working on the Oxford murals made him (r　　) that he was born (w　　) the natural talent for decorative pattern-making.

問4　下線部(4)～(6)の代名詞が指すものを、それぞれ①～⑦の中から1つ選び、**マーク解答用紙(1)**にマークしなさい。ただし、同じ番号を選んでも構わない。
解答番号は、(4) 13 ・(5) 14 ・(6) 15 。

① Burne-Jones
② Rossetti
③ William Morris
④ Burne-Jones and Rossetti
⑤ Rossetti and William Morris
⑥ William Morris and Burne-Jones

⑦　a group of intellectual and visionary young men

問 5　下線部(7)の理由として最も適当と考えられるものを、①～④の中から選び、**マーク解答用紙(1)**にマークしなさい。

解答番号は、［16］。

① モリスが結婚したジェイニーは、オックスフォードではこれまで見たこともない美人だったから。

② モリスが結婚したジェイニーは、宮殿を建てそこの女王にまで上りつめたから。

③ モリスが結婚したジェイニーは、素人でありながらモリスが描く絵のモデルに起用されたから。

④ モリスが結婚したジェイニーは、父親が馬丁で貧しい家庭出身だったから。

問 6　下線部(8)を日本語で説明するとき、以下の［A］、［B］に入る言葉を答えなさい。解答は**記述解答用紙(A)**に記入しなさい。

市場にあるすべてが［　　　A　　　］、モリスとバーン=ジョーンズと仲間たちは、［　　　B　　　］

問 7　下線部(9)が意味するものを、①～④の中から 1 つ選び、**マーク解答用紙(1)**にマークしなさい。

解答番号は、［17］。

①　almost all the founding members

②　*Daisy, the Trellis* and *Fruit*

③　Morris & Co.

④　the Pre-Raphaelite painters

問 8　本文の内容と一致しないものを、①～④の中から 1 つ選び、**マーク解答用紙(1)にマークしなさい。

解答番号は、 18 。

① モリスの会社は、ラファエル前派の画家たちの才能とその流れを、20世紀につなげることに一役買った。

② モリスのデザイン会社には、ラファエル前派と呼ばれるほとんどの画家たちが関わっていた。

③ モリスはタペストリーに背景を描き、そこにバーン=ジョーンズが人物などを描き入れることもあった。

④ モリスは初めから画家になることだけを夢見て、本格的に絵画の勉強を始めていた。

【5】 次の英文を読み、問1 ～問8に答えなさい。

（配点51点）

著作権の都合上，省略。

著作権の都合上，省略。

出典：Cuomo, Mario. “Achieving the American Dream” in *Prentice Hall Literature Timeless Voices, Timeless Themes: Silver.* Pearson Prentice Hall, 2005.

問1 本文の空所（ ア ）～（ エ ）に入る最も適当な語を、①～④の中からそれぞれ選び、**マーク解答用紙(1)**にマークしなさい。ただし各語は一度しか使えません。

解答番号は、(ア) 19 ・(イ) 20 ・(ウ) 21 ・(エ) 22 。

① first ② one
③ three ④ twenty four

問2 1920年代後半、新天地に来た時のクオモ夫妻がもっていたものを、①～④の中から１つ選び、**マーク解答用紙(1)**にマークしなさい。

解答番号は、 23 。

① 英語力 ② 希望
③ 教育 ④ 金銭

問3 下線部(1)を言い換えるとき、最も適当なものを、①～④の中から選び、**マーク解答用紙(1)**にマークしなさい。

解答番号は、 24 。

① their acceptance of poverty and their reluctance to be strong laborers
② their ambition to escape from their poor condition by working hard
③ their hope to be able to use their poor situation to find a good job
④ their worries about poverty due to starting a new job in a new place

問4 下線部(2)を言い換えるとき、前後の文脈から判断して最も適当なものを、①～④の中から選び、**マーク解答用紙(1)**にマークしなさい。

解答番号は、 25 。

① bored with ② concerned about
③ excluded from ④ surrounded by

問 5　本文に書かれている、日々の両親の姿から子供たちが学んだ 4 つの普遍的な価値のあることを、日本語で、**記述解答用紙(A)**に記入しなさい。

問 6　下線部(3)が、「慣れない言葉で自分たちを理解してもらおうとする両親の苦労を目の当たりにした」という意味になるとき、それぞれの(　　)に入る最も適当な語を、**記述解答用紙(A)**に記入しなさい。ただし、各語の最初の 1 字は(　　)内に示してあるので、それに続けて単語を綴ること。

問 7　下線部(4)の内容を以下の英文のように言い換えたとき、(　　)に入る最も適当な語を、**記述解答用紙(A)**に記入しなさい。ただし、最初の 1 字は(　　)内に示してあるので、それに続けて単語を綴ること。

they or their ancestors had (i　　) to America earlier

問 8　本文の内容と一致するものを、①〜④から 1 つ選び、**マーク解答用紙(1)**にマークしなさい。

解答番号は、 **26** 。

① 筆者が生まれた頃、ニューヨークではイタリア食材が人気であったため、両親はイタリア料理店を開き、毎日忙しく働いた。

② 筆者の述べるアメリカの素晴らしさは、祖先の国を受け入れながら、アメリカ人として、現在の自分を肯定できる点である。

③ 筆者の両親は教育熱心で、休みなく働きながらも、常に子供たちの勉強を手伝っていたため、休暇を取ることはできなかった。

④ 筆者は、地球上で最も偉大な国であるアメリカに生まれたことが現在の自分を築いた要素であり、何よりも誇りに思っている。

【6】 次の(1)、(2)の文章を読み、その中にあるそれぞれの質問に対する正しい答えを、算用数字で**記述解答用紙(A)**に記入しなさい。 (配点8点)

(1) In a class of 40 students, 27 said they liked reading books, and 30 said they liked watching videos, while 4 said they liked neither reading books nor watching videos. How many students said they liked both reading books and watching videos?

〔解答欄〕 student(s)

(2) A cube has a total surface area of $96cm^2$ including a top and a bottom. If water flows into the cube at a rate of $2cm^3$ per second, how many seconds will it take to fill up the cube?

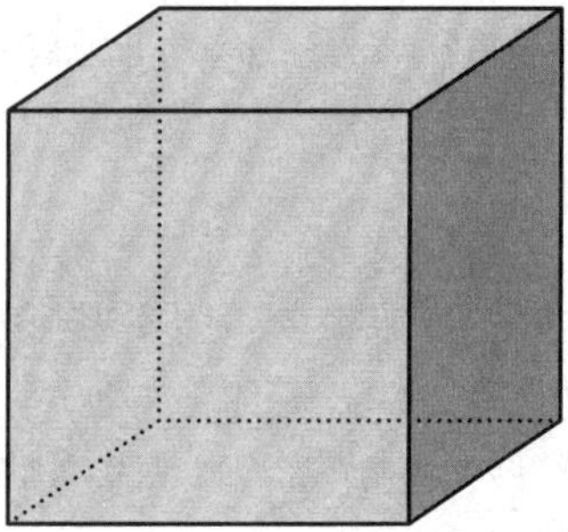

〔解答欄〕 second(s)

【7】 次の(1)～(4)の表現に関連する例文として最も適当なものを、それぞれ①～⑧の中から選び、**マーク解答用紙(1)**にマークしなさい。

解答番号は、(1) 27 ～(4) 30 。　　(配点 16 点)

(1) 一蓮托生　27

(2) 一朝一夕　28

(3) 切磋琢磨　29

(4) 満身創痍　30

① He is a person of high integrity.

② She is very active in a variety of fields.

③ They are covered all over with wounds.

④ They will improve themselves through friendly rivalry.

⑤ This is not something you can settle in a day.

⑥ This must be the chance of a lifetime for her.

⑦ We are ready to share the same fate.

⑧ You can never make up your mind.

【8】 次の各組の(　　)内の語を並べ換えて、日本語とほぼ同じ意味の英文を作るとき、並べ換えた語について、問題文の後の[　　]内の数字の順位にくる語を、それぞれ①～⑧の中から選び、**マーク解答用紙(1)**にマークしなさい。ただし、(　　)内には不要な語が 1 語含まれています。

解答番号は、(1) 31 ～(4) 34 。　　(配点 20 点)

(1) 私は自転車でなく電車で行くように言われたので、そうしました。[6]

I was (① by　② instead　③ not　④ of　⑤ to　⑥ told　⑦ train　⑧ travel) cycling, so I did.　31

(2) ボタンを押すだけで、この機械が使用できるようになります。[5]

All you (① button　② do　③ for　④ have　⑤ is　⑥ press　⑦ the　⑧ to) and this machine is ready for use.　32

(3) 今日できることを明日まで延ばすべきでない。[5]

You should never (① can　② off　③ put　④ that　⑤ till　⑥ tomorrow　⑦ what　⑧ you) do today.　33

(4) タクシーなら半分の時間でそこへ行けます。[4]

A taxi (① get　② going　③ half　④ in　⑤ the　⑥ there　⑦ will　⑧ you) time.　34

◀英語リスニング▶

（15 分）

問題は、10 問あります。答えとして最も適当なものを、4 つの選択肢のうちから一つ選んでください。
解答時間中に問題冊子にメモを取ってもかまいません。
はじめにサンプル問題が 1 問ありますが、サンプル問題の解答を解答用紙にマークしてはいけません。

Sample Question：**解答しないこと**

① blackboard　② desk　③ stool　④ table

Question 1:

① Chicago Public Library

② Columbia University Library

③ Nagoya City Library

④ Tempe City Library

解答番号 1

Question 2:

① She can fix it when something goes wrong.

② She doesn't have to rely on timetables.

③ She has an expensive bike.

④ She is a serious cyclist.

解答番号 2

Question 3:

① cancelling gym memberships

② cancelling vacations

③ dining out less

④ using the car less

解答番号 3

Question 4:

① 1748

② 1755

③ 1921

④ 1928

解答番号 4

Question 5:

① He avoided traffic jams on the road.

② He made luxury cars.

③ He retired at an early age.

④ His cars were reasonable in price.

解答番号 5

Question 6:

① the number of her home address

② the number she chose by accident

③ the numbers for the dates her children were born

④ the numbers for the date of her wedding anniversary

解答番号 6

Question 7:

① buy stonework

② have a barbecue

③ learn about stones

④ play various games

解答番号 7

Question 8：

① People prefer oranges to apples.

② They are not tropical.

③ They are not very popular among consumers.

④ They are often consumed in manufactured products.

解答番号 **8**

Question 9：

① She feels better.

② She feels unwell.

③ She knows she has a fever.

④ She knows she has a test.

解答番号 **9**

Question 10：

① 5 minutes on foot

② 14 minutes by car

③ 20 minutes by car

④ 40 minutes by bike

解答番号 **10**

放送内容

これから，2023年度学校推薦型選抜11月12日の英語リスニングテストを始めます。
このテストでは，聞き取る英語は，1回だけ流れます。
選択肢は，音声ではなく，すべて問題冊子に印刷してあります。
解答は，指示された解答番号の解答欄に，正しくマークしてください。
あとからまとめてマークする時間はありませんので，1問ずつマークしてください。
それでは，問題を開いてください。
問題は10問あります。
答えとして最も適当なものを，4つの選択肢のうちから一つ選んでください。
解答時間中に問題冊子にメモを取ってもかまいません。始めにサンプル問題が1問ありますが，サンプル問題の解答を，解答用紙にマークしてはいけません。
では，始めます。

Hello. It's time for the Listening Comprehension Test.
We have 10 questions in all. Let's do a sample question.

Sample Question :
In front of you, right now, is something that has some sheets of paper on it.
What is this thing with a flat surface on which the exam papers are placed?
What is it called?

Well, the answer is "desk," which is No. 2. OK? Let's begin.

1
Most university libraries as well as city libraries in the U.S. charge fines for books that are returned late. Columbia University Library, where I went very often when I was a student, charges five dollars daily per

item now. In Japan, except for a few university libraries, they don't charge any late fees. Nagoya City Library, for example, only requires you to pay for lost or damaged materials. These days, however, some libraries in the U.S. have removed their fines for late books. Chicago Public Library is one of them and has reported that the number of returned books has, in fact, increased. Last year Tempe City Library also started limiting fines to lost or damaged books.

Question : Which library charges overdue fines now?

2

Recently, I've been spending a lot of time cycling around on my bike. I am not a serious cyclist ; I don't have an expensive bike and I don't know a lot about bikes. I certainly can't fix mine when something goes wrong! But I love using my bike to get from one place to another. I don't have to rely on timetables or on other people and it is good exercise for me. Plus, I can enjoy being outside. Except when it rains. Then I leave my bike at home and take the bus.

Question : Why does the speaker love riding her bike?

3

Inflation is a word used to describe the price of goods or services going up. Many households are planning how to manage their budgets as the cost of gas, groceries, and everything else continues to rise. In a recent survey, the most popular strategy was to cut back on dining out. Another strategy, which was almost as popular, was to cut down on how often they used their cars. The idea of cancelling memberships to gyms was not nearly as popular, and almost none of the families surveyed were willing to cancel their vacations.

Question : According to the speaker, what is the most popular strategy for dealing with rising prices?

4

Dr. Samuel Johnson is often considered to be responsible for making the first true English dictionary. Working mainly by himself, and with a few part-time assistants, he published it in 1755. It had taken him just seven years to make and it contained 42,000 entries. It also contained many examples of actual usage, including thousands of quotes from literature. Although it contained some mistakes, it became the standard dictionary in Great Britain until the Oxford Dictionary, which was published in 1928. Johnson's dictionary had a strong influence on generations of writers and politicians as well as the English language itself.

Question : When did Samuel Johnson begin making the English dictionary?

5

Everybody knows Ford is one of the most famous car companies in the world. The Ford Company was established by Henry Ford, who was the first president of the company. Henry Ford's ideas were brilliant in terms of mechanics and also car marketing. He was aware of the need to change the car from a luxury to a necessity by making cars cheap and simple to operate. Ford cars were affordable for everyone. His ideas brought big success to the company. Henry Ford retired at an early age. Then he took up sailing to avoid the traffic jams he had created.

Question : Why was Henry Ford's company so successful?

6

I often read stories about how people chose the numbers on their winning lottery tickets. They sometimes say they use the dates their children were born or numbers of their home addresses. Recently, my neighbor was in the process of buying a ticket when a person who wasn't being careful ran into her. So, instead of choosing the date of her wedding anniversary, my neighbor selected a different number by accident. She had always chosen the same numbers: the dates she and her husband were born, and her wedding anniversary. Maybe her wedding anniversary wasn't so lucky. The one time she didn't use it, she won the lottery!

Question: According to the story, what helped the woman win the lottery?

7

【M】: Hi, Alex. How was your weekend?

【F】: Not bad. I went to the Stone Festival in Okazaki City on Saturday with my kids. We learned a lot about stones and stone production in Japan.

【M】: Stone Festival? It doesn't sound fun for kids. Did they enjoy it?

【F】: Yeah, I guess so. We played various games using stones. We also had a barbecue on a stone plate instead of an iron plate. And I found a piece of beautiful stonework.

【M】: Did you buy it?

【F】: Well, it was out of my price range. Besides, it was too heavy to take home.

Question: What did Alex NOT do at the Stone Festival?

8

【S】: Do you know the favorite fresh fruit of the people in the United States?

【M】: Well, Yuki, … I would say it's the apple. Am I right?

【S】: No. Sorry, you're wrong. Actually, it's the banana.

【M】: Oh, really?

【S】：You were close, though. Apples and oranges are consumed in great numbers, but the key word is "fresh." Apples and oranges are frequently enjoyed in bottled juices and other manufactured products. Bananas are almost always eaten fresh.

【M】：How many bananas do Americans eat?

【S】：Over 12 billion bananas a year. It is close to 19 pounds per person.

【M】：My goodness!

Question : Why does Yuki NOT consider apples to be the favorite fresh fruit in the United States?

9

【M】：Hi Janet, how're you doing?

【F】：I don't feel so great to be honest.

【M】：What? Why are you here then?

【F】：We have a Spanish test today, right?

【M】：Yeah, but if you are sick you shouldn't come, especially if you have a fever. Do you have a fever?

【F】：I don't know, I didn't check.

【M】：You have to check! You know you're not allowed to come if you have a fever. And our teacher will understand. I'll explain to her. Go to the nurse's room and check your temperature.

【F】：Wow, you're so annoying today! OK, OK I'll go check.

【M】：Good, I hope you feel better soon!

Question : Why is Janet going to go to the nurse's room?

10

【F】：Morning, Charlie! How was your weekend?

【S】：It was great! I had a picnic with my family.

【F】：Nice! Where did you go?

【S】：Usually we go to a big park near our house that takes only 5 minutes on foot to get to, but this time we decided to go a bit further.

【F】：Oh, yes?

【S】：Yeah, we went to a park about 14 km away that has a water play area.

【F】：Sounds fun! Was it crowded?

【S】：A little ; there were around 20 cars when we arrived. But we didn't have to worry about parking since we went by bike.

【F】：How long did it take you?

【S】：About 40 minutes. We were pretty hot when we arrived, so it was nice to cool our feet in the water.

Question : How long did it take Charlie and his family to get to the park?

This is the end of the listening test.

これで，問題を聞く部分はすべて終わりです。
解答終了のアナウンスがあるまで，解答を続けられます。

解答をやめてください。鉛筆を置いて，問題冊子を閉じてください。

できるようになっている。

③　雑草と呼ばれる植物の中には、人間にとっては苛酷とも思える環境を逆手に取って種子を移動させずに生き残っているものもある。

④　人間がいくら抜いても分布を広げる雑草であっても、スマートに成功しているわけではなく、野望を抱いて泥臭く挑戦しているのである。

⑤　植物が、大切な子どもたちである種子を自分から離れた見知らぬ土地へ旅立たせるのは、将来的な生き残りを賭けているからである。

問八　傍線部⑷「植物にとっても大切なのは親離れ、子離れなのである」とはどういうことか。その説明として**正しくないもの**を、次の①～⑤の中から一つ選び、その番号を記入しなさい。（配点5点）

①　親植物が現在生えている場所がいつまでも生育に適した場所である保証はないため、子孫である種子をできるだけ離れた場所に移動させることが大切であるということ。

②　失敗する可能性があるとしても、種子散布で親の植物から離れることに挑戦したほうが、子が生き残ることにつながり、大切であるということ。

③　親植物から離れた見知らぬ土地に移ることで、子が新たな環境に適応し、それまでにない性質を身につけられるようになることが大切であるということ。

④　親植物の近くは日当たりが悪く、水や養分を親の植物に奪われてしまうことがあるため、子が生育する環境を別に求めることが大切であるということ。

⑤　植物にとって親植物と子どもの種子とが必要以上に一緒にいることは子がダメージを受けることにつながることがあるので、親子の分離が大切であるということ。

問九　本文の内容と一致するものを、次の①～⑤の中から一つ選び、その番号を記入しなさい。（配点6点）

①　植物の進化にとって「種子」というのは画期的な存在であり、唯一の移動のチャンスであるこの種子に、植物はすべてを賭けている。

②　すべての植物は種子を移動させるためにそれぞれ特別な仕組みを持っていて、環境の変化があっても生き残ることが

問六　傍線部⑵「踏まれるところに生える雑草」とあるが、このような雑草はなぜ踏まれるところに生えるのか。その理由として最も適当なものを、次の①〜⑤の中から一つ選び、その番号を記入しなさい。（配点5点）

①　雑草の種子には雨が降って水に濡れると膨張して粘着する物質があり、人や車に踏まれることによって種子を移動させているから。

②　人が集まる都会に生える雑草はみな、野山に生える雑草とは違い、人間に踏まれることを利用して種子を移動させる方法を取っているから。

③　種子が持っている仕組みとして人間の靴などにくっついて種子を移動させるという、人に踏まれて増えていく方法を取っている雑草であるから。

④　乾燥などから種子を保護する粘着物質を持ち、踏まれることに耐え、踏まれることで耐久力がより強くなる雑草であるから。

⑤　都会に生育する雑草は、種子を移動させるために機械散布の方法を取ることができず、踏まれることで移動する方法を取るしかないから。

問七　傍線部⑶「そもそもどうして種子を遠くへ運ばなければならないのだろうか」とあるが、植物が種子を移動させる理由を、**六〇字以内**で説明しなさい（句読点を含む）。（配点10点）

C

① 移動できない場所
② 踏まれることがない場所
③ 分布を広げられない場所
④ 生育が抑えられない場所
⑤ 生存できない場所

問五　傍線部(1)「どのようにして種子を移動させているのだろうか」とあるが、具体的にどのように移動させているのか。その説明として最も適当なものを、次の①～⑤の中から一つ選び、その番号を記入しなさい。（配点5点）

① 現実的には三つの方法の中で、植物それぞれに最適な方法をとり、自らの力や、他の何らかの力を借りることで種子を遠くに移動させている。
② 乾燥に耐えられるという種子の能力によって、長い時間待ち続け、時間と空間を超えて水が得られる場所へと移動させている。
③ 人間にとっては考えられないほどの多くの手段を用いて、分布を広げるために自らの生存に適した場所を求めて移動させている。
④ 植物の種子の散布方法は五つに分類されるが、それ以外にも人間が気が付かないような特別な仕組みを用いて移動させている。
⑤ 人間の衣服や動物の毛について移動するというのが最も一般的で、特殊な物質を用いて種子を運ばせて移動させているものもある。

問二　傍線部(b)・(e)の漢字を**平仮名**にしなさい。　（配点4点）

(b)　粘着　　(e)　怠

問三　空欄［A］に入る最も適当な言葉を、本文中から**二字**で抜き出しなさい。　（配点3点）

問四　空欄［B］・［C］に入る最も適当な言葉を、次の各群の①～⑤の中からそれぞれ一つずつ選び、その番号を記入しなさい。　（配点4点）

B
① 主観的
② 結果的
③ 画期的
④ 能動的
⑤ 対比的

何かをするということは、失敗することである。たとえば、旅に出れば、バスに乗り遅れたり、道を間違えたり、忘れ物をしたりする。部屋の中にいれば、何も失敗することはないが、それでは面白くない。旅に出て失敗しても、後になってみれば良い思い出だ。チャレンジすることは、失敗することである。しかし、チャレンジすることで変わることができる。「Challenge & Change（チャレンジしてチェンジする）」である。雑草だって、スマートに成功しているわけではない。道ばたで泥臭く挑戦している姿を見てほしい。

さらに、種子がさまざまな工夫で移動をする理由は、他にもある。それは、親植物からできるだけ離れるためなのである。親植物の近くに種子が落ちた場合、最も脅威となる存在は親植物である。親植物が葉を繁《しげ》らせれば、そこは日陰になり、やっと芽生えた種子は十分に育つことはできない。また、水や養分も親植物に奪われてしまう。あるいは、親植物から分泌される化学物質が、小さな芽生えの生育を抑えてしまうこともあるだろう。残念ながら、親植物と子どもの種子とが必要以上に一緒にいることは、むしろ弊害の方が大きいのだ。そこで植物は、大切な子どもたちを親植物から離れた見知らぬ土地へ旅立たせるのである。まさに「かわいい子には旅をさせよ」、(4)植物にとっても大切なのは親離れ、子離れなのである。

（稲垣栄洋『雑草はなぜそこに生えているのか』による。出題の都合上、一部改変した箇所がある）

問一　傍線部(a)・(c)・(d)の片仮名を漢字にしなさい。　（配点6点）

(a)　ウく　　(c)　ホソウ　　(d)　ボウケン

ためのものであると考えられている。しかし [B] に、この粘着物質が機能して、オオバコは分布を広げていくのである。(c)ホソウされていない道路では、どこまでも、轍《わだち》に沿ってオオバコが生えているのをよく見かける。オオバコは学名を「プランターゴ」と言う。これはラテン語で、「足の裏で運ぶ」という意味である。また、漢名では「車前草」と言う。これも道に沿ってどこまでも生えていることに由来している。こんなに道に沿って生えているのは、人や車がオオバコの種子を運んでいるからなのだ。こうなると、オオバコにとって踏まれることは、耐えることでも、克服すべきことでもない。踏まれなければ困るほどまでに、踏まれることを利用しているのである。道のオオバコは、みんな踏んでもらいたいと思っているはずである。まさに逆境をプラスに変えているのだ。

　このように人に踏まれて増えていくという雑草もある。人が集まる都会に生える雑草には、種子がでこぼこしていて、靴底に付きやすい構造をしているものも多い。私たちもまた、こうして知らぬ間に雑草の種子散布に協力しているのである。

　植物は、こうして工夫を重ねて種子を移動させている。しかし、(3)そもそもどうして種子を遠くへ運ばなければならないのだろうか。種子を移動させる理由の一つは分布を広げるためである。

　それでは、どうして分布を広げなければならないのだろうか。親の植物が種子をつけるまで生育したということは、少なくとも [C] ではないだろう。わざわざ別の場所に種子が移動しても、その場所で無事に生育できる可能性は小さい。そんな一か八かのために、種子をたくさん作って、散布するよりも、子孫たちも、その場所で幸せに暮らした方が良いのではないだろうか。

　植物は、大いなる野望や(d)ボウケン心を抱いて種子を旅立たせるわけではない。環境は常に変化をする。植物の生える場所に安住の地はない。常に新たな場所を求め続けなければならないのだ。そして、分布を広げることを(e)怠った植物は、おそらくは滅び、分布を広げようとした植物だけが、生き残ってきたのである。それが、現在のすべての植物たちが種子散布をする理由である。常に挑戦し続けなければいけないということなのだ。

種子を遠くへ移動させるアイデアも、そんなに数があるわけではない。植物の種子の散布方法はD１からD５の五つに分かれている。D１は風や水の力で種子を運ぶ方法である。この方法は、風散布や水散布と呼ばれている。D２は人や動物に付着するという方法だ。この方法は、動物散布と呼ばれている。D３は自らの力ではじけ飛ぶ方法である。この方法は、機械散布と呼ばれている。D４は特別な仕組みはなく、ただ落下するだけの方法で、重力散布と呼ばれている。もっとも、特別な仕組みはなくても小さな種子が風に運ばれたり、動物の毛にくっついたりするなど、すべての種子は何らかの移動を行っていて、人間がただそれに気が付いていないものが、D４に分類されているという意見もある。D５は種子を作らない植物である。こうしてみると、種子散布方法は五つに分類されているものの、現実的には、D１からD３までの、たった三つの方法しかないということがわかる。

D２の動物散布というと、人間の衣服や動物の毛について移動するというのが一般的だが、なかなか凝った方法もある。一つはアリに種子を運ばせるという方法だ。

たとえば、スミレの種子には「エライオソーム」という栄養豊富な物質が付いている。そして、アリはこのエライオソームを餌とするために種子を自分の巣に持ち帰るのだ。こうしてスミレの種子はアリに運ばれていくのである。しかし、アリの巣は地面の下にある。地中深くへと持ち運ばれただけでは、スミレの種子は芽を出すことができない。もちろん心配は無用である。アリがエライオソームを食べ終わると、種子が残る。この種子はアリにとっては食べられないゴミなので、アリは種子を巣の外へ捨ててしまうのだ。このアリの行動によってスミレの種子はみごとに散布されるのである。

他の例もある。オオバコは、道ばたやグラウンドなど(2)踏まれるところに生える雑草の代表である。このオオバコの種子は、紙おむつに似た化学構造のゼリー状の物質を持っていて、雨が降って水に濡《ぬ》れると膨張して(b)粘着する。その粘着物質で人間の靴や、自動車のタイヤにくっついて運ばれていくのである。もともとオオバコの種子が持つ粘着物質は、乾燥などから種子を保護する

二　問題文を読んで次の問一～問九に答えなさい。解答はすべて楷書で所定の解答用紙に記入しなさい。

植物の進化にとって、「種子」というのは、画期的な存在である。

種子は固い皮で守られているため、乾燥に耐えることができる。そして、種子の中に守られていれば、植物の芽は、いつまでも発芽のタイミングを待ち続けることができるのである。植物は水がないと死んでしまうが、種子は水がなくても、水が得られるようになるまで、長い時間待ち続けることが可能だ。よく長い時を経て見つかった種子が芽を出したとニュースになることがあるが、種子は時間を超えることのできるタイムカプセルである。そして、長時間、維持されるということは、その間に長距離を移動することができる。種子というタイムカプセルは、時間と空間を超えていくことができるのである。

このように種子植物には、花粉と種子という二回の移動のチャンスがある。植物は、この限られたチャンスにすべてを賭けている。そのため、花や種子は、植物の［A］の見せ所なのだ。

とはいえ、種子は、花粉に比べると、ずっと重たく大きい。この種子を遠くへ運ぶというのは、なかなか大変そうである。植物は、(1)どのようにして種子を移動させているのだろうか。

たとえば、紙を丸めた紙くずを想像してみよう。この紙くずを目の前に捨てるのではなく、どこか遠くへ持っていきたいが、どうやって遠くへ移動させれば良いだろうか。とりあえず、遠くへ投げてみるというのも良いだろう。紙を広げて紙飛行機を折れば、風に乗って、もっと遠くまで飛ばすことができるかも知れない。もし、川が流れているならば、水に(a)ウくものに乗せて流してしまうという方法もあるだろう。あるいは、トラックが近くを通ったとしたら、荷台に投げ入れてしまうという方法もある。そうすれば、トラックの行き先まで紙くずは運ばれていくことだろう。

遠くへ移動させたいこの紙くずが、植物にとっては種子のようなものである。

④　どんなことがあっても、とにかく笑っていれば、笑うという行為そのものによって、幸福と喜びを感じることになり、どれほどの苦しみにあっても、心が壊れてしまうことから逃れられるから。

⑤　収容所のひどい環境を対象化し、その環境やそこから生じるそれぞれの人の苦しみをもユーモアの視点でみようとし笑うことが、幸せや喜びをもたらし、心が壊れることを防ぐから。

問九　傍線部⑷「ロゴテラピー」とはどういうものか。本文を踏まえて**五〇字以内**で説明しなさい（句読点を含む）。（配点10点）

問十　本文の内容と一致するものを、次の①～⑤の中から一つ選び、その番号を記入しなさい。（配点5点）

①　良心やモラル、神への信仰など善の観念を否定することで、人間は生への固執から解放され、真の自由を得る。

②　ニーチェは笑いを理論の核とし、誰もがこの世のすべてを自由に笑うことができ、超人の認識に達すると説いた。

③　ユーモアを忘れずに生きる人間は、自らが陥った苦しみやつらさを笑いによって紛らわすことで自己崩壊を免れる。

④　人間にとって笑いは、自己を守り力強く生きていくために不可欠である点で、人間的実存に関わるものといえる。

⑤　世の人々は、社会で自己を束縛し虐げる社会や体制を笑い飛ばし、広く反抗心を呼び起こすことが求められている。

② 無意味な笑いは、伝統的な善悪の観念を真面目に受け継ぐ人間の営みを批判し、旧来の価値観の意味に束縛されて生きるしかなかったすべての人間を解放して超人に変身させ、真の自由と幸福をもたらすから。

③ 無意味な笑いは、伝統宗教による善悪の意味の体系に束縛された人間を解き放ち、旧来の支配制度で成り立った社会の中で隷従して生きるしかなかった人間を救い出し、自由の喜びと幸福を実現するから。

④ 無意味な笑いは、人間の社会に歴史的に長く受け継がれてきた善悪の価値観そのものを揺るがし、人間を束縛する既存の価値観の意味そのものを批判することで、抑圧された人間の不満を解消するから。

⑤ 無意味な笑いは、伝統的な善悪の概念に付き従うことを人間に強いる社会的な営みから超然とすることで、意味に縛られて凝り固まった見方に陥った人間を解き放ち、自由の喜びと幸福をもたらすから。

問八　傍線部(3)「笑いが人々の精神を崩壊させないためにいかに貴重な武器となったか」とあるが、笑いが貴重な武器となったのはなぜか。その理由として最も適当なものを、次の①～⑤の中から一つ選び、その番号を記入しなさい。（配点5点）

① 収容所のきびしい環境にあっても、その環境に自分たちをおしこめている敵を面と向かってあざわらうことを学ぶことができれば、ぎりぎりのところで自分の精神の崩壊を防ぐことができるから。

② 収容所の劣悪な環境やそこから生まれるさまざまな苦悩を離れ、苦しみを忘れ、別の楽しみに思いをいたすことで、ともすればくじけ、崩れ落ちそうになる心を救うことが可能になるから。

③ 自分自身の苦しみを絶対化することなく、収容所で同じように苦しんでいる仲間と比較すれば、相対的に自分はまだましな状況にあると喜びを感じ笑うことで、苦しみに潰れてしまう精神が救われるから。

問六　傍線部(1)「このことに気づかせてくれる」とあるが、「このこと」とはどういうことか。その説明として最も適当なものを、次の①～⑤の中から一つ選び、その番号を記入しなさい。（配点5点）

① 異なるように思える善と悪の概念は、人間の種の保存を目的としている点で同じであるが、悪とされるカテゴリーには本能としての傾向が高いということ。

② 人間たちを縛りつける善と悪の観念は、対立するカテゴリーのように思われたとしても、たとえそう見えなくとももともに経済的な豊かさと結びつくということ。

③ 人間の心に根深く存在するさまざまな欲望が悪と呼ばれるものであり、そのどれもが人間の種の保存という目的にしたがって機能する本能であるということ。

④ 善と悪という対立する概念が定義されているのは、ともに人間の種の存続という目的のもとに行われたことなのではないかということ。

⑤ 人間にとって対立するように見える善と悪の概念は、どちらも伝統的な思考の枠組みであり、教育という営みによって人間を縛りつけてきたということ。

問七　傍線部(2)「ニーチェは無意味な笑いを称える」とあるが、それはなぜか。その理由として最も適当なものを、次の①～⑤の中から一つ選び、その番号を記入しなさい。（配点5点）

① 無意味な笑いは、伝統的な価値観や善悪の概念をひたすら信じていた人間を刺激し、何ものにも縛られない自由と幸福を求めて、自分たちを縛りつける社会の旧来の観念を批判し抵抗する力を与えるから。

C
① 無意味なもの
② 相対的なもの
③ 合目的なもの
④ 客観的なもの
⑤ 空想的なもの

D
① 愉快な話をみつける
② 懐かしい思い出を語る
③ 新たな自分を発見する
④ 他者の長所に気づく
⑤ つらい出来事を忘れる

問四 空欄 B に入る最も適当な言葉を、本文中から**二字**で抜き出しなさい。（配点2点）

問五 空欄 X ・ Y に入る最も適当な言葉を、次の①～⑧の中からそれぞれ一つずつ選び、その番号を記入しなさい。ただし、同じ番号は一度しか選べない。（配点4点）

① のきなみ　② あたかも　③ まず　④ たとえば
⑤ やがて　⑥ まだ　⑦ なぜなら　⑧ つまり

問一　傍線部(a)・(c)・(e)の片仮名を漢字にしなさい。（配点6点）

(a)　コウソク　　(c)　モサク　　(e)　サける

問二　傍線部(b)・(d)の漢字を**平仮名**にしなさい。（配点4点）

(b)　喝破　　(d)　仮借

問三　空欄 A ・ C ・ D に入る最も適当な言葉を、次の各群の①～⑤の中からそれぞれ一つずつ選び、その番号を記入しなさい。（配点6点）

A
① 普遍的な
② 開放的な
③ 伝統的な
④ 批判的な
⑤ 楽観的な

（中山元『わたしたちはなぜ笑うのか　笑いの哲学史』による。出題の都合上、一部中略・改変した箇所がある）

（注1）最後の第六の理論――筆者はここまで五つの理論を考察してきている。

（注2）カント――イマヌエル・カント、ドイツの哲学者（１７２４〜１８０４）。

（注3）マルクス――カール・マルクス、ドイツの哲学者、経済学者（１８１８〜１８８３）。

（注4）ニーチェ――フリードリヒ・ヴィルヘルム・ニーチェ、ドイツの哲学者（１８４４〜１９００）。

（注5）『悦ばしき知識』――ニーチェの著書。

（注6）カテゴリー――部類、範疇《はんちゅう》。

（注7）最後の人間――ニーチェの著書『ツァラトゥストラはこう言った』で、「超人」の対極にある一般の人間のこと。

（注8）超人――ニーチェ哲学の中心概念であり、人間を超克した完全な人間のこと。

（注9）ツァラトゥストラ――『ツァラトゥストラはこう言った』で、超人の具体像とされる人物。

（注10）永遠回帰――ニーチェが説いた、この世はすべてが永遠に繰り返すという概念。永劫《えいごう》回帰。

（注11）フロイト――ジークムント・フロイト、オーストリアの精神科医、心理学者（１８５６〜１９３９）。

（注12）ヴィクトル・フランクル――オーストリアの精神科医、心理学者（１９０５〜１９９７）。

のの全体を批判的なまなざしで眺めるために役立つのである。

そして収容所の仲間の心が挫《くじ》けないようにするために、仲間に「これから少なくとも一日に一つ [D] ことをおたがいの義務にしよう」と提案したのだった。想像できるように強制収容所の生活は、巨大な苦悩をもたらす。その苦悩は心を満たし、やがて心を壊してしまうだろう。それを(e)サけるためには、この苦悩を相対化するまなざしをもつ必要があるのである。

ユーモアの意志をもつこと、それは「事物を何らかの形で機知のある視点でみようとすること」であり、「あらゆる苦悩のある相対化を前提とする」ことなのである。そしてこの視点に立つかぎり、「それ自身はきわめてささやかなことも最大のよろこびをもたらしうる」のだという。笑っているかぎり、幸福と喜びを味わえているかぎり、どれほど苦悩に満たされた心でも、心が壊れることを防げるだろう。

フランクルにとってこの笑いの機能の認識は貴重なものだった。[Y] 彼は本職の精神医学者として、この笑いを治療に導入する。それが(4)ロゴテラピーである。この笑いの力によって「患者は神経症を客観化して自分をそこから引き離す」ことを学ぶのである。そして「精神の反抗心を呼び起こすことができる」ようになるのである。フランクルは断言する。「ユーモアほど患者を自分自身から引き離すものはない」。

フランクルは「ユーモアは人間的実存的なものである」とまで主張する。「患者は、不安を面と向かってみることを、いやそれを面と向かってあざ笑うことを学ばねばならない。そのためには笑うことへの勇気が必要である」。そして心に笑いが忍び込んできたとき、「患者はもう賭けに勝ったのである」。自己を含めた世界を笑いのめしながら「ユーモアをとおして患者はたやすく、自分の神経症の症状をどうにか皮肉り、最後には克服することをも学ぶのである」。この治療の手段としての笑いの効果は、わたしたちがこの閉塞された世界のうちで勁《つよ》く生き抜くために必須の手段である。わたしたちを圧《お》し潰そうとするものの一切を笑い飛ばそうではないか。

「もう羊飼いではなかった、もう人間ではなかった。変身して、光に包まれていた。そして笑った。この地上でこれまでどんな人間も笑ったことのないような笑いだった」。［X］その笑いが訪れていないツァラトゥストラは、この笑いに憧れる。「その笑いへの憧れに、俺は蝕《むしば》まれている。おお、どうやって俺は生きることに耐えるのだ！」。

このように笑いは、ニーチェの哲学の核心のところにある。ここに描かれたような超人の認識、超人への認識のプロセスとしての笑いを別としても、ニーチェにとっては笑いは多くの場合、解放の帰結であり、幸福の現《あら》われである。(2)ニーチェは無意味な笑いを称《たた》える。「無意味なことへのよろこび――いかにして人は無意味なことによろこびをもちうるのであるか？　つまりこの世で人が笑うかぎり、こうした場合があるのである。それどころか、幸福のあるところほとんどどこにでも無意味なことへのよろこびがある」。

こうした無意味なものがよろこびをもたらすのは、すでに考察したように、それが人間を意味の体系のコウソクから解放してくれるからであり、「われわれが通常われわれの(d)仮借ない主人とみている必然的なもの・［C］・経験的なものの束縛から、一時的にわれわれを解放」してくれるからである。この束縛から自由になったときの、空白の一瞬を笑いが満たす。このときの笑いは、カントやフロイト(注11)の笑いと重なるところがある。「期待されていたもの（それは通常不安がらせ、緊張させる）が害を与えずに発散されるとき、そのときわれわれは戯れ笑う」のである。笑いは人を自由にし、自由は人を笑わせるのだ。

この笑いと自由の深い結びつきを語っているのが、強制収容所への収容を体験したヴィクトル・フランクル(注12)である。『夜と霧』のなかで彼は、(3)笑いが人々の精神を崩壊させないためにいかに貴重な武器となったかを強調している。強制収容所にはユーモアもあったと言ったならば驚かれるだろうと認めながら、フランクルは「ユーモアもまた自己維持のための闘いにおける心の武器である。周知のようにユーモアは通常の人間の生活におけるのと同じように、たとえ既述のごとく数秒でも、環境から距離をとり、それを上から眺める場所にみずからを置くのに役立つのである」と指摘する。ユーモアは自己を含めた強制収容所というもの存続のためという目的にしたがって定義されていたのではないかと指摘する。善がそうであるように、「他人の不幸をたのしむ意地悪い悦びとか、掠奪《りゃくだつ》欲とか支配欲、そのほか悪と呼ばれるあらゆる本能、それらは種族保存の驚くべき経済《エコノミー》の一部をなすものだ」と(b)喝破する。

ニーチェによると、(1)このことに気づかせてくれるのが、笑う者なのである。道徳について、良心について、宗教について真面目な顔で語る人々、「良心の呵責《かしゃく》と宗教戦争とのあの教師たち」は、人間を生に固執させ、伝統的な善悪の概念のくびきへの隷従を強めるばかりである。真に求められるのは、こうした真面目な営みを心から嘲笑する笑う者なのだ。

必要なのは「個人としての諸君を全く完膚なきほどに嘲笑できる者」であり、「諸君が蠅《はえ》や蛙《かえる》のような無限に惨めな存在だということを、それが真理だと思いこまされるぐらいしたたかに、諸君の胸に叩《たた》き込むことができるような者」である。そしてこの者は「十全の真理からして笑うとすればそうも笑うだろうように自己自身を笑う」者であるだろう。

このような笑う者が登場するとき、初めて「笑いが智恵《ちえ》と結ばれるであろう、そしておそらくそのときは〈悦ばしい知識〉だけが存在することとなるだろう」。『悦ばしき知識』は、こうした笑いと結びついた知識を(c)モサクする書物である。「笑いにとってもなお未来というものが必要である」からだ。

それだからこそ、(注7)最後の人間を超える(注8)超人を予感させる(注9)ツァラトゥストラは哄笑《こうしょう》するのだ。「ツァラトゥストラは予言する。ツァラトゥストラは笑って予言する。がまんできない者ではない。絶対者ではない。縦に横に跳ぶことが大好き」な者なのだ。

ツァラトゥストラは、この超人にいたる [B] の過程において、大いなる笑いが不可欠であることを強調する。(注10)永遠回帰の思想を予感したツァラトゥストラは、道路に羊飼いが横たわっているのを幻視する。この羊飼いの喉には蛇が入り込んでいて、彼に噛《か》みついている。ツァラトゥストラは、「噛み切れ！」と叫ぶ。そして羊飼いはこの助言にしたがって蛇を食いちぎる。そして変身する。

適性検査Ⅱ

（六〇分）

一　問題文を読んで次の問一～問十に答えなさい。解答はすべて楷書で所定の解答用紙に記入しなさい。

近代の笑いの理論の最後(注1)の第六の理論は、人間の自由を獲得するための批判的な笑いの理論である。人間を抑圧するものを批判する笑いによって、解放という効果が生みだされるのである。カント(注2)やマルクス(注3)のいう意味で、批判という営みが社会のうちでの抑圧を批判し、自由に生きるための場を確立することを目指すものであるならば、笑うことによってその主体が自由になり、心の病から癒《いや》されるのであれば、こうした笑いには A 要素が含まれていると考えることができるだろう。

こうした笑いの理論を代表する思想家はニーチェ(注4)である。この節では、さらにニーチェにとって笑いがいかに人間を自由にするものであるかという視点から考えてみよう。ニーチェにとって笑いは、社会のなかでの解放を実現するための手段であるとともに、伝統的な思考の枠組みのくびきから解放されることによって生まれる結果でもある。まず笑いは、自己への批判によって、社会の旧来の善悪の観念のくびきから解放されるために役立つ。(注5)『悦《よろこ》ばしき知識』の第一書は、こうした笑いへの称賛の言葉から始まる。

ニーチェは、人間たちを(a)コウソクしている善と悪のカテゴリー(注6)は対立するもののように思われたとしても、どちらも人間の種

解答編

適性検査Ⅰ

◀英　語▶

1　**解答**　(1)―④　(2)―③　(3)―①　(4)―①　(5)―②

解 説　(1) stimulate *A* to *do*「*A* を刺激して～させる」

(2) be jealous of ～「～をねたんで」

(3) misguide *A* into *doing*「*A* を誤った方へ導いて～させる」

(4) undamaged「無傷の」

(5) annoyance「迷惑，厄介ごと」

2　**解答**　(1)―④　(2)―⑤　(3)―⑧

解 説　(1) get rid of ～「～を取り除く」 get over ～「～を乗り越える」

a.「あなたの乗り物が錆びる原因になりうる条件を見てみましょう。また錆びを防ぐ方法，およびあなたの車がすでに錆びの兆候を示している場合にそれを取り除く方法も見ていきます」

b.「言語の壁はいまだにとても高く，この壁を乗り越えるのは難しい。しかし，ジェスチャーや絵文字といった非言語的コミュニケーションはその壁を大いに低くする」

(2) lean out of ～「～から身を乗り出す」 lean towards ～「～に傾く」

a.「子どものころを覚えている。路線沿いの大部分に果物の木があり，電車から身を乗り出してレモンやオリーブをつかもうとすることが出来た」

b.「私のこれからの人生の中でもっとうまくなったら，ミュージカルを書くかもしれないが，私の技能は常に喜劇や小説を書く方に傾倒してきた気がする」

⑶ wear away ～「～を（徐々に）すり減らす」 wear out「摩耗する」

a.「崖は時間の経過とともに，風雨が徐々に岩をすり減らすにつれてなだらかになっていく。この過程は浸食とよばれる」

b.「自転車やバイク，車の可動部品は，定期的にメンテナンスしないとすぐに摩耗してしまう」

3 解答 ⑴―①　⑵―②　⑶―④

解説　⑴ sit on the fence は「日和見をする，どっちつかずである」という意味のイディオム。ここでは，ヘイタロウが直前で「この中から1つ買おうとしばらく考えているが，もう決めなくては。どれがいいだろうか」と言っていることから，文脈で意味を判断し①を選ぶ。

⑵ルナが2番目の発言で「外国語を学んで運用力を高めれば，扉が開く」と述べ，続いてノゾミも「それだけではなく世界への扉も開く」と述べているので，「より多くの機会が可能になると考える」という意味の②が正解。

⑶デイヴィッドが1番目の発言で「毎日何か面白いことが起こるから，刺激を受けている」と述べているので，④が正解。

4 解答 問1．threw himself　問2．④　問3．realize, with

問4．⑷―②　⑸―⑦　⑹―②　問5．④

問6．⒜醜く，ひどいデザインだと思ったので

⒝すべてを自分でデザインすることに取り組み始めた。

問7．②　問8．④

解説　≪ウィリアム=モリスの業績≫

問1．throw *oneself* into ～「～に没頭する」

問2．第1段第5文（He had begun …）に「ロセッティに建築家の道を諦め，偉大な画家になる道を選ぶよう説得された」とあるので，これに一致する④が正解。set *A* *B*「*A*（人）に *B*（目標・任務）を課す」

問3．使役動詞 make の後は「目的語＋動詞の原形」の形になる。be

born with ～「～を持って生まれる」 withは「付随」の意味を表す。

問4．下線部(4)の直前にRossetti had been their heroとあり，このheと下線部(6)のhisはRossettiだと判断できる。下線部(5)については，第2段第2文（Like the Brotherhood …）のthem / theyと同じものを指し，それは同段第1文（Morris was 'Topsy' …）に記述されているa group of intellectual and visionary young menである。かねてから英雄視していたRossettiに支援・保護してもらえるとなったMorrisやBurne-Jonesを中心とした若者たち（＝they）がRossettiを熱狂的に迎えたという流れも自然である。

問5．(much) to the dismay of ～「～が（とても）困惑したことには」ジェイニーについてネガティブな要素，つまり彼女が貧しい馬丁の娘であることと考えられ，④を選ぶ。

問6．ugly「醜い」 set about ～「～に取り組み始める，着手する」

問7．下線部を含む文（Morris began wallpaper …）でセミコロンの後に記述されている②の作品名が正解である。

問8．第1段第5文（He had begun …）に「彼は建築家になることを望んで教育を始めた」とあるので，④はこれに一致しない。①は第4段第2文（It was this …），②は第4段第1文（The Firm was …），③は第5段第2文（He originated tapestries …）にそれぞれ一致する。

5 解答

問1．(ア)―②　(イ)―①　(ウ)―③　(エ)―④

問2．②　問3．②　問4．④

問5．家族の大切さ，勤勉，誠実，他者への思いやり

問6．themselves understood

問7．immigrated　問8．②

解説　≪あるイタリア系アメリカ人の物語≫

問1．(ア)空所に続く名詞conditionが単数形なので，② oneが入る。もし① firstが入るならば，空所の前に冠詞theが必要。

(イ) at first「最初は」

(ウ)文中で子供の数は明記されていないが，数の選択肢は②と③なので，消去法で残った③ threeを入れる。

(エ)空所に続く箇所（as if Momma … all the time.）で「まるで両親はそこ

でずっと働いているようだった」とあるから，店が「24時間営業」ということだと判断し，④を選ぶ。

問2．第1段第4文（The young couple …）に「彼らにはお金もなく，英語も話せず，教育もなかった」とあり，続く同段最終文（They were filled …）に「希望と不安に満ちて」とあるので，②が正解。

問3．desire to *do*「～したいという欲望」 climb out of ～「～から抜け出す」 on the strength of ～「～の力によって」

問4．(be) immersed in ～「～に没頭して」

問5．第5段第2文（But they taught …）にある the values of family, hard work, honesty, and caring about others が答えである。

問6．make *oneself* understood「言いたいことを伝える」

問7．下線部の「彼らやその祖先は，より早くこの国の海岸に到着していた」とは，「アメリカに移民した」ことを指す。ancestor「祖先」

問8．第8段第2文（But at the …）に「イタリア系移民の息子であり，イタリアから受け継いだものが今の自分を形作る助けとなったことを誇りに思う」とあり，続く最終段第1文（The beauty of …）に「アメリカの美点は，自分の現在を肯定するために過去を否定しなくていいことだ」とあるから，これらに一致する②が正解。①は「筆者が生まれた頃，ニューヨークではイタリア食材が人気であった」に該当する記述は本文中にない。③は「常に子供たちの勉強を手伝っていた」が誤り。④は「アメリカに生まれたことが現在の自分を築いた」とあるが，イタリアにルーツを持つことを誇りに思っているという言及がないので，適切ではない。

6　**解答**　(1) 21 (students)　(2) 32 (seconds)

〔解説〕 (1)読書好きとビデオ好きの延べ人数は $27+30=57$ 人。一方，少なくとも片方が好きなのは，どちらも好きではないと回答したのが4人なので $40-4=36$ 人となり，両方好きな人は $57-36=21$ 人となる。

(2)立方体の1つの面の面積は $96\div6=16\mathrm{cm}^2$。よって1辺の長さは $\sqrt{16}=4\mathrm{cm}$ となり，立方体の体積は $4^3=64\mathrm{cm}^3$。1秒間に $2\mathrm{cm}^3$ ずつ水を入れた場合，一杯になるのに要する時間は $64\div2=32$ 秒である。

7 **解答**　(1)—⑦　(2)—⑤　(3)—④　(4)—③

解説　(1)「一蓮托生」は「最後まで運命や行動をともにすること」の意味なので，⑦が正解。

(2)「一朝一夕」は「一日，わずかな時間」の意味で，ふつう「一朝一夕にはできない」と否定の形で用いるので，⑤が正解。

(3)「切磋琢磨」は「友人同士が互いに励まし合い競争し合って，共に向上すること」の意味なので，④が正解。

(4)「満身創痍」は「全身傷だらけであること」の意味なので，③が正解。

8 **解答**　(1)—②　(2)—⑥　(3)—⑦　(4)—⑥

解説　(　　) 内を正しく並べた文とポイントはそれぞれ以下の通り。

(1) I was (told to travel by train instead of) cycling, so I did.　be told to *do*「～するよう言われる」← tell *A* to *do*「*A* に～するよう言う」 instead of ～「～の代わりに」

(2) All you (have to do is press the button) and this machine is ready for use.　all you have to do is *do*「～しさえすればよい」 原形不定詞の用法。不定詞が be 動詞の補語になる場合 to が省略され動詞の原形となる。特に主語が all や what などで始まる節の場合に多い。

(3) You should never (put off till tomorrow what you can) do today.　put *A* off「*A* を先延ばしにする」 what は関係代名詞で「～すること，もの」の意味を表す名詞節を作り，ここでは put off の目的語となる。

(4) A taxi (will get you there in half the) time.　無生物主語構文で，get は「(人を場所に) 連れていく」の意味。all や half など一部の数量を表す形容詞は，冠詞より前に置かれることに注意しよう。

◀英語リスニング▶

解答
(1)—②　(2)—②　(3)—③　(4)—①　(5)—④
(6)—②　(7)—①　(8)—④　(9)—②　(10)—④

解説　(1)「現在，延滞料金を課す図書館はどれか」
第2文（Columbia University Library …）で，コロンビア大学図書館では1冊あたり1日5ドルの延滞料金が課されると言っているので，②が正解。overdue「(支払い・返却の) 期限を過ぎて」
(2)「話し手が自転車に乗るのが好きなのはなぜか」
第5文（I don't have to …）で，「時刻表や他人に頼る必要がない」と言っているので，②が正解。rely on ～「～に頼る」
(3)「話し手によると，物価上昇に対処する最も一般的な戦略は何か」
第3文（In a recent …）で，「ある調査では，最も一般的な戦略は外食を減らすことだ」と言っているので，③が正解。strategy「戦略」 dine out「外食する」 cut back on ～「～を削減する」
(4)「サミュエル=ジョンソンが英語の辞書作りを始めたのはいつか」
第2文（Working mainly by …）で「1755年に辞書を出版した」，さらに続く第3文（It had taken …）で「制作にちょうど7年かかった」と言っているから，①が正解。it take(s) *A* to *do*「～するのに *A*（時間）がかかる」
(5)「ヘンリー=フォードの会社がそれほど成功したのはなぜか」
第5文（Ford cars were …）で「フォードの車は誰にも手頃な価格だった」，続く第6文（His ideas brought …）で「彼の考えは会社に大成功をもたらした」と言っているので，④が正解。affordable「手頃な価格の」
(6)「話によると，女性が宝くじに当たる手助けとなったのは何だったか」
第4文（So, instead of …）で「隣人は偶然に違う番号を選んだ」，さらに最終文（The one time …）で「結婚記念日を使わなかったときに宝くじに当たった」と言っているので，②が正解。win a lottery「宝くじに当たる」 wedding anniversary「結婚記念日」
(7)「アレックスがストーン・フェスティバルでしなかったことは何か」
「それ（美しい石細工）を買ったの？」という男性の最後の発言での質問

に対して，アレックスは最後の発言で「予算オーバーだったし，重すぎて家に持って帰れなかった」と言っているので，①が正解。stonework「石細工」 *one's* price range「予算，使えるお金」

⑻「ユキがリンゴを，アメリカで最も人気の生の果実ではないと考えるのはなぜか」

ユキが 3 番目の発言で「リンゴとオレンジはたいていビン詰めのジュースなどの加工製品の形で消費されている」と言っているので，④が正解。fresh fruit「（加工品やドライフルーツ等と対照的に）生の果実」

⑼「ジャネットが保健室に行くことになったのはなぜか」

ジャネットが最初の発言で「実は気分が良くない」と述べており，その後男性の説得に応じて保健室に行くことに決めているので，②が正解。男性の 3 番目の発言の「熱があるの？」という質問に対し，ジャネットは「分からない，測っていない」と答えているため，③は誤り。

⑽「チャーリーと家族が公園に着くのにどのぐらい時間がかかったか」

チャーリーが 4 番目の発言で「自転車で公園に行った」と言い，「どのぐらい時間がかかったの？」という女性の質問に対して，続く最後の発言で「40 分ぐらいだよ」と答えているので，④が正解。

れまでにない性質を身につけられるようになることが大切である」とあるが、「親離れ、子離れ」したところで、「それまでにない性質を身につけられる」わけではないので不適。

問九　①は第三段落「種子植物には、花粉と種子という二回の移動のチャンスがある」に反するため不適。②のように「すべての植物」が「移動させるため」の「特別な仕組みを持ってい」るわけではないので（第七段落）、不適。③は「種子を移動させずに生き残っているものもある」が第十二・第十三・最終段落に反するので不適。④の「野望を抱いて」とあるが、第十三段落の傍線部(d)を含む文に反するので不適。⑤は最終段落と合致する。

二

出典　稲垣栄洋『雑草はなぜそこに生えているのか』〈第六章　タネの旅立ち（雑草の繁殖戦略）〉（筑摩書房）

解答

問一　(a)浮（く）　(c)舗装　(d)冒険

問二　(b)ねんちゃく　(e)おこた

問三　工夫

問四　B—②　C—⑤

問五　①

問六　①

問七　環境の変化に対応できるようできるだけ分布を広げる必要と、親植物が生育の弊害にならないようそこから離れる必要とがあるから。（六〇字以内）

問八　③

問九　⑤

解説

問五　第七段落に「現実的には、……たった三つの方法しかないということがわかる」と書かれている。

問六　動物散布の例についてで、第十段落ではオオバコの例が挙げられている。オオバコは、その種子が本来乾燥から身を守るための粘着物質によって人間の靴や車のタイヤにくっつき移動する雑草である。③のように「人に踏まれて増えていく方法を取っ」たわけではない。

問七　傍線部(3)の直後の「種子を移動させる理由の一つは分布を広げるためである」と、最終段落の「親植物からできるだけ離れるためなのである」という二つの要素を入れること。

問八　最終段落の「親植物と子どもの種子とが必要以上に一緒にいることは、むしろ弊害の方が大きいのだ」を中心に考える。その理由は、「親植物が葉を繁らせれば、……生育を抑えてしまうこともあるだろう」からである。③は、「そ

問四　第十段落に「超人への認識のプロセス」とあるところを参照する。

問六　第三段落に注目。善と悪の定義には共通していることがあり、それらが共に種族保存に資するものだということである。その「資する」というのが、「経済の一部をなす」というニーチェの言葉の意味である。ここでの「経済」とは「ものごとを効率的に動かすしくみ」という程度の意味で、②の「経済的な豊かさ」ということではない。

問七　この段落の冒頭の「このように」というのは、ニーチェの笑いに対する考えを指しているので、第四～十段落までをまとめる。傍線部の直前に、「解放の帰結であり、幸福の現われ」とあるので、まずは「幸福」という言葉が入っていない選択肢は外れる。その上で第四段落の内容と一致する⑤が正解となる。

問八　第十二段落には強制収容所という「環境」の悪状況について書かれており、第十三段落では強制収容所の生活による「苦悩」について書かれている。こうした内外の劣悪な状況を笑うことで客観化したり相対化したりすることで「精神を崩壊」させないようにするのだから、「環境」と「苦悩」の二つの対象化について書かれている⑤が正解となる。

問九　「テラピー（セラピー）」が心理療法のことであるという知識は必要。しかも「ロゴ」がロゴス（言葉）という意味であることも知っていれば、「言葉による心理療法」ということが説明の中心になることが分かる。内容的には直後の「笑いの力によって『患者は神経症を客観化して自分をそこから引き離す』」とあるので、その内容で肉付けする。「引き離す」のはどこからかと言えば、問八で考えた「環境」と「苦悩」であるので、それも加える。

問十　本文によれば笑いによって自由を得られるのであり、「善の観念を否定することで」という①は不適。②は第十段落に反するため不適。「誰もが」「超人の認識に達する」とは考えていない。「笑い」による批判は「苦しみ」のような内面だけではなく、「環境」にも向けられるので③は不適。④は最終段落に一致する。批判という言葉を説明した第一段落を見れば、⑤の笑いによって「反抗心を呼び起こすことが求められている」というのは誤りであることが分かる。

適性検査Ⅱ

一

出典　中山元『わたしたちはなぜ笑うのか　笑いの哲学史』〈第八章　自由と治療の手段としての笑い〉（新曜社）

解答

問一　(a)拘束　(c)模索　(e)避（ける）

問二　(b)かっぱ　(d)かしゃく

問三　A―④　C―③　D―①

問四　認識

問五　X―⑥　Y―⑤

問六　④

問七　⑤

問八　⑤

問九　笑いにより自身の環境や内面的な苦悩を客観化することで、自分をそこから引き離し心を癒す心理療法のこと。（五〇字以内）

問十　④

解説　問三　A、第一段落によれば批判には「解放」という意味があるので、「心の病から癒される」のも批判の効果である。「解放」の意味に注意。C、人間にとって意味のあるものの例として挙げられているものの一つである。④の「客観的なもの」は紛らわしいが、「経験的なもの」とは同列に並ばない。

■一般選抜前期：Ａ方式，Ｍ３・Ｍ２方式

問題編

▶試験科目・配点

区分		教科	科目	配点
全学部・学科共通	Ａ方式	外国語	①コミュニケーション英語Ⅰ・Ⅱ・Ⅲ，英語表現Ⅰ・Ⅱ	200点
			②英語リスニング	30点
		選択	日本史Ｂ，世界史Ｂ，「数学Ⅰ・数学Ａ」から１科目	100点
		国語	国語総合（近代以降の文章）・現代文Ｂ	100点
	Ｍ３方式	外国語	コミュニケーション英語Ⅰ・Ⅱ・Ⅲ，英語表現Ⅰ・Ⅱ	200点
		選択	日本史Ｂ，世界史Ｂ，「数学Ⅰ・数学Ａ」から１科目	100点
		国語	国語総合（近代以降の文章）・現代文Ｂ	100点
	Ｍ２方式	外国語	コミュニケーション英語Ⅰ・Ⅱ・Ⅲ，英語表現Ⅰ・Ⅱ	200点
		選択	日本史Ｂ，世界史Ｂ，「数学Ⅰ・数学Ａ」，「国語総合（近代以降の文章）・現代文Ｂ」から１科目	100点

▶備　考

- Ａ方式は２月４日実施分，Ｍ３・Ｍ２方式は２月２日実施分を掲載。
- Ａ方式では，外国語の①と②は試験時間を分けて行う（①・②とも受験必須）。②英語リスニングは，音声問題を用いて20分間で解答を行うが，解答開始前に音量確認等を行うため，試験時間は40分となる。
- 「数学Ａ」は，「場合の数と確率」「整数の性質」「図形の性質」の３項目の内容のうち，２項目以上を履修した者に対応した出題とし，問題を選択し解答することができる。
- 大学指定の外部英語検定試験の等級・スコアを取得している場合，「外国語」の得点（英語リスニングを除く）に上限20点を加点することができる。
- 共通テストプラス方式は，一般選抜前期Ａ方式，Ｍ３・Ｍ２方式の外国

語（「英語リスニング」を除く）と大学指定の大学入学共通テストの２教科２科目で選抜（ただしＡ方式，Ｍ３・Ｍ２方式での試験科目はすべて受験必須）。

英語

◀ A方式(英語) ▶

(90分)

【1】 次の対話文が自然な流れをもつように、[1] ～ [6] に入る最も適当な応答文を、それぞれ①～④の中から選び、**マーク解答用紙(1)**にマークしなさい。
解答番号は、(1) [1] ～(6) [6] 。 (配点18点)

[A couple are talking.]

A : Isn't it about time you went to the hairdresser?

B : [1]

(1) ① Do you think that yours is getting too long?
② Why? Do you think my hair looks so untidy?
③ Has it been that long since I went last time?
④ Isn't it usually in the afternoon when you go?

A : Well, I wouldn't say that exactly, but it is rather long.

B : [2]

(2) ① I guess you're right. It has been several months since I last had it cut.
② You are quite correct. I really long to get it cut in a much shorter style.
③ How can you say that? I only went to the hairdresser a few hours ago.
④ Don't look so shocked! I haven't always liked my hair long, you know.

A : Has it been that long? That surprises me.

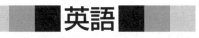

B：[3]

(3) ① Yes, it has. You know I always like to give you a surprise for your birthday.

② Yes, it has. There is often a reason for looking bad for someone's birthday.

③ Yes, it has. It was just before I organized the party for your fortieth birthday.

④ Yes, it has. I remember it clearly, because it was the day before my birthday.

A：I remember too. You wanted to look smart for your birthday party.

B：So I did. What do you think about me changing the style of cut this time?

A：[4]

(4) ① I don't think you should. I like it this way. But how about coloring it?

② It's fashionable to cut it all off nowadays. Why don't you try that?

③ To be honest, I don't want to think about your new hairstyle at all.

④ You'd better ask someone else to cut mine. I'm not confident to do it.

B：That's maybe a good idea. I've noticed a few gray hairs recently. I could hide those.

A：[5]

(5) ① Where did you put the big scissors? I can never find them.

② Why don't you put them with all the others in the drawer?

③ Where did you see those? I can't say that I've noticed any.

④ Why can't you see the gray ones? Is your eyesight okay?

B：On the top, but you hardly notice them. What color do you think would suit me?

A：[6]

(6) ① How about painting your head black? You'd look funny!

② How about a light brown? It would make you look younger.

③ How about it if you choose the most suitable color for me?

④ How about having a break, and just letting your hair grow?

B：I'm not so sure that it would take the years off, but I could give it a try!

【2】 次の各組において、それぞれ①～⑦の語を空所に入れて日本語とほぼ同じ意味の英文を完成させたい。その場合、[7] ～ [12] に入れるのに最も適当なものを、それぞれ①～⑦の中から選び、**マーク解答用紙(1)**にマークしなさい。
解答番号は、(1)[7] ～(6)[12]。　　　　(配点 24 点)

(1) 天然ガス、石炭、石油などの化石燃料は私たちの近代生活を支えてきたが、いま人類が直面しているおそらく最大の課題は、それに代わり得る安価で再生可能な、かつ環境を汚染しないエネルギー源を見つけ出すことだろう。

Fossil fuels such as natural gas, coal and oil [　] [　] [　] [　] lives, but perhaps the greatest challenge facing humanity today is to find uncostly, renewable, and non-polluting sources of energy [　] [　] [7] fossil fuels.

① modern　② replace　③ supported　④ can
⑤ our　⑥ which　⑦ have

(2) ヨーロッパ諸国の旧植民地は、そのほとんどが20世紀に政治的な独立を勝ち得たが、その多くは経済や文化の面でいまだに西欧の国々に依存している状況にあり、その支配はしばしば「新植民地主義」と呼ばれる。

Most of the former colonies of European countries [　] [　] [　] in the 20th century, but many are still [8] [　] [　] [　] in terms of economy and culture. This dominance is often called "neocolonialism."

① on ② independence ③ countries ④ gained
⑤ Western ⑥ dependent ⑦ political

(3) いま世界で使われている文字の種類は、新聞で使われているものに限っても約40種類あり、エジプトの象形文字のような過去の文字まで含めるなら優に400種類を超えるそうだ。

It is said that there are about forty types of characters used in the world today, if we limit them [ ] [9] [ ] [ ] used in newspapers and, [ ] [ ] [ ] characters such as Egyptian hieroglyphs, there are well over four hundred types.

① past ② including ③ those ④ to
⑤ are ⑥ which ⑦ if

(4) メキシコの「ユカタン」という地名は、じつは完全な誤解に由来している。ヨーロッパ人に土地の名前を聞かれた現地人は「ユカタン」と答えたのだが、これは実際には「何を言っているのか分かりません」という意味だったのだ。

The place name "Yucatan" in Mexico can in fact [ ] [ ] [10] [ ] a complete miscommunication. When [ ] [ ] [ ] about the name of the place, the local people answered "Yucatan", but it actually meant "I don't understand you."

① traced ② Europeans ③ by ④ be
⑤ to ⑥ asked ⑦ back

(5) ホモサピエンスの脳は大きいとよく言われるが、重要なことは、そのサイズと構造が体全体の大きさに占める比率である。測定によれば、一般の哺乳類の平均と比べて私たち人類の脳は5倍も大きいとされている。

It is often said that *Homo sapiens* has a large brain, but [ ] [11] [ ] its size and structure in proportion to the whole body. According to measurements, our brain is □ □ □ □ the average of mammals in general.

① matters　② than　③ is　④ what
⑤ times　⑥ larger　⑦ five

(6) 私の初めての日本体験は大阪でのホームステイだった。それまで学んできた日本語とはまったく別物のような関西弁に最初は戸惑ったが、慣れるにつれて、そのリズミカルな響きや意味のおかしさに魅力を感じるようになった。

My first experience of Japan was a homestay in Osaka. At first, I was confused by the Kansai dialect, which seemed □ □ □ the Japanese that I had learned, but as I □ [12] □ □ , I came to appreciate its rhythmic sounds and funny meanings.

① different　② it　③ completely　④ to
⑤ used　⑥ from　⑦ got

【3】 次の(1)～(10)の各文には4か所下線が施してある。そのうち1か所を訂正すれば、その文は正しい英文になる。その箇所をそれぞれ①～④の中から選び、**マーク解答用紙(1)**にマークしなさい。

解答番号は、(1) 13 ～(10) 22 。 (配点20点)

(1) His ①initial plan met ②with criticism from his co-workers, so he proposed an ③alternative plan ④what seemed more realistic and practical. 13

(2) ①Given the current problems related ②for social justice and the environment, the business ③case for corporate social responsibility is stronger than ④ever. 14

(3) Like ①much other primates, Japanese monkeys live in groups ②within which there ③are complex ④social interactions. 15

(4) Sociology is wide in ①scope, encompassing everything from ②casually encounters ③between people ④to cross-cultural conflicts and globalization. 16

(5) It is ①not wonder that he has ②won the championship, ③as in the last few months he became a ④new man. 17

(6) The WHO stated ①that it was more important to ②provide two vaccinations to the poor people of the world than to give extra ③protect to ④those in wealthy countries. 18

(7) The North Pole is ①fundamentally different from the South Pole in ②which the former is a ③frozen sea ④while the latter is a continent. 19

(8) Wind and water ①has a powerful influence ②on landscape because they are ③continually eroding the soil and ④even rocks. 20

(9) Linguists have discussed the extent ①to which children have an ②inborn linguistic ability as ③opposing to learning a language by ④imitating adult speakers. 21

(10) ①Spy thrillers by the author are concerned ②by the inner ③feelings of the characters, ④rather than external action. 22

【4】 次の(1)～(4)のAの文に対するBの応答として、最も不適切なものを、それぞれ①～④の中から選び、**マーク解答用紙(1)**にマークしなさい。
解答番号は、(1) 23 ～(4) 26 。　　(配点16点)

(1) A : You'll never get that right unless you concentrate.
B : 23
① You're right. I'll stop thinking about it and see what happens.
② I'm doing my best! Please let me try to do it one more time.
③ It's odd, but I could do it quite easily yesterday. I wonder why?
④ Please be patient; I'm almost there. It won't take much longer.

(2) A : Mr. Tsubota is off work today. Shall we call off our meeting?
B : 24
① Yes, I think we'd better. His input is essential to our discussion.
② Yes, I don't think there is anything that cannot wait until tomorrow.
③ No, don't phone him. He shouldn't have come to the office today.
④ No, I believe we can still do something useful, even if he's not there.

(3) A : You want to borrow my car? That's out of the question.

B：25

① Oh, please. I lent you mine the other day, didn't I?

② I know you're worried, but I'll be very careful with it.

③ It's only for an hour or two. I'll bring it straight back.

④ So, what question do you suggest that I ask you then?

(4) A：Shall we eat now, or would you prefer to wait?

B：26

① Can you decide when, just for a change?

② Yes, that's a great idea. Let's do both.

③ I'm not so hungry right now. Let's wait.

④ Any time from now is just fine with me.

【5】 次の英文を読み、下記の設問Ⅰ、Ⅱに対する最も適切な答えを、それぞれ①～④の中から選び、**マーク解答用紙(1)**にマークしなさい。また、下記の設問Ⅲの英文を和訳し、**記述解答用紙(E)**に記入しなさい。

解答番号は、Ⅰ(1) 27 ～(5) 31 、Ⅱ(1) 32 ～(5) 36 。

(配点ⅠⅡ 35 点、Ⅲ 5 点)

In 1881, two young British princes serving as midshipmen in the Royal Navy visited Japan, where they had a meeting with the emperor. This (a)encounter wasn't the most significant between the royal families of Britain and Japan, or the most extravagant — the princes bought a metal teapot and cups as a gift for their father in a tourist market — but it was symbolic of the long and complex interaction between the two countries. While they were in Japan, the princes, aged just 16 and 17, got tattoos on their arms: a couple of birds, storks, for Prince Albert and a dragon and a tiger for the future George V, Prince George.

"Tattoos were part of naval culture and were a British aristocratic fashion in the late 19th century," explains Rachel Peat, the curator of a new exhibition, "Japan: Courts and Culture", which opened at the Queen's Gallery. "But in Japan, tattooing had very different connotations. It has been both a (b) respected art form and at various times illegal, so there is a mysterious atmosphere and almost danger to getting a tattoo."

The sense of something distant, desirable and difficult to access has been a key part of the western fascination for Japanese art, culture and objects. It is shown in this first exhibition dedicated to works of art from Japan in the royal collection, for which the Queen's galleries have been specially redesigned. While it is not a comprehensive survey of Japanese art — no calligraphy or kimonos and only one *netsuke* miniature sculpture — it reveals a fascinating story of diplomacy, taste and power through artistry and craftsmanship.

The first royal contact came in 1613, with an exchange of gifts that included a set of samurai armour, (c) shortly before Japan closed itself to western influence for more than 200 years. Not that this put an end to the attraction for all things Japanese. If anything, the closure of Japan made its products all the more fashionable and sought after, and via Chinese and Dutch merchants, the royal family continued to build its collection of porcelain and lacquer products, whose secrets of manufacture were still unknown in the west. The reopening of Japan in the 19th century encouraged a renewal of royal visits and a new appreciation and understanding of Japanese art in the west, and the start of the 20th century saw warm relations between the countries. The breakdown caused by the Second World War was healed in the 1950s with a coronation gift from Emperor Hirohito to the new British queen, which was widely regarded as an (d) attempt to use art to symbolise a new era of cooperation.

"These objects are normally dispersed across 15 different historic and royal residences," says Peat. "So bringing them together and seeing them as a whole is quite something. Many of the objects are gifts directly commissioned by the imperial family, and in some cases even designed by them. The result is work of the most (e) exquisite quality, but also work that reveals a fascinating history — complete with highs and lows — of an ever-changing relationship not only between courts, but between cultures."

(From the website of *The Guardian*: Art of diplomacy: 300 years of Japanese art in Britain's royal collection)

I According to the passage, choose the best answer.

(1) What are we told about the visit of the two British princes to Japan in 1881?

① The princes bought a tea set at a common tourist market as a souvenir for their father.

② Prior to their visit, the teenaged princes both got tattoos, which were illegal in Japan.

③ The long, friendly relationship between Britain and Japan ended as a result of their visit.

④ The two princes were given presents of birds, dragons and tigers on behalf of the emperor. **27**

(2) Why have western people always been so attracted to Japanese art?

① The first exhibition of the royal collection started a fashionable interest in all forms of Japanese art.

② The geographical distance and the difficulty in obtaining art objects made Japanese art more attractive.

③ Comprehensive surveys on Japanese art were often conducted in the west, and the results were published.

④ Japanese art forms such as calligraphy, kimono and sculptures were introduced in the west by diplomats. **28**

(3) What happened during Japan's long period of isolation from other

countries?

① It caused some Japanese to sell their armour to Europe, which made some merchants very rich.

② Because it lasted for 200 years, British people's interest in Japanese art stopped completely.

③ Interest in the west shifted to Chinese culture, and art form there was taken abroad by the Dutch.

④ People became even more interested in Japanese art, and still managed to acquire art objects. **29**

(4) Which of the following is not true about relations between Britain and Japan after the opening of the country?

① They restarted visiting each other, and the Second World War made it even easier for the visits to occur.

② The visits by the British Royal family raised awareness of Japanese art among people in the west.

③ The Japanese emperor's gift to the new queen helped to improve relations between the countries.

④ Except for the period during and just after the war, Britain and Japan have usually been on good terms. **30**

(5) Why is the new exhibition "Japan: Courts and Culture" so unusual?

① Each object shown there was designed in the form of a member of the imperial family.

② The objects on show are normally kept in many different places, and not seen together.

③ Fifteen objects have been gathered together, but many others are still yet to be found.

④ Most of these objects keep changing, due to the complications of royal relationships. **31**

Ⅱ Choose the word that can best replace the underlined word.

(1) (a) encounter：
① addition ② meeting
③ motion ④ argument
32

(2) (b) respected：
① admired ② announced
③ criticised ④ connected
33

(3) (c) shortly：
① just ② exactly
③ rather ④ finally
34

(4) (d) attempt：
① emphasis ② event
③ effort ④ exception
35

(5) (e) exquisite：
① interesting ② imperial
③ bitter ④ beautiful
36

Ⅲ Translate the underlined part into Japanese:

Not that this put an end to the attraction for all things Japanese.

【6】 次の英文を読み、下記の設問Ⅰ、Ⅱに対する最も適切な答えを、それぞれ①〜④の中から選び、**マーク解答用紙(1)**にマークしなさい。また、下記の設問Ⅲの英文を和訳し、**記述解答用紙(E)**に記入しなさい。

解答番号は、Ⅰ(1) [37] 〜(5) [41] 、Ⅱ(1) [42] 〜(5) [46] 。

(配点ⅠⅡ 35点、Ⅲ 5点)

Stonehenge in southern England (a)ranks among the world's most iconic sites and one of its greatest enigmas. The great stone circle on Salisbury Plain inspires awe and fascination — but also intense debate some 4,600 years after it was built by ancient Britons who left no written record.

The monument's mysterious past has brought into existence countless tales and theories. According to folklore, Stonehenge was created by Merlin, the wizard who magically transported the massive stones from Ireland, where giants had (b)assembled them. Another legend says invading Danes put the stones up, and another theory says they were the ruins of a Roman temple.

Centuries of (c)fieldwork show the monument was more than a millennium in the making, starting out 5,000 years ago as a circular earth bank and ditch. A complicated pattern of wooden posts was replaced in about 2600 B.C. by 80 bluestones from Wales that were rearranged at least three times after the larger stones were added several hundred years later. These huge sandstone blocks, each weighing around 25 tons, were transported some 19 miles (30 kilometers) to create a continuous outer circle with five trilithons (pairs of uprights with a horizontal stone on top) forming a horseshoe shape within. It's been estimated that it took well over 20 million hours to construct Stonehenge.

Modern debate over the monument's meaning has two main camps: those who see it as a holy site, and others who believe it represents a scientific observatory. Both camps base their theories on the site's astronomical influence, with alignments to the sun and moon taken as evidence of rituals linked to the changing seasons and the summer and winter solstices. Alternatively, some stones lined up particularly with stars point to a Stone Age calendar used for working out dates or to (d)reflect or predict astronomical events such as solar eclipses.

Recently a radical new theory has emerged — that Stonehenge served as a "prehistoric Lourdes." Lourdes is the famous religious site in the south of France where Christians go to take the healing waters. Stonehenge may also have become a place of healing. This idea revolves around the smaller bluestones, which, researchers argue, must have been credited with magical powers for them to have been floated, dragged, and hauled 145 miles (233 kilometers) from west Wales. A team led by Tim Darvill of Bournemouth University, U.K., announced in 2005 that it had located the site the bluestones came from, only for another study to suggest the stones had made the journey earlier, (e)powered naturally by ice age glaciers. Work at Stonehenge co-directed by Darvill in 2008 supported the hypothesis, also based on a number of Bronze Age skeletons unearthed in the area that show signs of bone deformities.

Competing to solve the enduring prehistoric puzzle is Sheffield University's Mike Parker Pearson, co-leader of the Stonehenge Riverside Project, which is partly funded by the National Geographic Society. Discoveries by the project team supported Parker Pearson's claim that Stonehenge was a center for ancestor worship linked by the River Avon and two ceremonial avenues to a matching wooden circle at nearby Durrington Walls. The two circles with their temporary and permanent structures represented, respectively, the domains of the living and the dead, according to Parker Pearson.

"Stonehenge isn't a monument in isolation," he says. "It is actually one of a pair — one in stone, one in timber. The theory is that Stonehenge is a kind of spirit home to the ancestors."

(From the website of National Geographic: Stonehenge)

I According to the passage, choose the best answer.

(1) Why does Stonehenge attract so much attention in the world?

① Ancient Britons have been writing and debating about the site for the past 4,600 years.

② According to historians, it took over a million years to complete Stonehenge's construction.

③ The stones are shaped to form a giant puzzle, which no one has yet managed to solve.

④ Even after so many years, people still marvel at this place, and wonder about its purpose. **37**

(2) In which order were Stonehenge's various parts erected?

① Wooden posts were used to replace the bluestones after they had been moved 3 times.

② The larger stones were the last to be put up, after the wooden posts and the bluestones.

③ Merlin began the construction, which was later completed by Irish giants and the Danes.

④ Firstly the stone circles were made, but they were rebuilt later to make a Roman temple. **38**

(3) What evidence is there that Stonehenge may have been a ritual site?

① Some stones seem to be lined up with the movement of the sun and moon, possibly for special ceremonies.

② The stars seem to move between certain stones in random patterns, causing people to worship them.

③ Stonehenge has a pair of camps, which suggests that ancient people often went there for special holidays.

④ The builders of Stonehenge sometimes moved the stones to line up with the sun and moon on special days. **39**

(4) Why has Stonehenge been recently compared with Lourdes?

① The smaller bluestones somehow magically moved themselves from there, bringing their great healing powers with them.

② The waters of Stonehenge may have been drunk by ancient peoples to fight off diseases, as also happens today at Lourdes.

③ Some skeletons with deformed bones were found in 2008, suggesting that those people may have gone there to be healed.

④ When the great stones at Stonehenge spin round and round, sick people often find that their problems have disappeared. 40

(5) What is Parker Pearson's theory about Stonehenge?

① He believes that Stonehenge was one of two sites representing life and death, connected by the river Avon.

② He believes that Stonehenge should not be a lonely place, but needs to be built in both wood and stone.

③ He believes that Stonehenge was really a prehistoric jigsaw puzzle, and we need to put the stones in order.

④ He believes that Stonehenge was built by the National Geographical Society, who paid for the whole project. 41

Ⅱ Choose the word that can best replace the underlined word.

(1) (a) ranks :　① waits　② stops　③ stands　④ continues　42

(2) (b) assembled :　① met　② constructed　③ broke　④ gathered　43

(3) (c) fieldwork :　① study　② farming　③ specialty　④ thought　44

(4) (d) reflect :　① answer　② show

③ reject ④ question 45

(5) (e)powered : ① created ② moved
③ ignored ④ led 46

Ⅲ Translate the underlined part into Japanese.
It's been estimated that it took well over 20 million hours to construct Stonehenge.

【7】 次の(1)～(6)の対になった文がほぼ等しい意味になるように、(　　)内に適当な1語を入れなさい。ただし、各語の最初の1字は(　　)内に示してあるので、それに続けて単語を綴りなさい。
解答は、**記述解答用紙(E)**に記入しなさい。 (配点 24 点)

(1) My dad was raised with five other children.

My dad was (b　　) (u　　) with other five children.

(2) Please don't close that window. This room needs some fresh air.

Please (l　　) that window (o　　). This room needs some fresh air.

(3) I cannot understand why you made that decision. Please explain it again to me.

I cannot understand the (r　　) (f　　) your decision. Please explain it again to me.

(4) I'm not really good at making speeches, but I'll have a go at it.

I'm not really good at making speeches, but I'll (g　　) it a (t　　).

(5) We have to build the new cot before the baby arrives.

We have to (p　　) the new cot (t　　) before the baby arrives.

(6) It's not difficult to learn to dance, if you have a good teacher.

It's (q　　) (e　　) to learn to dance, if you have a good teacher.

【8】 日本文のあらすじを参考に、英文中の㋐～㋘の(　　)内に適当な1語を入れなさい。ただし、各語の最初の1字は(　　)内に示してあるので、それに続けて単語を綴りなさい。

解答は、**記述解答用紙(E)**に記入しなさい。 (配点18点)

At the age of nine, Oliver was a pale, thin child. He and the other workhouse boys never had enough warm clothes or food. They were given only three meals of thin soup every day. On Sundays they had a small piece of bread. They were ㋐(f　　) in a big hall. A large pot stood at one end of the room, and the soup was served by the master. Each boy had one small bowl of soup and no more. The bowls never needed washing, because the boys cleaned them with their spoons until they shone.

One day Oliver and his friends decided that one boy would walk up to the master after supper and ask for more soup. Oliver was ㋑(c　　). In the evening, the boys sat down at the tables. The master stood by the pot, and the soup was served. It disappeared quickly. The boys whispered and made a sign to Oliver. He stood up from the table and went to the master with his bowl and spoon in his hands.

'Please sir,' he said. 'I want some more.'

The master was a fat, healthy man, but he went very pale. He looked with ㋒(s　　) at the small boy.

'What?' said the master at last in a quiet voice.

'Please, sir,' repeated Oliver. 'I want some more.'

The master hit Oliver with his spoon, then seized him and cried ㋓(f　　) help. Mr. Bumble ran into the room, and the master told him ㋔(w　　) Oliver said.

'He asked for more?' Mr. Bumble cried. 'I cannot believe it. One day they will hang the boy.'

He took Oliver away and ㋕(s　　) him in a dark room. The next morning a notice appeared on the workhouse gate. Five pounds were ㋖(o　　) to anybody who would take Oliver Twist. Oliver was a prisoner in that cold, dark room for a whole week. Every morning he was taken outside to wash, and Mr. Bumble beat him with a stick. Then he was taken into the large hall where the boys had their soup. Mr. Bumble beat him in front of everybody. When night came he tried to sleep, but he was cold, ㋗(l　　) and frightened.

But one day, outside the high workhouse gate, Mr. Bumble met Mr. Sowerberry. Mr. Sowerberry was a tall, thin man who wore black clothes and made coffins. Many of his coffins were for the poor people who died in the workhouse. Mr. Bumble told him, 'Mr. Sowerberry, do you know anybody who wants a boy? And five pounds?' He raised his stick and ㋘(p　　) to the notice on the gate.

(Dickens, C. (2001) *Oliver Twist: Penguin Readers (Graded Readers)*)

〈あらすじ〉

9歳のオリバーは、やせて青白い顔をしていた。救貧院の子どもたちには暖かい服もなく、彼らはいつも飢えていた。毎日3回、大きなホールで食事を与えられたが、小さなボウル一杯のスープだけで、それ以上は何もなかった。ある日、子どもたちは相談し、誰か一人が代表で先生のところへ行き、もう少しスープをもらえるよう頼むことに決めた。そしてその代表に選ばれたのはオリバーだった。その晩、いつものように食事が終わると、子どもたちはささやき合い、オリバーに合図を送った。オリバーは立ち上がり、先生の方へ行くと言った。「先生、お願いです。もう少しください。」先生は驚いてオリバーを見た。「何だって？」先生はオリバーを押さえつけ、大きな声で助けを呼んだ。慌ててやって来たバンブルさんに、先生がオリバーの言ったことを伝えると、彼はオリバーを暗い部屋に閉じ込めてしまった。次の日、救貧院の門には張り紙が貼られていた。オリバーを引き取ってくれる人には５ポンドを提供する、というものだった。バンブルさんは、毎日みんなの前でオリバーにお仕置きをした。オリバーは夜になっても、寒くて、寂しくて、怖くて、眠ることができなかった。ある日、バンブルさんは救貧院の外で葬儀屋のサワベリー氏に会うとこう言った。「誰か男の子を欲しがっている人はいませんかね？ ５ポンド付きで。」そして門の張り紙を、持っていた杖で指し示した。

◀ A方式(英語リスニング) ▶

(20 分)

問題は、15 問あります。答えとして最も適当なものを、4 つの選択肢のうちから一つ選んでください。
解答時間中に問題冊子にメモを取ってもかまいません。
はじめにサンプル問題が 1 問ありますが、サンプル問題の解答を解答用紙にマークしてはいけません。

Sample Question：**解答しないこと**

① chair　② desk　③ stool　④ table

Question 1:

① a book　② a net　③ a newspaper　④ a tissue

解答番号 1

Question 2:

① Their color order differs.

② Their number of colors differs.

③ They are made by different materials.

④ They are made in different countries.

解答番号 2

Question 3:

① consuming drinks

② moving around the train

③ requesting delay certificates

④ talking to the driver

解答番号 3

Question 4：

① the doctor ② the hotel ③ the tour company ④ the tour guide

解答番号 4

Question 5：

① deliveries ② gyms ③ magazines ④ memberships

解答番号 5

Question 6：

① The speaker's daughter brought cigarettes on the plane.

② The speaker's daughter brought matches on the plane.

③ The speaker's daughter was left alone.

④ The speaker's suitcase was left alone.

解答番号 6

Question 7：

① increases in pay

② more holidays

③ more respect

④ opportunities for learning

解答番号 7

Question 8：

① English ② French ③ German ④ Latin

解答番号 8

Question 9：

① beef *pho* ② green curry ③ *lu rou fan* ④ pork rice

解答番号 9

Question 10:

① He doesn't like getting wet on rainy days.

② There is a daily traffic jam on the road.

③ There is an upward slope on his way back home.

④ There is no shower room in his office.

解答番号 10

Question 11:

① They are crushed, fermented, and then toasted.

② They are fermented, dried, and then roasted.

③ They are ground, washed, and then toasted.

④ They are shelled, roasted, and then fermented.

解答番号 11

Question 12:

① bicycles ② electric cars ③ pencil holders ④ toilets

解答番号 12

Question 13:

① being left alone at home

② hiding in their closets

③ keeping their keys safe

④ watching TV too loudly

解答番号 13

Question 14:

① $0 ② $5,000 ③ $7.6 million ④ $8.3 million

解答番号 14

Question 15:

① to be formal and powerful

② to be sympathetic and respectful

③ to look gorgeous and fashionable

④ to look strong and healthy

解答番号 15

放送内容

これから，2023年度一般選抜前期A方式2月4日の英語リスニングテストを始めます。
このテストでは，聞き取る英語は，1回だけ流れます。
選択肢は，音声ではなく，すべて問題冊子に印刷してあります。
解答は，指示された解答番号の解答欄に，正しくマークしてください。
あとからまとめてマークする時間はありませんので，1問ずつマークしてください。
それでは，問題を開いてください。
問題は15問あります。
答えとして最も適当なものを，4つの選択肢のうちから一つ選んでください。解答時間中に問題冊子にメモを取ってもかまいません。始めにサンプル問題が1問ありますが，サンプル問題の解答を，解答用紙にマークしてはいけません。
では，始めます。

Hello. It's time for the Listening Comprehension Test.
We have 15 questions in all. Let's do a sample question.

Sample Question:
In front of you, right now, is something that has some sheets of paper on it. What is this thing with a flat surface on which the exam papers are placed? What is it called?

Well, the answer is "desk," which is No. 2. OK? Let's begin.

1
Yesterday I found a huge insect flying around in my room. I really really hate insects, so at first I just screamed and ran out of the room! After that I went back and tried to hit it with a book. That didn't work, so I tried using a rolled-up newspaper. But the insect flew at me instead! I couldn't take any more, so I ended up running next door to my neighbour. He brought a net and came to help me, but he doesn't like

insects either, so he wasn't a lot of help! Then my son came home and picked it up with a tissue and flushed it down the toilet. He made it look so simple!

Question : What was the insect finally caught with?

2

A rainbow is one of the most beautiful and natural phenomena in the sky. It appears when the sun's rays strike raindrops, as the Hawaiian proverb "No rain, no rainbow" says. We think it has seven colors: red, orange, yellow, green, blue, indigo, and violet, from outside to inside. But the truth is, ideas about the number of colors differ between countries. Sometimes you see a secondary rainbow outside the primary one. The color order of the secondary rainbow appears opposite. Yesterday, I happened to see a so-called "upside-down rainbow." Although it looked like a rainbow, it was, in fact, not a rainbow. Unlike rainbows, where sunlight changes its direction through raindrops, in upside-down rainbows the light changes through ice crystals in the clouds.

Question : Why are "upside-down rainbows" not considered real rainbows?

3

Attention train passengers. We are currently experiencing some mechanical problems. Our staff are on site and are working to correct the problem as quickly as possible, but repairs could take up to 30 minutes. Please help yourself to drinks from the food car, which will be available free of charge. Our staff will be moving through the train, and if you have questions or need a delay certificate, they will be able to help you. Please don't push the emergency button or talk directly to the driver at this time. We will continue to update you as the situation changes. We apologise for the inconvenience. Thank you for your patience, and thank you for riding BT trains.

Question : What should the passengers avoid doing?

4

There are many companies in Nepal offering tours for beginners with little experience in mountain climbing. Even so, if you are planning to go to "the roof of the world," you still need to have a knowledge of altitude sickness, which happens when your body isn't used to the air. Once my mother got altitude sickness during a tour in the Himalayas. Her guide foolishly took her to a nearby hotel located a bit higher than where she got sick. If I were going to be mad at someone for her sickness, however, I would be mad at the doctor who gave her sleeping pills, which are the worst medicine for the sickness.

Question : Who does the speaker blame most?

5

Over the past few years many restaurant owners and managers have come up with creative ideas to keep or even increase their sales during the global health crisis. For instance, some restaurants in the U.S. have started offering their customers memberships, similar to signing up for magazine deliveries or access to gyms. The customers agree to pay a set monthly fee, and in return, they get a set number of meals each month. For customers, the attraction is that they receive a discount on the price they would normally pay for the meals. For restaurant owners, the attraction is that they are guaranteed a certain number of sales each month.

Question : According to the speaker, what service are restaurants offering to help stay in business?

6

Many people get stopped and questioned by police at the airport for safety reasons. It happened to me the time I asked my daughter to watch my suitcase while I used the restroom. Unfortunately, my daughter didn't hear me because she was listening to music. While I was gone, she went outside to smoke a cigarette and get rid of her matches, which were not allowed on the flight. You'd think I had walked into the airport with a knife! The police were so angry with me. They told me that I should never leave a bag by itself.

Question : Why was the speaker stopped by the police?

7

I recently heard about a manager who wanted to improve the performance of his company and its employees. He decided to make a rule that whenever people were within ten feet of each other, they would have to smile and make eye contact. The rule also stated that when people were within five feet of each other, they would say hello to each other. This rule was made to remind people to show more respect. It turns out that people want respect more than increases in pay. They also prefer it to opportunities for learning. Even getting more holidays isn't valued as much. The rule paid off. The employees and the company performed better.

Question : According to the speaker, what do people in companies want most?

8

Before 1476, all books in England had to be written by hand. However, in 1476, William Caxton brought the printing press to England, and began printing books there for the first time. It seems that Caxton had learned how to print books in Germany, where he'd published his first book. Although Caxton's first books were in Latin and French, he soon began publishing in English. In fact, 68% of all his books were published in English. This is amazing because in England from the 11th to 15th centuries, French and Latin were the most widely used languages—not English. In fact, 70% of the total number of 15th century books in England were in Latin.

Question : In which language did Caxton publish most of his books?

9

【M】: Mmm… It smells good. I've always wanted to try Asian food here! Thanks to you, I finally made it!

【F】: I'm glad to hear that, Bobby. So, what shall we order?

【M】: Well, green curry with chicken is the most popular dish here, but I'm not too crazy about spicy food. *Lu rou fan* is also popular.

【F】: What's that?

【M】: Well, it is a Taiwanese pork rice. It shouldn't be spicy, I guess.

【F】: How about beef *pho*? I love noodles. I'll have this one.

【M】: Actually, I'll have the spicy one, because I don't want to miss their house specialty.

Question : What will Bobby most probably order?

10

【S】: Hey, Fred! Do you travel back and forth from your home to your company by bike?

【M】: Yes, I get around by bike. You know, the train is crowded, and the road is always jammed with cars, so using a bike is the best way.

【S】: But what about rainy days?

【M】: I don't mind getting wet in the rain, and my office has a shower room.

【S】: So, you have no trouble, then?
【M】: Actually, I do. My house is in a neighborhood with lots of hills. On my way home, there is a terrible hill to climb. It's hard on me after a long day's work.

Question : What's Fred's biggest trouble with going to work by bike?

11
【F】: Would you like some chocolate?
【S】: Oooh, yes please. I was reading about chocolate just this morning.
【F】: What about it?
【S】: Well, did you know that cacao beans actually taste awful?
【F】: How do they improve the flavor?
【S】: The beans are fermented, like when you make natto, and then dried, and then roasted.
【F】: It sounds like a lot of work.
【S】: Yeah. And then they have to shell them. There's still a lot more work to do after that though; grinding, heating and adding in other ingredients.
【F】: How did people find out that if they do all that, then cacao beans can be turned into delicious chocolate?
【S】: I have no idea.
【F】: I'm glad they did!

Question : According to the speaker, how are cacao beans prepared for making chocolate?

12
【M】: You look busy. What are you working on?
【F】: I'm writing a short speech for one of my classes.
【M】: What's the topic?
【F】: I have to talk about an invention that I really appreciate.

【M】：Sounds fun! Are you going to choose a mode of transportation, like electric cars or bicycles?

【F】：No. Lots of people will choose stuff like that. I want to talk about something that many people hardly notice.

【M】：Like what, toilets?

【F】：Those get a lot of attention. Instead, I'm going to write about pencil holders. They allow you to use a pencil even when the pencil is quite small.

【M】：Well, I doubt anyone else will have chosen that topic!

Question : What is the woman going to present about?

13

【S】：I was surprised when I was teaching in an elementary school.

【M】：Oh, really?

【S】：Yeah, so many kids were wearing chains around their necks.

【M】：Was it some kind of fashion?

【S】：At first, I thought it was. Then I realised they were 'latchkey kids'.

【M】：What do you mean?

【S】：The chains were actually keeping their house keys safe.

【M】：Oh, so both parents were still working when they got home from school. Were they scared?

【S】：About losing their keys?

【M】：Well, I meant about being home alone …

【S】：Most of them were, actually.

【M】：Poor them!

【S】：Yeah, right. Some of them said they'd hidden themselves in the closet or turned up the volume on the TV so it was really loud.

Question : What were most latchkey kids worried about?

14

【F】: I went to the Field Museum yesterday and saw 'Sue'.

【S】: Sue? Who's that?

【F】: It's the name of a T-Rex dinosaur. It's called 'Sue' after the person who discovered it.

【S】: Wow! She must be rich!

【F】: Well, she didn't actually get anything for finding the bones, even though they sold for a high price.

【S】: How much?

【F】: They sold for $7.6 million.

【S】: No way!

【F】: It's true! The museum paid $8.3 million with the auction's commission.

【S】: Just for a few bones!

【F】: At first, the owner of the land, Maurice Williams, was only given $5,000 for them. But that sale was problematic, and later the dinosaur bones were returned to him. Then he put them up for auction and sold them to the museum.

Question : How much did Sue get for finding the dinosaur?

15

【M】: You know what a wig is, right?

【F】: Yeah. It's fake hair, isn't it?

【M】: You know, wearing wigs started in France.

【F】: I know. In old paintings, people look so gorgeous and fashionable!

【M】: They first began wearing them when King Louis XIII became bald at a young age.

【F】: Bald?

【M】: Yeah. You know. No hair!

【F】: Oh. So, everyone started copying him, by wearing wigs?

【M】: Yeah. Out of sympathy and respect. They thought that if everyone in the king's court wore a wig, then he wouldn't feel so bad!

【F】：I heard the British use wigs in formal situations to look powerful. You know, British judges, and some politicians, wear them, right?

【M】：That's funny. I thought most people wore them to look strong and healthy!

Question : Why did the French begin wearing wigs?

This is the end of the listening test.

これで，問題を聞く部分はすべて終わりです。
解答終了のアナウンスがあるまで，解答を続けられます。

解答をやめてください。鉛筆を置いて，問題冊子を閉じてください。

◀M３・M２方式▶

（90分）

【1】 次の対話文が自然な流れをもつように、[1]～[6]に入る最も適当な応答文を、それぞれ①～④の中から選びなさい。
解答番号は、(1)[1]～(6)[6]。　　（配点18点）

[At the airport.]

A：Welcome to Japan, Mrs. Gray! How was your flight?

B：[1]

(1) ① It was the same as it always is. I just got on the bus, and here I am.
② It leaves soon, but according to the departures board, it's a little late.
③ It could have been better. The man in the next seat was very noisy.
④ Everything went very smoothly, thank you. It's very good to be here.

A：That's good to hear. Is that all your baggage?

B：[2]

(2) ① Not quite. I'm still waiting for two more cases.
② It's no trouble at all. Let me help you with it.
③ It's just this small one. I prefer to travel light.
④ No, it's mine, actually, but please help me.

A：Me too. Is there anything you need to do before we set off?

B：[3]

(3) ① No, I'm fine, thank you. Where are we going first?
② Yes. I'd like to leave this hotel as soon as possible.

③ No. You've just had a long flight. You should relax.

④ Yes. You should visit the restroom first, I think.

A : I'll take you to your hotel, then you can freshen up before you visit our company.

B : That's kind of you. Is the company far from the hotel?

A : [4]

(4) ① It's quite a long way, but it's only forty minutes by taxi.

② No, it's quite near: just a ten to fifteen minutes' walk.

③ No, they get on very well. We do a lot of business there.

④ It's hard to say. This is the first time I've ever been here.

B : Perfect. That's just the right distance for me to exercise my tired legs.

A : [5]

(5) ① Yes, you must still be a little stiff after your flight. Shall we go?

② I get plenty of exercise, thank you very much. Where's the taxi?

③ Yes, running behind the taxi will be really great exercise for you.

④ You can leave them here at the airport. We can collect them later.

B : Yes, I'm ready. This is my first visit to Osaka; I'm looking forward to seeing a little bit of the city.

A : [6]

(6) ① You're quite right. There's not much to see here, as you just said.

② I'm sure we can find you some time to see some of the sights here.

③ We can try, but unfortunately, this city doesn't see things very well.

④ A terrible time is absolutely guaranteed. You'd better be prepared!

B : That would be great. I've heard so many good things about the city.

【2】 次の各組において、それぞれ①〜⑦の語を空所に入れて日本語とほぼ同じ意味の英文を完成させたい。その場合、[7] 〜 [12] に入れるのに最も適当なものを、それぞれ①〜⑦の中から選びなさい。なお、文頭にくる単語も小文字で示してある。解答番号は、(1) [7] 〜(6) [12] 。　　(配点 24 点)

(1) いま話されている6,000以上の言語の少なくとも半数は21世紀が終わるまでに消滅すると言われている。それを引き起こす大きな要因は「言語交替」すなわち、少数派言語の話者が話者数の多い言語に移っていくプロセスである。

At least half of more than 6,000 languages spoken at present [ ] [7] [ ] [ ] by the end of the 21st century. A major [ ] [ ] [ ] is the “language shift,” the process by which speakers of minority languages shift to a language with a larger number of speakers.

① causing　② said　③ disappear　④ this
⑤ are　⑥ factor　⑦ to

(2) コウモリは環境の変化に適応しつつ5千万年以上の間この地上に生存してきたが、個体としても長生きである。哺乳類の寿命は一般に体の大きさに比例するが、最も小さな種類のコウモリでも30年くらいまで生きられるのだ。

Bats, which have lived on the earth [ ] [ ] [ ] 50 million years, adapting to changes in the environment, also live long individually. The lifespan of mammals is generally proportional to their body size, but even the smallest bat [ ] [ ] [8] [ ] 30 years.

① up　② for　③ than　④ to
⑤ can　⑥ more　⑦ live

(3) 二酸化炭素などの温室効果ガスが地球温暖化の主要因であることはもはや誰も否定できないが、それにもかかわらず、地球全体での二酸化炭素排出量はいまだに増え続けている。

No one can any more deny that greenhouse [9] [ ] [ ] [ ]

carbon dioxide are the main cause of global warming, but nevertheless global carbon dioxide emissions [　][　][　].

① still　② as　③ effect　④ increasing
⑤ such　⑥ gasses　⑦ are

(4) 自分の言いたいことを正確に言い表すことは思いのほか難しい。そのためには自分は本当に何を考えているのか、どう感じているのかを正確に把握しなければならないが、そのこと自体が言うほどに簡単ではないのだ。

It is more difficult [　][　][　] to express exactly what you want to say. To do that, you have to know exactly what you really think or how you feel, but [　][　][　][10] easy in itself as it sounds.

① is　② think　③ not　④ that
⑤ than　⑥ so　⑦ you

(5) インターネットは世界の出来事のニュースを瞬時に発信することを可能にしたが、それが紙媒体の新聞に与えた打撃は大きく、英国では2000年から2020年の間に新聞の売上高の減り幅が3分の2に及んだ。

The internet has [　][　][　] to send news about world events instantly, but it has had a huge impact on print newspapers. In Britain, sales of newspapers [　][11][　][　] between 2000 and 2020.

① it　② made　③ thirds　④ possible
⑤ by　⑥ decreased　⑦ two

(6) イギリスのアジア食品店でモチを買ったとき、店主が「こんなに硬いのをどうやって食べるのか」と聞くので「煮ても焼いてもいい」と答えたが、店主はまだ不可解な顔をしていた。「そうすれば柔らかくなる」と言い忘れていたのだ。

When I bought *mochi* at an Asian food store in England, the owner of the shop asked me, "[　][　][　][　] that hard thing?" I answered, "By boiling or baking," but he still looked uncertain. I forgot to tell him, "Then [ ] [12] [ ] ."

① soft　② eat　③ do　④ goes

⑤ it　⑥ you　⑦ how

【3】 次の(1)～(11)の各文には4か所下線が施してある。そのうち1か所を訂正すれば、その文は正しい英文になる。その箇所をそれぞれ①～④の中から選びなさい。解答番号は、(1) [13] ～(11) [23] 。　　(配点22点)

(1) The idea of ①utilize sunlight to ②generate energy is by no ③means new, but was first proposed more ④than a century ago. [13]

(2) Human ①moods are quite ②variable. They can vary ③great not only from day to day, but ④even from hour to hour. [14]

(3) The environment of the area continues to ①be destroyed ②as two reasons: ③excessive cultivation and temperature ④rise. [15]

(4) Oil paint, ①what was invented ②by the Dutch artist Jan van Eyck, quickly caught ③on and spread ④across Renaissance Europe. [16]

(5) To avoid ①getting weight, he makes ②it a rule to ③walk three kilometers to the station ④every morning. [17]

(6) I was surprised ①at the speed ②with which he came back with the revised report: he literally ③rewrote it in ④any time at all. [18]

(7) Kazuo Ishiguro is ①well-known for his novels ②such as *The Remains of the Day* and *Never Let Me Go*, both of which ③has also been

adapted ④into successful films. 19

(8) Rinzo Mamiya, ①birth in 1775 ②as a child of a farmer, ③made a great contribution to geography by exploring the ④northern part of Japan. 20

(9) How people greet ①each other varies from culture ②to culture, determined ③from religion, the ④appropriate distance between people, and gender roles. 21

(10) It is not easy ①for Japanese literature to ②recognize worldwide, but it has been ③benefited by a ④number of superb translators. 22

(11) It ①estimates that, when the volcanic eruption ②hit it, ③more than three quarters of the ④area was destroyed. 23

【4】 次の(1)～(4)のAの文に対するBの応答として、最も不適切なものを、それぞれ①～④の中から選びなさい。
解答番号は、(1) 24 ～(4) 27 。　　　　　　　　　　　　　　　　(配点16点)

(1) A : David Smith? I've never heard of him.
B : 24
① Never mind. I'm just trying to find his email address.
② Isn't he the guy that we met at the hotel last week?
③ Are you sure? He says that he certainly knows you.
④ Would it help you more if he spoke a little louder?

(2) A : I wish that truck would get out of the way. I want to park there.
B : 25
① You'll just have to park on the other side. What's the problem?
② That's the second or third time this week it's been left there.
③ Yes, trucks have such bad manners nowadays, don't they?
④ It can't be helped. They must have some work to do there.

(3) A : The place you're looking for is right next to the bank, on the corner.
B : 26
① That's not right at all. The bank is beside it, surely?
② Thank you. I see it. I wonder how I missed it before?
③ Oh, so it is. It's a relief to find it after all this time!
④ Where, did you say? Ah, now I see it. Thank you!

(4) A : Will it be a problem if I can't come until 5 p.m., or a little after?
B : 27
① No problem at all. Any time after that will be fine with us.
② To be honest, it would. Could you come after 5 p.m. instead?
③ That's possible, but we may not be able to be here after 6.
④ Maybe, but please be as close to 5 p.m. as you possibly can.

【5】 次の英文を読み、下記の設問Ⅰ、Ⅱに対する最も適切な答えを、それぞれ①～④の中から選びなさい。

解答番号は、Ⅰ(1) **28** ～(5) **32** 、Ⅱ(1) **33** ～(5) **37** 。(配点40点)

How do British people identify themselves? Who do they feel they are? The largest possible sense of identity that a British person could feel is that they are British. How important is this to British people? Do they feel they 'belong to' Britain?

Short answers to these questions seem to be 'not very' and 'not really'. The 2001 census asked a 'national identity' question, in which people could tick as many boxes as they liked out of British, English, Irish, Scottish, Welsh or 'other'. Only 46 percent altogether ticked the 'British' box (fewer than the 51 percent who ticked the 'English' box) and only a third ticked it as their only choice.

On the other hand, 75 percent of those same (a) respondents agreed that they felt 'proud to be British'. How can we make sense of this apparent contradiction? The answer is that British people are not normally *actively* patriotic. They often feel uncomfortable if, in conversation with somebody from another country, that person refers to 'you' where 'you' means Britain or the British government. They do not like to feel that they are personally representing their country.

Notwithstanding this low-key approach to being British, the turn of the millennium saw the subject of 'Britishness' become a topic of great public concern in the country. There are several possible reasons for this (b) explosion of interest. Perhaps it reflects the need to find common values in a multicultural society. Perhaps it is the realisation that the UK by itself now has far less influence on the rest of the world than it used to have, or perhaps it is the fear that the UK might actually break up.

However, it is not clear how much this concern for Britishness is felt by individual British people. Some feel that it is merely something encouraged in official circles and that the concern itself is actually very un-British! When in 2006, the government suggested that there should be a British national day, many people scoffed at the idea; the fact that Britain does *not* have such a day is, they said, a perfect sign of Britishness — only younger, less (c)stable nations have to bother with all that flag-waving rubbish! (There is actually a lot of support for the idea, but this is just because people would like another public holiday, which is something that Britain has very few of.)

Finally, how do British people think of themselves as individuals? What sort of person does he or she like to think of himself or herself as? It is difficult to generalise. But if there is one personal quality which most British people (d)cling to above all others, it is a sense of humour. Of course, most people in Britain, like most people in the world, would not like to be thought of as dishonest, cowardly, unkind, ugly, stupid, or just generally (e)insignificant. But perhaps the worst shame of all for them would be to be regarded as a person with no sense of humour.

In Britain, you do not have to tell the best jokes to be humorous. Nor is there a proper time and place for humour. It does not have to be especially clever. It is just an everyday way of talking. People expect it. Raising a smile or getting a laugh is a good enough reason for saying anything. And if the 'joke' is at your own expense, so much the better. The ability to laugh at yourself and to 'take a joke' is highly prized.

(O'Driscoll, J. (2009) *Britain for Learners of English*)

I According to the passage, choose the best answer.

(1) What did the results of the 2001 census 'national identity' question show?

① Although more people ticked the British box than the English box, they preferred to tick the Scottish, Welsh of Irish boxes more.

② More people ticked the British box than the English box, showing that being British was more important.

③ Nothing can really be decided about people's attitudes, as few people bothered to tick any of the boxes.

④ The majority of British people do not feel that being 'British' is the most important part of their identity. 28

(2) How is the 'apparent contradiction' in the answers explained?

① British people do not like to see other people representing their own country.

② British people do not like to show their feelings for their nation too openly.

③ British people feel that not feeling proud to be British is very unpatriotic.

④ British people feel that their government does not feel comfortable with them. 29

(3) Which of the following is not connected with the increasing interest in 'Britishness'?

① Many people are worried that being British may lead to an increased interest in the topic.

② In the new multicultural British society, it is necessary for all to find common values.

③ It is possible that the U.K. may break up one day, so it is important to define the term.

④ Britain's influence in the world is decreasing, so people should consider their identity. 30

(4) Why, at present, is there no British national day?

① There are already too many national holidays, so there is little point in creating yet another one.

② There used to be such a day, but it was replaced by special national days for all parts of the U.K.

③ People do not feel that it is necessary to declare their Britishness, as they feel secure in their identity.

④ British people do not think of themselves as individuals, so a group national day seems unnecessary. [31]

(5) How does the writer describe the British attitude to humour?

① Most British people like to have a low opinion of themselves, and humour strengthens this.

② Humour is essential in everyday life and social interactions, especially if it is aimed at oneself.

③ Being humorous is a sign of intelligence, so people make jokes to show how clever they are.

④ Making jokes is a good way of becoming rich, as humorous people are paid well for these. [32]

II Choose the word(s) that can best replace the underlined word.

(1) (a) <u>respondents</u>: ① believers ② answerers ③ questioners ④ deniers [33]

(2) (b) <u>explosion</u>: ① increase ② understanding ③ use ④ war [34]

(3) (c) <u>stable</u>: ① orderly ② mobile ③ talkative ④ arrogant [35]

(4) (d) <u>cling</u>: ① move over ② go out ③ pass round ④ hold on [36]

(5) (e) <u>insignificant</u>: ① essential ② bad ③ unimportant ④ visible [37]

【6】 次の英文を読み、下記の設問Ⅰ、Ⅱに対する最も適切な答えを、それぞれ①～④の中から選びなさい。

解答番号は、Ⅰ(1) [38] ～(5) [42] 、Ⅱ(1) [43] ～(5) [47] 。(配点 40 点)

Francisco Pizarro was born around 1475 in Trujillo, Spain. Pizarro came from a poor family. He was the son of Gonzalo Pizarro, an army officer, and Francisca, a servant. Sadly, neither of his parents gave Pizarro much attention. Young Pizarro did not receive a good education, and he never learned to read or write. Instead, he began working with pigs. This was dirty work, but it provided some money for food and clothing. Pizarro, however, had (a)grander dreams of adventure, excitement, and most importantly, wealth. So as a teenager, Pizarro joined the Spanish army. The skills he would learn in the army would help him in his fighting and conquests in South America.

Pizarro's army career took him first to Italy, then later to the Caribbean. In 1510 he joined an expedition to start a colony in South America, in what is now Columbia. After this failed he moved to Panama, where his power and influence grew. Later he organized a campaign that would change South American history. He set sail from Panama for the land later to be named Peru in January 1531 with 180 men — including four of his brothers — and 37 horses.

Fellow explorer Hernando de Soto had joined Pizarro's expedition. They found that they were in the middle of a civil war. Pizarro (b)requested a meeting with the Inca ruler Atahualpa. Atahualpa finally agreed to a meeting in the city of Cajamarca. The Spanish tried to convert Atahualpa to Christianity. He refused, and soon war broke out between the Inca and the Spaniards lasting for several years. Pizarro and his men defeated the Inca army, Pizarro himself capturing the Inca ruler. Pizarro demanded they be given all of their gold and treasure for Atahualpa's freedom. Despite the Inca giving them the riches, Pizarro still had Atahualpa killed in 1533. The

Inca armies retreated, and the Spanish army continued onward to the Inca capital of Cuzco. Pizarro and his army entered the city, and soon conquered the rest of the Inca army and (c) took over the capital. He destroyed the city. The remaining Inca natives were either killed or enslaved. The great Inca empire had come to an end.

Francisco Pizarro spent the next several years maintaining Spanish authority in Peru. Pizarro and his partner, Almagro, experienced years of tension and rivalry. Almagro felt he should have some power in Cuzco. The two constantly fought for control of the city, and Pizarro eventually had Almagro imprisoned and executed in 1538. Pizarro continued his explorations, and even founded the city of Lima, in Peru. Still upset at Pizarro's decision to have Almagro killed, several of Almagro's followers avenged his death a few years later. They attacked his palace, and killed Francisco Pizarro in Lima on June 26, 1541.

Francisco Pizarro increased Spain's (d) hold in South America. His desire for wealth and power drove him to become one of the greatest conquistadors (conquerors) of the New World. His capture and execution of the Inca ruler led to the end of the Inca empire. While this was a proud achievement to him, today we understand that this was an unfortunate event that wiped out an entire culture. The enslavements and death from Spanish diseases caused the native population to decline by millions over the (e) course of a few decades. Nonetheless, Pizarro helped explore and colonize several parts of South America. His achievements are still seen today. The city Lima, which Pizarro named and established, is the capital of Peru today.

(From the website of the Mariners' Museum and Park: Francisco Pizarro)

I According to the passage, choose the best answer.

(1) What are we told about Pizarro's family background?

① Both parents came from high class families, but they had very little money.

② His father married an army officer, but his mother later became a servant.

③ Neither their pigs nor their servants were ever taught how to read or write.

④ His parents were not interested in his childhood education or upbringing. 38

(2) How did Pizarro's military career develop?

① After leaving Europe, he went to the Caribbean, and from there to South America.

② He left the Caribbean for Italy, then he returned there and went back to Columbia.

③ He made his name in Panama, then he went back to Europe before going to Peru.

④ After learning his fighting skills in Italy, he tried to set up a new colony in Europe. 39

(3) What was happening in Peru in 1531 when Pizarro and his men arrived?

① The Inca stopped fighting the Spaniards, and began their own civil war.

② The Inca people were fighting among themselves in a struggle for power.

③ The Spaniards were being converted to Christianity by the Inca leader.

④ Hernando de Soto joined with Atahualpa to fight against Pizarro's army. 40

(4) How did Pizarro treat the Inca ruler Atahualpa?

① He was killed by the Inca leader because he had strongly refused to accept Christianity.

② He put him in prison, from where he had to go out and collect treasure for the Spaniards.

③ He captured him, then demanded huge amounts of gold and treasure for his freedom.

④ He chased him to Cuzco, where fighting broke out, and Atahualpa and his army died.

41

(5) How can Pizarro's legacy be best described?

① Although we are now very proud of what Pizarro did, he did not feel the same way, and regretted his actions.

② Although what he achieved was remarkable, the results were very bad for the South American peoples.

③ Pizarro brought new medicines from Spain, and succeeded in saving many of the Inca people from disease.

④ He changed the Inca capital from Lima to Cajamarca, thus making it the most important city in all Peru.

42

II Choose the word that can best replace the underlined word(s).

(1) (a) grander : ① braver ② longer ③ lighter ④ bigger 43

(2) (b) requested : ① offered ② sought ③ concluded ④ taught 44

(3) (c) took over : ① won ② passed ③ broke ④ avoided 45

(4) (d) hold : ① hugging ② participation ③ control ④ design 46

(5) (e)course：　① continuation　② cooperation
③ coordination　④ concentration　47

【7】 次の英文を読み、下記の設問Ⅰ、Ⅱに対する最も適切な答えを、それぞれ①～④の中から選びなさい。
解答番号は、Ⅰ(1) 48 ～(5) 52 、Ⅱ(1) 53 ～(5) 57 。(配点 40 点)

What is linguistics? It is defined in dictionaries as the academic study or, more simply, as a 'science' of language. Human language is, of course, (a)uniquely human. I say 'of course' since that is scarcely a profound statement. It does make clear, however, that in studying language we are starting, and cannot but start, as insiders. We are ourselves human beings, and all speak at least one language. We are therefore studying a central aspect of our own lives. This puts us in a privileged position, since we take for granted so much that outsiders would find out at best with difficulty.

Other scientists have studied the 'language', as we are tempted to call it, of other species. We know, for example, that many birds sing partly to establish a territory; that honey bees tell others in their hive where sources of food are located. Most autumns, when I am tidying up the garden, I am (b)thrilled by the song of the European robin. It is the only garden bird that has an individual territory outside the breeding season, and therefore sings when others are silent. Its song is complex and can be divided into phrases, lasting on average between one and two seconds, each phrase different from the next. To that extent we are able to see structure in the robin's song. Yet we have no evidence, as human scientists, that these smaller units have what we would call specific 'meanings'.

I have often wondered what a similar outsider might make of the noises *Homo sapiens* produces in such a volume. Let us imagine that some genuine aliens come here in their UFO to study us. Forget the conventions in films:

they will not be able to question us in fluent American English. But suppose that they communicate with one another at a range of sound frequencies similar to ours, so that they can at least hear what we are saying. They will find out that, when we are together, we are rarely silent. Our alien scientists might not understand at once that this is communication. Think how long it took our own intelligent species finally to (c)grasp the point of bird song! Let us assume, however, that they have this insight. How would they analyse the sounds they recorded?

To us, as insiders, it seems obvious that speech includes words. If someone asks, for example, for three oranges, the word *three* is one word with one meaning, and *oranges* another with another meaning. But an outsider would have no easy (d)clue to the existence of these words. Try, if in doubt, to listen to someone speaking a language totally unknown to you. There will be pauses when they breathe or hesitate, but no audible divisions among smaller units. Therefore, even though we take for granted that such units must be there, we cannot guess reliably where they begin and end. It seems then that an alien investigator might at first hear no more than an (e)interminable flow of sounds. How can they discover whether parts of it have separate functions? The blessing of being an insider will by now be obvious. At the simplest level we already know, for instance, that some sounds are 'language' and others are not 'language'. Imagine an outsider trying to work out the roles of coughs and sneezes!

(Matthews, P.H. (2003) *Linguistics: A Very Short Introduction*)

I According to the passage, choose the best answer.

(1) Which describes most correctly the 'outsiders' as defined by the writer?

① Outsiders can be considered as people who do not understand fluent American English.

② Only outsiders have human language as a means of communicating with human beings.

③ Outsiders are those who are members of species that do not have any human language.

④ Only outsiders can observe clearly how other humans use language in a privileged way. **48**

(2) How do various kinds of species use 'language'?

① They all use some kind of language resembling human language, but with different meanings.

② Birds use song as a way to tell other birds that they have chosen this area only for themselves.

③ Honey bees can tell others in the same group where other groups of bees keep their food.

④ Scientists use various human languages to be able to communicate with non-human species. **49**

(3) Which is true about the European robin as described by the writer?

① The season of the activities of the robin is limited to autumn.

② Unlike other birds, its song does not aim to establish a territory.

③ Its song can be divided into some phrases, like human speech.

④ Each phrase of its song corresponds with known human meanings.

50

(4) How might aliens coming to the Earth in their UFO react to human speech?

① They would soon find out that *Homo sapiens* uses a lot of communication because humans are always speaking to each other.

② Unlike our understanding of communication of other species, they might take long to understand how we communicate.

③ If they were to understand that human words were used for communication, it would be impossible to make a record of them.

④ They might not be able to hear human speech at all, because they are using different wavelengths in communication. 51

(5) How may people react when they listen to a language they have no knowledge of?

① They may experience the speech as an undivided flow of sounds, except for small stops for breathing or of hesitation.

② They may distinguish words, for example, *three* and *oranges*, but will be unable to identify the meanings of the words.

③ They may understand that some sounds are 'language' and others are not, because they are human insiders after all.

④ For them, the smallest units of the language might be sentences, not words, making an exact understanding difficult. 52

Ⅱ Choose the word that can best replace the underlined word.

(1) (a) uniquely：
① unusually ② exclusively
③ incompletely ④ improbably 53

(2) (b) thrilled：
① surprised ② annoyed
③ frightened ④ excited 54

(3) (c) grasp：
① understand ② uphold
③ collect ④ target 55

(4) (d) clue：
① incentive ② goal
③ hint ④ experience 56

(5) (e) interminable：
① mindless ② endless
③ pointless ④ careless 57

日本史

◀A　方　式▶

(60分)

【1】 古代から現代に至る日本の歴史書について述べた次の文章を読み、後の問いに答えなさい。 (配点36点)

政治制度の整備と中央集権化の進展を背景に国家意識が高まると、政府は国史編纂事業を行なった。

7世紀前半、厩戸王（聖徳太子）・(a)蘇我馬子らによって [ア] が編纂されたという。伝存するものとしては(b)712年に『古事記』が、さらに720年には初の官撰正史である『日本書紀』が完成した。以後、901年に成立した [イ] までの6つの官撰正史は(c)六国史と称される。

平安時代中期に藤原実頼・大江朝綱らによって『新国史』が、院政期に鳥羽上皇の命を受けた(d)藤原通憲らによって『本朝世紀』が編まれたが、ともに未完に終わった。朝廷による国史編纂事業が途絶えた一方で、(e)院政期には歴史物語が盛んに書かれている。

鎌倉時代にも朝廷による国史編纂事業は行われなかったが、武家政権は幕府の歴史を叙述した『吾妻鏡』を編纂した。これに対して、慈円は衰えゆく公家出身者の立場から(f)『愚管抄』を著した。また、虎関師錬は日本初の仏教史である [ウ] を完成させている。

室町時代には、(g)南北朝の対立を背景に南朝・北朝それぞれの立場から歴史書や軍記物語がつくられた。このほか、(h)瑞溪周鳳は15世紀後半までの外交に関する文書を [エ] にまとめた。

江戸時代には(i)儒学が発達し、歴史への関心が高まった。前期には、幕府の命を受けた林羅山・鵞峰父子が [オ] を編纂したほか、(j)水戸藩で歴史書『大日本史』の編纂が開始された。中期には、朱子学者で将軍侍講であった(k)新井白石が、『古史通』や(l)『読史余論』などで独自の史観を展開した。後期には尊王論を説いたことでも知られる頼山陽が『日本外史』を著し、幕末の尊王攘夷の志士らに影響を与えた。

明治になるとその初期には啓蒙思想家の(m)福沢諭吉が『文明論之概略』を、［　カ　］が『日本開化小史』を刊行した。ともに文明史観に立脚するものであった。1895年には帝国大学文科大学に史料編纂掛が置かれ、『大日本史料』など日本史の基礎史料の編纂が始まった。その事業は東京大学史料編纂所に移行して現在も進められている。

大正時代には［　キ　］が『古事記』・『日本書紀』の文献学的研究を行なって『神代史の研究』などを著したが、日中戦争中の1940年に著書の発禁処分を受けた。

問1　下線部(a)の蘇我馬子が東《やまとの》漢《あやの》直《あたい》駒《こま》を用いて暗殺させた天皇の諡号（おくりな）として正しいものを、次の①～④の中から一つ選びなさい。解答番号は、［ 1 ］。

①　欽明天皇　　②　継体天皇　　③　崇峻天皇　　④　敏達天皇

問2　空欄アに入る書名の組み合わせとして正しいものを、次の①～⑥の中から一つ選びなさい。解答番号は、［ 2 ］。

①　『旧辞』・『国記』　　②　『旧辞』・『帝紀』　　③　『旧辞』・『天皇記』
④　『国記』・『帝紀』　　⑤　『国記』・『天皇記』　　⑥　『帝紀』・『天皇記』

問3　下線部(b)に関連して、『古事記』・『日本書紀』完成へと至る国史編纂事業を7世紀後半に始めた天皇の諡号（おくりな）として正しいものを、次の①～④の中から一つ選びなさい。解答番号は、［ 3 ］。

①　持統天皇　　②　天智天皇　　③　天武天皇　　④　文武天皇

問4　空欄イに入る書名として正しいものを、次の①～④の中から一つ選びなさい。解答番号は、［ 4 ］。

①　『続日本紀』　　②　『続日本後紀』

③　『日本三代実録』　　④　『日本文徳天皇実録』

問５　下線部(c)の六国史の記事を事項別に分類するなどして編纂した菅原道真の歴史書として正しいものを、次の①～④の中から一つ選びなさい。解答番号は、[5]。

①　『菅家文草』　②　『経国集』　③　『類聚国史』　④　『倭名類聚抄』

問６　下線部(d)の藤原通憲が自害に追い込まれた事件として正しいものを、次の①～④の中から一つ選びなさい。解答番号は、[6]。

①　平忠常の乱　②　平治の乱　③　保元の乱　④　源義親の乱

問７　下線部(e)に関連して、院政期の文学作品について述べた文として正しいものを、次の①～④の中から一つ選びなさい。解答番号は、[7]。

①　院政初期の動乱を記した『将門記』は、最初の合戦記とされる。
②　後三年合戦を題材として『陸奥話記』が著された。
③　平氏一門の興亡を中心に描いた『平家物語』が著された。
④　藤原道長の栄華を批判的に記した『大鏡』が著された。

問８　下線部(f)に関連して、次の史料は『愚管抄』の一部である。史料中の空欄Ａに入る語句として正しいものを、下の①～⑧の中から一つ選びなさい。解答番号は、[8]。

年ニソヘ《(添)》日ニソヘテハ、物ノ[A]ヲノミ思ツヾケテ、老ノネザメ《(寝覚)》ヲモナグサメ《(慰)》ツヽ、イトヾ、年モカタブキ《(傾)》マカル《(罷)》マヽニ、世中モヒサシク《(久)》ミ《(見)》テ侍レバ、昔ヨリウツリ《(移)》マカル[A]モアハレニオボエテ、……保元以後ノコトハミナ《(皆)》乱世ニテ侍レバ、……マコトニイハレテノミ覚ユルヲ、カク《(此)》ハ人ノオモハ《(思)》デ、[A]ニソムク心ノミアリテ、イトヾ世モミダレ《(乱)》ヲダシカラ《(穏)》ヌコトニテノミ侍レ……

①　往生　②　他力　③　道理　④　無常

⑤　末法　　⑥　憐愍　　⑦　哀惜　　⑧　盛衰

問9　空欄ウ・オに入る書名の組み合わせとして正しいものを、次の①～⑥の中から一つ選びなさい。解答番号は、[9]。

①　ウ『元亨釈書』　オ『資治通鑑』
②　ウ『元亨釈書』　オ『本朝通鑑』
③　ウ『十訓抄』　オ『資治通鑑』
④　ウ『十訓抄』　オ『本朝通鑑』
⑤　ウ『沙石集』　オ『資治通鑑』
⑥　ウ『沙石集』　オ『本朝通鑑』

問10　下線部(g)に関連して、南北朝の動乱について書かれた書物と、その書物が支持する朝廷の、動乱時の所在地を示した下の地図中の場所の組み合わせとして適切なものを、次の①～⑥の中から一つ選びなさい。解答番号は、[10]。

①　『神皇正統記』－A　『梅松論』－B
②　『神皇正統記』－A　『梅松論』－C
③　『神皇正統記』－B　『梅松論』－A
④　『神皇正統記』－B　『梅松論』－C
⑤　『神皇正統記』－C　『梅松論』－A
⑥　『神皇正統記』－C　『梅松論』－B

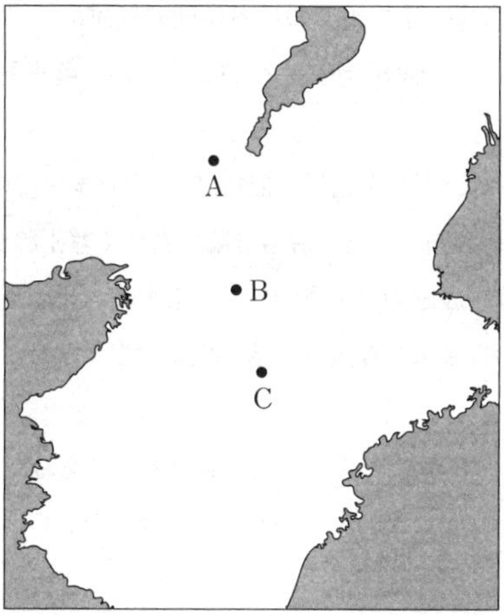

問11　下線部(h)の瑞溪周鳳が住持となった京都五山第2位の寺院として正しいものを、次の①～⑥の中から一つ選びなさい。解答番号は、 11 。

①　南禅寺　　②　相国寺　　③　天龍寺
④　慈照寺　　⑤　神護寺　　⑥　東寺

問12　空欄エに入る書名として正しいものを、次の①～④の中から一つ選びなさい。解答番号は、 12 。

①　『交隣提醒』　②　『通信全覧』　③　『中朝事実』　④　『善隣国宝記』

問13　下線部(i)に関連して、江戸時代の儒学者について述べた文として正しいものを、次の①～④の中から一つ選びなさい。解答番号は、 13 。

①　南学から出た山崎闇斎は、加賀藩主の前田綱紀に招かれた。
②　陽明学を学んだ熊沢蕃山は、岡山に閑谷学校を設けた。
③　柳沢吉保に仕えた荻生徂徠は、徳川綱吉に著書『政談』を献じた。
④　大坂町人の出資で設立された懐徳堂は、『夢の代』を著した山片蟠桃らを輩出した。

問14　下線部(j)に関連して、水戸藩における学問の発達について述べた文として**誤っているもの**を、次の①～④の中から一つ選びなさい。解答番号は、 14 。

①　徳川光圀は江戸の藩邸に弘道館を設けて、『大日本史』の編纂を始めた。
②　『大日本史』の編纂過程で、大義名分論に基づく尊王論が形成された。
③　後期水戸学では、藤田幽谷・東湖父子、会沢安（正志斎）らが活躍した。
④　水戸学の尊王論は幕末の尊王攘夷論の理論的根拠となった。

問15　下線部(k)の新井白石がイタリア人宣教師シドッチを尋問した内容を記した著書として正しいものを、次の①～⑤の中から一つ選びなさい。解答番号は、 15 。

①　『紅毛談』　②　『折たく柴の記』　③　『華夷通商考』
④　『西洋紀聞』　⑤　『日本誌』

問16　下線部(l)の『読史余論』にみられる記述として正しいものを、次の①～④の中から一つ選びなさい。解答番号は、 16 。

①　本朝《ほんちょう》、天下《てんか》の大勢《たいせい》、九変《きゅうへん》して武家の代となり、武家の代また五変して当代におよぶ総論の事。
②　其れ万機の巨細《こさい》、百官己《おのれ》に総《す》べ、皆太政大臣に関白し、然《しか》る後《のち》に奏下《そうげ》すること一に旧事の如くせよ。
③　在位ノ君《きみ》又位ニソナハリ給ヘルバカリナリ。世ノ末ニナレルスガタナルベキニヤ。
④　古《いにしえ》の興廃を改て、今の例は昔の新儀也。朕《ちん》が新儀は未来の先例たるべしとて、新《あらた》なる勅裁漸々《ようよう》きこえけり。

問17　下線部(m)の福沢諭吉について述べた文として正しいものを、次の①～④の中から一つ選びなさい。解答番号は、 17 。

①　改税約書調印のために派遣された遣米使節に随行して、咸臨丸で渡米した。
②　学制が制定されたことを機に、英学などを教える慶応義塾を設置した。
③　日刊新聞『時事新報』を創刊し、民撰議院設立の建白書を掲載した。

④　甲申事変後、欧米列強と行動をともにするべきとする「脱亜論」を発表した。

問18　空欄カ・キに入る人名の組み合わせとして正しいものを、次の①～⑨の中から一つ選びなさい。解答番号は、18。

①　カ　久米邦武　キ　津田左右吉
②　カ　久米邦武　キ　和辻哲郎
③　カ　久米邦武　キ　柳田国男
④　カ　田口卯吉　キ　津田左右吉
⑤　カ　田口卯吉　キ　和辻哲郎
⑥　カ　田口卯吉　キ　柳田国男
⑦　カ　徳富蘇峰　キ　津田左右吉
⑧　カ　徳富蘇峰　キ　和辻哲郎
⑨　カ　徳富蘇峰　キ　柳田国男

【2】　古代の東アジアの交流について述べた次の文章を読み、後の問いに答えなさい。
(配点14点)

６世紀末に中国を統一した隋が ア との対立を深めるなど、東アジア情勢が緊張するなかで、607年、遣隋使小野妹子が派遣された。この遣使は隋の皇帝 イ から無礼であるとの不興を買ったが、妹子は翌年隋使の裴世清を帯同して帰国した。同年中、裴世清の送使として小野妹子が再び隋に派遣された。(a)このとき、のちに中央集権国家形成の理論的指導者となる留学生や僧を伴っていた。

614年に遣隋使として派遣された ウ は、630年の第１回遣唐使にもなった。遣唐使船の航路は７世紀には安全な エ をとっていたが、８世紀に(b)新羅との関係が悪化したため航路の変更を余儀なくされた。これにより、(c)遭難などで帰国できずに没する人々が多く発生した。一方で(d)渤海国との関係は良好で、貿易が盛んに行われた。

８世紀には、ほぼ20年に１回の割合で派遣されていた遣唐使もしだいに派遣回数が減少し、(e)894年に遣唐使の派遣が停止された。

問１　空欄ア・イに入る国名・皇帝諡号（おくりな）の組み合わせとして正しいものを、次の①～⑧の中から一つ選びなさい。解答番号は、19。

①　ア　高句麗　イ　文帝
②　ア　高句麗　イ　煬帝

③　ア　渤海　　イ　文帝　　④　ア　渤海　　イ　煬帝
⑤　ア　百済　　イ　文帝　　⑥　ア　百済　　イ　煬帝
⑦　ア　新羅　　イ　文帝　　⑧　ア　新羅　　イ　煬帝

問２　下線部(a)に関連して、608年の遣隋使に随行した留学生または留学僧として**誤っているもの**を、次の①～④の中から一つ選びなさい。解答番号は、20 。

①　玄昉　　②　高向玄理　　③　南淵請安　　④　旻

問３　空欄ウ・エに入る人名・語句の組み合わせとして正しいものを、次の①～⑥の中から一つ選びなさい。解答番号は、21 。

①　ウ　犬上御田鍬　　エ　南路　　②　ウ　犬上御田鍬　　エ　北路
③　ウ　犬上御田鍬　　エ　南島路　　④　ウ　粟田真人　　エ　南路
⑤　ウ　粟田真人　　エ　北路　　⑥　ウ　粟田真人　　エ　南島路

問４　下線部(b)に関連して、８世紀に日本と新羅との関係が悪化した理由について述べた文として正しいものを、次の①～④の中から一つ選びなさい。解答番号は、22 。

①　冊封体制のもとで新羅と対等な関係を築こうとしたため。
②　白村江の戦いで唐と新羅の連合軍に敗れたため。
③　日本が新羅を従来通り朝貢国として扱おうとしたため。
④　藤原仲麻呂が新羅への遠征を実行したため。

問５　下線部(c)に関連して、「天の原ふりさけみれば春日なる三笠の山にいでし月かも」の歌を詠んだことでも知られる、入唐後、帰国できずに唐で没した人物の名として正しいものを、次の①～④の中から一つ選びなさい。解答番号は、23 。

①　阿倍仲麻呂　　②　吉備真備　　③　藤原清河　　④　山上憶良

問６　下線部(d)の渤海国の使節接遇に用いる、越前に置かれた外交施設として正しいものを、次の①～④の中から一つ選びなさい。解答番号は、[24]。

①　鴻臚館　　②　大宰府　　③　松原客院　　④　倭館

問７　下線部(e)に関連して、遣唐使派遣の停止について述べた文として正しいものを、次の①～④の中から一つ選びなさい。解答番号は、[25]。

①　遣唐大使に任じられた菅原道真が醍醐天皇に提出した意見封事を受けて、遣唐使の派遣が停止された。

②　９世紀には遣唐使は派遣されておらず、今後も派遣の必要はないとして遣唐使の停止が決まった。

③　唐の国力の衰退を受けて遣唐使の停止が討議されている最中に唐が滅亡したことから、遣唐使の派遣は停止された。

④　九州での私貿易によって唐の文物を入手できたことも、遣唐使派遣停止の一因となった。

【３】 源平の争乱および鎌倉時代初期の政治について述べた次の文章を読み、後の問いに答えなさい。　　(配点14点)

1177年に(a)鹿ヶ谷の陰謀が起こるなど、反平氏の動きが表面化した。平清盛は1179年、後白河法皇を幽閉して院政を停止し、翌年には孫を[ア]として即位させた。これに対して、後白河法皇の子である以仁王は平氏追討の令旨を出して、[イ]らとともに挙兵し、以後５年にわたる源平争乱の端緒を開いた。

以仁王の企ては失敗に終わるものの、源頼朝ら各地の源氏の挙兵につながった。平氏は態勢を立て直すために福原遷都を強行したが、(b)貴族や南都・北嶺をはじめとする寺院勢力の反発を招いた。1181年棟梁である清盛の死没に、(c)養和の大飢饉が重なり、平氏はいっそうの苦境に陥った。鎌倉で足場を固めた頼朝は軍を派遣し、1185年の[ウ]で平氏を滅ぼした。

1192年に頼朝が征夷大将軍に任命されたことで、(d)名実ともに鎌倉幕府が成立した。頼朝と御家人との主従関係を基礎として、幕府政治では頼朝による独裁が行われた。

頼朝の死後は、2代将軍 [エ] のもとで有力御家人による十三人の合議制がとられたが、すぐに御家人間の争闘が始まった。その後、[エ] を退けた北条氏が勢力を伸ばし、執権の地位を得た。1219年に源氏の嫡流が断絶すると、1221年朝廷側は鎌倉幕府打倒をはかって兵を挙げたが、1か月程で鎮圧された。この承久の乱の結果、(e)幕府の朝廷に対する優位が確立することになった。

問1　下線部(a)の鹿ヶ谷の陰謀で処罰された院近臣の名として正しいものを、次の①～⑤の中から一つ選びなさい。解答番号は、[26]。

①　藤原清衡　　②　藤原忠通　　③　藤原成親
④　藤原信頼　　⑤　藤原頼長

問2　空欄ア・イに入る天皇諡号（おくりな）・人名の組み合わせとして正しいものを、次の①～④の中から一つ選びなさい。解答番号は、[27]。

①　ア　安徳天皇　イ　源義仲　　②　ア　安徳天皇　イ　源頼政
③　ア　高倉天皇　イ　源義仲　　④　ア　高倉天皇　イ　源頼政

問3　下線部(b)に関連して、1180年の南都焼打ちにより焼失した東大寺復興の大勧進職をつとめた人物の名として正しいものを、次の①～⑤の中から一つ選びなさい。解答番号は、[28]。

①　運慶　　②　叡尊　　③　良弁　　④　重源　　⑤　行基

問4　下線部(c)の養和の大飢饉についての記述がみられる『方丈記』の著者の名として正しいものを、次の①～⑤の中から一つ選びなさい。解答番号は、[29]。

①　鴨長明　　②　兼好法師　　③　仙覚　　④　藤原定家　　⑤　唯円

問5　空欄ウ・エに入る語句・人名の組み合わせとして正しいものを、次の①～④の中から一つ選びなさい。解答番号は、[30]。

① ウ　一の谷の戦い　　エ　源実朝　　② ウ　一の谷の戦い　　エ　源頼家
③ ウ　壇の浦の戦い　　エ　源実朝　　④ ウ　壇の浦の戦い　　エ　源頼家

問6　下線部(d)に関連して、1185年を鎌倉幕府が成立した年と考える学説もあるが、その説の根拠になる出来事について述べた文として正しいものを、次の①～④の中から一つ選びなさい。解答番号は、[31]。

① 源頼朝が軍事・警察・御家人の統率にあたる侍所を設置した。
② 源頼朝が後白河法皇から東国支配権を認められた。
③ 源頼朝が諸国に守護・地頭を設置する権限を認められた。
④ 源頼朝が奥州藤原氏を滅ぼして奥州平定を実現させた。

問7　下線部(e)に関連して、鎌倉幕府の朝廷に対する優位について述べた文として正しいものを、次の①～④の中から一つ選びなさい。解答番号は、[32]。

① 幕府は後堀河天皇を廃して、仲恭天皇を即位させた。
② 朝廷の監視などのために、北条時房・重時を初代六波羅探題に任じた。
③ 承久の乱後、畿内・西国の荘園・公領に対し幕府の力が及ぶ範囲が拡大した。
④ 公領で任命されていた国司は廃され、支配は守護に一任された。

【4】 江戸時代の文化について述べた次の文章（1）・（2）を読み、後の問いに答えなさい。 (配点14点)

（1） (a)世間の風俗を題材に描かれた絵画を浮世絵といい、[ア]にかけて活躍し『見返り美人図』などで知られる絵師菱川師宣に始まるとされる。当初、浮世絵版画は墨一色で刷られていたが、18世紀中頃に一枚刷りの多色刷浮世絵版画である錦絵が創始されると、分業による量産で大きく発展し、寛政期には喜多川歌麿や東洲斎写楽らの人気作家が出て黄金期を迎えた。文化・文政期には、(b)庶民の旅が一般化して、各地に名所が生まれ風景画が流行した。幕末には政治や世相などを風刺した浮世絵も制作された。

問1 下線部(a)に関連して、世間の風俗や物事を題材に風刺や皮肉をきかせた諧謔《かいぎゃく》の文学として、狂歌・川柳がある。天明期の狂歌「歌よみは下《へ》手《た》こそよけれ天地《あめつち》の動き出《いだ》してたまるものかは」(宿屋飯盛) は、往古の和歌集の有名な仮名序を茶化しているが、その和歌集として正しいものを、次の①～⑤の中から一つ選びなさい。解答番号は、[33]。

① 『万葉集』　② 『古今和歌集』　③ 『新古今和歌集』
④ 『山家集』　⑤ 『金槐和歌集』

問2 空欄アに入る語句として正しいものを、次の①～⑤の中から一つ選びなさい。解答番号は、[34]。

① 宝暦から明和　② 慶長から元和　③ 安永から天明
④ 享保から元文　⑤ 寛文から元禄

問3 下線部(b)に関連して、御蔭参りとは、ある寺社への集団参詣のことである。御蔭参りの対象となった寺社として正しいものを、次の①～⑤の中から一つ選びなさい。解答番号は、[35]。

① 出雲大社　② 伊勢神宮　③ 金毘羅宮
④ 善光寺　⑤ 成田不動

（2）　元禄時代には合理的な考え方が広がり、儒教・(c)仏教の道徳的な見解にとらわれない立場から国文学の研究が進んだ。こうした(d)元禄時代の古典研究から、18世紀の国学が発達した。京都伏見の神官荷田春満は国学発展の基礎を築き、春満に学んだ賀茂真淵は[イ]を著して、日本古来の精神（古道）の復活を主張した。真淵門下の本居宣長は、古道を体系づけ、国学の大成者となった。同じく真淵の門人である塙保己一は、幕府の援助を受けて[ウ]を設立し、国史の講義などを行なった。

文化・文政期には、本居宣長の死後の門人と自称する平田篤胤が、古代の純粋な神道への回帰を主張して[エ]を打ち立てた。

問4　下線部(c)に関連して、江戸時代の仏教について述べた文として正しいものを、次の①～④の中から一つ選びなさい。解答番号は、[36]。

① 三奉行中で最も格が高いとされた寺社奉行が、寺院・僧侶の監督にあたった。
② 紫衣事件後、寺院法度を制定して寺院・僧侶への統制を強化した。
③ 檀家がキリスト教徒ではないことを檀那寺に証明させる本末制度がとられた。
④ 沢庵宗彭が禅宗の一派である黄檗宗を開き、宇治に万福寺を開創した。

問5　下線部(d)に関連して、徳川光圀の命で『万葉代匠記』を完成させた人物の名として正しいものを、次の①～④の中から一つ選びなさい。解答番号は、[37]。

① 太宰春台　　② 北村季吟　　③ 契沖　　④ 戸田茂睡

問6　空欄イに入る書名として正しいものを、次の①～④の中から一つ選びなさい。解答番号は、[38]。

① 『群書類従』　② 『国意考』　③ 『玉勝間』　④ 『古事記伝』

問7　空欄ウ・エに入る語句の組み合わせとして正しいものを、次の①～⑥の中から一つ選びなさい。解答番号は、[39]。

① ウ　聖堂学問所　　エ　垂加神道　　② ウ　聖堂学問所　　エ　復古神道

③　ウ　聖堂学問所　　エ　唯一神道　　④　ウ　和学講談所　　エ　垂加神道
⑤　ウ　和学講談所　　エ　復古神道　　⑥　ウ　和学講談所　　エ　唯一神道

【5】 江戸時代末期から明治時代初期の政治と社会について述べた次の文章を読み、後の問いに答えなさい。　(配点22点)

江戸幕府15代将軍(a)<u>徳川慶喜</u>は、［　ア　］の支援のもとで幕政改革を行なった。しかし、開国に伴う物価上昇など社会不安が高まるなかで［　イ　］といわれる民衆の狂乱が発生し、その混乱を利用して倒幕運動が活発化していった。1867年10月倒幕派の機先を制し、慶喜は大政奉還の上表を朝廷に提出した。12月９日、王政復古の大号令が下って新政府が樹立され、江戸幕府260年の歴史に終止符が打たれた。その夜開かれた［　ウ　］において慶喜に辞官納地が命じられると、旧幕府側と新政府の対立が決定的となった。旧幕府軍と新政府軍は1868年１月鳥羽・伏見で衝突した。

新政府は、(b)<u>戊辰戦争</u>中の1868年３月に国政の基本方針を明らかにし、また(c)<u>神道国教化政策</u>の一環として神仏分離令を出した。さらに、閏４月には政体書を公布して［　エ　］に権力を集中した政府組織を整備した。しかし、依然として諸藩では旧大名による統治が続いていたことから、(d)<u>新政府は中央集権体制確立のためにさまざまな政策を実施した</u>。

新政府は政治体制の整備と並行して近代化を進めた。また、(e)<u>富国強兵を実現するために</u>、1870年に(f)<u>殖産興業政策</u>の中心官庁として(g)<u>工部省</u>を設置し、近代産業の育成をはかった。(h)<u>近代化を進めるために西洋の文化や技術などを積極的に吸収しようとした</u>政府の方針により、(i)<u>人々の生活にも文明開化の風潮が広がった</u>。

問１　下線部(a)の徳川慶喜について述べた文として正しいものを、次の①～④の中から一つ選びなさい。解答番号は、［ 40 ］。

①　水戸藩主徳川家斉のもとに生まれたが、のちに一橋家を相続した。
②　将軍継嗣問題の際、島津斉彬ら雄藩藩主により将軍の後継者として推された。
③　井伊直弼による蛮社の獄の際には、隠居のうえで謹慎処分を受けた。

④　文久の改革の際には、松平慶永・松平容保とともに将軍後見職についた。

問２　空欄ア・イに入る国名・語句の組み合わせとして正しいものを、次の①～⑧の中から一つ選びなさい。解答番号は、41。

①　ア　イギリス	イ　ええじゃないか	②　ア　イギリス	イ　風流踊り
③　ア　フランス	イ　ええじゃないか	④　ア　フランス	イ　風流踊り
⑤　ア　アメリカ	イ　ええじゃないか	⑥　ア　アメリカ	イ　風流踊り
⑦　ア　オランダ	イ　ええじゃないか	⑧　ア　オランダ	イ　風流踊り

問３　空欄ウ・エに入る語句の組み合わせとして正しいものを、次の①～④の中から一つ選びなさい。解答番号は、42。

①　ウ　小御所会議　　エ　神祇官
②　ウ　小御所会議　　エ　太政官
③　ウ　諸侯会議　　エ　神祇官
④　ウ　諸侯会議　　エ　太政官

問４　下線部(b)の戊辰戦争について述べた次の文Ⅰ～Ⅲを古いものから年代順に並べるとき、配列順として正しいものを、下の①～⑥の中から一つ選びなさい。解答番号は、43。

Ⅰ　徳川家の勝海舟と新政府側の西郷隆盛の会見により江戸城が無血開城された。
Ⅱ　奥羽越列藩同盟の拠点とみられた会津若松城が落城した。
Ⅲ　旧幕府軍を率いた榎本武揚らが五稜郭で抗戦したが、敗れた。

①　Ⅰ→Ⅱ→Ⅲ	②　Ⅰ→Ⅲ→Ⅱ	③　Ⅱ→Ⅰ→Ⅲ
④　Ⅱ→Ⅲ→Ⅰ	⑤　Ⅲ→Ⅰ→Ⅱ	⑥　Ⅲ→Ⅱ→Ⅰ

問５　下線部(c)に関連して、中山みきが創始した教派神道の一つとして正しいものを、次の①～④の中から一つ選びなさい。解答番号は、44。

①　黒住教　　②　金光教　　③　神道禊教　　④　天理教

問6　下線部(d)に関連して、内務大臣山県有朋の下で中央集権的な市制・町村制（1888年制定）の成立に尽力したお雇い外国人の名として正しいものを、次の①～⑥の中から一つ選びなさい。解答番号は、 45 。

①　グナイスト　　②　シュタイン　　③　ボアソナード
④　モッセ　　⑤　ロエスレル　　⑥　フルベッキ

問7　下線部(e)に関連して、兵制について述べた文として正しいものを、次の①～④の中から一つ選びなさい。解答番号は、 46 。

①　廃藩置県後には、各地に設けた鎮台に内乱や一揆に備えて兵が配置された。
②　軍人勅諭中の「血税」の文言への誤解から、血税一揆が頻発した。
③　徴兵令により、身分にかかわりなく満18歳以上の男性に兵役が課された。
④　徴兵令では、代人料15円を納めた者は徴兵が免除されることになった。

問8　下線部(f)の殖産興業政策について述べた文として正しいものを、次の①～④の中から一つ選びなさい。解答番号は、 47 。

①　第1回内国勧業博覧会が開催され、豊田佐吉によるガラ紡の改良機が最高賞である鳳紋賞牌を受賞した。
②　新貨条例により銀本位制のもとで、十進法、円・銭・厘の単位が採用された。
③　北海道に開拓使を置いて、アメリカ式の大農場制度を導入した。
④　長崎造船所が三井に払い下げられるなど、官営事業が民間に払い下げられた。

問9　下線部(g)に関連して、工部省が設立した工部美術学校で学んだ浅井忠を中心に結成された日本初の洋画団体の名称として正しいものを、次の①～⑤の中から一つ選びなさい。解答番号は、 48 。

①　春陽会　　②　二科会　　③　白馬会
④　フューザン会　　⑤　明治美術会

問10　下線部(h)に関連して、お雇い外国人について述べた文として正しいものを、次の①～④の中から一つ選びなさい。解答番号は、49。

① クラークは熊本洋学校の教師として来日し、青年にキリスト教を広めた。
② ナウマンは全国地質図を作成したほか、フォッサ＝マグナの存在を指摘した。
③ タウトは横浜から東京へ向かう車窓で、大森貝塚を発見した。
④ キヨソネは工部美術学校で油絵を教え、洋画の基礎を築いた。

問11　下線部(i)に関連して、文明開化の風潮について述べた文として正しいものを、次の①～④の中から一つ選びなさい。解答番号は、50。

① 初の日刊新聞である『東京日日新聞』が創刊された。
② 旧暦にかわって、欧米諸国と同じ太陰太陽暦が採用された。
③ 士族に対して、廃刀令が出されたが徹底しなかったため、あらためて断髪脱刀令が布告された。
④ 森有礼を中心に、啓蒙的思想団体明六社が設立された。

◀M３・M２方式▶

（60分）

【1】　島津氏の歴史について述べた次の文章を読み、後の問いに答えなさい。

（配点36点）

島津氏の始まりは、惟宗忠久が源頼朝の平家追討に加わり、(a)薩摩国・大隅国・日向国にまたがる島津荘の地頭職を得たことによる。奥州平定後には、薩・隅・日三国の守護に任じられた。しかし、比企氏の乱の関わりで、三国の守護職を失い、のちに薩摩国守護職のみ回復した。

初代忠久、２代忠時は鎌倉に住んだが、３代目の久経が(b)蒙古襲来（元寇）を機に現地に移って以降、島津氏による薩摩支配が本格化した。(c)建武の新政権においては、(d)後醍醐天皇の討幕に協力して［ア］を攻めた功績により、島津氏は薩摩国に加え大隅国・日向国の守護に任じられた。しかし、室町時代には一族の内紛などによって弱体化が進んだ。

16世紀中頃には、内紛をおさめた島津貴久が戦国大名としての地位を確立した。貴久は、鹿児島を訪れた［イ］にキリスト教の布教を許可し、南蛮貿易も積極的に行なった。貴久の嫡男義久の代、(e)大友氏や龍造寺氏などの有力大名を破って九州の大部分を勢力圏に収めたが、［ウ］に従わなかったとして、1587年に豊臣秀吉に攻められ降伏した。その後、義久の弟、義弘は(f)朝鮮出兵に参加し、戦功をあげた。

(g)関ヶ原の戦いの際には豊臣側（西軍）に加わった。戦後処理で改易は免れ、外様大名・薩摩藩主として(h)徳川幕藩体制に組み込まれた。

初代藩主［エ］は、徳川家康の内諾を得て琉球王国に侵攻し、これを薩摩藩の支配下に置いた。以後も琉球王国は存続し、明国ついで清国との朝貢関係も維持された。

薩摩藩は琉球王国が行う貿易から巨利を得ているが、一方で、幕府が薩摩藩に課した［オ］や参勤交代などの負担は重く、藩財政は厳しかった。

江戸時代後期、８代藩主となった(i)重豪は、(j)蘭学に傾倒して(k)シーボルトらと交流を持ったほか、［カ］などの著書で知られる経済学者の佐藤信淵とも親交があった。また、娘を11代将軍 [キ] に嫁がせた。10代斉興、11代(l)斉彬は藩政改革を進め、藩権力を強化した。12代(m)忠義のとき(n)大政奉還、王政復古により明治新政府が成立すると、薩摩藩は政府内で重きをなした。1869年には長州・土佐・肥前の３藩とともに諸藩に先んじて版籍を奉還し、忠義は初代鹿児島藩の [ク] に任じられた。

問１　下線部(a)に関連して、７～８世紀に薩摩・大隅・日向地方などの南九州に居住していた人々の呼称として正しいものを、次の①～⑤の中から一つ選びなさい。解答番号は、[1]。

①　衆夷　　②　刀伊　　③　隼人　　④　粛慎　　⑤　土蜘蛛

問２　下線部(b)に関連して、法華経を信仰しなければ他国から侵攻されると説いた日蓮の著書として正しいものを、次の①～⑤の中から一つ選びなさい。解答番号は、[2]。

①　『教行信証』　　②　『興禅護国論』　　③　『正法眼蔵』
④　『選択本願念仏集』　　⑤　『立正安国論』

問３　下線部(c)の建武の新政権について述べた文として正しいものを、次の①～④の中から一つ選びなさい。解答番号は、[3]。

①　清和天皇や村上天皇が行なった親政を理想として、後醍醐天皇が自ら政治を行なった。
②　京都の警備にあたる武者所の長官には、足利尊氏が任じられた。
③　武士の慣習を無視した、天皇の綸旨による所領安堵は社会の混乱を招いた。
④　北条高時が起こした中先代の乱を機に、足利尊氏は建武政権に反旗を翻した。

問４　下線部(d)に関連して、1331年に露見し、翌年後醍醐天皇が隠岐に配流される原因となった事件として正しいものを、次の①～④の中から一つ選びなさい。解答番号は、[4]。

①　嘉吉の変　　②　元弘の変　　③　霜月騒動　　④　正中の変

問5　空欄ア・イに入る語句・人名の組み合わせとして正しいものを、次の①～④の中から一つ選びなさい。解答番号は、 5 。

①　ア　鎮西探題　　イ　ガスパル＝ヴィレラ
②　ア　鎮西探題　　イ　フランシスコ＝ザビエル
③　ア　鎮西奉行　　イ　ガスパル＝ヴィレラ
④　ア　鎮西奉行　　イ　フランシスコ＝ザビエル

問6　下線部(e)の大友氏の城下町として正しいものを、次の①～⑤の中から一つ選びなさい。解答番号は、 6 。

①　中津　　②　唐津　　③　柳河　　④　小倉　　⑤　府内

問7　空欄ウ・エに入る語句・人名の組み合わせとして正しいものを、次の①～④の中から一つ選びなさい。解答番号は、 7 。

①　ウ　惣無事令　　エ　島津家久　　②　ウ　惣無事令　　エ　島津勝久
③　ウ　人掃令　　エ　島津家久　　④　ウ　人掃令　　エ　島津勝久

問8　下線部(f)に関連して、朝鮮出兵から諸大名が引き揚げる際、帯同した朝鮮人陶工たちによって始まったお国焼として**誤っているもの**を、次の①～⑤の中から一つ選びなさい。解答番号は、 8 。

①　有田焼　　②　薩摩焼　　③　萩焼　　④　瀬戸焼　　⑤　平戸焼

問9　下線部(g)の関ヶ原の戦いにおいて、豊臣五大老の一人で西軍の盟主となった人物の名として正しいものを、次の①～⑤の中から一つ選びなさい。解答番号は、
 9 。

①　石田三成　　②　上杉景勝　　③　前田利家

④　前田玄以　　⑤　毛利輝元

問10　下線部(h)に関連して、江戸幕府のしくみについて述べた文として正しいものを、次の①～④の中から一つ選びなさい。解答番号は、10。

①　老中や三奉行などの要職は、譜代大名からの起用に限定された。
②　重要事項などは、老中や三奉行らが評定所で合議した。
③　武家伝奏に任じられた武士が、京都所司代のもとで朝幕間の連絡にあたった。
④　直轄領である禁裏御領からの年貢、鉱山からの収入などを財政的基盤とした。

問11　空欄オ・カに入る語句・書名の組み合わせとして正しいものを、次の①～④の中から一つ選びなさい。解答番号は、11。

①　オ　お手伝普請　カ　『経済要録』　②　オ　お手伝普請　カ　『経世秘策』
③　オ　国役普請　カ　『経済要録』　④　オ　国役普請　カ　『経世秘策』

問12　下線部(i)に関連して、島津重豪が設立した薩摩藩の藩校として正しいものを、次の①～⑤の中から一つ選びなさい。解答番号は、12。

①　弘道館　②　時習館　③　造士館　④　日新館　⑤　明徳館

問13　下線部(j)の蘭学について述べた文として正しいものを、次の①～④の中から一つ選びなさい。解答番号は、13。

①　前野良沢は『解体新書』を訳述した際の苦労を『蘭学事始』に著した。
②　大槻玄沢は蘭学の入門書となる『ハルマ和解』を著した。
③　稲村三伯は『蘭仏辞典』を翻訳して日本初の蘭和辞典『蘭学階梯』を著した。
④　宇田川玄随は日本初のオランダ内科書の翻訳『西説内科撰要』を著した。

問14　下線部(k)に関連して、シーボルトが開いた鳴滝塾の地図中の位置と、そこで学んだ蘭学者の組み合わせとして正しいものを、次の①～⑨の中から一つ選びなさい。解答番号は、14。

①　A－高野長英
②　A－山脇東洋
③　A－平賀源内
④　B－高野長英
⑤　B－山脇東洋
⑥　B－平賀源内
⑦　C－高野長英
⑧　C－山脇東洋
⑨　C－平賀源内

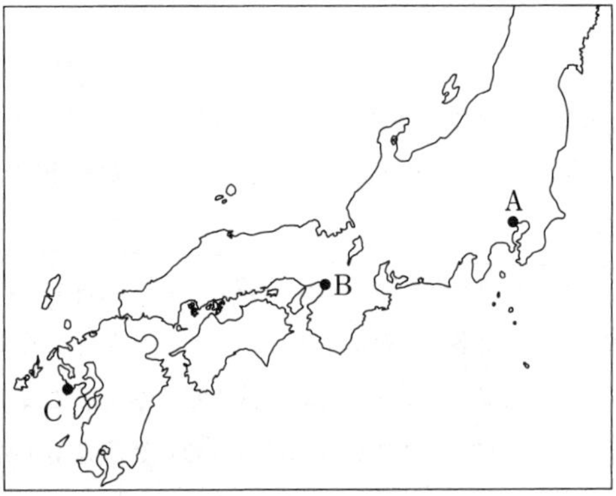

問15　空欄キ・クに入る人名・語句の組み合わせとして正しいものを、次の①～④の中から一つ選びなさい。解答番号は、 15 。

①　キ　徳川家斉　　ク　県令
②　キ　徳川家斉　　ク　知藩事
③　キ　徳川家慶　　ク　県令
④　キ　徳川家慶　　ク　知藩事

問16　下線部(l)に関連して、島津斉彬が実施した改革について述べた文として正しいものを、次の①～④の中から一つ選びなさい。解答番号は、 16 。

①　富国強兵・殖産興業を目的に反射炉や洋式工場群の集成館を建設した。
②　紙・蠟などの専売を強化し、大村益次郎を招いて兵備の近代化をはかった。
③　本百姓体制の再建をはかるために均田制を実施した。
④　財政再建のために越荷方を新設し、廻船の積荷の委託販売で利益を得た。

問17　下線部(m)に関連して、島津忠義の父である島津久光が幕府に要求して行われた、文久の改革での施策として**誤っているもの**を、次の①～④の中から一つ選びなさい。解答番号は、 17 。

①　参勤交代の緩和
②　京都守護職の設置
③　政事総裁職の設置
④　蛮書和解御用の設置

問18　下線部(n)の大政奉還について述べた文として正しいものを、次の①～④の中から一つ選びなさい。解答番号は、 18 。

①　武力倒幕派の前土佐藩主山内豊信（容堂）の申し入れを受けて大政奉還が行われた。

②　王政復古の大号令を入手した薩摩・長州両藩の動きに先んじて、大政奉還が行われた。

③　徳川氏を中心とする雄藩による連合政権の樹立をはかって大政奉還が行われた。

④　大政奉還の上表文を提出すると同時に、徳川慶喜は内大臣辞任と領地の一部返納（辞官納地）を申し出た。

【2】　天平文化について述べた次の文章を読み、後の問いに答えなさい。　（配点14点）

平城京の貴族を担い手として展開した天平文化は、(a)盛唐文化の影響を強く受けた国際色豊かな文化で、(b)鎮護国家思想に基づく(c)仏教文化でもあった。

712年には『古事記』、720年には(d)『日本書紀』が完成し、また713年には、 ア が地誌である(e)『風土記』の編纂を諸国に命じている。

貴族の教養としては(f)漢詩文が重視された。751年に成立した イ は、現存最古の漢詩集である。

問1　下線部(a)に関連して、唐の影響がみられる天平文化の絵画として**誤っているもの**を、次の①～④の中から一つ選びなさい。解答番号は、 19 。

①　過去現在絵因果経　　②　正倉院鳥毛立女屏風

③　法隆寺金堂壁画　　④　薬師寺吉祥天像

問2　下線部(b)の鎮護国家思想のもとで展開した仏教文化について述べた文として正しいものを、次の①～④の中から一つ選びなさい。解答番号は、 20 。

①　三論宗・成実宗・法相宗・倶舎宗・華厳宗・時宗を南都六宗という。

②　東大寺に大仏が造立され、開眼供養の際には鑑真が開眼師をつとめた。

③　行基は東大寺に戒壇院を設け、そこで聖武太上天皇らに授戒を行なった。

④　仏教思想に基づき、光明皇后は医療施設である施薬院を設置した。

問３　下線部(c)に関連して、天平文化の仏像とその制作技法の組み合わせとして正しいものを、次の①～④の中から一つ選びなさい。解答番号は、 21 。

①　東大寺戒壇院四天王像－乾漆像

②　東大寺日光・月光菩薩像－乾漆像

③　東大寺法華堂執金剛神像－塑像

④　東大寺法華堂不空羂索観音像－塑像

問４　下線部(d)の『日本書紀』について述べた文として正しいものを、次の①～④の中から一つ選びなさい。解答番号は、 22 。

①　年代を追って出来事を記述する編年体の形式でまとめられた。

②　刑部親王、紀清人らが中心となって編纂したものである。

③　神代から天智天皇までの神話・伝承・歴史などがまとめられた。

④　鎌倉時代には兼好法師が『日本書紀』の注釈書『釈日本紀』を著した。

問５　空欄ア・イに入る天皇諡号（おくりな）・書名の組み合わせとして正しいものを、次の①～⑥の中から一つ選びなさい。解答番号は、 23 。

①　ア　元正天皇　イ　『懐風藻』
②　ア　元正天皇　イ　『凌雲集』
③　ア　元正天皇　イ　『経国集』
④　ア　元明天皇　イ　『懐風藻』
⑤　ア　元明天皇　イ　『凌雲集』
⑥　ア　元明天皇　イ　『経国集』

問６　下線部(e)に関連して、『風土記』の完本が現存する国として正しいものを、次の①～⑤の中から一つ選びなさい。解答番号は、 24 。

①　出雲国　②　播磨国　③　肥前国　④　常陸国　⑤　豊後国

問7　下線部(f)に関連して、国家の教育機関である大学において平安初期に教科として独立し、漢文・歴史を教授した教科の名称として正しいものを、次の①～⑥の中から一つ選びなさい。解答番号は、 25 。

①　音道　　②　紀伝道　　③　書道
④　明経道　　⑤　明法道　　⑥　陰陽道

【3】　室町時代の産業について述べた次の文章を読み、後の問いに答えなさい。

（配点14点）

室町時代には土地の生産性を向上させる集約化が進んだことで(a)農業は大きく発展した。さらに、農業が多角化し、和紙に加工される ア をはじめとする(b)手工業の原料作物が栽培されるようになった。

瀬戸内では海水を砂地の上にまいて自然蒸発による濃い塩水から塩を取り出す イ の塩田による製塩が行われるなど、風土に合った特産物も生まれた。

こうした特産品が商品として(c)定期市で売買されるようになると、荷物を運ぶ(d)運送業も発達し、行商人も増加した。(e)京都では鮎などを売り歩いた ウ などの女行商人も活躍した。

また、貨幣経済の浸透に伴い、高利貸業者である エ など金融業者の活動が活発化した。

問1　下線部(a)に関連して、室町時代の農業について述べた文として正しいものを、次の①～④の中から一つ選びなさい。解答番号は、 26 。

①　多収穫米である大唐米が輸入され、栽培が開始された。
②　全国的に二毛作が広がり、畿内の一部では米・麦・そばの三毛作も行われた。
③　下肥のほか、刈敷や草木灰などの金肥が肥料として使用されるようになった。
④　馬や牛に犂を引かせて田畑を耕す牛馬耕が始まり、土地の生産力が向上した。

問2　空欄ア・イに入る語句の組み合わせとして正しいものを、次の①～⑥の中から一つ選びなさい。解答番号は、 27 。

①　ア　苧　イ　揚浜法　　②　ア　苧　イ　入浜法
③　ア　楮　イ　揚浜法　　④　ア　楮　イ　入浜法
⑤　ア　櫨　イ　揚浜法　　⑥　ア　櫨　イ　入浜法

問3　下線部(b)に関連して、各地でさまざまな特産品がつくられるようになったが、刀の生産地として名高く、鎌倉時代の『一遍上人絵伝』に近隣の福岡の市の様子が描かれている地として正しいものを、次の①～⑥の中から一つ選びなさい。解答番号は、 28 。

①　美濃関　　②　京都粟田口　　③　近江国友
④　備前長船　　⑤　筑前博多　　⑥　越後燕

問4　下線部(c)に関連して、定期市や市場について述べた文として正しいものを、次の①～④の中から一つ選びなさい。解答番号は、 29 。

①　京都や奈良などの都市では、常設の店舗である見世棚が発達した。
②　市の開催数が増えていき、応仁の乱後は月に3回開く三斎市が一般化した。
③　市での取引では、永楽通宝などの元銭、洪武通宝などの明銭も使用された。
④　撰銭令によって、私鋳銭の鋳造と市での悪貨の使用は禁止された。

問5　下線部(d)に関連して、正長の徳政一揆のきっかけとなる蜂起を起こした運送業者として正しいものを、次の①～④の中から一つ選びなさい。解答番号は、 30 。

①　廻船　　②　運脚　　③　問屋　　④　馬借

問6　下線部(e)の京都の町や町組の自治的な運営を担った幹事役として正しいものを、次の①～④の中から一つ選びなさい。解答番号は、 31 。

①　会合衆　　②　月行事　　③　年寄衆　　④　年行司

問7　空欄ウ・エに入る語句の組み合わせとして正しいものを、次の①～⑥の中から一つ選びなさい。解答番号は、 32 。

① ウ　大原女　エ　札差
② ウ　大原女　エ　借上
③ ウ　大原女　エ　土倉
④ ウ　桂女　エ　札差
⑤ ウ　桂女　エ　借上
⑥ ウ　桂女　エ　土倉

【4】 近世後期の蝦夷地について述べた次の文章を読み、後の問いに答えなさい。

（配点14点）

18世紀後半、(a)蝦夷地開発を説く工藤平助の著書を献上された老中［ア］は、その可能性を探るため最上徳内らを蝦夷地に派遣した。1792年にロシア使節［イ］が根室に来航すると、幕府は諸藩に蝦夷地の防備を命じた。1798年、幕臣［ウ］は最上徳内らとともに［エ］に至りタンネモイの地に、ここが日本領であることを示す標柱を建てた。さらに幕府は1799年、東蝦夷地を松前藩から仮上知し、翌年(b)伊能忠敬に蝦夷地を測量させ、1802年には東蝦夷地を正式に直轄化した。

ロシア船が1806年に樺太南部、1807年に択捉島などを攻撃する事件が起こると、幕府は1807年に松前藩本領と西蝦夷地を上知、すなわち蝦夷地全島を直轄とし、［オ］をおいた。1811年の(c)ゴローウニン事件によりロシアとの関係は一段と緊張したが、事件の解決により関係が改善されると、1821年に東西蝦夷地は松前藩に還付された。

その後、1855年２月７日（安政元年12月21日）、(d)日露和親条約が結ばれ、再び蝦夷地全土が直轄化された。

問１ 下線部(a)に関連して、工藤平助の著書として正しいものを、次の①～⑥の中から一つ選びなさい。解答番号は、［33］。

① 『赤蝦夷風説考』
② 『海国兵談』
③ 『三国通覧図説』
④ 『草茅危言』
⑤ 『北越雪譜』
⑥ 『宇内混同秘策』

問２ 空欄アに入る人名として正しいものを、次の①～⑤の中から一つ選びなさい。解答番号は、［34］。

①　安藤信正　　②　松平定信　　③　間部詮房
④　水野忠邦　　⑤　田沼意次

問3　空欄イ・オに入る人名・語句の組み合わせとして正しいものを、次の①～④の中から一つ選びなさい。解答番号は、35。

①　イ　レザノフ　オ　箱館奉行　　②　イ　レザノフ　オ　松前奉行
③　イ　ラクスマン　オ　箱館奉行　　④　イ　ラクスマン　オ　松前奉行

問4　空欄ウ・エに入る人名・地名の組み合わせとして正しいものを、次の①～⑥の中から一つ選びなさい。解答番号は、36。

①　ウ　間宮林蔵　エ　樺太　　②　ウ　間宮林蔵　エ　択捉島
③　ウ　間宮林蔵　エ　国後島　　④　ウ　近藤重蔵　エ　樺太
⑤　ウ　近藤重蔵　エ　択捉島　　⑥　ウ　近藤重蔵　エ　国後島

問5　下線部(b)に関連して、寛政暦を完成させたことでも知られ、伊能忠敬に測地や暦法を教授した人物の名として正しいものを、次の①～④の中から一つ選びなさい。解答番号は、37。

①　志筑忠雄　　②　渋川春海（安井算哲）
③　高橋景保　　④　高橋至時

問6　下線部(c)のゴローウニン事件について述べた文として正しいものを、次の①～④の中から一つ選びなさい。解答番号は、38。

①　通商要求に訪れた長崎からの帰路、ゴローウニンは国後島で捕らえられた。
②　ゴローウニンが抑留された報復として、ロシアは大黒屋光太夫を捕らえた。
③　廻船業者高田屋嘉兵衛の尽力で、ゴローウニンが釈放された。
④　ゴローウニンは日本に拘留されていたときのことを『北槎聞略』に著した。

問７　下線部(d)の日露和親条約について述べた文として正しいものを、次の①～④の中から一つ選びなさい。解答番号は、［39］。

①　ロシア極東艦隊司令長官プチャーチンが日露和親条約に調印した。

②　下田・神奈川・箱館の３港が開港されることに決まった。

③　条約により国境が画定され、千島列島は日本領、樺太はロシア領となった。

④　米・蘭・英・仏と結んだ和親条約と合わせて安政の五カ国条約と称された。

【5】　桂園時代と大正政変について述べた次の文章を読み、後の問いに答えなさい。

（配点22点）

日本初の政党内閣である(a)第１次大隈重信内閣が４か月の短命に終わると、次の(b)第２次山県有朋内閣は、議会対策として［ア］と提携した。しかし、山県内閣と対立した［ア］は解党し、伊藤博文の新党設立に合流して(c)立憲政友会を結成した。政友会総裁に就任した伊藤博文は第４次内閣を組織したが、閣内不統一などで半年余りで退陣した。

以後、伊藤・山県は政治の第一線を退いて(d)元老として力を行使した。第４次伊藤内閣退陣後は、山県の後継者として軍部・官僚・［イ］を代表する桂太郎と、伊藤の後任として立憲政友会総裁を継いだ西園寺公望が交互に政権を担う、いわゆる(e)桂園時代が現出した。

1912年、(f)陸軍が朝鮮における２個師団増設を要求したが、財政悪化を理由に第２次西園寺公望内閣が要求を拒否すると、これに抗議して陸軍大臣［ウ］が単独辞職した。陸軍は(g)軍部大臣現役武官制を盾に後任を推薦しなかったため、第２次西園寺内閣は総辞職した。

かわって内大臣をつとめていた桂が第３次内閣を組織した。これに対し立憲政友会や立憲国民党などから「宮中と府中の別」を乱すとして批判がまき起こり、野党勢力・実業家・ジャーナリストのほか、都市の民衆が「［エ］・憲政擁護」のスローガンを掲げて政府攻撃を行なった。(h)桂は、新党を結成し元老政治からの脱却をはかって民衆運動に対抗しようとしたが、1913年、在職50日余りで退陣せざるを得なかった。これを大正政変といい、立憲政友会を与党とする(i)第１次山本権兵衛内閣の成立をみた。

問１　下線部(a)に関連して、共和演説事件を起こした第１次大隈重信内閣の文部大臣の名として正しいものを、次の①～⑤の中から一つ選びなさい。解答番号は、 40 。

①　尾崎行雄　　②　品川弥二郎　　③　谷干城　　④　森有礼　　⑤　鳩山一郎

問２　下線部(b)の第２次山県有朋内閣の施策について述べた文として正しいものを、次の①～④の中から一つ選びなさい。解答番号は、 41 。

①　農村の疲弊に対処すべく、内務省を中心として地方改良運動を展開した。
②　ハーグ密使事件をきっかけに韓国皇帝高宗を退位させ、第３次日韓協約を結んだ。
③　文官任用令を改正し、政党員が高級官僚になることを制限した。
④　義和団の乱の鎮圧に欧米列強とともに派兵し、清国との間に天津条約を結んだ。

問３　空欄ア・イに入る語句の組み合わせとして正しいものを、次の①～⑧の中から一つ選びなさい。解答番号は、 42 。

①	ア	憲政党	イ	貴族院	②	ア	憲政党	イ	衆議院
③	ア	進歩党	イ	貴族院	④	ア	進歩党	イ	衆議院
⑤	ア	憲政本党	イ	貴族院	⑥	ア	憲政本党	イ	衆議院
⑦	ア	憲政会	イ	貴族院	⑧	ア	憲政会	イ	衆議院

問４　下線部(c)に関連して、次の史料は立憲政友会結成を受けて著された文章の一部である。史料について述べた文として正しいものを、下の①～④の中から一つ選びなさい。解答番号は、 43 。

歳《とし》ハ庚子《こうし》に在り八月某夜《ぼうや》、金風淅瀝《きんぷうせきれき》として露《つゆ》白く天高きの時、一星忽焉《いっせいこつえん》として墜《お》ちて声あり、嗚呼《ああ》自由党死す矣《か》、而《しこう》して其光栄ある歴史ハ全く抹殺《まっさつ》されぬ。……見よ今や諸君ハ退去令発布の総理伊藤侯、退去令発布の内相山県《やまがた》侯の忠実なる政友として、汝自由党の死を視《み》る路人《ろじん》の如く、吾人ハ独《ひと》り朝報の孤塁《こるい》に拠《よ》って尚《な》ほ自由平等文明進歩の為めに奮闘しつゝあることを。汝自由党の死を弔《ちょう》し霊を祭るに方《あた》って、吾人豈《あ》に追昔撫今《ついせきぶこん》の情なきを得んや。

① 筆者は、第2次山県内閣の下で制定された治安警察法により自由党が解党したことを「自由党の死」として嘆いている。

② 筆者は、集会条例を出して自由民権運動を弾圧した伊藤博文や山県有朋らと政党が手を結ぶことを批判している。

③ 筆者は、自由党は死をむかえたものの、立憲政友会によって自由・平等・文明進歩が実現されるだろうとしている。

④ 筆者は、政党が藩閥勢力に取り込まれたことを批判し、自らは『万朝報』で自由・平等・文明進歩の実現のために奮闘するとしている。

問5 下線部(d)に関連して、元老待遇を受けた人物の名として**誤っているもの**を、次の①～⑤の中から一つ選びなさい。解答番号は、44。

① 井上馨　　② 大久保利通　　③ 黒田清隆

④ 西郷従道　　⑤ 松方正義

問6 下線部(e)に関連して、桂園時代の出来事について述べた次の文Ⅰ～Ⅲを古いものから年代順に並べるとき、配列順として正しいものを、下の①～⑥の中から一つ選びなさい。解答番号は、45。

Ⅰ 全国鉄道網の統一的管理をめざして鉄道国有法が制定された。

Ⅱ ロシアを警戒するイギリスとの間で日英同盟協約が結ばれた。

Ⅲ 初の労働者保護法である工場法が制定された。

① Ⅰ → Ⅱ → Ⅲ　　② Ⅰ → Ⅲ → Ⅱ　　③ Ⅱ → Ⅰ → Ⅲ

④ Ⅱ → Ⅲ → Ⅰ　　⑤ Ⅲ → Ⅰ → Ⅱ　　⑥ Ⅲ → Ⅱ → Ⅰ

問7 下線部(f)に関連して、陸軍が2個師団の増設を要求した当時の東アジア事情について述べた文として**誤っているもの**を、次の①～④の中から一つ選びなさい。解答番号は、46。

① 第1次日露協約が結ばれ、満州などにおける権益の相互維持が約束された。

② 中国で辛亥革命が起こり、清朝が倒された。

③　日本が韓国併合を行い、韓国を植民地化した。

④　関東州の行政・軍事を担う統監府がおかれた。

問8　空欄ウ・エに入る人名・語句の組み合わせとして正しいものを、次の①～⑧の中から一つ選びなさい。解答番号は、47。

①　ウ　上原勇作　エ　政費節減　②　ウ　上原勇作　エ　閥族打破

③　ウ　樺山資紀　エ　政費節減　④　ウ　樺山資紀　エ　閥族打破

⑤　ウ　寺内正毅　エ　政費節減　⑥　ウ　寺内正毅　エ　閥族打破

⑦　ウ　加藤友三郎　エ　政費節減　⑧　ウ　加藤友三郎　エ　閥族打破

問9　下線部(g)の軍部大臣現役武官制は、このあと改正されて現役規定が削除されたが、1930年代に現役規定が復活した。現役規定を復活させた内閣の首班の名として正しいものを、次の①～⑤の中から一つ選びなさい。解答番号は、48。

①　岡田啓介　②　斎藤実　③　林銑十郎

④　平沼騏一郎　⑤　広田弘毅

問10　下線部(h)に関連して、桂太郎が創設を企図し、死後に正式に結成された政党として正しいものを、次の①～④の中から一つ選びなさい。解答番号は、49。

①　立憲改進党　②　立憲帝政党　③　立憲同志会　④　立憲民政党

問11　下線部(i)の第1次山本権兵衛内閣について述べた文として正しいものを、次の①～④の中から一つ選びなさい。解答番号は、50。

①　日本初の合法的社会主義政党である日本社会党の結成を認めた。

②　明治天皇暗殺計画の容疑で、幸徳秋水などの無政府主義者らを起訴した。

③　高等教育機関の拡充をはかるために大学令を公布した。

④　海軍高官による汚職事件であるシーメンス事件を機に総辞職した。

世界史

◀A　方　式▶

（60 分）

【1】 次の文を読んで後の問いに答えなさい。　　　（配点 25 点）

2 世紀頃の(a)プトレマイオスは『天文学大全』で知られているが，彼は『テトラビブロス』という占星術書も著している。

夜空を運行する星々の配列になんらかの意味を見出そうとする占星術は，古代からすでに社会の中で大きな役割を果たしていた。王の死や洪水の発生，敵の来襲といった異変は天の異変と結びつけられていた。夜空の状態を正確に把握することが，王権にとって大きな意味をもっていたことは，世界各地に占星術の歴史が存在しているという事実からも明らかである。

メソポタミアに最古の都市文明を築いた(b)シュメール人は，粘土板に楔形文字で，様々な事柄を書き記した。その中には，神話・物語や家畜・穀物の数量の記録，さらには星々についての情報などが記されていた。この地域で盛んになった占星術はその後，(c)新バビロニアを打ち立てたカルデア人を通じて各地へ伝えられたようである。古代ギリシアの歴史家 **A** は，ペルシア戦争を主題としたその著『歴史』の中で「ギリシア人は日時計，指時針，また一日の十二分法をバビロン人から学んでいる」と記しており，天文学的な知見がバビロニアから(d)ギリシアに流入したことがうかがわれる。

他の地域に目を移すと，ブリタニア（大ブリテン島）では青銅器文化の時代に入ってからストーン＝サークル（環状列石）という複数の巨石を円状に配置した建造物が作られ始めた。その代表格がソールズベリの近郊のストーンヘンジである。これは前 19 世紀から前 15 世紀にかけて作られたと推測されている。この巨石建造物は天文学上の知見に基づいて精緻に配置されたと考えられており，当時の人々がすでに高度な天体観測技術を有していた可能性がある。やがてこうした巨石建造物は姿を消していき，前 7 世紀以降に(e)ケルト人がブリタニアに入ってくるとともに，鉄器文化が普及していった。

メソアメリカ文明においても天体観測の技術は発達していた。マヤ文明が天文学を発展させていたことはすでによく知られているし、メキシコ高原の [B] の遺跡である太陽のピラミッドは、夏至の日の太陽がピラミッドの真正面に沈むように建設されている点に大きな特徴があり、この文明も天文学的な知識を蓄えていたものと考えられる。また、(f)アステカ王国の最後の王は占星術によって王国の滅亡を予言していたとされる。

中国においても、占星術が古代から重んじられていた。例えば儒教の(g)五経の一つ『春秋』に「伝」すなわち解説を付したものの一つに『春秋左氏伝』がある。その中の魯の襄公28年（前545年）の項に、ある人物が木星の位置があるべき場所にないため、周と楚に災いが起こるだろうと予言したことが記されている。中国でもかなり古くから天体観測技術と占星術が発達していたことがわかる一例である。

占星術は古い時代の専有物ではない。それは、例えば16世紀のヨーロッパの状況を見てみればわかる。フランス王室では、(h)カトリーヌ=ド=メディシスが占星術師を宮廷に招いて王子たちの運命を占ってもらっていたし、イギリスではエリザベス1世が占星術師を側近にしたこともあった。

また、(i)ケプラーが1609年に出版した『新天文学』や、ガリレオ=ガリレイが1610年に出版した『星界の報告』は、ときの君主に捧げられているが、近代科学の起点に位置する彼らがその著作の献辞のなかで占星術の知見を用いて君主を絶賛している点も興味深い。17世紀に入っても、占星術の影響力は大きかったといえるだろう。

問1　下線部(a)について、［1］プトレマイオスはヘレニズム世界の中心地の都市アレクサンドリアで研究を行っていた。このアレクサンドリアにはプトレマイオス朝によって設立された研究所があり、多くの学者を輩出していた。この研究所はどれか。［2］プトレマイオスの天文学は、その後1000年にわたって受け継がれる天動説で知られるが、紀元前3世紀頃に地球の自転と公転を研究し、地動説ともいうべきものを出していたギリシア天文学者は誰か。それぞれ、①～⑤の中から一つ選びなさい。解答番号は、[1]・[2]。

［1］　①　アカデメイア　　②　コイネー　　③　マドラサ
　　　④　アズハル　　⑤　ムセイオン　　[1]

［2］　①　アリストテレス　　②　アリストファネス　　③　アルキメデス
　　　④　アリスタルコス　　⑤　アイスキュロス　　[2]

問2　下線部(b)について、［1］楔形文字で記された物語の中には世界最古の文学といわれる『ギルガメシュ叙事詩』がある。ギルガメシュはシュメール人の築いた都市の一つを統治した王とされる人物だが、この都市はどれか。［2］楔形文字をドイツ人のグローテフェントとともに解読し、さらにイランのアケメネス朝のベヒストゥーン碑文をも解読したイギリス人は誰か。それぞれ、①～⑤の中から一つ選びなさい。解答番号は、3・4。

［1］　①　ウルク　②　メンフィス　③　カデシュ
④　シドン　⑤　ティリンス　3

［2］　①　シャンポリオン　②　シュリーマン　③　ローリンソン
④　ヴェントリス　⑤　エヴァンズ　4

問3　下線部(c)に関する記述として正しいものはどれか。次の①～⑤の中から一つ選びなさい。解答番号は、5。

①　ハンムラビ王が「目には目を、歯には歯を」という同害復讐の原則に基づく法典を制定した。

②　唯一神アトンが信仰された。

③　ネブカドネザル2世がバビロン捕囚を行った。

④　ヒッタイト人によって滅ぼされた。

⑤　ミタンニ王国を滅ぼした。

問4　A に当てはまる人物は誰か。次の①～⑤の中から一つ選びなさい。解答番号は、6。

①　タキトゥス　②　ヘロドトス　③　トゥキディデス
④　ホメロス　⑤　ポリビオス

問5　下線部(d)について、古代ギリシア人が小アジアに建設した植民市ミレトス出身の哲学者タレスは、東方の知をギリシアへ伝えたといわれている。彼は、日食を予言したといわれるように天文学にも通じていた。このタレスに関する記述として正しいものはどれか。次の①～④の中から一つ選びなさい。解答番号は、7。

①　万物の根源は火であるとした。

②　万物の根源は水であるとした。

③　万物の根源は原子（アトム）であるとした。

④　万物の根源は数であるとした。

問6　下線部(e)について、ケルト人が入ってきた時代以降、ノルマン=コンクェストに至るまでのブリタニアに関する記述として正しいものはどれか。次の①～⑤の中から一つ選びなさい。解答番号は、 8 。

① ローマ帝国のトラヤヌス帝が北からのケルト人の攻撃を防ぐために長城を建設した。

② アングロ=サクソン人がケルト人を圧迫し、七王国を建て、やがてその一つウェセックスの王エグバートがイングランドを統一した。

③ ローマのポンペイウスがブリタニアに遠征し、『ガリア戦記』にその遠征記録を記した。

④ テオドリックに率いられたヴァンダル人がしばしばブリタニアへの侵入を繰り返した。

⑤ デーン人がブリタニアへの侵入を繰り返し、やがてその王リューリクがイングランドを征服し、デーン朝を開いた。

問7　 B に当てはまる文明はどれか。次の①～④の中から一つ選びなさい。解答番号は、 9 。

① アンデス文明　② オルメカ文明　③ テオティワカン文明

④ トルテカ文明

問8　下線部(f)について、アステカ王国を滅ぼした「征服者」（コンキスタドール）は誰か。次の①～⑤の中から一つ選びなさい。解答番号は、 10 。

① コルテス　② ピサロ　③ バルボア

④ コロンブス　⑤ カブラル

問9　下線部(g)について、前漢武帝の時代に五経の解釈と教授を行う官職として五経博士が設けられた。五経博士の設置を武帝に建言し、儒学の官学化に尽力した儒学者は誰か。次の①～⑤の中から一つ選びなさい。解答番号は、 11 。

① 鄭玄　② 孔穎達　③ 銭大昕

④ 顧炎武　⑤ 董仲舒

問10　下線部(h)について、カトリーヌ=ド=メディシスはユグノー戦争の最中の「サンバルテルミの虐殺」を主導したことで知られるが、この虐殺を危うく免れ、その後フランス国王となり、ナントの王令によってユグノー戦争を終わらせた人物は誰か。次の①～⑤の中から一つ選びなさい。解答番号は、 12 。

① シャルル7世　② ルイ13世　③ フランソワ1世

④ アンリ4世　⑤ フィリップ2世

問11　下線部(i)について、『天球回転論』で地動説を主張し、ケプラーやガリレイに大きな影響を与えた天文学者は誰か。次の①～⑤の中から一つ選びなさい。解答番号は、[13]。

①　ジョルダーノ=ブルーノ　②　コペルニクス　③　ニュートン

④　トマス=モア　⑤　ヘルムホルツ

【2】　次の文を読んで後の問いに答えなさい。　(配点25点)

960年、趙匡胤によって宋（北宋）が建国された。宋にとって、(a)唐末五代の混乱した国内情勢を立て直すことが喫緊の課題であると同時に、(b)北方勢力との関係も重大な課題であった。そのため、宋は中央政府直属の軍隊、すなわち禁軍の増強にいそしんだが、他方、それによる国家財政のひっ迫が問題となった。特に第6代皇帝の神宗の時代には、「唐宋八大家」の一人としても知られる[A]によって、「新法」と呼ばれる様々な改革が行われた。その一方で、新法への反対も根強く、神宗の死後、宰相になった(c)司馬光による揺り戻しもあるなど、新法を支持する新法党と新法反対の立場の旧法党による内部抗争も激化した。

その後、1126年から1127年にかけて、[B]によって金の攻撃を受け北宋が滅びた。だが、そこで逃れた(d)高宗によって宋の再建（南宋）がなされた。

(e)宋代は、国内政治の安定化のために、(f)科挙制度が整えられた時代であった。科挙が整えられることにより、様々な階層の男性が官吏として登用されるようになった。この背景には、(g)印刷技術の普及と書物の流通がある。書物が流通するようになることで、科挙受験のための(h)経典や参考書も人々の手に届くようになった。

問1　下線部(a)について、唐末に塩の密売を行う商人の挙兵から始まった反乱はどれか。次の①～⑤の中から一つ選びなさい。解答番号は、[14]。

①　安史の乱　②　紅巾の乱　③　黄巾の乱

④　黄巣の乱　⑤　太平天国の乱

問2　下線部(b)について、唐末五代から宋代にかけての中国周辺に関する記述として正しいものはどれか。次の①～⑤の中から一つ選びなさい。解答番号は、[15]。

①　耶律大石は吐谷渾を滅ぼし、高麗を建国した。

②　王建は渤海を滅ぼし、遼を建国した。

③　ヌルハチは西夏を建国し、西夏文字を制定した。

④　李元昊は吐蕃を建国し、民族文字として字喃を制定した。

⑤　完顔阿骨打は金を建国し、女真文字を制定した。

問3　A に当てはまる人物は誰か。次の①～⑤の中から一つ選びなさい。解答番号は、16 。

①　黄宗羲　②　王安石　③　顔真卿
④　柳宗元　⑤　康有為

問4　下線部(c)について、司馬光によって著された歴史書はどれか。次の①～⑤の中から一つ選びなさい。解答番号は、17 。

①　『戦国策』　②　『漢書』　③　『新五代史』
④　『資治通鑑』　⑤　『史記』

問5　B に当てはまる事件はどれか。次の①～⑤の中から一つ選びなさい。解答番号は、18 。

①　靖難の役　②　戊戌の政変　③　靖康の変
④　土木の変　⑤　永嘉の乱

問6　下線部(d)について、[1]南宋の都が置かれた都市はどれか。[2]高宗に重用され、宰相となった人物は誰か。それぞれ、①～⑤の中から一つ選びなさい。解答番号は、19 ・ 20 。

[1]　①　開封　②　建康　③　洛陽
　④　臨安　⑤　長安　19

[2]　①　李淵　②　蘇軾　③　秦檜
　④　岳飛　⑤　鄭和　20

問7　下線部(e)について、この時代の経済活動に関する記述として正しいものはどれか。次の①～⑤の中から一つ選びなさい。解答番号は、21 。

①　「行」と呼ばれる手工業者の組合が広く組織された。
②　「鎮」と呼ばれる商人の同業組合が多く組織された。
③　「飛銭」と呼ばれる手形が送金の際に使用された。
④　「交子」と呼ばれる兌換紙幣が南宋で発行された。
⑤　「会子」と呼ばれる兌換紙幣が世界最古の紙幣として北宋で発行された。

問8　下線部(f)について、宋代の科挙に関する記述として正しいものはどれか。次の①～⑤の中から一つ選びなさい。解答番号は、22 。

①　優秀な人材は郷挙里選によって地方長官の推薦を受け、一次試験の郷試が免除された。
②　省試では中正官と呼ばれる役人によって試験が実施され、人材の選別を行った。

③　宋代には殿試と呼ばれる最終試験が導入され、皇帝自らが最終審査を行った。

④　科挙に合格した者は門閥貴族と呼ばれ、文人官僚の中心となった。

⑤　宋代に科挙は毎年実施となり、以降、清代に科挙が廃止されるまで継続的に行われた。

問9　下線部(g)について、印刷技術に関する記述として正しいものはどれか。次の①～⑤の中から一つ選びなさい。解答番号は、23。

①　唐代の中国において本格的な木版印刷が始まった。

②　宋代の中国において世界最初の金属活字が作られた。

③　ダンテによって、金属活字による活版印刷術の実用化が行われた。

④　タラス河畔の戦いによって、活版印刷術はイスラム世界へ伝わった。

⑤　宋代に製紙法、火薬、活版印刷術の三つが発明され、これを三大発明という。

問10　下線部(h)について、［1］この時代特に重んじられるようになった「四書」に**当てはまらないもの**はどれか。［2］宋代に広がった宋学に関する記述として正しいものはどれか。それぞれ、①～⑤の中から一つ選びなさい。解答番号は、24・25。

［1］　①　『書経』　②　『論語』　③　『孟子』

④　『大学』　⑤　『中庸』　24

［2］　①　南宋の王陽明は「大義名分論」を説き、『儒林外史』を著した。

②　南宋の朱熹は「格物致知」を説き、『資治通鑑綱目』を著した。

③　南宋の周敦頤は「心即理」を説き、『日知録』を著した。

④　北宋の欧陽脩は「知行合一」を説き、『太極図説』を著した。

⑤　北宋の陸九淵は「性即理」を説き、『新唐書』を著した。　25

【3】 次の文を読んで後の問いに答えなさい。 (配点25点)

高校で学ぶ西洋の歴史には、何人の女性が登場するだろうか。(a)百年戦争を勝利に導いたフランスの英雄、ジャンヌ=ダルク。(b)宗教改革期のイギリスでカトリックの復権をめざし、多くの「異端者」を処刑して「血まみれのメアリ」と呼ばれたメアリ1世。その後を継いだ(c)エリザベス1世。オーストリア・ハプスブルク家繁栄の歴史に名を残す君主マリア=テレジア。そのほかには数名を数える程度ではなかろうか。

(d)アナール学派を嚆矢《こうし》とする「新しい歴史学」(注)の登場まで、「女性」は歴史学の研究対象とされてこなかった。なぜならそれまでの歴史学は、国家の政治や戦争など、伝統的に「男性の領域」とみなされてきた分野を扱い、歴史研究の担い手たる歴史家もまた、専ら男性であったからである。

男女の身体的な性差を前提とし、文化的・社会的に作りだされた「男らしさ」「女らしさ」の観念をジェンダーという。17世紀末に始まる市民革命と(e)18世紀半ば以降の産業革命を経て、旧来の身分制秩序が解体されたヨーロッパでは、社会の新たな基盤の一つとして、ジェンダーに基づく秩序が強調されていった。「理性的・自立的・活動的」な男性が公的な社会的領域を担い、「感情的・依存的・受動的」な女性は私的な家庭領域の担い手たるべき、とするジェンダー秩序である。

このジェンダー秩序の発想は、市民革命の理論的根拠をなした啓蒙思想においてもすでに見られる。『人間不平等起源論』で人間は自然状態において平等であるとした A は、『エミール』においては女性の男性への服従を旨とする女子教育論を説いた。イギリスのメアリ=ウルストンクラフトは、1792年に『女性の権利の擁護』を発表し、 A ら男性知識人による女子教育論を批判した。

フランス革命での(f)人権宣言(人間および市民の権利の宣言)は、「人」が生まれながらに自由・平等であり、「市民」に政治的権利があるとしたが、そこで想定される「人」とは「男」であり、「市民」は「男性市民」に過ぎない。このことを喝破《かっぱ》した B は、『女性の権利宣言』を著し、男女平等を訴えたが、その主張は受け入れられず、彼女は恐怖政治の中で処刑された。

B やウルストンクラフトが思想として掲げた女性の権利要求は、19世紀半ばにその実現をめざす運動として組織されていく。これを第一波 C と呼ぶ。ヨーロッパでは1860年代に数多くの女性団体が結成され、女性参政権の実現をめざした。イギリスでは、『自由論』で知られる哲学者・経済学者の D が、女性参政権を掲げて議員に選出された。しかし、イギリスやドイツで女性参政権が実現するのは第一次世界大戦後のことである。背景としては、女性運動の進展のほか、第一次世界大戦での [E] 体制のもと、多くの女性が動員され、結果的に女性の社会参加が進んだということがあった。

1960年代には、アメリカの公民権運動や、(g)各国における学生運動の高まりの中で、女性の平等を求める運動が盛んとなった。これは第二波 [C] と呼ばれる。こうした動きを受け、1975年、国連の主導により、メキシコシティで第1回世界女性会議が開かれた。1980年コペンハーゲンでの第2回会議では女性差別撤廃条約が結ばれ、各国政府も男女平等の取り組みを始めるなど [C] の制度化が進んだが、いまだ残る課題も多い。女性の自己決定、男女の平等、男女間の公正と正義をめざす取り組みは、全世界でなお継続中である。

(注)「新しい歴史学」……19世紀にランケによって確立された近代歴史学が、公文書を史料とし国家を基盤とした公的領域を対象としたのに対し、「新しい歴史学」は「普通の人々」の日常生活や、家族のあり方、身体の捉え方といったテーマに、多様な史料を駆使して取り組んだ。

問1　下線部(a)に関する記述として正しいものはどれか。次の①～⑤の中から一つ選びなさい。解答番号は、[26]。

① この戦争は、ノルマン朝のヘンリ2世がフランス王位の継承権を主張したことで始まった。

② この戦争は、アルビジョワ派のキリスト教徒の討伐を目的として始まった。

③ この戦争は、イギリス、フランス両国によるフランドルとギエンヌの争奪を背景に始まった。

④ この戦争では、ブルゴーニュ公がフランス王権に協力しイギリスと対峙《たいじ》した。

⑤ この戦争は、カトー=カンブレジ条約締結によって終了した。

問2　下線部(b)に関する記述として正しいものはどれか。次の①～④の中から一つ選びなさい。解答番号は、[27]。

① 国王ヘンリ7世は一般祈祷書を制定し、イギリス国教会の制度を定めた。

② 国王ヘンリ8世は国王至上法（首長法）を発し、イギリス国教会の首長は国王であると宣言した。

③ 国王エドワード6世はカルヴァンをロンドンに招き、長老主義に基づくイギリス国教会の体制を整えた。

④ 国王ジェームズ2世はスコットランドにも国教会を強制したため、スコットランドのピューリタン（清教徒）の反発を招き、イギリス革命につながった。

問3 下線部(c)に関する記述として**誤っているもの**はどれか。次の①～⑤の中から一つ選びなさい。解答番号は、28。

① 東インド会社を設立した。

② 北米のニューアムステルダムをオランダから奪った。

③ その死でテューダー朝は絶えた。

④ 統一法でイギリス国教会の体制を安定させた。

⑤ 対アルマダの海戦でスペインの無敵艦隊を破った。

問4 下線部(d)について、長期的持続の相を重視した歴史研究を展開したアナール学派の中心的存在の歴史家は誰か。次の①～⑤の中から一つ選びなさい。解答番号は、29。

① サルトル ② デューイ ③ フロイト

④ サイード ⑤ ブローデル

問5 下線部(e)について、次の(ア)～(エ)は産業革命に関わる出来事である。それらを左から年代の古い順に正しく並べたものはどれか。下の①～⑥の中から一つ選びなさい。解答番号は、30。

(ア) スティーヴンソンが蒸気機関車ロコモーション号でストックトン・ダーリントン間の貨車・客車の牽引に成功した。

(イ) ジョン=ケイが飛び杼を発明した。

(ウ) カートライトが力織機を発明した。

(エ) アークライトが水力紡績機を発明した。

① (イ) — (エ) — (ア) — (ウ)

② (ウ) — (ア) — (イ) — (エ)

③ (エ) — (イ) — (ウ) — (ア)

④ (イ) — (エ) — (ウ) — (ア)

⑤ (ウ) — (イ) — (ア) — (エ)

⑥ (エ) — (ア) — (イ) — (ウ)

問6 A に当てはまる人物は誰か。次の①～⑤の中から一つ選びなさい。解答番号は、31。

① ルソー ② ホッブス ③ ロック

④ カント ⑤ ヘーゲル

問7 下線部(f)について、この宣言の起草には、アメリカ独立戦争に義勇兵として参戦した人物も関わっていた。後年の七月革命にも関わったこの人物は誰か。次の①

～⑤の中から一つ選びなさい。解答番号は、32。

① ラ=ファイエット　② エベール　③ ブリッソ
④ マラー　⑤ ダントン

問8　B に当てはまる人物は誰か。次の①～⑤の中から一つ選びなさい。解答番号は、33。

① ローザ=ルクセンブルク　② オランプ=ド=グージュ
③ サッチャー　④ ストウ　⑤ サッフォー

問9　C に当てはまる語はどれか。次の①～⑤の中から一つ選びなさい。解答番号は、34。

① ダダイズム　② シュールレアリスム　③ フェミニズム
④ アナーキズム　⑤ フォーヴィズム

問10　D に当てはまる人物は誰か。次の①～⑤の中から一つ選びなさい。解答番号は、35。

① リカード　② スペンサー　③ ディズレーリ
④ ジョン=ステュアート=ミル　⑤ ベンサム

問11　E に当てはまる語はどれか。次の①～⑥の中から一つ選びなさい。解答番号は、36。

① 挙国一致　② 総力戦　③ ファシズム
④ 人民戦線　⑤ ブロック経済　⑥ 戦時共産主義

問12　下線部(g)について、フランスでは1968年にパリの学生が大学改革を要求したことに端を発し、労働者のゼネストが行われるまでに至る危機が生じた。これは五月革命とも五月危機ともいわれるが、この結果支持を失った大統領は翌1969年に辞任した。1958年、第五共和国憲法を制定し、軍の反対にあいながらも1962年にアルジェリア独立を認めたこの人物は誰か。次の①～⑤の中から一つ選びなさい。解答番号は、37。

① ミッテラン　② クレマンソー　③ ブリアン
④ ド=ゴール　⑤ ティエール

【4】 次の文を読んで後の問いに答えなさい。　(配点25点)

現在、ロシアとの戦時下にあるウクライナは、その国土の歴史を紐解いてみると、様々な大国の支配下にあったことがわかるだろう。(a)ウクライナ国家が現在の版図をもつようになったのは、当時のソ連の指導部が、クリミアをロシア共和国からウクライナ共和国に移譲させる決定を下した1954年のことである。一般的な各国史の歴史叙述に反し、一国の領土が太古から連綿と続いてきたなどということは実際には皆無に等しい。

ウクライナの国土は、北部は森林地帯、中部は森林と草原の混合、南部は草原地帯、いわゆるステップが広がっている。紀元前、遊牧民族の(b)スキタイ人が現在のウクライナの草原を席巻した。(c)古代、豊かな草原と肥沃な黒土をもつウクライナは、数々の遊牧民族や農耕民族が交錯する場となっていった。9世紀になると、現在のウクライナの地で、まずノヴゴロド国、次いでキエフ公国（キエフ・ルーシ）が興った。キエフ公国の[A]は、10世紀末、ビザンツ皇帝の妹を后妃に迎えて、(d)キリスト教正教（いわゆるギリシア正教）を国教化した。13世紀には、東から騎馬遊牧民のモンゴルが現在のウクライナから東欧地域にまで侵出し、キエフ公国は崩壊した。(e)14世紀には今度は北西からリトアニア人が攻め入り、現在のウクライナの北部地域をその版図とするに至った。南部のクリミア半島には、15世紀前半にクリム=ハン国が成立し、現在のウクライナの南部地域にまで版図を拡大している。(f)15世紀末に東スラヴはモンゴルの支配から脱し、16世紀から17世紀にかけてロシアは東へ西へとその版図を拡大させてゆく。ウクライナや南ロシアのステップ地帯には、(g)コサックと呼ばれる多民族からなる逃亡民が集団を成していた。今日の民族としてのウクライナ人のアイデンティティはこのコサック集団に源流があるといわれている。

ウクライナは様々な国家の辺境かつフロンティアだったといえる。18世紀、現在のウクライナの国土の北西部、ドニプロ川右岸地域はポーランド領にあり、ロシア帝国、ハプスブルグ帝国、プロイセンによるポーランド分割の対象となった。当時のロシア皇帝[B]は、ポーランド分割で広大な土地を手にする一方、ウクライナ南部のクリム=ハン国も併合した。そして、統合した領土に苛烈な農奴制を拡張させていった。他方で、現在のウクライナの西部地域はハプスブルグ帝国の版図に入り、まったく異なった歴史を歩むことになる。

ロシア帝国は、ナポレオンとの戦争には勝利したが、他の欧州の諸帝国と比較すると「近代化」の遅れは否めなかった。19世紀半ばの[C]で敗北を喫すると、農奴解放など農村社会・経済の近代化に向けた改革が実行されたが、多くの農民が伝統的な共同体（ミール）と領主層に縛られるなど、自立できずにいた。このような状況にメスを入れ、独立自営農民の創出に力を尽くしたのが、20世紀初頭のロシア帝国宰相 D の改革である。しかし、1911年に D は暗殺され、1914年には第一次世界大戦が勃発してロシア帝国は連合国側で参戦。戦時下での国民生活の悪化と戦争の長期化に伴う厭戦《えんせん》気分は1917年二月革命を誘発し、ロシア帝国は崩壊した。同年の十月革命により成立したソヴィエト政権は民族自決の原則を重んじ、ウクライナ人にも自治を与え、1922年、ロシア、ベラルーシ、ザカフカースの各共和国とともにソヴィエト社会主義共和国連邦（ソ連）が結成された。現在の独立国家ウクライナのひな形を作ったのは実はソ連なのである。ソ連成立後、1920年代後半以降になると(h)スターリンが権力を握り、その政策遂行過程の中でウクライナでは大飢饉が発生し、多数の餓死者を出すなどして農村は荒廃した。

ウクライナの地が国どうしのせめぎ合いの場であったことは現代になってからも変わっていない。1939年の独ソ不可侵条約の秘密議定書でバルト海地域とポーランドでの勢力圏が定められ、今日のウクライナの西部地域はソ連が取り戻してウクライナ共和国の一部となったが、(i)独ソ戦が始まるとウクライナは激戦地と化した。1991年にウクライナは国家として独立するが、今なお、ロシア人とウクライナ人の民族的一体性を唱えるロシアの指導者によって、軍事的手段による国境変更の試みが現在進行形で行われているのである。

問1　下線部(a)について、現在のウクライナの領土は**略図**上のA～Fのどれか。次の①～⑥の中から一つ選びなさい。解答番号は、38。

〈略図〉

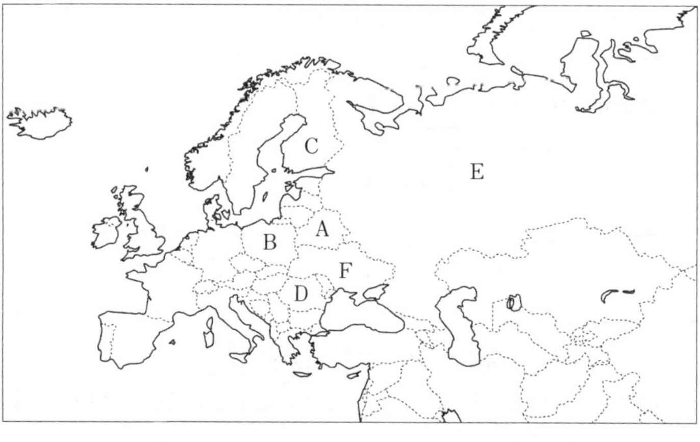

① A　② B　③ C
④ D　⑤ E　⑥ F

問2　下線部(b)に関する記述として**誤っているもの**はどれか。次の①～④の中から一つ選びなさい。解答番号は、[39]。

① スキタイは独特な動物文様をもつ金属製の装飾品や馬具・武器などを文化的特徴とする。
② スキタイは古代ギリシア人による呼称である。
③ スキタイ人は、トルコ（テュルク）系の騎馬遊牧民である。
④ スキタイはカフカス・黒海北方の草原地帯にいた。

問3　下線部(c)について、ウクライナを含むユーラシア大陸を舞台とした民族の移動に関する記述として**誤っているもの**はどれか。次の①～④の中から一つ選びなさい。解答番号は、[40]。

① ランゴバルド人は、5世紀初頭にカスピ海岸の草原地域から移動を始め、東欧を経由して北アフリカに至り、東地中海に覇を唱える王国を建設した。
② 騎馬遊牧民族であるフン人は、4世紀後半から5世紀にかけて内陸アジアからヨーロッパへと西進し、その王アッティラは東欧に大帝国を築きあげた。
③ 東ゴート人は、現在のウクライナ南部の黒海北岸に居住していたが、後に移動し5世紀末にイタリアに東ゴート王国を建国した。
④ スラヴ人は、6世紀頃からカルパティア山脈の一帯から東・西・南へとその居住領域を拡大させていった。

問4　[A] に当てはまる人物は誰か。次の①～⑤の中から一つ選びなさい。解答番号は、[41]。

① イヴァン3世　② ピョートル1世　③ ウィリアム1世
④ ウラディミル1世　⑤ ミハイル=ロマノフ

問5　下線部(d)に関する記述として正しいものはどれか。次の①～④の中から一つ選びなさい。解答番号は、[42]。

① イエスに神聖のみを認める単性論を主張している。
② カルケドン公会議でローマ=カトリックとギリシア正教とが分裂した。
③ ビザンツ帝国滅亡後は、ロシア正教会が正教世界の中心となった。
④ ロシア人やウクライナ人など東スラヴ系だけでなく、チェック人やスロヴァキア人など西スラヴ系の民族にも正教は浸透していった。

問6　下線部(e)について、中世のリトアニア人に関する記述として**誤っているもの**はどれか。次の①～④の中から一つ選びなさい。解答番号は、[43]。

① ベーメン王国を建国し、後に神聖ローマ帝国に編入された。

② ドイツ騎士団に対抗してリトアニア人は国家を形成した。

③ ポーランド最盛期の王朝、ヤゲウォ朝の「ヤゲウォ」とはリトアニアの大公の名である。

④ ポーランドと同君連合王国を結成し、リトアニア人はカトリックに改宗した。

問7　下線部(f)について、バトゥが創建した、南ロシア（現在のウクライナの領土をも一部含む）を13世紀から16世紀初めまで支配していたハン国はどれか。次の①～⑤の中から一つ選びなさい。解答番号は、[44]。

① コーカンド=ハン国　② チャガタイ=ハン国　③ イル=ハン国

④ カザン=ハン国　⑤ キプチャク=ハン国

問8　下線部(g)に関する記述として正しいものはどれか。次の①～④の中から一つ選びなさい。解答番号は、[45]。

① 17世紀後半にロシアのツァーリからの独立を唱えて反乱を首謀したプガチョフはコサック出身である。

② 18世紀以降、コサックは特別な社会層として国家に登録され、辺境防備など軍役奉仕に従事した。

③ ロシアのシベリア進出の尖兵となったのがステンカ=ラージン率いるコサック部隊である。

④ ポーランド分割後のポーランド独立運動を率いたイェルマークはコサック出身であった。

問9　[B] に当てはまるロシア皇帝は誰か。次の①～⑤の中から一つ選びなさい。解答番号は、[46]。

① ヨーゼフ2世　② エカチェリーナ2世　③ アレクサンドル1世

④ ニコライ1世　⑤ カール大帝

問10　[C] に当てはまる19世紀半ばの戦争はどれか。次の①～⑤の中から一つ選びなさい。解答番号は、[47]。

① マラーター戦争　② アロー戦争　③ 第1次バルカン戦争

④ 北方戦争　⑤ クリミア戦争

問11　[D] に当てはまる、独立自営農民をロシアに生み出すべく土地制度改革を実施したが、暗殺された20世紀初頭のロシア帝国政府の首相は誰か。次の①～⑥の中から一つ選びなさい。解答番号は、48。

① ウィッテ　② フルシチョフ　③ ケレンスキー

④ プレハーノフ　⑤ ピウスツキ　⑥ ストルイピン

問12　下線部(h)に関する記述として正しいものはどれか。次の①～④の中から一つ選びなさい。解答番号は、49。

① スターリンは、世界革命論を提唱し、西欧のプロレタリアートとの連帯を訴えた。

② スターリンは、第1次五ヵ年計画で、急速な工業化と農業の集団化（コルホーズの建設）を強力に推進した。

③ スターリンは、欧米との平和共存路線を提唱するとともに、ネップと呼ばれる経済政策を打ち出した。

④ スターリンは、社会主義経済建設のため、ペレストロイカ（改革）とグラスノスチ（情報公開）が必要だと訴えた。

問13　下線部(i)に関する記述として**誤っているもの**はどれか。次の①～④の中から一つ選びなさい。解答番号は、50。

① ドイツの脅威に備えて日ソ中立条約を結んだソ連に対してドイツは不可侵条約を破って侵攻し、ドイツ軍は一時モスクワにまで迫った。

② 独ソ戦開始後、米・英・ソの反ファシズム連合が結成されると、米ソの戦時協力を理由として、各国共産主義政党の国際統一組織であるコミンテルンは解散した。

③ アメリカは、ソ連への武器供与は共産主義勢力に軍事機密を渡すに等しいと考え、英仏中などとは異なり、武器貸与法の適用外とした。

④ 独ソ戦の転換点となった戦いが繰り広げられたスターリングラードという都市は、ヴォルガ川の河畔にあり、現在はヴォルゴグラードという名になっている。

◀M３・M２方式▶

（60分）

【１】　次の(1)・(2)の文を読んで後の問いに答えなさい。　(配点25点)

(1)　古来、陸の道と同様、いやそれ以上に(a)海の道が人々の移動と交易を可能にしていた。地中海から紅海やペルシア湾、そしてアラビア海からインド洋、さらにはインドから東南アジアや中国に至る海の道が開かれ、その道に沿って各地に様々な文明・港市・国家が興隆した。

南インドはそうした海の道の中間地点だった。前3世紀頃、(b)チョーラ朝が成立した。スリランカにはすでに前5世紀頃、(c)シンハラ王国が成立していた。

(2)　インドシナ半島東部、ベトナムの北部には中国の影響を受けた［ A ］文化が発達した。青銅製の銅鼓を特徴とする。メコン川下流域では、1世紀頃に中国側の呼称で扶南が建国された。5世紀に全盛期を迎えたが、7世紀に中国名で真臘とされるカンボジアの［ B ］人の勢力に滅ぼされた。水真臘と陸真臘という二つ呼称があったことから、［ B ］人の勢力は、メコン川の水路を利用して南シナ海に出て中国と交易するルートと陸路カンボジアから北上して中国と連絡するルートの二つを使って、国際交易市場に参加していたことが考えられる。やがて、カンボジアでは9世紀になるとアンコール朝が開かれた。アンコール朝は寺院遺跡である(d)アンコール=ワットや王都遺跡であるアンコール=トムで知られている。

一方、ベトナムでは11世紀に入ると李《り》公蘊《こううん》が北部ベトナム初の長期王朝、(e)李朝を開いた。13世紀前半、李朝はその外戚であった陳氏に政権を奪われ、陳朝が成立した。

ビルマ（現ミャンマー）方面ではビルマ人（ミャンマー人）が11世紀に(f)パガン朝を建てた。ビルマ初の統一王朝だったが13世紀末に滅亡した。その後、16世紀には［ C ］が建国され、同世紀後半にはタイ・ラオスまでを支配下に置く広大な王国となった。

タイでは13世紀に北部にスコータイ朝が成立した。タイ人最初の王朝であったが、15世紀に南部の［ D ］に併合された。［ D ］は米の生産や対外交易で繁栄したが、18世紀後半にビルマのコンバウン（アラウンパヤー）朝に滅ぼされた。

19世紀になるとイギリスやフランスは東南アジアの植民地化を露骨に進めた。

フランスは1859年にサイゴン（現ホー＝チ＝ミン市）を占領し、その後も侵略を続けた。 E の組織した黒旗軍などによる抵抗はあったが、最終的にベトナムは、フランスの保護国となった。これに対し、伝統的にベトナムに対する宗主権を主張していた清はフランスと戦ったが、1885年の F でベトナムに対する宗主権を放棄し、フランスによるベトナムの保護国化を認めた。

ビルマではイギリスがコンバウン朝と3回にわたるビルマ戦争を繰り広げた。第1回は1824年から1826年にかけて、第2回は1852年から1853年にかけて、第3回は1885年に戦われた。その結果、ビルマは(g)イギリス統治下のインド帝国に併合されることになった。

19世紀、東南アジアで独立を保ったのがタイだった。(h)ラタナコーシン（チャクリ）朝の王たちは欧米諸国からの圧力にさらされながらも、国内改革を進めることで、独立維持に成功した。

問1　下線部(a)について、海の道の交易で広く使われたダウ船に関する記述として正しいものはどれか。次の①～④の中から一つ選びなさい。解答番号は、 1 。

① 東南アジア起源の遠洋航海用の船で、蛇腹式に伸縮する縦帆に特徴があった。

② インド洋で活躍した三角帆を持つ木造船で、大きいもので180トンの積載量を誇った。

③ 三本マストを有する大型帆船で、アカプルコ貿易で特に活躍した。

④ 漕ぎ手が三段に並んでいっせいにオールを動かす大型の船で、軍船にも用いられた。

問2　下線部(b)について、この王朝は一度滅んだが9世紀に再興され、13世紀まで続いた。この王朝に関する記述として**誤っているもの**はどれか。次の①～⑤の中から一つ選びなさい。解答番号は、 2 。

① タミル人の王国であった。

② 前期王朝はギリシア・ローマとの交易で栄えた。

③ 後期王朝はスリランカ北部を支配したことがあった。

④ 後期王朝は明に使節を送り交易した。

⑤ パーンディヤ朝に滅ぼされた。

問3　下線部(c)について、14世紀、メッカ巡礼を皮切りに各地を旅し、この王国をも訪問し、口述筆記の『旅行記（三大陸周遊記)』を残した人物は誰か。次の①～⑤の中から一つ選びなさい。解答番号は、 3 。

① イブン＝バットゥータ　② イブン＝ルシュド　③ イブン＝シーナー

④　イブン=ハルドゥーン　⑤　イブン=サウード

問4　A に当てはまる地名はどれか。次の①～⑤の中から一つ選びなさい。解答番号は、4。

①　チャビン　②　イェリコ　③　ラスコー

④　ドンソン　⑤　トルテカ

問5　B に当てはまる民族の名称はどれか。次の①～⑤の中から一つ選びなさい。解答番号は、5。

①　ピュー　②　カナーン　③　クメール

④　チャム　⑤　アラム

問6　下線部(d)について、アンコール=ワットは12世紀に造営されたが、これに関する記述として正しいものはどれか。次の①～⑥の中から一つ選びなさい。解答番号は、6。

①　仏教寺院として造営されたが、のちにイスラームのモスクに改修された。

②　仏教寺院として造営されたが、のちにヒンドゥー寺院に改修された。

③　ヒンドゥー寺院として造営されたが、のちにイスラームのモスクに改修された。

④　ヒンドゥー寺院として造営されたが、のちに仏教寺院に改修された。

⑤　イスラームのモスクとして造営されたが、のちに仏教寺院に改修された。

⑥　イスラームのモスクとして造営されたが、のちにヒンドゥー寺院に改修された。

問7　下線部(e)に関する記述として**誤っているもの**はどれか。次の①～⑤の中から一つ選びなさい。解答番号は、7。

①　民族文字の字喃（チュノム）を制定した。

②　南のチャンパーと抗争した。

③　神宗時代の宋と戦った。

④　昇竜（ハノイ）を首都とした。

⑤　仏教文化が栄えた。

問8　下線部(f)に関する記述として正しいものはどれか。次の①～④の中から一つ選びなさい。解答番号は、8。

①　下ビルマのモン人国家を征服した。

②　大乗仏教化が進んだ。

③　宋の攻撃を受けて衰えた。

④　チャオプラヤ川流域に首都パガンを建設した。

問9　C に当てはまる王朝はどれか。次の①～⑤の中から一つ選びなさい。解答番号は、[9]。

① シャイレンドラ朝　② タウングー（トゥングー）朝　③ マタラム朝
④ クディリ朝　⑤ チャールキヤ朝

問10 [D]に当てはまる王朝はどれか。次の①～⑤の中から一つ選びなさい。解答番号は、[10]。

① パッラヴァ朝　② ハルジー朝　③ トゥグルク朝
④ ナンダ朝　⑤ アユタヤ朝

問11 [E]に当てはまる、広東の客家出身である中国からの亡命軍人は誰か。次の①～④の中から一つ選びなさい。解答番号は、[11]。

① 李元昊　② 顧炎武　③ 劉永福
④ 阮福暎

問12 [F]に当てはまる、イギリスの仲介で結ばれた清仏間の条約はどれか。次の①～④の中から一つ選びなさい。解答番号は、[12]。

① ユエ（フエ）条約　② 北京条約
③ 天津条約　④ イリ条約

問13 下線部(g)について、イギリス統治下のビルマで警官としての経験を描いた「絞首刑」や「象を撃つ」という印象深いエッセーや、スペイン内戦に国際義勇軍として加わった経験をつづった『カタロニア賛歌』、全体主義を鋭く批判した小説『動物農場』『1984年』などで知られるイギリスの作家は誰か。次の①～⑤の中から一つ選びなさい。解答番号は、[13]。

① マルロー　② オーウェル　③ ヘミングウェー
④ サルトル　⑤ ディケンズ

問14 下線部(h)について、チャクリ改革と呼ばれる近代化政策を推し進め、欧米との不平等条約の一部改正にも成功した国王は誰か。次の①～⑤の中から一つ選びなさい。解答番号は、[14]。

① バオダイ　② ジャヤヴァルマン2世
③ スールヤヴァルマン2世　④ ラーマ5世（チュラロンコン）
⑤ パフレヴィー2世

【2】 次の文を読んで後の問いに答えなさい。 (配点25点)

1492年8月、コロンブスは約90名の船員からなる3隻の船でスペインのパロス港を出発し、11月11日、陸地を発見、翌12日上陸した。現在のバハマ諸島の英名ワトリング島と考えられている。スペイン王の旗を持って上陸し、島の占有宣言（スペイン国王及び女王が占有するものとする宣言で、もちろん一方的な宣言である）を行った。次の日、13日の現地の人々との会話（言葉はもちろん互いにわからない）の中で、住民にコロンブスはさっそく金のありかを尋ねている。大航海時代の動機として(a)東洋の香辛料を手に入れることがあったといわれるが、もう一つ(b)金を手に入れることも大きな動機であったことがわかる一例である。だが、カリブ海の大きな島、(c)イスパニョーラ島でも(d)キューバ島でもコロンブス自身は思ったような量の金をみつけることはできなかった。だが、スペイン人の黄金熱は冷めなかった。カリブ海の島々、そして中南米各地でスペイン人は金の発見に力を注ぎ、結果的にそれが中南米の大半を(e)領有・支配することにつながったのである。スペインには金や銀を初めとする莫大な富がもたらされ、他方中南米の先住民にはスペイン人の暴力と(f)天然痘を代表とする疫病による膨大な死がもたらされたのだった。

アメリカ大陸からもたらされたのは、金銀などの財宝だけではなかった。(g)アメリカ大陸原産の食物の多くがその後世界に広がり、歴史的な影響をも与えたのである。その代表格はジャガイモだろうか。ジャガイモがヨーロッパにわたった当初はさほど歓迎されていなかったようだが、異常気象や戦争などによる飢餓に苦しめられるたびにその栽培は広がっていった。イギリスの植民地となっていた(h)アイルランドではジャガイモが一種の国民食のようになり、そのため、19世紀半ばに起きたジャガイモ飢饉は100万人の餓死者と、それとほぼ同数の(i)アイルランド外への移住者を出すなどの甚大な被害を及ぼした。

問1　下線部(a)について、香辛料の交易は、ヨーロッパではインド航路開拓以前は地中海東岸地域から各地に物産を運ぶ東方貿易（レヴァント貿易）によって行われていたが、アジアと地中海東岸を結んでいたのは、イスラームの商人（ムスリム商人）であった。[1]東方貿易（レヴァント貿易）の担い手は北イタリア諸都市であったが、そのうち、コロンブスの出身地でもあるイタリア北西部の海港都市はどれか。[2]ムスリム商人はインド洋・南シナ海・地中海などで盛んに交易を行い、アフリカ東海岸にも進出していた。現ケニアの港市で、15世紀には明の鄭和の艦隊が訪れ、さらにヴァスコ＝ダ＝ガマがムスリムの水先案内人を雇った港市はどれか。それぞれ、①～⑤の中から一つ選びなさい。解答番号は、15・16。

［1］①　ヴェネツィア　②　ジェノヴァ　③　ピサ
④　ミラノ　⑤　フィレンツェ　15

［2］①　トンブクトゥ　②　メロエ　③　キルワ
④　モガディシュ　⑤　マリンディ　16

問2　下線部(b)について、東洋が金の豊富な土地であるとヨーロッパでは考えられていた。マルコ=ポーロが『世界の記述（東方見聞録)』で「黄金の国ジパング（日本)」について述べたことがその情報の源の一つであった。『世界の記述』ではマルコ=ポーロは元に行き、皇帝に会ったと記述されているが、大モンゴル国第5代皇帝であるこの人物は誰か。次の①～⑤の中から一つ選びなさい。解答番号は、17。

①　オゴタイ　②　モンケ　③　フビライ
④　ハイドゥ　⑤　フラグ

問3　下線部(c)について、［1］イスパニョーラ島の西部は17世紀末にフランス領となったが、1791年に黒人奴隷の反乱が起き、独立運動へと発展した。ハイチ革命とも呼ばれるこの運動の指導者で、1804年の独立達成の直前、1803年に獄死した人物は誰か。［2］ハイチ革命はヨーロッパの奴隷貿易や奴隷制に大きな衝撃を与えた。フランスでは1794年に黒人奴隷解放宣言がなされるが、このときの議会は、初の男性普通選挙が実施されて成立したものだった。王政廃止・共和政樹立を宣言したこの議会はどれか。それぞれ、①～④の中から一つ選びなさい。解答番号は、18・19。

［1］①　シモン=ボリバル　②　サン=マルティン　③　イダルゴ
④　トゥサン=ルヴェルチュール　18

［2］①　国民公会　②　憲法制定議会　③　立法議会
④　国民議会　19

問4　下線部(d)について、［1］1898年、キューバの独立運動がきっかけとなって、アメリカ=スペイン（米西）戦争が起こった。これに関する記述として正しいものはどれか。［2］1959年にはキューバ革命が起きるが、その指導者は誰か。それぞれ、①～⑤の中から一つ選びなさい。解答番号は、20・21。

［1］①　この戦争時のアメリカ合衆国大統領は棍棒外交を掲げるセオドア=ローズヴェルトであった。
②　アメリカ合衆国は、国務長官タフトがスペインに対して門戸開放宣言を発

した後、開戦した。

③　アメリカ合衆国はこの戦争の勝利でフィリピンも領有するようになったが、これに対してホセ=リサールがフィリピンの独立を宣言し、フィリピン=アメリカ戦争が始まった。

④　アメリカ合衆国は、この戦争の勝利の結果、キューバの独立を後押ししたが、その憲法に合衆国の内政干渉を認めるプラット条項を盛り込ませ、キューバを事実上保護国化した。

⑤　アメリカ合衆国大統領ウッドロー=ウィルソンは、民族自決を掲げ、スペインとの戦争に踏み切った。　20

［2］　①　ペロン　②　カストロ　③　バティスタ

④　ヴァルガス　⑤　アジェンデ　21

問5　下線部(e)について、スペイン支配の初期、スペイン国王が植民者に先住民の統治を委託し、その代わりに先住民をキリスト教徒に改宗させることを義務づけた。この植民地経営形態として正しいものはどれか。次の①～⑤の中から一つ選びなさい。解答番号は、22。

①　イクター制　②　ティマール制　③　プロノイア制

④　アシエンダ制　⑤　エンコミエンダ制

問6　下線部(f)について、天然痘への対策として種痘法を開発した医者は誰か。次の①～⑤の中から一つ選びなさい。解答番号は、23。

①　コッホ　②　フレミング　③　ジェンナー

④　パストゥール　⑤　ハーヴェー

問7　下線部(g)について、大航海時代以前にすでにヨーロッパ世界で知られていて、アメリカ大陸原産ではないと考えられる作物はどれか。次の①～⑤の中から一つ選びなさい。解答番号は、24。

①　トウガラシ　②　トウモロコシ　③　トマト

④　オリーブ　⑤　サツマイモ

問8　下線部(h)に関する記述として**誤っているもの**はどれか。次の①～⑤の中から一つ選びなさい。解答番号は、25。

①　ピューリタン革命において、クロムウェルはアイルランドを王党派の拠点とみなし、征服した。

②　アイルランド独立運動の指導者オコンネルはカトリック教徒解放法の成立に貢献した。

③ 自由党のグラッドストン内閣のときに、小作人の権利保護のためアイルランド土地法が成立した。

④ 保守党のディズレーリ内閣はアイルランド自治法案を何度か議会に提出したが、いずれも成立しなかった。

⑤ 第一次世界大戦時、シン=フェイン党はアイルランドの完全独立を求めイースター蜂起に関与した。

問9 下線部(i)について、アイルランドからアメリカ合衆国に移住した者の子孫で、はじめてカトリック教徒として合衆国大統領になったが、在任途中で暗殺された人物は誰か。次の①～⑤の中から一つ選びなさい。解答番号は、 26 。

① ケネディ　② ニクソン　③ ジョンソン

④ レーガン　⑤ アイゼンハワー

【3】 次の文を読んで後の問いに答えなさい。 (配点25点)

18世紀末以降、ヨーロッパにはロマン主義が登場した。ロマン主義は、それまでの芸術における(a)古典主義、あるいは人間理性の普遍性を強調する(b)啓蒙思想(啓蒙主義)に対する反発から生まれたとよくいわれるが、しかし、そうした形でひとくくりにはできないほど、それを担った人々あるいはその内容は多様である。

たとえば、イギリスのロマン派詩人を考えてみよう。イギリスのロマン主義運動の幕開けを告げたとされるのは A が1798年に友人と共著で出した『叙情歌謡集』とされる。1812年から1818年にかけて発表された『チャイルド=ハロルドの遍歴』で知られるバイロンは、(c)ギリシア独立戦争に参加して現地で病死した。ドイツでは B がいる。彼は、1827年の『歌の本』で叙情詩人の名声を得たが、その後パリに移住し、1840年代にはマルクスと親しくまじわり「革命の詩人」とも呼ばれた。

ロシアに目を転ずれば、やはりロマン派の詩人・作家として1830年頃の韻文小説『オネーギン』や1836年の『大尉の娘』といった作品を残し、「ロシア近代文学の父」とも呼ばれる C がいた。 C は(d)デカブリストに友人を持ち、時の専制政治を批判したことで二度も流刑を経験した。ロマン主義者が決して現実から目を背けることなく、むしろ積極的に現実と関わる姿勢を有していたことは注目したい点である。同じことは、フランス絵画における代表的なロマン主義画家 D においても見られる。 D はギリシア独立戦争支援を訴える「キオス島の虐殺」(1824年制作）を描き、さらに1830年の(e)七月革命に際しては、「民衆を導く自由の女神」（1830年制作）を描き革命を賛美した。

この七月革命の年、1830年にスタンダールが、(f)社会的現実をありのまま描こうとする写実主義（リアリズム）の先鞭となる作品を発表している。その後、写実主義（リアリズム）は特に小説の分野で花開くこととなった。心満たされぬ人生に絶望し自殺する女性を描きベストセラーになった『ボヴァリー夫人』（1857年単行本刊）の著者 E はその代表的な作家といえる。

E と同世代の詩人 F は、1857年の『悪の華』や死後に出版された散文詩集『パリの憂愁』で大都市パリの悲惨と美、群衆とその中の孤独を描いた。象徴主義の先駆をなしたといえるだけではなく、「近代詩の父」ともいえる存在である。

絵画の世界では、ロマン主義の後を受けて、写実主義（リアリズム）を自ら唱えたクールベが登場した。代表作は1855年のサロン（官展）に出展された「石割り」である。独自の画法を追究し、「近代絵画の父」といわれる G もクールベ同様サロン（官展）に出品し続けたが、1863年のサロンに出された「草上の昼食」は酷評され、落選の憂き目にあっている。しかし、この作品が若い画家たちに刺激を与え、外界から受ける印象を光と色彩を通して表現しようとする印象派の登場につながったことは注目してよい。

音楽の世界では、ロマン主義は長期にわたって大きな影響力を持ち続けたといえるかもしれない。1827年に没したベートーヴェンは古典派音楽を大成するとともに、ロマン主義音楽の先駆者でもあった。1883年に没した(g)ヴァーグナーに至るまでロマン主義音楽は大きな力を振るい続けることとなった。

問1　下線部(a)について、『人間嫌い』や『守銭奴』の作品で知られる、古典主義時代の代表的な喜劇作家は誰か。次の①～⑤の中から一つ選びなさい。解答番号は、 27 。

①　コルネイユ　　②　ラシーヌ　　③　シェークスピア

④　セルバンテス　　⑤　モリエール

問2　下線部(b)に関する記述として正しいものはどれか。次の①～⑤の中から一つ選びなさい。解答番号は、 28 。

①　ヴォルテールは、諸国の政治・法体制を風土や歴史などの条件から考察し、さらに権力の分立を説いた『法の精神』を著した。

②　ロックは、人間の自然状態を「万人の万人に対する闘い」ととらえ、そうした恐怖状態から脱却するために、人は相互に契約して政府を樹立したとする『リヴァイアサン』を著した。

③　モンテスキューは、元来の自然状態こそが人間の幸福な時代であったと考え、現在の文明の堕落状態を脱するためには、新たな社会契約によって、各人の平等権・自由権を確保すべきと論ずる『社会契約論』を著した。

④　ケネーは、農業が唯一の富の源泉であり、その富を実現するためには、自由放任経済を実現せねばならないとする重農主義の立場から、生産物や富の流通を考察した『経済表』を著した。

⑤　ルソーは、イギリスの制度・文物を紹介し賞賛することで、暗に当時のフランスの制度・社会を批判した『哲学書簡』を著した。

問3　**A** に当てはまるイギリスの詩人は誰か。次の①～⑤の中から一つ選びなさい。解答番号は、**29**。

①　ワーズワース　②　ホイットマン　③　デフォー

④　ミルトン　⑤　スウィフト

問4　下線部(c)について、オスマン帝国からの独立を目指し、1821年の蜂起に始まったギリシア独立戦争に関する記述として正しいものはどれか。次の①～④の中から一つ選びなさい。解答番号は、**30**。

①　オスマン帝国は、ギリシア独立派鎮圧のためにイブン=アブドゥル=ワッハーブ治下のエジプトに派兵を要請した。

②　ロシアはギリシア独立戦争でオスマン帝国を支援し、その見返りとして、サン=ステファノ条約でダーダネルス海峡・ボスフォラス海峡でのロシア軍艦の独占的な通行権を獲得した。

③　ギリシア独立派を支援したイギリス・フランスの海軍がレパントの海戦でオスマン帝国海軍を破ったことで、ギリシア独立は決定的になった。

④　ギリシア独立戦争の戦後処理のためにロンドンで会議が開かれ、その議定書でギリシアの独立と、イギリス・フランス・ロシアによるその承認が決められた。

問5　**B** に当てはまるドイツの詩人は誰か。次の①～⑤の中から一つ選びなさい。解答番号は、**31**。

①　シラー　②　ハイネ　③　ノヴァーリス

④　ゲーテ　⑤　トーマス=マン

問6　**C** に当てはまるロシアの詩人は誰か。次の①～④の中から一つ選びなさい。解答番号は、**32**。

①　トゥルゲーネフ　②　トルストイ　③　プーシキン

④　ドストエフスキー

問7　下線部(d)について、デカブリストは、1825年12月、ロシア新皇帝即位の日に蜂起するが鎮圧された。このときの新皇帝は誰か。次の①～⑥の中から一つ選びなさい。解答番号は、33。

①　ピョートル1世　②　アレクサンドル1世　③　アレクサンドル2世
④　ニコライ1世　⑤　ニコライ2世　⑥　エカチェリーナ2世

問8　D に当てはまる画家は誰か。次の①～⑤の中から一つ選びなさい。解答番号は、34。

①　ダヴィド　②　ワトー　③　ブーシェ
④　ルノワール　⑤　ドラクロワ

問9　下線部(e)について、七月革命とその後に関する記述として正しいものはどれか。次の①～④の中から一つ選びなさい。解答番号は、35。

①　1830年、ルイ18世は反動政治に対する不満を逸らすためチュニジアへの出兵を強行し、その負担が重かったことが七月革命の原因となった。
②　1830年、シャルル10世は、選挙で反政府派が圧勝すると未招集の議会を解散し、出版の自由の制限などを定めた七月王令を発した。これに反発したパリ民衆が市街戦を行い、シャルル10世はイギリスに亡命した。
③　1830年、七月革命後、ブルボン家のルイ＝フィリップが即位し、七月王政と呼ばれる立憲王政が始まった。七月王政は反教権主義の立場からカトリックの影響力を退け、民衆の支持を得るため男子普通選挙制を採用した。
④　1830年、七月革命の影響下、ウィーン会議でベルギーに併合されていたオランダで蜂起が起こり、独立が宣言された。翌1831年に自由主義的な憲法が制定され、オランダは立憲王国となった。

問10　下線部(f)について、スタンダールの代表作の一つであるこの小説はどれか。次の①～⑥の中から一つ選びなさい。解答番号は、36。

①　『レ＝ミゼラブル』　②　『戦争と平和』　③　『罪と罰』
④　『赤と黒』　⑤　『人形の家』　⑥　『居酒屋』

問11　E に当てはまる作家は誰か。次の①～⑤の中から一つ選びなさい。解答番号は、37。

①　ゾラ　②　フロベール　③　モーパッサン
④　イプセン　⑤　バルザック

問12　F に当てはまる詩人は誰か。次の①～⑤の中から一つ選びなさい。解答番号は、38。

①　ボードレール　　②　ストリンドベリ　　③　ヴィクトル=ユゴー

④　ニーチェ　　⑤　コント

問13　G　に当てはまる画家は誰か。次の①～⑤の中から一つ選びなさい。解答番号は、39。

①　モネ　　②　ゴーガン　　③　マネ

④　セザンヌ　　⑤　ゴヤ

問14　下線部(g)に関する記述として正しいものはどれか。次の①～⑥の中から一つ選びなさい。解答番号は、40。

①　自らの芸術を総合芸術と称し、「ニーベルングの指輪」などの楽劇を制作した。

②　国民音楽の創造を目指し、渡米中に交響曲「新世界より」を作曲した。

③　自国の音楽を普遍的芸術に高めようとし、バレエ音楽「白鳥の湖」「くるみ割り人形」や交響曲第6番「悲愴」などを作曲した。

④　自民族の舞踊マズルカやポロネーズを基に叙情的なピアノ曲を多く作曲し、「ピアノの詩人」と呼ばれた。

⑤　「野ばら」などの歌曲を多く作曲し、「歌曲の王」と呼ばれたが、それだけではなく「未完成交響曲」などの交響曲、ピアノ曲なども残した。

⑥　感覚的な音響の世界の表現を追究し、全音音階などを取り入れた「牧神の午後への前奏曲」や交響詩「海」などの管弦楽曲を作曲した。

【4】 次の文を読んで後の問いに答えなさい。（配点25点）

18世紀、［A］の時代、清朝は絶頂期を見せていた。とは言え、豊かな生活を享受できたのは社会の上層部や都市部に住む人々など、限定的であった。そのため、人口増加によって土地が不足し、多くの農民が山岳地帯へ移住した。このような人々の間に広まったのが［B］信仰である。信仰が広がった背景には、移住民たちの困窮した生活や社会不安の増大がある。1796年には、［B］の信徒による大規模な反乱が起こるに至った。ところが、常備軍である緑営や［C］は単独で反乱を鎮圧することができず、自衛軍の力を借りざるを得ず、鎮圧までに長い期間と多額の費用を費やした。

他方、このころ、国際社会で影響力を大きくしていた(a)イギリスは清に使節団を送った。イギリスからの使節団は［A］への謁見がかなったものの、要求は拒まれ、交渉は失敗した。とは言え、イギリスと清との貿易は拡大した。それによってイギリスでは銀の流出が続いたため、イギリスは対抗措置としてアヘンの密輸を行った。これに対して、清は(b)アヘンの取り締まりを行い、罰則も強化したが、事態は改善しなかった。むしろイギリスはこれを好機ととらえ、海軍の派兵を行い、勝利をおさめた。いわゆる(c)アヘン戦争である。

アヘン戦争後、清朝による統治に対する不満が高まり、各地で反乱が相次いだ。1851年には(d)太平天国の乱が起こり、清は(e)諸外国の力及び各地の義勇軍の助けを借りて、太平天国を打ち滅ぼした。反乱の鎮圧後は皇帝の実母である(f)西太后らが実権を握り、同治の中興と呼ばれる、一時的な安定の時期を迎えた。

問1 ［A］に当てはまる清の第6代皇帝は誰か。次の①～⑤の中から一つ選びなさい。解答番号は、［41］。

① 康熙帝　② 雍正帝　③ 順治帝
④ 道光帝　⑤ 乾隆帝

問2 ［B］に当てはまる宗教はどれか。次の①～⑥の中から一つ選びなさい。解答番号は、［42］。

① 回教　② マニ教（摩尼教）　③ 白蓮教
④ 景教　⑤ 道教　⑥ 祆教

問3 ［C］に当てはまる軍事組織はどれか。次の①～⑤の中から一つ選びなさい。解答番号は、［43］。

① 淮軍　② 郷勇　③ 八旗
④ 団錬　⑤ 藩鎮

問4　下線部(a)について、このイギリスからの使節団の全権大使を務めた人物は誰か。次の①～⑤の中から一つ選びなさい。解答番号は、44。

①　レセップス　②　マカートニー　③　マテオ=リッチ
④　アマースト　⑤　バルフォア

問5　下線部(b)について、欽差大臣に任じられ、広州にてアヘンの取り締まりを行った人物は誰か。次の①～⑤の中から一つ選びなさい。解答番号は、45。

①　左宗棠　②　李鴻章　③　宋教仁
④　林則徐　⑤　曾国藩

問6　下線部(c)について、［1］アヘン戦争の結果、清との間に結ばれた南京条約の内容として正しいものはどれか。［2］南京条約の翌年に結ばれた五港通商章程・虎門寨追加条約の内容として**誤っているもの**はどれか。［3］1844年、清とフランスとの間で結ばれた条約はどれか。それぞれ、①～⑤の中から一つ選びなさい。解答番号は、46～48。

［1］①　イギリスに対して香港島を割譲すること。
②　イギリス人が自由に清の内地を旅行すること。
③　広州に公行を設置すること。
④　キリスト教を自由に布教すること。
⑤　天津・上海・寧波・福州・厦門の5港を開港すること。　46

［2］①　イギリスに対して片務的な最恵国待遇を認めた。
②　イギリスに対して領事裁判権を認めた。
③　開港場でのイギリス人による土地の租借と住居建築を認めた。
④　清は関税自主権を喪失した。
⑤　イギリスに対して九竜半島南部の割譲を認めた。　47

［3］①　キャフタ条約　②　アイグン条約　③　望厦条約
④　セーヴル条約　⑤　黄埔条約　48

問7　下線部(d)について、太平天国の掲げた政策として正しいものはどれか。次の①～⑤の中から一つ選びなさい。解答番号は、49。

①　男性だけに土地を与える天朝田畝制度の実施。
②　アヘン吸引の合法化。
③　女性に対する纏足の廃止。
④　辮髪の厳格化。
⑤　義勇軍である湘軍の正規軍化。

問8　下線部(e)について、太平天国を鎮圧するための常勝軍の司令官となったイギリスの軍人は誰か。次の①〜⑤の中から一つ選びなさい。解答番号は、50。

①　ラッフルズ　　②　ウォード　　③　クライヴ

④　ジョン=ヘイ　　⑤　ゴードン

問9　下線部(f)に関する記述として正しいものはどれか。次の①〜⑤の中から一つ選びなさい。解答番号は、51。

①　袁世凱らを使ってクーデタを起こし、光緒帝を幽閉した。

②　同治帝の死後も咸豊帝を擁立し実権を握り続けた。

③　康有為や梁啓超らの変法派を重用し、政治改革を行った。

④　義和団を弾圧し、義和団事件を鎮圧した。

⑤　近代化を進めようと政治改革を行ったが、甲申政変によって追放された。

数学

◀A　方　式▶

（60分）

（注）　問題【1】～【3】は必答問題である。【4】～【6】は選択問題で，3題のうち2題を選択し解答すること。

（必答問題）

【1】次の問題の $\boxed{}$ に当てはまる答えを解答群から選び，その番号をマークしなさい。
解答番号は，$\boxed{1}$ ～ $\boxed{4}$ 。　　（配点20点）

(1)　$-2<x<1$ のとき，$\sqrt{x^2+4x+4}-\sqrt{x^2-2x+1}=$ $\boxed{1}$ である。

$\boxed{1}$ の解答群

① -3	② -1	③ 1	④ 3	⑤ $2x+1$
⑥ $2x+3$	⑦ $-2x-3$	⑧ $-2x-1$	⑨ $-2x+1$	⑩ $-2x+3$

(2)　x を実数とする。全体集合を実数全体の集合 U とし，U の部分集合 A，B を

$$A=\left\{x\,\middle|\,|x-3|<a\right\},\quad B=\left\{x\,\middle|\,2x^2+7x-15<0\right\}$$

とする。

$A\cup B=\left\{x\,\middle|\,-5<x<5\right\}$ となるとき，定数 a の値は $\boxed{2}$ である。

$\boxed{2}$ の解答群

① -8　② -5　③ -2　④ $-\dfrac{3}{2}$　⑤ -1

⑥ 1　⑦ $\dfrac{3}{2}$　⑧ 2　⑨ 5　⑩ 10

(3) 右の表は，5 人の生徒の漢字テストと英語の単語テストの得点である。このとき，漢字テストの分散は $\boxed{3}$ であり，漢字テストと単語テストの共分散は $\boxed{4}$ である。

生徒の番号	1	2	3	4	5
漢字テスト (点)	8	9	6	4	8
単語テスト (点)	10	5	8	9	8

$\boxed{3}$，$\boxed{4}$ の解答群

① -3.2　② -2.8　③ -1.4　④ 1　⑤ 1.4

⑥ 2.8　⑦ 3.2　⑧ 7　⑨ 14　⑩ 16

(必答問題)

【2】a は定数とする。

定義域を $0 \leqq x \leqq 3$ とする関数 $f(x)=\left|x^2-4ax-1\right|$ がある。次の問題の $\boxed{}$ に当てはまる答えを解答群から選び，その番号をマークしなさい。

解答番号は，$\boxed{5}$ ～ $\boxed{7}$ 。　(配点20点)

(1) $a=\dfrac{1}{4}$ のとき，定義域における $f(x)$ の最大値と最小値は $\boxed{5}$ である。

また，$a=1$ のとき，定義域における $f(x)$ の最大値と最小値は $\boxed{6}$ である。

$\boxed{5}$，$\boxed{6}$ の解答群

① 最大値 $\dfrac{3}{4}$，最小値 0　② 最大値 $\dfrac{3}{4}$，最小値 $\dfrac{1}{4}$

③ 最大値 $\dfrac{5}{4}$，最小値 0　④ 最大値 $\dfrac{5}{4}$，最小値 $\dfrac{1}{4}$

⑤ 最大値 $\frac{5}{4}$，最小値 1　　⑥ 最大値 4，最小値 0

⑦ 最大値 4，最小値 1　　⑧ 最大値 5，最小値 0

⑨ 最大値 5，最小値 1　　⑩ 最大値 5，最小値 4

(2) $a \geqq \frac{3}{2}$ のとき，定義域における $f(x)$ の最大値と最小値は [7] である。

[7] の解答群

① 最大値 $12a-8$，最小値 0　　② 最大値 $12a-8$，最小値 1

③ 最大値 $-12a+8$，最小値 0　　④ 最大値 $-12a+8$，最小値 1

⑤ 最大値 $4a^2+1$，最小値 0　　⑥ 最大値 $4a^2+1$，最小値 1

⑦ 最大値 $4a^2+1$，最小値 $-12a+8$　　⑧ 最大値 $4a^2-1$，最小値 0

⑨ 最大値 $4a^2-1$，最小値 1　　⑩ 最大値 $4a^2-1$，最小値 $-12a+8$

(必答問題)

【3】四角形 ABCD は半径 $3\sqrt{3}$ の円 O に内接し，AB : BC＝5 : 8 で，$\mathrm{AD}=\frac{45}{7}$，$\angle \mathrm{ABC}=60°$ である。また，三角形ABC の面積を S_1，三角形ACD の面積を S_2 とすると，$S_1 : S_2 = 8 : 3$ である。ただし，円に内接する四角形の対角の和は 180° であることを利用してよい。次の問題の [　] に当てはまる答えを解答群から選び，その番号をマークしなさい。

解答番号は，[8] ～ [10]。　　　　(配点20点)

(1) 対角線 AC の長さは [8] である。

[8] の解答群

① $\frac{9}{2}$　② 6　③ 7　④ 9　⑤ 12

⑥ $\frac{3\sqrt{3}}{2}$　⑦ $3\sqrt{3}$　⑧ $\sqrt{69}$　⑨ $\sqrt{109}$　⑩ $\sqrt{129}$

(2)　辺 AB の長さは [9] である。

[9] の解答群

① 3　② 5　③ 7　④ 8　⑤ 9

⑥ 12　⑦ $\frac{27}{7}$　⑧ $\frac{45}{7}$　⑨ $\frac{72}{7}$　⑩ $\frac{81}{7}$

(3)　辺 CD の長さは [10] である。

[10] の解答群

① 3　② 8　③ $\frac{7}{3}$　④ $\frac{27}{7}$　⑤ $\frac{45}{7}$

⑥ $\frac{72}{7}$　⑦ $\frac{192}{7}$　⑧ $\frac{225}{56}$　⑨ $\frac{343}{75}$　⑩ $\frac{448}{75}$

(選択問題)　※問題【4】～【6】のうち、2問を選択し解答しなさい。解答番号に注意すること。

【4】 箱の中に，1 から 5 までの番号を 1 つずつつけた 5 個の玉が入っている。玉には番号が 1 つ書かれており，同じ番号の玉はない。この箱から玉を 1 個取り出し，玉の番号を調べて玉を箱に戻す試行を 3 回繰り返したとき，1 回目の玉の番号を a，2 回目の玉の番号を b，3 回目の玉の番号を c とする。次の問題の [　] に当てはまる答えを解答群から選び，その番号をマークしなさい。

解答番号は，[11] ～ [13] 。　(配点20点)

(1)　a，b，c の最大値が 3 以下である確率は [11] である。

(2)　a，b，c の最大値が 4 である確率は [12] である。

[11]，[12] の解答群

① $\frac{1}{125}$　② $\frac{3}{125}$　③ $\frac{4}{125}$　④ $\frac{8}{125}$　⑤ $\frac{19}{125}$

⑥ $\frac{21}{125}$　⑦ $\frac{27}{125}$　⑧ $\frac{37}{125}$　⑨ $\frac{64}{125}$　⑩ $\frac{104}{125}$

(3)　a, b, c の最大値が 4 であったとき，a, b, c の少なくとも 1 つが 2 である条件付き確率は [13] である。

[13] の解答群

① $\frac{2}{3}$　② $\frac{1}{16}$　③ $\frac{4}{19}$　④ $\frac{18}{19}$　⑤ $\frac{1}{26}$

⑥ $\frac{9}{32}$　⑦ $\frac{4}{37}$　⑧ $\frac{18}{37}$　⑨ $\frac{9}{52}$　⑩ $\frac{18}{125}$

(選択問題)　※問題【４】～【６】のうち、２問を選択し解答しなさい。解答番号に注意すること。

【5】四面体 OABC において，AB＝BC＝CA＝6，OA＝OB＝OC＝4 である。

辺 OA を 3：1 に内分する点を D，辺 OB を 4：1 に外分する点を E とし，辺 AB と直線 ED の交点を F とする。次の問題の [　] に当てはまる答えを解答群から選び，その番号をマークしなさい。

解答番号は，[14] ～ [16] 。　(配点20点)

(1)　AF：FB＝ [14] である。

[14] の解答群

① 1：1　② 1：3　③ 2：3　④ 3：1　⑤ 3：2

⑥ 3：4　⑦ 4：1　⑧ 4：3　⑨ 5：1　⑩ 5：2

(2)　四面体 OABC の底面を三角形ABC としたときの四面体の高さは [15] である。

[15] の解答群

① 2　② 3　③ 5　④ $4\sqrt{2}$　⑤ $4\sqrt{3}$

⑥ $2\sqrt{5}$　⑦ $2\sqrt{6}$　⑧ $2\sqrt{7}$　⑨ $\sqrt{13}$　⑩ $\sqrt{19}$

(3) 四面体 EBCF の体積は [16] である。

[16] の解答群

① $\frac{\sqrt{3}}{2}$　② $\frac{3\sqrt{3}}{2}$　③ $\frac{6\sqrt{3}}{7}$　④ $\frac{8\sqrt{3}}{7}$　⑤ $\frac{18\sqrt{3}}{7}$

⑥ $\frac{24\sqrt{3}}{7}$　⑦ $\frac{8\sqrt{21}}{7}$　⑧ $\frac{24\sqrt{21}}{7}$　⑨ $\frac{9\sqrt{3}}{14}$　⑩ $\frac{27\sqrt{3}}{14}$

(選択問題) ※問題【4】～【6】のうち、2問を選択し解答しなさい。解答番号に注意すること。

【6】次の問題の [ ] に当てはまる答えを解答群から選び，その番号をマークしなさい。解答番号は，[17] ～ [19] 。　(配点20点)

(1) 4 桁の数 N がある。N は，千の位の数字が a，百の位の数字が 3，十の位の数字が b，一の位の数字が 2 である。N が 36 の倍数となる a，b の値の組の中で，N が最大になるのは $(a,\ b)=$ [17] のときで，N が最小になるのは $(a,\ b)=$ [18] のときである。

[17] , [18] の解答群

① (1，3)　② (2，2)　③ (3，1)　④ (4，0)　⑤ (4，9)

⑥ (5，8)　⑦ (6，7)　⑧ (7，6)　⑨ (8，5)　⑩ (9，4)

(2) 5 進法で表された数 $2023_{(5)}$ と $1234_{(5)}$ の差 $2023_{(5)}-1234_{(5)}$ を計算して，5 進法で表すと [19] である。

[19] の解答群

① $234_{(5)}$　② $302_{(5)}$　③ $304_{(5)}$　④ $334_{(5)}$　⑤ $342_{(5)}$

⑥ $344_{(5)}$　⑦ $442_{(5)}$　⑧ $1211_{(5)}$　⑨ $1234_{(5)}$　⑩ $1334_{(5)}$

◀M３・M２方式▶

（60分）

（注）　問題【１】〜【３】は必答問題である。【４】〜【６】は選択問題で，３題のうち２題を選択し解答すること。

(必答問題)

【１】次の問題の［　］に当てはまる答えを解答群から選び，その番号をマークしなさい。
解答番号は，［1］〜［4］。　（配点20点）

(1)　$x-\dfrac{1}{x}=5$ のとき，$x+\dfrac{1}{x}=$ ［1］である。

［1］の解答群

① -5	② ± 5	③ 27	④ 29
⑤ $3\sqrt{3}$	⑥ $\pm 3\sqrt{3}$	⑦ $\sqrt{29}$	⑧ $\pm\sqrt{29}$
⑨ $5\pm\sqrt{29}$	⑩ $\dfrac{5\pm\sqrt{29}}{2}$		

(2)　次のデータは，ある生徒の休みの日の勉強時間を８日分調べた結果である。

　$6\quad 3\quad a\quad 2\quad 7\quad 3\quad b\quad 8$　（単位は時間）

このデータの平均値と中央値がともに５時間であるとき，a，b の値は［2］である。ただし，a，b の値は整数で，$a<b$ とする。

［2］の解答群

① $a=2$，$b=9$	② $a=3$，$b=6$	③ $a=3$，$b=7$
④ $a=3$，$b=8$	⑤ $a=3$，$b=9$	⑥ $a=4$，$b=6$
⑦ $a=4$，$b=7$	⑧ $a=4$，$b=8$	⑨ $a=5$，$b=6$

⑩ $a=5$, $b=7$

(3) x, y を自然数とする。

命題「x^2+y^2 が 4 の倍数ならば，x, y はともに偶数である」の対偶は「 3 」である。

また，対偶「 3 」とこの命題の真偽について正しいものは， 4 である。

3 の解答群

① x^2+y^2 が 4 の倍数ならば，x, y はともに奇数である
② x^2+y^2 が 4 の倍数ならば，x, y の少なくとも一方は偶数である
③ x^2+y^2 が 4 の倍数ならば，x, y の少なくとも一方は奇数である
④ x, y がともに偶数であるならば，x^2+y^2 は 4 の倍数である
⑤ x, y がともに奇数であるならば，x^2+y^2 は 4 の倍数である
⑥ x, y がともに奇数であるならば，x^2+y^2 は 4 の倍数でない
⑦ x, y の少なくとも一方が偶数であるならば，x^2+y^2 は 4 の倍数である
⑧ x, y の少なくとも一方が偶数であるならば，x^2+y^2 は 4 の倍数でない
⑨ x, y の少なくとも一方が奇数であるならば，x^2+y^2 は 4 の倍数である
⑩ x, y の少なくとも一方が奇数であるならば，x^2+y^2 は 4 の倍数でない

4 の解答群

① 対偶は真，元の命題は真　　② 対偶は真，元の命題は偽
③ 対偶は偽，元の命題は真　　④ 対偶は偽，元の命題は偽

(必答問題)

【2】aを実数の定数として，xについての連立不等式 $\begin{cases} 2x^2+x-6>0 \\ x^2+(a-3)x-a+2<0 \end{cases}$

を考える。次の問題の $\boxed{}$ に当てはまる答えを解答群から選び，その番号をマークしなさい。

解答番号は，$\boxed{5}$ ～ $\boxed{7}$ 。　　(配点20点)

(1)　不等式 $2x^2+x-6>0$ の解は $\boxed{5}$ である。

$\boxed{5}$ の解答群

① $-6<x<4$　　② $-4<x<6$　　③ $-2<x<\dfrac{3}{2}$

④ $-\dfrac{3}{2}<x<2$　　⑤ $\dfrac{-1-\sqrt{13}}{2}<x<\dfrac{-1+\sqrt{13}}{2}$

⑥ $x<-6$，$4<x$　　⑦ $x<-4$，$6<x$　　⑧ $x<-2$，$\dfrac{3}{2}<x$

⑨ $x<-\dfrac{3}{2}$，$2<x$　　⑩ $x<\dfrac{-1-\sqrt{13}}{2}$，$\dfrac{-1+\sqrt{13}}{2}<x$

(2)　不等式 $x^2+(a-3)x-a+2<0$ が解をもたないとき，aの値の範囲は $\boxed{6}$ である。

$\boxed{6}$ の解答群

① $a=1$　　② $a\neq1$　　③ $a\leqq1$

④ $a<1$　　⑤ $a>1$　　⑥ $a\geqq1$

⑦ $5-2\sqrt{2}\leqq a\leqq5+2\sqrt{2}$　　⑧ $5-2\sqrt{2}<a<5+2\sqrt{2}$

⑨ $a\leqq5-2\sqrt{2}$，$5+2\sqrt{2}\leqq a$　　⑩ $a<5-2\sqrt{2}$，$5+2\sqrt{2}<a$

(3)　連立不等式 $\begin{cases} 2x^2+x-6>0 \\ x^2+(a-3)x-a+2<0 \end{cases}$ を満たす整数xがちょうど2個存在するようなaの値の範囲は $\boxed{7}$ である。

7 の解答群

① $-3 \leqq a < -2$　　② $-3 < a \leqq -2$

③ $-2 \leqq a < -1$　　④ $-2 < a \leqq -1$

⑤ $6 \leqq a < 7$　　⑥ $6 < a \leqq 7$

⑦ $-3 \leqq a < -2$，$4 < a \leqq 5$　　⑧ $-3 < a \leqq -2$，$4 \leqq a < 5$

⑨ $-2 \leqq a < -1$，$6 < a \leqq 7$　　⑩ $-2 < a \leqq -1$，$6 \leqq a < 7$

(必答問題)

【3】AB＝AC，BC＝6 の鋭角三角形 ABC が半径 5 の円に内接している。また，頂点 B から辺 AC に下ろした垂線と辺 AC の交点を H とする。次の問題の □ に当てはまる答えを解答群から選び，その番号をマークしなさい。

解答番号は，8 ～ 10 。　　(配点20点)

(1) $\sin\angle CAB =$ 8 である。

8 の解答群

① $\frac{3}{5}$　② $\frac{4}{5}$　③ $\frac{1}{6}$　④ $\frac{5}{6}$　⑤ $\frac{\sqrt{11}}{6}$

⑥ $\frac{\sqrt{35}}{6}$　⑦ $\frac{3}{7}$　⑧ $\frac{3}{10}$　⑨ $\frac{7}{10}$　⑩ $\frac{5}{12}$

(2) 三角形 ABC の面積は 9 である。

9 の解答群

① 3　② 4　③ 6　④ 8　⑤ 18

⑥ 27　⑦ 36　⑧ 54　⑨ $\frac{27}{2}$　⑩ $\frac{27\sqrt{10}}{5}$

(3) 線分 CH の長さは 10 である。

[10] の解答群

① $\frac{\sqrt{5}}{5}$　② $\frac{2\sqrt{5}}{5}$　③ $\frac{\sqrt{10}}{5}$　④ $\frac{2\sqrt{10}}{5}$　⑤ $\frac{3\sqrt{10}}{5}$

⑥ $\frac{6\sqrt{10}}{5}$　⑦ $\frac{\sqrt{30}}{5}$　⑧ $\frac{2\sqrt{30}}{5}$　⑨ $\frac{3\sqrt{5}}{10}$　⑩ $\frac{\sqrt{30}}{10}$

(選択問題)　※問題【4】～【6】のうち、2問を選択し解答しなさい。解答番号に注意すること。

【4】1から8までの整数が1つずつ書かれた8個の玉がある。玉には整数が1つ書かれており，同じ整数の玉はない。この中から無作為に3個の玉を取り出し，玉に書かれた3つの整数の積を X とする。次の問題の [　] に当てはまる答えを解答群から選び，その番号をマークしなさい。

解答番号は，[11] ～ [13] 。　　(配点20点)

(1)　X が5の倍数である確率は [11] である。

(2)　X が15の倍数である確率は [12] である。

(3)　X が6の倍数である確率は [13] である。

[11] ～ [13] の解答群

① $\frac{1}{2}$　② $\frac{4}{7}$　③ $\frac{3}{8}$　④ $\frac{5}{8}$　⑤ $\frac{5}{28}$

⑥ $\frac{11}{28}$　⑦ $\frac{17}{28}$　⑧ $\frac{11}{56}$　⑨ $\frac{23}{56}$　⑩ $\frac{33}{56}$

（選択問題）※問題【4】〜【6】のうち、2問を選択し解答しなさい。解答番号に注意すること。

【5】次の図のように，半径 4 の円 C_1 と半径 9 の円 C_2 が点 A で外接し，2 つの円 C_1，C_2 がそれぞれ点 B，C で直線 l に接している。

また，円 C_3 は，円 C_1 と円 C_2 に外接し，直線 l にも接している。次の問題の □ に当てはまる答えを解答群から選び，その番号をマークしなさい。

解答番号は，[14] 〜 [16]。　　　　（配点20点）

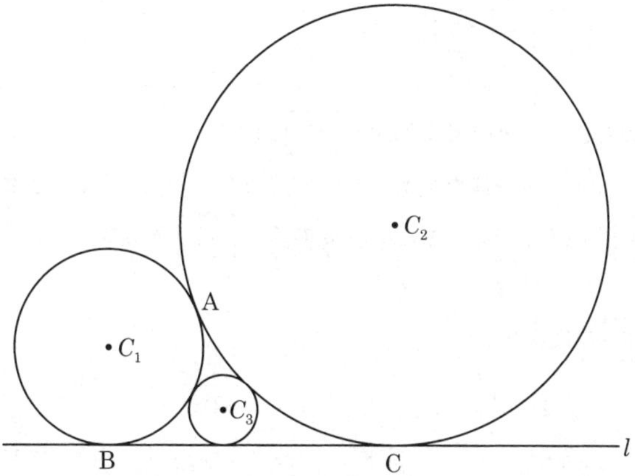

(1)　線分 BC の長さは [14] である。

(2)　3 点 A，B，C を通る円の半径は [15] である。

[14]，[15] の解答群

① 5　② 6　③ 10　④ 11　⑤ 12

⑥ 13　⑦ $3\sqrt{17}$　⑧ $\sqrt{119}$　⑨ $\frac{11}{2}$　⑩ $\frac{3\sqrt{17}}{2}$

(3)　円 C_3 の半径は [16] である。

[16] の解答群

① 1　② 2　③ $\frac{3}{2}$　④ $\frac{5}{4}$　⑤ $\frac{9}{4}$

⑥ $\frac{6}{5}$　⑦ $\frac{11}{10}$　⑧ $\frac{25}{16}$　⑨ $\frac{36}{25}$　⑩ $\frac{121}{100}$

（選択問題）※問題【4】～【6】のうち、2問を選択し解答しなさい。解答番号に注意すること。

【6】自然数 x, y が等式 $2x+3y=2m$ を満たす。ただし，m は整数とする。次の問題の □ に当てはまる答えを解答群から選び，その番号をマークしなさい。
解答番号は，17 ～ 19 。　（配点20点）

(1)　$m=7$ のとき，x, y の組は全部で 17 組ある。

(2)　等式 $2x+3y=2m$ を満たす x, y の組がちょうど5組あるような整数 m は全部で 18 個あり，そのうち最小の m の値は 19 である。

17 ， 18 の解答群

① 0　② 1　③ 2　④ 3　⑤ 4
⑥ 5　⑦ 6　⑧ 8　⑨ 12　⑩ 15

19 の解答群

① 12　② 13　③ 15　④ 16　⑤ 18
⑥ 19　⑦ 21　⑧ 22　⑨ 24　⑩ 25

① 人造人間が技術的に実現可能だとしても、多大な手間やコストをかけて人間の心や知性を研究した結果が、人間ができる仕事をさせるだけに終わっていいのかということ。

② 人造人間が技術的に実現可能だとしても、この世に生まれた人間のかけがえのない生命よりも価値あるものはなく、わざわざ苦労して作る値打ちがあるのかということ。

③ 人造人間が技術的に実現可能だとしても、生きた人間の育成にかかるよりも多大な苦労とコスト、および社会的な責任を負ってそれを上回る有為な実用性があるのかということ。

④ 人造人間が技術的に実現可能だとしても、実用技術の開発研究の価値は人間の知性や心の本質を追求する純粋な学問の価値よりも社会的にはたして高いのかということ。

⑤ 人造人間が技術的に実現可能だとしても、人間が生まれて育つ自然なあり方の否定につながる危うさに優るほど、役に立つ実用品としての需要があるのかということ。

問9 本文の内容に合致するものを、次の①～⑤の中から一つ選びなさい。解答番号は、29。　（配点5点）

① 社会に役立つ実用的なロボットを開発するために、広い分野で人間の心を対象とする研究が進められている。

② 心を不要とする生き物は実際に存在しており、心を持つことは生命維持の条件ではないといえる。

③ ロボット倫理学はまだ初期段階であるが、ロボットを人工物ではなく人間として扱うことを基本方針としている。

④ 知的な心を持つロボットの研究と、人間の心や福祉についての学問的研究が、現代における喫緊の課題である。

⑤ 現代では、ロボットは人間ができることを行う人工物であるとともに、人間にとっての仲間として存在している。

今後心を持つロボットが開発されたとき、道徳的な地位を与えるのかという新たな難問を述べようとしている。

④　ロボット研究だけでなく広い分野の研究者が心とは何かという議論をやりとりせねばならないという現状の課題に加え、昨今のロボット開発は実用技術の研究開発をおろそかにしているという別の問題を述べようとしている。

⑤　他の広い分野の研究者にはロボット開発についての関心度合いに差があるという現状の課題に加え、今後心の基礎研究が進んでロボットが開発された際、人は道徳的問題と向き合う必要があるという新たな難問を述べようとしている。

問7　傍線部(4)「こうした存在の道徳的地位についての議論」とあるが、それはどういうものか。筆者の説明として最も適当なものを、次の①〜⑤の中から一つ選びなさい。解答番号は、27。（配点5点）

①　ロボットが人間に近い存在であれば、人間に次ぐ立場を与えることで、道徳的な規範を守らせるべきだという議論。

②　ロボットが人間と同じ存在であれば、ふさわしい権利と福祉を与えつつ、人間の支配下に置くべきだという議論。

③　ロボットが人間に似た存在であれば、人間と同じように道徳的な心や考え方を持つ存在とみなすべきだという議論。

④　ロボットが人間と同じ存在であれば、同じ社会を構成する仲間として、対等に責任を負わせるべきだという議論。

⑤　ロボットが人間に近い存在であれば、道徳的な見地から平等に人間と同じ権利と福祉を考慮するべきだという議論。

問8　傍線部(5)「それが実現可能だとしても、わざわざ実現する価値があるのか？　ということ」とあるが、それはどういうことか。筆者の説明として最も適当なものを、次の①〜⑤の中から一つ選びなさい。解答番号は、28。（配点6点）

② 動き回らずに定着したまま生命を維持することができる生物は、あちこちへと自ら新たな環境に移動して食べ物を探すことも、変化する周囲の環境に適応することも不要であるということ。

③ 固定されたまま動かないスーパーコンピューターは、たとえ様々な働きをしたとしても、自らその任務を選び、あれこれ考えて判断する能力としての心を持っていたとはいえないということ。

④ 動き回って新たな環境に出くわし、様々な状況に巻き込まれることがないものは、新たな環境で自らと境遇の似た相手と出会い、付き合うという社会的な能力も必要とされないということ。

⑤ 動き回って未知の環境に入り込み、困難にぶつかることがないものは、自らに適した環境を選択したり、環境に対応するために自ら思考して決断したりする能力が求められもしないということ。

問6 傍線部(3)「それに加えてもう一つ考えておかねばならない問題があります」とあるが、この　文はどういうことを述べようとしているか。筆者の説明として最も適当なものを、次の①～⑤の中から一つ選びなさい。

解答番号は、[26]。（配点6点）

① 多くの分野の研究者たちが心についての議論を重ねながらも、ロボット開発に至っていないという現状の課題に加え、人間の心についての研究と人間を模したロボットの研究との連携が必要だという次の課題を述べようとしている。

② 多分野の研究者たちが互いに心とは何かを議論し、ロボット開発に携わらざるを得ないという現状の課題に加え、人間と似たロボットが開発されたとき、人は道徳的にいかに関わるべきかという新たな問題を述べようとしている。

③ 広い分野の研究者が心についての議論を進めても心を持つロボットの開発に至っていないという現状の課題に加え、

①～⑤の中から一つ選びなさい。解答番号は、**24**。（配点5点）

① 心を持つコンピューターというイメージが時代遅れとされたことで、自由に動き回れる身体を持たないものに心は必要ないと結論が出された。

② 自由に動き回れる身体とともに心を持つものがロボットのイメージであり、心があっても動けないコンピューターはロボットの条件を満たさないとされた。

③ 心を持つ不動のコンピューターというイメージは時代遅れであり、自由に動き回れる身体を持たないものには心は不要だとみなされるようになった。

④ かつて一般に広く行きわたっていた心を持つ不動のコンピューターというイメージは、科学技術の発展によってＳＦにおいても時代遅れとされるようになった。

⑤ 人間が愛着を感じるロボットは自由に動き回れるボディを持つものであり、ロボット研究者たちも自由に動き回れないものに心は必要ないと考えるようになった。

問5 傍線部(2)「動かないものに心はいらない」とあるが、それはどういうことか。筆者の説明として最も適当なものを、次の①～⑤の中から一つ選びなさい。解答番号は、**25**。（配点5点）

① 動き回ることができないまま自らに適応する環境を選べないものには、新たな環境に出会うたびに何をなすべきか判断する能力や、環境に働きかける能力が養われることもないということ。

問3　空欄 X ・ Y を補うのに最も適当なものを、次の各群の①～⑤の中からそれぞれ一つずつ選びなさい。
解答番号は、 22 ・ 23 。　(配点4点)

X　22
①　生命
②　本能
③　身体
④　遺伝
⑤　知能

Y　23
①　現実的
②　心情的
③　道徳的
④　基礎的
⑤　経済的

問4　傍線部(1)「昔のSFには、ここで言う意味での『心』、自分なりの意志や判断力、そしておそらくは意識（それが何なのか本当はまだわかっていないのですが）を持ったスーパーコンピューターがしばしば登場しました」とあるが、現在ではコンピューターやロボットと心の関係はどのように考えられるようになったか。筆者の説明として最も適当なものを、次の

（イ）　ジュウナン　16

① ヤジュウによる作物の被害。
② お盆に道がジュウタイする。
③ 敵の武将をカイジュウする。
④ 携帯電話をジュウデンする。
⑤ 犯人はケンジュウを所持していた。

（ウ）　カクゴ　17

① 改心してカイゴの涙を流す。
② 食後にゴスイして体を休める。
③ ゴラク映画を見る。
④ 要人をゴエイする。
⑤ 盤の上にゴイシを並べる。

問2　空欄 A ～ D を補うのに最も適当なものを、次の①～⑧の中からそれぞれ一つずつ選びなさい。ただし、同じ番号は一度しか選べない。解答番号は、A 18、B 19、C 20、D 21。　（配点8点）

① すなわち　② たまに　③ では　④ さらに
⑤ もちろん　⑥ しかし　⑦ どうやら　⑧ たとえば

でしょう。

[D]、すでに述べたような問題意識から、純粋に学術的な探究、あるいはむしろ芸術的創造として、人造人間の開発を目指す人は当然出てくるでしょう。しかし、「人造人間」が社会的にありふれたもの、普通のものとして大量に作られ、受け入れられるかどうか、はそれとは別問題です。大量の「人造人間」が社会的にごく当たり前の存在として定着するには、それらがわかりやすい形で「何かの役に立つ」ことが必要でしょう。

（稲葉振一郎『銀河帝国は必要か？　ロボットと人類の未来』による。）

（注）揺籃期 —— ある物事が発達しはじめる、最初の時代。

問1 傍線部(ア)～(ウ)と同じ漢字を含む熟語を、次の各群の①～⑤の中からそれぞれ一つずつ選びなさい。解答番号は、[15] ～ [17]。

（配点6点）

(ア) チョウブツ [15]

① 明るさが彼のチョウショだ。
② 衰退のチョウコウが見える。
③ スーツをシンチョウする。
④ 山のチョウジョウをめざす。
⑤ チョウモン客の応対をする。

た主題についての基礎的な研究としての意義を持つことがわかります。

しかしそれを踏まえたうえで今度は、仮にそうした基礎研究がうまく進展していき、実際に心ある人造人間としてのロボットが開発できるようになったと考えてみましょう。そうなるとわれわれの前には、また新たな難問が浮上します。それが、このような存在の道徳的地位の問題です。

現代の、まだ(注)揺籃《ようらん》期のロボット倫理学でもすでに(4)こうした存在の道徳的地位についての議論がなされていますが、基本的な方向性はじつは案外単純です。すなわち、それが人間に近い存在であるならば、それにふさわしく、人間と同等ないしそれに近い道徳的地位を与えなければならないだろう、という具合です。しかし問題は、ロボットはあくまでも「人造人間」であるということです。むろん、それが人工物であることをもって、直ちに自然人よりも道徳的地位が低いことは自明である、などと言いたいわけではありません。問題は、ロボットは人工物であるがゆえに、それが果たして実現されるか、現実に存在するようになるかどうか自体が、いま現に生きている人間の選択にかかっている、ということです。すなわち、純粋な研究の見地からはともかく、実用的な技術として考えてみたとき、果たして「人造人間」というものにいかなる意味があるのか？　(5)それが実現可能だとしても、わざわざ実現する価値があるのか？　ということです。

なにも苦労して作り出さなくとも、自分で動き回り、臨機応変な判断を下すことのできる存在は、われわれの前にすでにそこにあります。ほかならぬわれわれ、人間、自然人こそがそうです。人間一人を育て、一人前にする。それよりもずっと大変な手間をかけて、「人間にできることを行う人工物」をわざわざ作るということは、技術的に「できるか、できないか」とは別に、［Y］に見合わないかもしれません。そもそも「それはいったい何の役に立つのか？」という根本的な疑問がつきまといます。それを「人間」として作るなら、私たちは「仲間」としての人造人間たちの権利を保障し、その福祉に配慮しなければならないのです。これは小さくない「コスト」です。そのコスト、そして責任を引き受ける(ウ)**カクゴ**もなしに、安易に開発すべきではない心はいらない」というものでした。自ら判断し、自分のやるべきことを決める機械というものは、動き回っていろんな未知の環境に入り込み、何か困ったことに出会う可能性があるからこそ、その際に何をなすべきか判断して決定する能力、つまり広い意味での「心」を必要とします。しかしスタンドアローンの固定されたコンピューターには、心などいりません。あったところで、自分で動いて好きな環境を選んで移動したり、あるいは周囲の環境を操作し、改造して自分に都合よくしたり、といったことができない以上、そのために情報を集めてあれこれ考えて決断する、といった能力などは無用の(ア)チョウブツであるはずです――こうしたロボット研究者の結論は、非常に興味深いものです。

［C］こうした知見を受けた研究者たち、ロボット研究者のみならず、生物学者や心理学者、哲学者なども含めた、より広い分野にわたる「心」の研究者たちは「仲間がいない生き物には、心は必要ないのではないか」というところまで議論を進めています。これは大雑把に言えば、自然環境への適応には、じつは固定的なプログラムとしての「［X］」で十分で、同じく「心」を持つ仲間との付き合い、社会という複雑な環境への適応においてこそ(イ)ジュウナンな「心」がいるのではないか、つまり「心というのは本来的に社会的な現象である」という仮説です。こうした「心とはいったいどのようなものか」についての研究は、生物学者、心理学者、哲学者、ロボット科学者たちが集まって、互いにアイディアをキャッチボールしながら進められていますが、「では、心のあるものを実際に作ってみよう」というところまでは、道が険しくてまだなかなかたどり着いていません。

(3)それに加えてもう一つ考えておかねばならない問題があります。上のように考えるならば、人造人間としてのロボットの研究開発という主題は、どうしても、人間それ自体についての深い理解を必要とします。これを「人間の心とは何か、がまずわからなければ、人造人間たるロボットについてあれこれ考えても意味がない」ととるよりは、むしろ「人間の心についての探究と、人間的ロボットの研究開発は、互いに連携して進められるべきである」と考えなければならないことは言うまでもありません。そう考えますと、知的な心を持つロボットの開発は、すでに示唆した通り、実用技術の研究開発という以前に、人間や知性といっかっていないのですが）を持ったスーパーコンピューターがしばしば登場しました。ここで私がなぜそれらを「ロボット」ではなく「コンピューター」と呼ぶのかというと、それらが普通の意味での身体を持っていないからです。もちろんそれはどんなコンピューターもそうであるように、物理的実体、躯体《くたい》は当然に持っているのですが、その躯体は一カ所に固定されています。

私たちがロボットの身体についてイメージする際の重要なポイントは、ボディが自由に動き回れるということです。別に二本の足を持っていなくても、四本足、六本足、あるいは車輪でもキャタピラでも、どんな形でもいい。他のものと区別可能な実体を持っている、というだけだったら、固定された建物も同様です。「自分で動き回ることができる」ということが、われわれが想像するロボットのふつうのあり方ではないでしょうか。

古い作品なので、読者の皆さんはご存じないかもしれませんが、[A]『鉄人28号』の作者横山光輝の『バビル２世』というまんがには、先に触れたような心のあるスーパーコンピューターが登場しました。そのコンピューターは、主人公の基地の制御と、主人公の後方支援を任務としており、固定設備として基地に据えられていて、遠隔操作のミニロボットなどを用いることはあっても、本体はデーンと構えていて、自分では動き回りません。ところが面白いことに、そういう「心のある（動かない）コンピューター」のイメージは、今ではＳＦにおいても実際の科学技術においても、時代遅れとなってきています。最近のロボット研究者たちは、「動き回るボディを持たないものには、心は必要ない」という結論に到達しているからです。

生物の世界でも脳を持たない植物は、「心を持つ」ことを適応戦略にしていないわけです。しかし動物にとっても、[B]脳は必須というわけではないようです。たとえばホヤという生き物は、幼少時に動き回るときには脳を持ちますが、成熟してイソギンチャクみたいな定着生活に入ると、自分自身の脳を食べてしまうそうです。居場所が決まり、動いて食べ物を取る必要がなくなると、脳はいらなくなってしまう、ということらしいのです。

こういう生物現象におけるメカニズムも参考にしながら、ロボット研究者がある時期にたどり着いた結論が「(2)動かないものに

問9　本文の内容に合致するものを、次の①〜⑤の中から一つ選びなさい。解答番号は、[14]。（配点5点）

① 教育とは本来「贈与」であるが、人間が高い共感能力を持つ以上、教育者の思惑通りの成長が求められる。

② 文化が爆発的に拡散し、食糧生産が始まって以降、様々な技術の発達により人口は増大し続けている。

③ 情報化できる知能の部分を取り出して発達させた人工知能によって、人間の意識の情報化も可能になった。

④ 大学の教員に必要とされているものは、既存の知識ではなく教員としての自負と研究者としての実績である。

⑤ デジタル社会とは人びとがすべての情報でつながっている社会であり、安心な暮らしを送ることは困難だ。

二

次の文章は、稲葉振一郎『銀河帝国は必要か？　ロボットと人類の未来』の一部である。これを読んで、後の問い（問1〜9）に答えなさい。

「人間」のような自律性を備えたロボットの開発を目指すベクトルは、現実のロボット・人工知能の研究開発の世界にもたらしかにありますが、その最終的な行方はよく見えていません。その背景には、そもそもロボットにまねさせよう、再現させようとしているところの「心」とは、人間をはじめとした「心ある者」とは一体どういう存在なのか、がまだ十分にわかっていない、という事情があります。逆に一部のロボット研究者の中には、じつはロボットの研究開発それ自体は手段であって、究極目標は人間——を含めた心ある者とは何か、を解明することのほうなのだ、と公言する向きさえあるのです。

(1)昔のＳＦには、ここで言う意味での「心」、自分なりの意志や判断力、そしておそらくは意識（それが何なのか本当はまだわ性を広げることができるもの。

② 画期的な研究に取り組むことで、インターネットを通じてだけでは知ることができない、多くの未知のものに対する知識に触れられるもの。

③ 研究者である大学の教員によって用意された問いに対する答えを見つけることで、自分のアイデンティティになり、自分の可能性を導いてくれるもの。

④ 大学の教員の自負と実績を前提とする環境の中で、共に学ぶ友人たちと切磋琢磨《せっさたくま》しながら未知の世界の中に未知の自分を発見するもの。

⑤ 既知の知識ではなく、既知の問いに対する答えにたどり着く方法を教わることによって、これからの社会に順応しながら未知の自分に出会うもの。

問8 傍線部⑸「これまで以上に直観力と共感力を鍛える必要がある」とあるが、それは何のためだと筆者は考えているか。その説明として最も適当なものを、次の①～⑤の中から一つ選びなさい。解答番号は、13。　　(配点6点)

① 世界と時代の動きを見極める視座を持ち、たしかなアイデンティティと目標を備え、他者の考えを理解するため。

② 感性によって作られ、維持されている人間関係の中で、自分の利益を超えて周囲の人の期待に応えるため。

③ 人間関係の複雑な感情を察知し、人間のモラルや文化の規範に従って行動できるようにするため。

④ 科学技術によって確保できる安全と、人がもたらす安心という現代の暮らしを享受して生きていくため。

⑤ 今後も広がり続けるデジタルな社会の中で、真に信頼でき、頼ることができる人びととの輪を作るため。

問6　傍線部(3)「人間の脳の『意識』の部分」とあるが、筆者はこれをどのようなものととらえているか。その説明として最も適当なものを、次の①～⑤の中から一つ選びなさい。解答番号は、11。（配点5点）

① 人間が、付き合う仲間の数を増加させ、その社会的複雑さに対処する必要に迫られる前から備わっている、動物とは違う人間独自のもの。

② 人口の増加に伴い増えた人間同士の交流により、感性と知性を司って思考力、判断力、表現力を鍛えてきた社会脳として発達してきたもの。

③ 社会的複雑さに対応するために登場した「言語」によって、好き、嫌いなど一語で言い表すことが可能になり、他者と共有できるようになったもの。

④ 情報として分かち合うことが困難であることから、効率優先のデジタル社会が拡大した情報革命において置き去りにされたもの。

⑤ 細部まで共有することは不可能ではあるものの、情報化された膨大な知識を検索することによって仲間と共通の認識ができるようになったもの。

問7　傍線部(4)「大学の学び」とあるが、筆者は「大学の学び」とはどのようなものだと考えているか。その説明として最も適当なものを、次の①～⑤の中から一つ選びなさい。解答番号は、12。（配点6点）

① 適切な問いを立てていまの時代にわからないことを知り、自分にはないものを持った人との出会いの中で自分の可能

不利益を被ることが教育である、ということ。

③　実在しない人間や、人間以外のものにまであこがれを抱くことができる人間の共感能力を働かせることで、効率化を図っているのが人間の教育である、ということ。

④　見返りを求めることなく、人間の持つ高い共感能力によって子どもたちの目標に共感し、子どもたちを進むべき方向へ導くために協力することが教育である、ということ。

⑤　子どもたちが間違った目標を抱いていることを、共感能力を使って察知し、それを何とかして正しい方向へ向けさせようとすることがそもそもの教育である、ということ。

問5　傍線部(2)「10%ほど小さくなった」とあるが、筆者はその理由をどのように考えているか。最も適当なものを、次の①～⑤の中から一つ選びなさい。解答番号は、10。　（配点5点）

①　言語の登場と科学技術の発達といった外部環境の変化により、記憶や思考の必要性が薄れたから。

②　環境や現象を記号化することにより人びとの交流が容易になり、社会的複雑さが減っていったから。

③　医療の標準化や防災などの科学技術の発達によって、身を守るためのエネルギーが不要になったから。

④　言語と文字の登場により短時間で相手に伝達できる情報が増え、考えるという作業に費やす時間が減ったから。

⑤　農耕・牧畜の時代より個人が自由な裁量で行為を決定できるようになり、格段に情報が集約されたから。

X　7

① 具現化
② 合理化
③ 抽象化
④ 多元化
⑤ 可視化

Y　8

① 不確実
② 不可侵
③ 不可解
④ 不可視
⑤ 不可欠

問4 傍線部(1)「教育とは究極のお節介なのだ」とあるが、それはどういうことか。筆者の説明として最も適当なものを、次の①～⑤の中から一つ選びなさい。解答番号は、 9 。

（配点5点）

① 相手の気持ちを考えずに贈り物をするのと同様に、学生の思惑とは関係なく、学生の人生を豊かにしようという一方的な意志のもとに行われるのが教育である、ということ。

② 効率や成果を問題とせず、教育をする者も受ける者も互いの知識や技術の違いに対して合意した上で、教育する者が

(ウ)　フキュウ　[3]

①　タイキュウ性に優れている。
②　テストでキュウダイ点を取る。
③　なだらかなキュウリョウ地帯だ。
④　キュウシツ性のよい衣服。
⑤　背任行為をキュウダンする。

問2　空欄 [A] ～ [C] を補うのに最も適当なものを、次の①～⑧の中からそれぞれ一つずつ選びなさい。ただし、同じ番号は一度しか選べない。解答番号は、A [4]、B [5]、C [6]。　(配点6点)

①　あるいは　②　だから　③　たとえば　④　もしくは
⑤　では　⑥　とはいえ　⑦　しかし　⑧　むしろ

問3　空欄 [X] ・ [Y] を補うのに最も適当なものを、次の各群の①～⑤の中からそれぞれ一つずつ選びなさい。解答番号は、[7]・[8]。　(配点6点)

（注）　プラットフォーマー――インターネット上で利用者とサービス提供者を結びつける基盤（プラットフォーム）になるサービスやシステムを提供する事業者。

問1　傍線部(ア)〜(ウ)と同じ漢字を含む熟語を、次の各群の①〜⑤の中からそれぞれ一つずつ選びなさい。
解答番号は、[1]〜[3]。　（配点6点）

(ア)　**ハッキ**　[1]

① キゾクの暮らしを描いた本。
② 彼は現代音楽界のキシュだ。
③ 化学薬品がキハツする。
④ 注意をカンキする。
⑤ フウキが乱れる。

(イ)　**アコガれる**　[2]

① 技術が認められ名人のショウゴウを得る。
② 師にショウケイの念を抱く。
③ 強いショウドウにかられる。
④ ショウリするための作戦をたてる。
⑤ 取引先とのショウダンが成立する。

が求められているからだ。そのために、大学の教員は常に自分の学問分野の広がりと深さについて熟知し、自分も未知への挑戦を続けていなくてはならない。大学教育で学んだ学生は、これから社会に順応するだけではなく、これから新しい社会や世界を作っていかねばならない。大学はその可能性を広げる場である。

[C]、これからの時代にどのような能力がとくに必要になるのか。世界と時代の動きを見極められる視座を持ち、たしかなアイデンティティと目標を備えるとともに、他者の気持ちと考えを理解できる能力が必要だとよく言われる。たしかにそうだ。しかし、それらに加え、①状況を即断し、適応できる、②自己決定ができる、③危機管理ができる、④他者を感動させる、という能力が必要だと私は思う。これらはＡＩにはできない能力であり、とりわけ人びとの信頼を得るために不可欠だと思われるからだ。人間関係は情報ではなく、感性によって作られ、維持されている。そこには自分の利害を超えて、人の期待に応えたいとか、人を動かしてみたいとか、自分の承認願望を含む複雑な感情が働いている。それを敏感に察知し、人間の倫理や文化のルールに従って行動するには、(5)これまで以上に直観力と共感力を鍛える必要がある。

現代は安全・安心を心がける時代だと言われる。安全は科学技術によって確保できるだろう。しかし、安心は最終的には人がもたらすものであり、周囲の人が信用できなければ日々の暮らしを作っていけなくなる。食事に毒を入れられたらとか、線路に突き落とされるとか思ったら、レストランに行くことも電車に乗ることもできなくなる。デジタル社会は、人びとがどこで、どのような情報でつながっているかわからない社会であり、それゆえ安心な暮らしを送るためには、真に信頼でき、頼ることができる人びとの輪を作ることが[Y]になる。それには情報通信機器を通じて頭だけでヴァーチャルにつながるのではなく、人びとと五感を駆使してつながる方法を実践しなければならない。

（山極寿一『京大というジャングルでゴリラ学者が考えたこと』による。）

情報革命によって置き去りにされたのは(3)人間の脳の「意識」の部分である。意識は情報化できない。好き、嫌い、快、不快、澄み渡った気分、敬虔《けいけん》な気持ちなどは情報として共有するのが難しい。 B 、情報化できる知能の部分だけを取り出して人工知能を発達させたのである。インターネットやスマホの中には情報化された膨大な知識が浮かんでいる。キーワード検索をすれば必要な知識はすぐ手に入るし、目標を与えれば人工知能は与えられた情報をもとにあっという間に答えを出してくれる。それが効率優先の時代に見事に合致したからこそ、デジタル社会が拡大したのだ。

　現代の学びは急速に変わりつつある。知識は人に学ばなくても、本を読まなくても、インターネットですぐに入手できる。だから、学生は知識を学びに大学に来る必要はない。では、何を学びに来るのか。いまの時代にわかっていることではなく、わからないことは何かを知るために、そして自分と異なる個性を持った人との出会いを通して自分の可能性と向き合うために来るのである。インターネットを通じて既知のものは手に入るが、未知のものはわからない。この世界はまだ多くの未知のことが眠っている。それは、適切な問いを立てなければ見えてこない。

　大学の教員とは、自らの研究を通じてその問いを立て続けてきた経験者である。それらの問いに対する答えはインターネットではなく、それぞれの研究者の中にある。それを学んで自分の問いを立て、自分の答えを見つける。それが自分のアイデンティティになり、自分の可能性を導いてくれる。(4)大学の学びとは、用意された問いと答えの中に自分を見つけるのではなく、未知の世界の中に未知の自分を発見する作業なのだ。大学という環境、教職員、そして学友たちがそれを後押ししてくれる。

　だから、大学の教員は自分の学問分野の中でこれまで立てられた問いや答えとともに、自分独自の問いと答えを持っていなければならない。大学の教員には教員免許はない。研究者であるという自負と実績があるだけである。その理由は、小中高の教育のように既存の知識を教えるのではなく、未知の答えにたどり着く方法を教え、未知の自分に出会う道へと学生を送り出すことして正しい方向へ向けさせようとする。これらの行為はすべて高い共感力の仕業である。(1)教育とは究極のお節介なのだ。

人類は付き合う仲間の数を増加させ、その社会的複雑さに対処するために脳を大きくしてきた。脳は社会脳として発達し、そこには感性を司《つかさど》る「意識」と、知性を司る「知能」が収められている。これら二つの機能ははっきりと分けられるものではなく、互いに組み合わさって思考力、判断力、表現力を鍛えてきた。20万年前に現代人（ホモ・サピエンス）が登場し、5万年前から文化が爆発的に拡散し、1万2千年前に農耕・牧畜という食糧生産が始まって人口も人びとの交流も一気に増大した。農耕が開始されたときに500万～800万だった人口は、それから産業革命、情報革命を経て現在78億に達するまで急増した。とくに、ここ100年間で人口は4倍に増加しており、医療の(ウ)**フキュウ**や防災などの科学技術の発達によって死者が大幅に減少したことがわかる。しかし、実は脳の大きさは20万年前にホモ・サピエンスが登場したときのままで、ちっとも大きくなっていない。[A]、農耕・牧畜が始まったころに比べて(2)10%ほど小さくなったという報告もある。これはなぜだろうか。

その理由は「言語」の登場にある、と私は思っている。ことばは環境や現象を記号化して、人に伝える道具である。重さがなくて自由に持ち運べるし、時空を自在に超える。相手が見ていないことや経験していないことを伝えられるし、未来のことや空想上のことも共有できる。しかも、ことばは事物を一語で[X]できるので、脳に貯《た》めておく容量が格段に節約できる。さらに、5千年前に文字が登場して記憶や知識は外に出せるようになった。ことばを文字化して本に印刷し、外付けのデータベースに収めることができるようになったのである。150年前の電話の発明、40年前のインターネットの登場によって、さらに情報革命は加速した。現代はスマホの時代である。デジタル社会になって、IT企業などの(注)プラットフォーマーによって情報が集約され、個人が自由な裁量で行為を決定できなくなりつつある。記憶する事柄が減り、考える必要も薄れて、人間の脳はその容量を小さくし始めたのではないだろうか。

◀M3・M2方式▶

（六〇分）

一

次の文章は、山極寿一『京大というジャングルでゴリラ学者が考えたこと』の一部分である。これを読んで、後の問い（問1～9）に答えなさい。

教育とは本来「贈与」であると私は思う。動物の「教示行動」の定義にあるように、教育をする者も受ける者も互いの知識や技術の違いに対して合意していて、教育する者はそれを自分が不利益を被ることを承知で与える。だから、教育はサービスでもビジネスでもない。教育者は学生にその見返りを求めてはいけない。

「贈与」であれば、学生がそれをどう受け取り、それをどう生かそうとも教育者が口をはさむ余地はない。現代は教育の効率やその成果がとかく問題とされるが、教育とはそれを受けた学生がその人生を豊かにする上で役立てばいい。教育者の思惑通りに学生が育つことが教育の成果ではないし、ましてや、それを効率化しようとしても学生が育つとは限らない。

ただ、教育とは人間の持つ高い共感能力を(ア)**ハッキ**する場だということを忘れてはいけない。人間以外の動物は教育されなくても自分で学ぶ。共感能力を使わなくても学べることは多いのだ。動物と違うのは、人間が目標を持つことだ。小さいころから、誰かのようになりたい、あんな能力を身につけたいと思う。モデルは実在の人間でなくても、人間ですらなくてもいい。物語に登場する英雄や、ライオンやトラなどの動物に(イ)**アコガ**れることもある。その目標はおとなにもわかる。だからこそ、子どもたちを導いてその目標を遂げさせるように協力するのである。また、子どもたちが間違った目標を抱いていることもわかるから、それを何とか

② 戦後の文化ナショナリズムの高まりとして多くの日本文化論が生まれ、日本人の精神的美徳が科学的に実証された。
③ 高度経済成長期の日本的経営が評価されたこともあったが、集団主義や終身雇用は日本的経営と無関係である。
④ 日本社会を「甘え」の観点から捉えた土居の視点は、現代日本の全ての事象を考える際に示唆を与えるものである。
⑤ 軍国主義の戦前も現代も、声高に日本を褒めるメディアには、国内の非寛容な排外主義を高める危険性がある。

問8　傍線部⑸「『日本スゴイ』『日本人スゴイ』は戦前の軍国主義の時代に発達した特異な考え方であるとも、現代世界において一部の偏屈な人々が抱く特殊な考え方であるともいえない」とあるが、それはなぜか。その説明として最も適当なものを、次の①～⑤の中から一つ選びなさい。解答番号は、 28 。（配点6点）

① 「日本スゴイ」「日本人スゴイ」は、戦前から現代まで様々に形を変えながら、長らく多くの人々に自らを典型的な「日本人」だと認識させてきたものとして、日本社会に不可欠だから。

② 「日本スゴイ」「日本人スゴイ」は、理不尽で非合理な考え方であるが、その根本は古代からずっと他者に対して非寛容な思考をもつ日本の文化に根差しているものだから。

③ 「日本スゴイ」「日本人スゴイ」は、理不尽や非合理を正当化したり、他者への非寛容な態度を生み出したりもする思考として、戦前から現代にかけて広く一般社会に底流しているから。

④ 「日本スゴイ」「日本人スゴイ」は、非合理や理不尽を正当化し、他者への非寛容に通じる思考の表れだが、その思考のあり方は古代より人間一般に存在する普遍的なものといえるから。

⑤ 「日本スゴイ」「日本人スゴイ」は、日本が戦争やバブル崩壊という社会的危機に陥った際、メディアによって声高に報じられることで、長らく多くの日本人を励ましてきたから。

問9　本文の内容に合致するものを、次の①～⑤の中から一つ選びなさい。解答番号は、 29 。（配点5点）

① 民族は歴史や政治過程の中で構築されたものだが、日本では生まれながらに備わった不変の属性と定義されている。

⑤　日本では、戦前の植民地支配や外地への進出と拡張を背景に、外地の周辺民族を取り込んだ日本人の起源論が生まれたが、これは日本が外地と歴史的に深い関わりがあることを明らかにしたということ。

問7　傍線部(4)「『日本人』に実体を付与する」とあるが、それはどういうことか。その説明として最も適当なものを、次の①～⑤の中から一つ選びなさい。解答番号は、27。（配点6点）

①　観察や実証が不可能な抽象的な特性を、現実に起こる個々の具体的な言動や事象に見いだすことで、その特性が「日本人」固有の特性だと証明するということ。

②　日本文化に備わる他に類を見ない精神性を、いくつもの日本文化論を比較検討することで、その特性が「日本人」に実際に備わっていると判断するということ。

③　実証や検証が難しい抽象的な特性について、美しいイメージや物語を国家を通して語り、「日本人」の本質に基づいたすぐれた特性だと宣伝するということ。

④　観察や検証が不可能な特性であるすばらしい精神性などを「日本人」固有の本質的特性であるとして具体的に「日本人」を規定するということ。

⑤　「日本人」の本質として備わる特性を、現実に存在する個々の具体的な事象に対応させることで、その特性のすばらしさや比類のなさを確認するということ。

生まれた文化現象の一つである。

③　単一民族説は、戦後に外地を失って後に構想された歴史的には浅い考え方であり、日本や日本人という観念を初めて実体化した一種の幻想である。

④　単一民族説は、敗戦後にあらためて日本を捉え直し、日本という文化的特殊性をもたない人々が国民意識をもてるよう生み出された考え方である。

⑤　単一民族説は、戦後に外地を失って後に新たに構想された一種の虚構であり、排他的な国民意識の高まりを背景に生まれた文化的現象である。

問6　傍線部(3)「柳田國男による『日本人』の南方起源説」とあるが、これによってどのようなことを述べようとしているか。その説明として最も適当なものを、次の①〜⑤の中から一つ選びなさい。解答番号は、26。（配点5点）

①　日本では、明治の国家体制の整備から外地政策に乗り出した昭和初期にかけて、民俗学や民族学のなかで日本人の起源や日本文化の内実を追究する優れた考察が生まれてきたということ。

②　日本では、戦前の植民地支配や外地への進出と拡張を背景に、外地の周辺民族を取り込んだ多くの日本人の起源論が学問的見地から生まれたが、それが当時の国家政策の正当化に利用されたということ。

③　日本では、戦前の植民地支配や外地への進出と拡張を正当化するために、外地の多様な周辺民族を取り込んだ日本人の起源論をでっちあげることが当時の国家政策であったということ。

④　日本では、単一民族説が戦後に顕在化する以前、外地への進出政策を通じて周辺民族を取り込んだ多くの日本人の起

① 民族は、地域に根ざす慣習や言語などの文化を共有する人々の集団であるとかつては定義されたが、近代に入ると帰化を通じて国民となった人々の集団という意味に変化したということ。

② 民族とは、同じ地域に生まれ育つことで言語や慣習を共有する人々や、同一の国家に生まれ育つことで国民の権利や義務を負う人々の集団である点で、生来もち得た属性であるということ。

③ 民族とは、ある時には言語や慣習など文化を共有する集団であり、また国家の国民である人々の集団とされる時もあるので、その定義は歴史や政治に左右されて不明確であるということ。

④ 民族とは、地域に長らく根ざす慣習や言語などの文化を共有する人々や、国家の構成員として国民の権利や義務をもつ人々の集団である点で、人が後天的に取得した属性であるということ。

⑤ 民族とは、地域で用いられる言語や慣習などの文化を共有し、なおかつ国家の構成員として国民の権利や義務をもつ人々の集団である点で、地域と国家との関係から生まれたものであるということ。

問5 傍線部⑵「日本には『日本人』が脈々と住んできたという考え方を単一民族説という」とあるが、これについてどのように述べられているか。その説明として最も適当なものを、次の①～⑤の中から一つ選びなさい。

解答番号は、 25 。　　　　　(配点5点)

① 単一民族説は、明治期以降に拡張した外地を失い、戦後に日本に対する世界からの信頼を回復させるために新たに構想された実体のない考え方である。

② 単一民族説は、戦後に唱えられた新しい考え方であり、外地を喪失したことで日本国土への地理的な関心が高まって

問3　空欄 X ・ Y を補うのに最も適当なものを、次の各群の①～⑤の中からそれぞれ一つずつ選びなさい。解答番号は、 22 ・ 23 。　（配点4点）

X　22
① パートナーシップ
② プライド
③ アイデンティティ
④ モチベーション
⑤ コミュニティ

Y　23
① 付和雷同
② 談論風発
③ 我田引水
④ 面従腹背
⑤ 自画自賛

問4　傍線部⑴「民族が歴史過程や政治過程のなかで構築されたものであること」とあるが、それはどういうことか。その説明として最も適当なものを、次の①～⑤の中から一つ選びなさい。解答番号は、 24 。　（配点5点）

(イ)　サイガイ　16

① 彼には天賦のサイノウがある。
② ジンサイで起きた事故。
③ フサイをかかえて倒産する。
④ 岩をハサイしてから運ぶ。
⑤ 水稲をサイバイする。

(ウ)　サケぶ　17

① キョウフで体がこわばる。
② オンキョウ設備のある家。
③ 雨の恵みをキョウジュする。
④ おどろきのあまりゼッキョウする。
⑤ キョウジが続いて不吉だ。

問2　空欄 A ～ D を補うのに最も適当なものを、次の①～⑧の中からそれぞれ一つずつ選びなさい。ただし、同じ番号は一度しか選べない。解答番号は、A 18 、B 19 、C 20 、D 21 。（配点8点）

① また　② しかし　③ ところで　④ なぜなら
⑤ やはり　⑥ そこで　⑦ つまり　⑧ さて

（飯髙伸五「『日本人』を問い直す　多様性に寛容な社会にむけて」による。出題の都合上、一部中略した箇所がある。）

（注1）「日本人っぽくない」――プロテニス選手の大坂なおみ選手に対して、「日本人っぽくない」と発言した人がいたことを指す。

（注2）早川タダノリ――広告の研究者（一九七四〜）。

問1　傍線部(ア)〜(ウ)と同じ漢字を含む熟語を、次の各群の①〜⑤の中からそれぞれ一つずつ選びなさい。解答番号は、15 〜 17。

（配点6点）

(ア)　キンシツ　15

① キンコ刑が下される。
② 恩師に著作をキンテイする。
③ 試合のキンコウが破れる。
④ キンキュウの用件で外出する。
⑤ 現代詩にキンジトウを打ち立てる。

る。戦後日本では、農業社会から産業社会への転換に伴って、夫や子どものケアを期待されてきた母親像が変化していったが、現代日本の家族をめぐる諸問題を「母（妻）への甘え」をめぐるせめぎあいとして読み解くこともできる。

近年、「日本人」は「スゴイ」のだという話をよく聞くようになった。(イ)サイガイが起きてもパニックにならずに秩序を保つ人々、スポーツ観戦で日本チームが負けても騒がずにゴミを片付けて帰る人々、外国人観光客が感激するほどの礼儀正しさやおもてなしの作法を心得た人々。こうした人々の姿は、テレビで映し出され、広く消費されている。また「日本スゴイ」「日本人スゴイ」と説く本が多数出版されてジャンルを構成し、ベストセラーにもなっている。こうした現代の動向と戦前の軍国主義の動向との類似性を指摘する声もある。早川タダノリ(注2)の言葉をかりれば、それは「日本スゴイのディストピア」、[D]戦前は軍国主義のなかで妄想され、現代では「嫌韓」「嫌中」など他者への攻撃性とともに妄想される暗黒世界である。

近代日本のなかで「日本スゴイ」「日本人スゴイ」という[Y]の態度は、理不尽や非合理を正当化したり、他者への非寛容な態度を生み出したりしてきた。アジア太平洋戦争の道を歩んでいた頃、大日本帝国は負けるはずのない「神の国」であった。天皇は現人神《あらひとがみ》であり、帝国臣民はその赤子《せきし》でやはり特別な存在であった。現代日本では、バブル経済が崩壊した１９９０年代前半ごろから、それでも「日本スゴイ」「日本人スゴイ」と声高に(ウ)サケぶメディア表象が増えていった。これは、在日朝鮮人・韓国人に対するヘイトスピーチなど、差別的な発言や示威行動を伴う排外主義が、実社会においてもサイバースペース上の言論空間においても、顕在化していったのと同時期のことであった。

(5)「日本スゴイ」「日本人スゴイ」は戦前の軍国主義の時代に発達した特異な考え方であるとも、現代世界において一部の偏屈な人々が抱く特殊な考え方であるともいえない。冒頭で紹介した「日本人っぽくない」のエピソードが示すように、現代日本において自分が典型的な「日本人」だと思っている人々は、他者への非寛容に容易に陥ってしまう。彼らは「日本スゴイのディストピア」にもまた魅了されるであろう。そして、民族的出自に基づく差別を掲げる排外主義に加担してしまう危険性もある。

誠」「協調」などを重んじるという「日本人」の類い希《まれ》な精神性が賛美されることもある。観察や実証が不可能な抽象的な特性によって「日本人」に実体が与えられているとき、よく疑ってみる必要がある。日本が軍国主義の道をひた走っていった戦前には、自己犠牲が賛美されたり、理不尽な軍事作戦が正当化されたりした。太平洋戦争末期、片道の燃料だけを積んで死ぬことを運命付けられた若い特攻隊員は、はかなく散りゆく桜の花に見立てられ、その死は桜の花のイメージと重ね合わされ、美化された。

　敗戦後、高度経済成長を経て日本が復興を遂げていく過程で、「日本人」の精神性は賛美され続けた。日本的経営は欧米とは比較にならない集団主義に支えられ、企業成績を著しく伸ばしたとされる。「ジャパン・イズ・ナンバーワン」というわけである。C、それは過度に本質化された見方であり、日本的経営と集団主義を安易に結び付けることは適切ではない。近年、日本社会における非効率な働き方が見直されているように、日本的経営が卓越しているとはいいきれない。経済情勢の変化に伴う終身雇用の崩壊からも、「家族的」といわれた企業のあり方はさほど強固ではなかったことが白日に晒《さら》されている。

　同様に、集団スポーツの解説で、プレーヤーが「日本人らしく規律を守っている」という説明を耳にすることがあるが、本当にそうなのだろうか。実際のところ「日本人とはそういうものだから」という以上のことは何も言っていない。観察や実証が不可能な抽象的な特性によって「日本人」に実体が与えられているだけなのである。科学的に「日本人」の特性を論じるならば、歴史や社会のなかに文脈化し、検証可能なかたちで提示する必要があろう。実際、優れた日本文化論のなかでは、こうした作業が行われてきた。中根千枝『タテ社会の人間関係――単一社会の理論』（１９６７年）、土居健郎『「甘え」の構造』（１９７１年）は、日本人と外国人の二分法を前提にしており、(ア)キンシツな「日本人」像が温存されているという批判もあるが、発表から半世紀以上が過ぎた現代でも社会分析としての意義を失っていない。中根は「タテ社会」の視座を、終身雇用崩壊後にも温存された上下関係の分析など、現代社会の分析にも適用してみせている。土居の意図を離れて日本社会の「甘え」はよくないものとみなされるようになっていったが、母子関係における甘えは子どもの成長に欠かせない情愛の基盤であり、欧米にはない考え方であ国民国家の動向に連動した国民意識の高まりをナショナリズムというが、ナショナリズムは政治経済的事象のほか、文化的現象のなかでも認められる。近代日本では、明治期以降の国家形成過程やアジア太平洋戦争後の復興期に文化ナショナリズムの高まりがあり、人々に X のよりどころを提供してきた。例えば、明治期の国家体制の整備を経て、大正末期から昭和初期には様々な国民文化が形成されていったが、民俗学や民族学のなかで「日本人」の起源や日本文化の内実が議論されるようになった。 B 、アジア太平洋戦争の敗戦後、戦後復興が進むなかで、1960年代から1970年代にかけては多くの日本文化論が生み出され、その特性が肯定的に評価された。

(2)日本には「日本人」が脈々と住んできたという考え方を単一民族説というが、これは戦後に顕在化していった比較的歴史の浅い文化的自画像である。明治期初期に内国植民地として沖縄と北海道を組み込み、日清戦争以降、台湾、朝鮮半島、南洋群島（ミクロネシア）、満州などの外地《がいち》に帝国主義的拡張をしていった戦前の日本では、帝国内の周辺民族を取り込んだ「日本人」の起源論がいくつも構想された。愛知県伊良湖岬に流れ着いた椰子《やし》の実から着想を得たという(3)柳田國男による「日本人」の南方起源説、朝鮮半島と日本列島の人々の祖先は共通であるとする日鮮同祖論などである。一見、多様性に配慮しているようにみえるが、どれも植民地の支配や外地への進出を正当化するために都合よく参照された。

戦後、外地を喪失した日本は、外地との関係を忘却しつつ、北海道から沖縄県までの閉じられた空間を前提として日本という地理的ないし政治的領域を構想し、そこに単一民族としての「日本人」がいると認識するようになった。アイヌや沖縄の人々の文化的特殊性が経験的に理解できるにもかかわらず、自分のことを典型的な「日本人」だと思う人々は、彼らを少数派で例外的であるとみなし、マジョリティに属するという安心感をもとうとした。単一民族説は外地を喪失した敗戦後の世界のなかで思い描かれた一種の幻想で、他者に非寛容な戦後日本の貧困な想像力を支えている。

(4)「日本人」に実体を付与するために、日本文化論もまた都合よく受容されてきた。曲解された日本文化論を通して、「和」「忠

い。

③ 日本人の多くは、形而上の問題は答えがない問題であると考えているので、関係の破断を意味する争いを避け、様々な考えを容認している。

④ 絶対的な唯一の真理は存在しないと考える相対主義者は、自分が既に帰属している集団のなかで認められている考え方以外は採用しない。

⑤ 絶対的に正しいと言えるような形而上学が確定できないと考える相対主義であっても、いかなる形而上学も採用しないわけではない。

二

次の文章は、飯髙伸五「『日本人』を問い直す　多様性に寛容な社会にむけて」の一部分である。これを読んで、後の問い（問1～9）に答えなさい。

第一の用法の民族、つまり言語や慣習を共有する集団という定義に従えば、人は生まれながらではなく、獲得された文化や自己認識を通じて「民族になる」あるいは「民族集団の一員になる」ことができる。また、第二の意味での民族、つまり国籍をもち国家のなかで権利と義務をもっている人々という定義に従えば、 A 帰化を通じて人は「民族（国民）になる」ことができる。科学的なエビデンスからは、(1)民族が歴史過程や政治過程のなかで構築されたものであることが解明されてきたが、実社会において民族は不変の属性であるかのように本質主義的に実体化され、民族の名のもとで行われる差別、そして紛争や殺戮《さつりく》も後を絶たない。「日本人っぽくない」(注1)ことを根拠とした排除の論理もまた、その一形態である。

ら一つ選びなさい。解答番号は、[13]。　（配点6点）

① 絶対的に正しいと言えるような一つの形而上学が確定できず、他の人々の言葉の真偽をよく確かめずに、薦められるままに考えを採用してしまう人物。

② 自分の抱える形而上学の問題を解決できる考えでさえあれば、一般的に事実との整合性を欠く考えであるとわかっているものでも採用する人物。

③ 自分にとって魅力的に見える考えだけを採用し、自分が採用したという事実がその考えの客観的な正しさの裏付けになると思い込む人物。

④ ある考えを採用し、自分と同じ考えに魅力を感じる人々と出会った時に初めて、その考えが一般性と普遍性をもつかどうかについて考え始める人物。

⑤ よさそうに見える考えをよく調べずに自分の信条として採り入れ、その考えを同じように採り入れる人間の多さが普遍性の証拠であると考える人物。

問9 本文の内容に**合致しないものを**、次の①〜⑤の中から一つ選びなさい。解答番号は、[14]。　（配点6点）

① 人文学に触れて形而上の問題について認識を深めるということに関心をもたず、人文学に費やす時間と労力が減ることは、知的偏向につながる。

② 科学は形而上学の真理について問うことも答えることもせずに各人に委ね、科学の活用の方法を指定することもしな

唯一の答えの存在を保留している世界。

問7　傍線部(4)「自然主義」とあるが、ここではどういうものか。その説明として最も適当なものを、次の①～⑤の中から一つ選びなさい。解答番号は、 12 。　（配点5点）

① 意味や価値への問いに対し自己や種の保存および能力の拡大と繁栄に価値を置く立場から答えを与え、普遍性を自らに認める形而上学の特殊な一つの形態。

② 個人や社会が抱える意味や価値をめぐる形而上の問題を、自然科学の問題に置き換えて絶対的な一つの答えを人々に与える普遍的な力をもつ世界観。

③ 形而上学の貧困と無秩序を打開するために新たに生まれた、自然科学の原理に立脚してあらゆる問題を力によって解決することを第一とする考え方。

④ 精神の領域における問題について自己保存や種の保存の観点から価値や意味を見いだし、形而上の問題における相対主義を強力にさせる価値観。

⑤ その他の形而上学よりも客観的に正当なものとして広く理解され、形而上学の真理を絶対的な正解のあるものと認識させた画期的な哲学。

問8　傍線部(5)「彼（女）」とあるが、ここではどのような人物のことか。その説明として最も適当なものを、次の①～⑤の中か

せることが必要となる。

④　「人間になる」ためには、世界には自分の生き方について何ら参考にできる知識がないことを知った上で、自分の生き方を模索することが必要となる。

⑤　「人間になる」ためには、自然科学が導き出す答えに優位性があることを忘れずに、形而上の問題についても考究することが必要となる。

問6　傍線部⑶「二元世界」とあるが、ここではどのような世界のことか。その説明として最も適当なものを、次の①～⑤の中から一つ選びなさい。解答番号は、 11 。　（配点6点）

①　限界をもつことで一つに決まる正解をもつ自然科学と、自分の人生を納得して生きるために必要な、多様な答えをもつ人文学を融合させたあいまいな世界。

②　絶対的な正解があり信憑性のある科学的な認識と、多様な答えをもち、そのそれぞれの答えに優劣をつけることができない形而上の認識が双方向に関係する世界。

③　真理を求めて考察することで一つの正解を導くことができる自然科学と、それしかないと判断できない答えのなさを特徴とする人文学が重なり合う世界。

④　一つの正解しか認めない学校が普及させる認識と、内面性や真理に関する知の一切を各人に委ねる倫理の認識とを一致させることに戸惑う世界。

⑤　形而下の問題について客観的な一つの正解が存在するとしながら、形而上の問題については答えを求めて思考しても

え方として優れていると考えているから。

② 科学技術への応用範囲が広い自然科学は政治的な支えを得やすく、多くの人は、理念や真理を探究する人文学よりも生産性が高いと考えているから。

③ 身体的な快不快や心理的な喜怒哀楽といった法則性をもたない人文学よりも、普遍的な法則を見いだせる自然科学の方が信用できると多くの人は考えているから。

④ 形而下の現象についての法則を確立する自然科学の方が、精神のレベルを含めたすべてについての法則を見いだす人文学より理解しやすいと多くの人は考えているから。

⑤ 形而上の問題を扱う人文学よりも、形而下の問題を扱う自然科学の方が、学校教育の中で時間と労力を費やしてきた結果を活用できると多くの人は考えているから。

問5 傍線部(2)「『人間になる』」とあるが、そのためにはどのようなことが必要となると筆者は考えているか。最も適当なものを、次の①～⑤の中から一つ選びなさい。解答番号は、10。　（配点6点）

① 「人間になる」ためには、世界には形而上の問題と形而下の問題の両方があることを知り、その一方の認識を深めることが必要となる。

② 「人間になる」ためには、世の中の同一の基準で測ることができない問題について、一つ一つ別々の基準で考えることが必要となる。

③ 「人間になる」ためには、形而下の問題の考察だけでなく、世の中の様々な価値を理解するために自分の目を洗練さ

問3 傍線部X・Yの語の意味として最も適当なものを、次の各群の①～⑤の中からそれぞれ一つずつ選びなさい。解答番号は、7・8。

(配点4点)

X 敷衍 7

① おし広げること
② 根拠を求めること
③ 生み出すこと
④ 精通させること
⑤ 委ねること

Y 淘汰 8

① 時間の流れの中であらゆるものが純化されていくこと
② 状況に合わせて進化に必要なものが抜け落ちること
③ 進化の過程の中でそれまでの性質を一掃すること
④ 人知を超えた力によって性質をふるい分けること
⑤ 優れたもの、良いものを取り不要なものを捨てること

問4 傍線部(1)「人文学よりも自然科学に期待する人が多いようである」とあるが、それはなぜだと筆者は考えているか。その説明として最も適当なものを、次の①～⑤の中から一つ選びなさい。解答番号は、9。

(配点5点)

① 自然科学は政治の大きな後押しを得ており、多くの人は、一定の基準で測ることができず正解のない人文学よりも考

A　4

① 即効性
② 流動性
③ 信頼性
④ 利便性
⑤ 確実性

B　5

① 積極的
② 社会的
③ 恣意的
④ 本質的
⑤ 強制的

C　6

① 絶対性をもつ
② 明瞭には見えない
③ 整合性を欠く
④ 集団性に帰属する
⑤ 他者との共有を必要とする

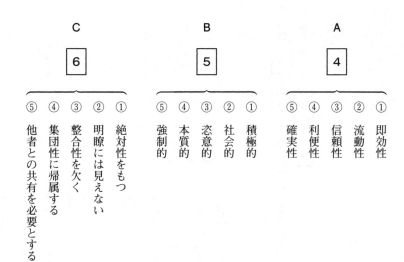

(イ)　ソボク　2

①　絵のソヨウがある。
②　企みをソシする。
③　必要なソチを取る。
④　ビルのテイソ式を行う。
⑤　ソエンになった友

(ウ)　シンニュウ　3

①　シンゲン地の調査を行う。
②　成績フシンにおちいる。
③　文化的なシンリャクが問題になる。
④　シンサの結果を待つ。
⑤　医師のシンダンを聞く。

問2　空欄 A ～ C を補うのに最も適当なものを、次の各群の①～⑤の中からそれぞれ一つずつ選びなさい。
解答番号は、4 ～ 6 。　(配点6点)

に、同様に魅力を感じる他の人々にも出会うであろう。そうするなかで彼（女）はそのイデオロギーが「一般性」（普遍性よりも小さな集合、様々な一般性が考えられる）をもつことを知るのである。だが厳密に思考することがない人間にとっては、この一般性と普遍性の境目は C 。一般性を拡張することで普遍性へと転化しうるように思われる。そうした期待をもって、同じように考える人がもっと増えることを願うであろう。

（須藤孝也『人間になるということ――キルケゴールから現代へ』による。）

問1 傍線部(ア)〜(ウ)と同じ漢字を含む熟語を、次の各群の①〜⑤の中からそれぞれ一つずつ選びなさい。解答番号は、 1 〜 3 。　（配点6点）

(ア) シンテン 1

① 書類をメールにテンプする。
② テンラン会に出品する。
③ 燃料をジュウテンする。
④ きらびやかなゴテンに暮らす。
⑤ 新しい薬局のテンポを建設する。

も意味や価値をめぐる形而上学の問題は残存する。意味や価値が不在のままで人は何かをすることができないから。当然問いに対応した「答え」が必要となる。

そうした状況のなか、この貧困と無秩序の空間に自然科学を原型とする世界観が(ウ)シンニュウしてくるという事態が生じる。ここに立ち現れるのが(4)自然主義である。自然主義は、物質の原理を精神の領域にX敷衍《ふえん》し、自己保存や種の保存、様々な能力の増大と繁栄を目的とするものとして精神を理解し、それに価値や意味を見いだす。こうして「答え」のない状況、あるいは多様な答えがあるという形而上学の状況は一つの答えがある状況へと変わる。

この自然主義は、形而上学の特殊な一つの形態であるにすぎないのにもかかわらず、自然科学がもつと考えられる普遍性を自らにも認めることで、その他の形而上学よりも客観的に正当なものとして自らを理解する。自然をどう理解するのかによって自然主義にも様々な形態がありうるが、時にそれは自然Y淘汰《とうた》の原理に立脚しつつ、あらゆる問題を力（時に暴力となる）によって解決しようとすることもある。

他方、相対主義的に解された形而上学の空間において、何らかのイデオロギーが採用されることもある（ここでは、首尾一貫性や一般的に事実と認識されるものとの整合性を欠くために、形而上学として認め得ないものをイデオロギーと呼ぶ）。相対主義では、絶対的に正しいと言えるような一つの形而上学は確定できないと考えられる。だがこれは、いかなる形而上学も採用してはいけないということを意味しない。もちろんその他の形而上学とともにではあるが、様々な形而上学が採用可能と考えられるのである。誰もが形而上学的問題を抱えて生きている以上、当然、数ある形而上学のうちのいくつかは魅力的に見えることがある。だが形而上学として認めうるかどうかを精査するのは相当の考察を必要とする。多くの者はその作業を深めずに、イデオロギーを採用してしまう。もちろん(5)彼（女）はそのイデオロギーを客観的に絶対的に正しい真理と認めるがゆえにそれを採用するのではなく、とりあえず自分に限って、自分にとってのものとしてそれを採用することにする。だが彼（女）はそのイデオロギーる。他方、形而下の問題に関しては、科学的に「客観的に」一つの「正解」が存在すると考えている。多くの現代人が、この「一つの正解」と「答えのなさ／多様な答え」の(3)二元世界を生きているのではないか。

単独性、主体性、内面性、倫理、精神、人格、意味、価値、（形而上学の）真理、これらについて科学は問わないし、当然答えることもできない。科学は、そうした事柄に関する知の一切を各人に委ね、その上で活用されるのを待っている。活用の方法について科学は指定しない。人を救うために活用されようが、大量破壊兵器に活用されようが、科学は何も言わない。

だが科学的知見を活用するために必要な、価値や理念、真理といった形而上の問題について思索し、様々な考え方をたたかわせ、最善のものを見極め、それを社会的にシェアするという伝統がこの国にはない。形而上の問題については考えてもいいし、考えなくてもいい、考えた場合はどれでも自分が「好き」なものを選べばいいという状況ができあがっている。形而上の問題は「答えがない問題」であり、それに関しては「多様な考え方がある」、それが現在この国に生きる多くの人々にとっての「常識」であろう。正しさについて考究しないのだから、どれが正しいのか判定できるはずもない。間違った考えについても、それは間違っていると言えば「争い」になるから言わない。争いは単に関係の破断を意味するから、言わないでおく。この国の人々は、形而上学的には、絶対的に正しい一つの考え方があるとはせず、様々な考え方を並び立たせておく相対主義の立場に立っていると言えよう。

相対主義者は、絶対的な唯一の「真理」は存在しないと考えている。こうして彼らは「真理」や「誤謬《ごびゅう》」のことは気にせず、自分が好む考え方を何らのチェックもなしに採用する。そうして考え方が似た人々の集団に帰属し、そのなかで同語反復的に賛成し合い、イメージを膨らませていく。真理も非真理も存在しないのだから、自分たちが間違っているなどとは思いもしない。むしろ考えを共有する他者がいると安心する。

自然科学への(イ)**ソボク**な信頼と、形而上学の貧困ないし無秩序、これが現代の状況であろう。だが個人においても社会においてと形而下の問題の両方があることを知り、その上で科学が形而下の問題を扱うことを知り、それと同時に人文学に触れることによって形而上の問題についても認識を深めるのであれば理想的である。しかし後者についての関心と、それに割く時間と労力が減ってしまうとすれば、それは知的後退、あるいは少なくとも知的偏向と言わなければならない。

　自然科学は生産性が高いが、人文学は生産性が低いといった捉え方をする人も少なくないようだ。しかし自然科学が生み出すものと、人文学が生み出すものは、同一の基準で測ることができない。前者を図る基準で後者を図っても意味がないのである。人文学は、様々にありうる価値についての理解を深めるのに役立つ。様々な価値を見いだす私たちの目を洗練するのである。洗練されていない目は様々な価値を見落としているのであり、そうした目は人文学を学ぶことによって身につけるほかないのである。もし人文学の知がこの世界から消え去るとしたら、それはどんな世界であろうか。それは(2)「人間になる」ことがひどく困難になる世界であろう。厳密にはそのような世界はありえないだろうが、しかし、人間になろうと企てても、何ら参考にできる知が入手できないがために、その企てがほとんど(ア)**シンテン**しないような世界はありうる。ありうるどころか、現代世界はますますそちらの方に向かっている。

　現代に生きる多くの人々は、自然科学がある限界のもとにあることを忘れるのみならず、形而上の問題について考究する人文学の知にもほとんど精通していないため、形而上の知に関し信憑性《しんぴょうせい》を測ることが上手にできなくなっている。その結果、「一つに決まる正解」と「答えのなさ／多様な答え」との間で、混乱している人が少なくないように思われる。ここで言う「正解」は自然科学的な認識、社会科学的な認識、学校が普及させる認識を指し、「答え」は自分の人生を納得して生きるために必要な形而上学を指す。それに関し、これまでにどのような知が形づくられてきたのか知らない人々は、各々、偶然目にしたもののなかからよさそうなものを **B** に選び、採用する。真理を求めて思考し、それしかないと判断して選んでるわけではないから、他の人が他の選択肢を採用していても、優劣をつけることができない。そしてそれを「平和的解決」あるいは「寛容」だと解してい

国語

▲A 方 式▼

（六〇分）

一　次の文章は、須藤孝也『人間になるということ――キルケゴールから現代へ』の一部分である。これを読んで、後の問い（問1～9）に答えなさい。

現代では一般に、(1)人文学よりも自然科学に期待する人が多いようである。これに関しては、様々な電化製品など、学問としての科学よりも、それを商品に応用した科学技術が与える［A］によるところが大きいと思われる。いずれにしても自然科学は、商業や経済、軍事と連動しているから政治からも大きな後押しを得られる。身体的な快不快や、心理的な喜怒哀楽を超えたところで意味や価値について考え、理念や真理を探究する伝統に乏しい我が国では、とりわけ自然科学に期待する傾向が強くなる。

自然科学は形而下《けいじか》の諸事象について、普遍的に妥当する法則を見いだそうとするものである。だがこの法則はあくまで形而下の現象についての法則であって、精神のレベルを含めた世界で起きることすべてについての法則ではありえない。形而上の問題

解答編

英語

◀A方式（英語）▶

1 **解答** ⑴―②　⑵―①　⑶―④　⑷―①　⑸―③　⑹―②

解説　≪ヘアスタイルについての夫婦の会話≫

⑴Aが空所の前で「そろそろ美容院に行ったら」と言い，また空所の後で「そうじゃないけど，ちょっと長いよ」と言っているので，②の「どうして？　そんなにだらしない髪型に見える？」が最適。

⑵Aが空所の前で髪の長さを指摘し，また空所の後で「そんなに経った？驚いた」と言っているので，①の「そうだね。最後に髪を切ってから何カ月か経ったから」が最適。

⑶空所の後でAが「君は自分の誕生日パーティーに格好よくしたかったんだよね」と言っているので，④の「そうだよ。私の誕生日の前日だったからはっきり覚えてる」が答えとなる。①と③は your birthday，②は someone's birthday と言っているので合致しない。

⑷空所の後でBが「いい考えかもね。最近白髪があるから，隠せるかも」と応じているので，髪の色に関する提案をしているはずだと判断し，①の「やめておいたら。今の髪型がいいよ。でも染めてみたら」を選ぶ。

⑸Bが空所の前で白髪について触れ，さらに空所の後で「てっぺんのところ，でもほとんど気づかない」と応じているので，白髪がどこにあるかを尋ねているはずだと判断し，③「どこにあるの？　全然分からないよ」を選ぶ。

⑹Bが空所の前で「何色が似合うと思う？」と尋ね，さらに空所の後で「それで若返るかどうか分からないけど，やってみる」と応じているので，

年齢が若く見える染色を勧めているはずだと判断し，②の「明るい茶色はどう？　若く見えるよ」を選ぶ。take years off 〜「〜を若返らせる」

2 解答 (1)—② (2)—⑥ (3)—③ (4)—⑦ (5)—① (6)—⑤

解 説　全文の空所および解答上のポイントは以下の通り。

(1)⑦—③—⑤—①，⑥—④—②　replace「〜の代替となる」

(2)④—⑦—②，⑥—①—⑤—③　be dependent on 〜「〜に依存して」

(3)④—③—⑥—⑤，⑦—②—①　limit *A* to *B*「*A* を *B*（数量・範囲）に制限する」　those which 〜「〜するもの」　この those は代名詞で，既出の名詞 characters を受けている。if including は従属接続詞の後で主語＋動詞が分詞で置き換えられた形で，if we include の意味を表す。このような置き換えは if，though，when，while などの後でよく生じる。

(4)④—①—⑦—⑤，⑥—③—②　be traced（back）to 〜「起源が〜にさかのぼる」　When asked は When they were asked の主語と be 動詞が省略され，接続詞＋分詞の形になっている。(3)の〔解説〕も参照のこと。

(5)④—①—③，⑦—⑤—⑥—②　what は主格の関係代名詞で，「〜なもの」の意味を表す。matter は自動詞で「問題となる（＝be important)」の意味。what matters is *A* の形で「重要なのは *A* だ（＝The important thing is *A*)」の意味で用いられることが多い。

(6)③—①—⑥，⑦—⑤—④—②　get used to 〜「〜に慣れる」

3 解答 (1)—④ (2)—② (3)—① (4)—② (5)—① (6)—③ (7)—② (8)—① (9)—③ (10)—②

解 説　(1) what→that　関係代名詞 what は先行詞を含んで「〜なもの，こと」の意味を表すため，名詞の後にはこない。ここは an alternative plan を先行詞に取る主格の関係代名詞 that が適切。

「彼の当初の計画は同僚からの批判を受けたので，彼はより現実的で実践的と思える代替案を提示した」

(2) for→to　be related to 〜「〜に関連する」

「社会正義と環境に関連する現在の問題を考慮すると，企業の社会的責任を目指すその事業計画は今まで以上に強力だ」　なお，business case とは事業投資を行う理由や論理的根拠を示した書類のことである。

⑶ much→many　much は不可算名詞に用いる。後に続くのが可算名詞の複数形 primates なので，ここでは many を用いる。

「他の多くの霊長類と同様，ニホンザルは複雑な社会的交流を持つ集団で暮らしている」

⑷ casually→casual　名詞 encounters にかかるので，副詞 casually ではなく形容詞 casual を用いる。

「社会学は範囲の広い学問で，人と人との何気ない出会いから，異文化間の対立やグローバル化まで，あらゆるものを対象にしている」

⑸ not→no　it is no wonder that ～「～なのは当然だ」

「彼が優勝したのも当然だ。過去数カ月で彼は別人になったから」

⑹ protect→protection　動詞 give の目的語であり，形容詞 extra の後に来るため，動詞 protect ではなく名詞 protection を用いる。

「世界保健機関は，世界の貧しい人々に2回のワクチン接種を供給する方が，裕福な国の人々にさらなる保護を与えるより重要だと述べた」

⑺ which→that　in that ～「～という点で」 このように形容詞 different と呼応し，*A* is different from *B* in that ～「*A* は～という点で *B* と異なる」という形で用いられることがある。

「北極が南極と根本的に異なるのは，前者が凍った海であるのに対して，後者は大陸であるという点においてである」

⑻ has→have　主語 Wind and water は複数扱いとなる。

「風と水は景観に強い影響を与える。なぜならそれらは絶えず土壌と，岩さえも浸食しているからだ」

⑼ opposing→opposed　as opposed to ～「～とは対照的に」

「言語学者は，大人の話者を真似ることで言語を学ぶことに比して，どの程度子どもに生まれつきの言語的能力があるのかを議論してきた」

⑽ by→with　be concerned with ～「～を題材にしている」

「その著者のスパイ小説は，外的な動きよりむしろ登場人物の内的な感情を題材にしている」

4 解答　(1)—①　(2)—③　(3)—④　(4)—②

解説　(1)「集中しないと上手く行かないよ」に対して，①の「その通り。そのことを考えるのをやめて成り行きを見守るよ」は不適切。get *A* right「*A* を正しく行う，理解する」

(2)「今日はツボタさんが休みです。会議は中止しましょうか」に対して，③の「いえ，彼に電話しないでください。彼は今日出勤していないはずです」は不適切。call *A* off「*A* を中止する」

(3)「車を借りたいだって？　もってのほかだ」に対して，④の「なら，どんな質問をすればいいと言うんだ」は不適切。out of the question「もってのほかだ，到底許されない」

(4)「今食べようか，それとも待った方がいいかい」に対して，②の「いい考えだ。両方ともやろう」は，この場合両方同時に行えることではないので不適切。prefer to *do*「～する方を好む」

5 解答

Ⅰ．(1)—①　(2)—②　(3)—④　(4)—①　(5)—②

Ⅱ．(1)—②　(2)—①　(3)—①　(4)—③　(5)—④

Ⅲ．とはいえ，このことで日本のもの全てに対する興味関心が失われたわけではなかった。

解説　≪日英の王室の交流の歴史≫

Ⅰ．(1)①「皇太子たちは，父への贈り物として，平凡な観光市場でティーセットを買った」

第１段第２文（This encounter wasn't …）に「皇太子たちは，観光市場で父への贈り物に金属製のティーポットとカップを買った」とあるので，①が止解。ここで，「この出会いは…最も豪華なものではなかった」とあるので，土産物を買ったのが common tourist market だったという記述は適切である。

②「日本を訪問する前に，10 代の皇太子たちは入れ墨をしたが，それは日本では違法だった」

第２段最終文（It has been …）に「日本では様々な時代に入れ墨は違法だった」という記述はあるものの，皇太子たちが訪問した当時に違法だったとは言及されていない。

③「イギリスと日本の長く友好的な関係は，彼らの訪問の結果終わった」
第1段第2文の後半（but it was symbolic … two countries.）に「それは両国の長く複雑な交流を象徴していた」とあることに一致しない。
④「2人の皇太子は，天皇の代理として鳥や龍，虎の贈り物を与えられた」
第1段最終文（While they were …）にある通り，鳥や龍，虎は皇太子たちの入れ墨の柄であるから誤り。
⑵①「王室の収集品を初めて展示したことで，あらゆる種類の日本の芸術に対する興味の流行が始まった」
イギリスでの日本に対する興味は昔からずっとあった，という第3段（The sense of …）の記述に一致しない。
②「地理的な距離と，芸術品を手に入れることの難しさによって，日本の芸術はいっそう魅力的になった」
第3段第1文（The sense of …）の「遠く離れ，望ましく，そして手に入れがたいという感覚が，西洋における日本の芸術や文化，事物への魅了の鍵である」という記述に一致する。よって②が正解。
③「日本の芸術に対する包括的な調査が西洋ではしばしば行われ，その結果が出版されてきた」
本文中に記述なし。
④「書道や着物，彫刻といった形の日本の芸術は，外交官によって西洋に導入された」
第3段最終文（While it is …）に「展示には書道や着物はなく…」という記述があり，これらが外交官によってもたらされたという根拠は本文中に記述されていない。
⑶①「鎖国によって甲冑をヨーロッパに売る日本人もおり，それによって大変裕福になる商人もいた」
本文中に記述なし。
②「鎖国は200年も続いたので，イギリス人の日本の芸術に対する興味は完全に失われた」
第4段第2文（Not that this …）に「鎖国によって日本のもの全てに対する興味関心が失われたわけではなかった」とあることに一致しない。
③「西洋での関心は中国文化に移行し，その芸術作品がオランダによって

海外にもたらされた」
本文中に記述なし。
④「人々はますます日本の芸術に対して関心を持つようになり，どうにかして芸術作品を獲得し続けた」
第 4 段第 3 文（If anything, the …）に「日本の鎖国によって，日本製品はますます流行して追い求められるようになり，中国やオランダの商人を通じて，王室は磁器や漆製品を集め続けた」とあることに一致する。よって④が正解。if anything「それどころか」 all the＋比較級「その分ますます～」 be sought after←seek after ～「～を追い求める」
⑷①「両国は相互訪問を再開し，第二次世界大戦によって訪問はいっそう容易になった」
第 4 段最終文（The breakdown caused …）に「第二次世界大戦によって生じた決裂は…1950 年代に回復された」とあるので，第二次世界大戦自体は両国の関係を悪化させたことが分かる。よって，これに矛盾するため，①が正解となる。
②「英国王室の訪問によって，西洋での日本の芸術に対する意識が高まった」
第 4 段第 4 文（The reopening of …）の「日本の開国によって，王室間の訪問が促進され，西洋での日本の芸術に対する評価と理解が深まった」という記述に一致する。
③「日本の天皇が新女王に贈り物をしたことは，両国の関係が改善する助けとなった」
第 4 段最終文（The breakdown caused …）の中で「裕仁天皇が新女王の戴冠式に贈り物をしたことが，第二次世界大戦による決裂を回復する助けとなった」という記述があるので一致する。
④「戦中と終戦直後を除けば，イギリスと日本は良い関係にあった」
第 4 段および本文全体の記述に一致している。
⑸①「そこで展示されている個々の事物は，王室の一員という形でデザインされた」
本文中に記述なし。
②「展示されている事物は，通常多くの異なる場所に保管されており，一緒には見られない」

第3段第2文（It is shown …）に「これは王室のコレクションの中で日本の芸術作品だけを集めた展示で，そのために女王のギャラリーが特別に再設計された」とあるので，普段は日本の芸術作品だけを集めているわけではないと判断できる。よって②が正解。

③「15の事物が集められたが，他の多くがまだ発見されていない」

本文中に記述なし。

④「王室関係の複雑さによって，これらの事物の大半が変化し続けている」

本文中に記述なし。

be dedicated to～「～専用の」 redesign「～を再設計する」

Ⅱ．(1) encounter「出会い」

(2) respected「尊敬される」

(3) shortly「まもなく，すぐに」

(4) attempt「試み」

(5) exquisite「美しく精巧な」

Ⅲ．Not that～「だからといって～というわけではない」はIt's not that～のIt'sが省略された形と考えられ，前文に対する訂正や補足説明を表す。put an end to～「～に終止符を打つ」

6 解答

Ⅰ．(1)―④　(2)―②　(3)―①　(4)―③　(5)―①

Ⅱ．(1)―③　(2)―④　(3)―①　(4)―②　(5)―②

Ⅲ．ストーンヘンジの建設には，ゆうに2000万時間はかかったと見積もられている。

解説　≪ストーンヘンジの起源≫

Ⅰ．(1)①「古代ブリトン人は，過去4600年にわたってその場所について書き，議論してきた」

該当する記述なし。

②「歴史家によれば，ストーンヘンジの建造を完了するには100万年以上かかった」

第3段最終文（It's been estimated …）に「ストーンヘンジの建造には2000万時間以上かかった」という記述はあるが，100万年以上かかったとは記述されていない。

③「石は巨大なパズルを形成するよう形作られており，誰もまだ解けていない」
該当する記述なし。
④「長い年月が経った後でも，人々はいまだにこの場所に驚嘆し，その目的に思いを巡らせる」
第1段第2文（The great stone …）に「ソールズベリー平原にあるその巨大な石の円は，人に畏怖の念を抱かせ，また魅了してきただけでなく，文字記録を持たなかった古代ブリトン人が建造して以来約4600年にわたって激しい議論を呼んできた」とあることに一致する。よって④が正解。
awe「畏怖の念」 marvel at ～「～に驚嘆する」
(2)①「木製の柱は，ブルーストーンが3回動かされた後でそれを置き換えるために使われた」
第3段第2文（A complicated pattern …）の記述から，木製の柱とブルーストーンの用いられた順序が逆であるので誤り。
②「大きい石は，木製の柱とブルーストーンの後で最後に載せられた」
第3段第2文に「複雑なパターンの木製の柱が，紀元前2600年頃にウェールズ産の80のブルーストーンに置き換えられ，それが数百年後に大きい方の石が加えられた後で，少なくとも3回再配列された」とあることに一致する。よって②が正解。bluestoneとは建築用の青または灰色の石材を指す。
③「マーリンが建造を始め，それが後にアイルランドの巨人とデーン人によって完成された」
第2段（The monument's mysterious …）に記述されているストーンヘンジの建造に関する2つの民俗伝承が混同されている。そもそも，第2段の記述はあくまで伝承であり，本文で事実とはみなされていない。
④「まず石の円が作られたが，それらは後にローマの寺院を作るために建て直された」
第2段最終文（Another legend says …）の後半にRoman templeという語句が登場するが，あくまで「その遺跡である」という仮説にすぎないので，一致しない。
(3)①「いくつかの石が太陽や月と一直線をなすようであり，それは特別な儀式のためかもしれない」

第4段第1文（Modern debate over …）に「ストーンヘンジの意義に関する議論には2つの陣営があり，神聖な場所と見るか，科学的観察の場と考えるかに分かれる」とあり，続く第2文（Both camps base …）には「両派閥とも説の根拠をストーンヘンジの天文学的影響に求め，太陽や月と一直線をなしていることを，季節の移り変わりや夏至，冬至に結びつく儀式の根拠と見ている」とある。よって，①がこれらの記述に合致している。なお文法的なポイントとしては，第2文の with alignments to the sun and moon taken as evidence … は付帯状況の with を用いた構文になっており，with *A*＋分詞の形で「*A* が～の状態で」の意味を表す。

②「星は特定の石の間を不規則なパターンで動くように見えたので，人々は星を信仰した」

該当する記述なし。

③「ストーンヘンジには2つのキャンプ場があり，古代の人々が特別な休日によくそこへ出かけたことを示唆している」

camp「派閥，陣営」という語の意味を取り違えている。

④「ストーンヘンジの建設者たちは，特別な日のために，時折太陽や月と一直線をなすように石を動かした」

該当する記述なし。

astronomical「天文学的な」 alignment to ～「～と一直線をなすこと」 take *A* as *B*「*A* を *B* とみなす」 ritual「儀式」 summer / winter solstice「夏至／冬至」

(4)①「小さい方のブルーストーンは，どういうわけか魔法の力でそこに移動し，優れた治癒力をもたらした」

第5段第4文（This idea revolves …）に，ブルーストーンが西ウェールズから145マイルも魔法の力で移動したという信仰に関する記述があるが，これはあくまで伝承であり，本文で事実とはみなされていない。

②「ストーンヘンジの水は，今日のルルドで起こっているのと同じく，古代の人々が病を克服するために飲んだのかもしれない」

第5段第4文の記述から，ストーンヘンジで魔法の治癒力があると考えられたのはブルーストーンであり水ではない。

③「変形した骨を持ついくつかの骨格が2008年に発見されたが，それはそうした人々が治癒を求めてそこに行ったのかもしれないと示唆してい

る」

第 5 段第 3 文（Stonehenge may also …）に「ストーンヘンジも（フランスのルルド同様）癒やしの場所となったのかもしれない」とあり，続く第 4 文（This idea revolves …）に「研究者によれば，小さい方のブルーストーンが魔法の力を持つと信じられていたにちがいない」とある。さらに，同段最終文（Work at Stonehenge …）に「ダービルの共同指揮による 2008 年のストーンヘンジ調査もその仮説を支持したが，それはその地域で骨の変形の兆候を示す青銅器時代の遺骨が出土したことに依拠している」とあるから，③がこれらの記述に合致していると判断できる。

④「ストーンヘンジの巨石がぐるぐる回転するとき，病気の人々は自分の問題が消え失せたことが分かる」

本文中に記述なし。

skeleton「骨格」 deformity「変形」 deform「～を変形させる」

(5)①「ストーンヘンジは，アボン川によって結ばれた，生と死を表す 2 つの場所のうちの一つだったと考えている」

第 6 段第 2 文（Discoveries by the …）に「パーカー=ピアソンの研究チームの発見によると，ストーンヘンジはアボン川と 2 本の儀式的な通りによって，ダーリントン・ウォールズ近くの対応する木製のサークルと結ばれている」とあり，続く同段最終文（The two circles …）に「2 つのサークルはその一時的な，また永続的な構造によって，それぞれ生者と死者の領域を表していた」とあるので，①が一致する。

②「ストーンヘンジは孤独な場所であってはならず，木と石の両方で建てる必要があると考えている」

最終段第 1 文（“Stonehenge isn't a …）の「ストーンヘンジは孤立したモニュメントではない」とは，続く第 2 文（“It is actually …）の「石製と木製，2 つのペアの片方だ」という仮説についての話である。

③「ストーンヘンジは，実は先史時代のジグソーパズルであり，石を正しい配置に並べる必要があると考えている」

本文中に記述なし。

④「ストーンヘンジはナショナル・ジオグラフィック協会が建造したものであり，協会が計画全体の費用を支出したと考えている」

該当する記述なし。

Ⅱ．(1) rank「(～に) 位置する」

(2) assemble「～を集める」

下線部のある文（According to folklore, …）に記述されているように，ストーンヘンジは魔法使いのマーリンが，魔法でアイルランドから集めた巨石から造ったと言われているが，この巨石は同地で巨人たちによって集められたものである。下線部の次の them は巨石を指す。巨人がストーンヘンジを造ったわけではない。

(3) fieldwork「実地調査」

(4) reflect「～を反映する」

(5) power「～を動かす」

Ⅲ．it is estimated that ～「～と見積もられている」の it は形式主語で，that 節が真の主語。it takes *A* to *do*「～するのに *A*（時間）がかかる」の it も形式主語。well「かなり，十分に」強調の用法。

7　解答

(1) brought up　(2) leave, open　(3) reason for
(4) give, try　(5) put, together　(6) quite easy

解説　(1) bring up「～を育てる」

(2) leave *A B*「*A* を *B* のままにする」

(3) reason for ～「～の理由」

(4) give it a try「やってみる，挑戦する」

(5) put *A* together「*A* を組み立てる」

(6) quite「かなり，まあまあ」

8　解答

㋐ fed　㋑ chosen　㋒ surprise　㋓ for　㋔ what
㋕ shut　㋖ offered　㋗ lonely　㋘ pointed

解説　㋐ feed「～に食事を与える」 過去分詞は fed。

㋒ with surprise「驚いて」 with＋抽象名詞は副詞の意味。

㋓ cry for ～「～を（大声を上げて）求める」

㋔このwhat は関係代名詞で，動詞 told の目的語となる名詞節を作る。

㋕ shut *A* in *B*「*A*（人など）を *B*（場所）に閉じ込める」

㋖ offer *A B*／*B* to *A*「*A* に *B* を提供する」

㋘ point to ～「～を指し示す」

◀A方式(英語リスニング)▶

解答　(1)―④　(2)―③　(3)―④　(4)―①　(5)―④　(6)―④　(7)―③　(8)―①　(9)―②　(10)―③　(11)―②　(12)―③　(13)―①　(14)―①　(15)―②

解 説　(1)「昆虫は結局何で捕まえられたか」
最後から2番目の文（Then my son …）で「息子がティッシュで捕まえてトイレに流した」と言っているので，④が正解。with は「～を使って」という「道具」の意味を表す。

(2)「“逆さまの虹”が本当の虹とはみなされないのはなぜか」
最終文（Unlike rainbows, where …）で「虹は太陽光が雨粒によって方向を変えるが，それとは異なり，逆さまの虹は光が雲の中の氷の結晶によって変わる」と言っているので，③が正解。unlike「～とは異なり」raindrop「雨粒」 upside-down「上下逆さまの」 crystal「結晶」

(3)「乗客が避けるべきことは何か」
第6文（Please don't push …）で「運転士に直接話しかけないでください」と言っているので，④が正解。avoid *doing*「～するのを避ける」

(4)「話し手は誰が一番悪いと言っているか」
最終文（If I were …）で「妻の病気のことで誰かに怒るとすれば，妻に睡眠薬を与えた医師だ。高山病に睡眠薬は最悪だ」と言っているので，①が正解。blame「～を非難する」 be mad at ～「～に対して激怒する」

(5)「話し手によれば，レストランは事業を継続するためにどんなサービスを提供しているか」
第2文（For instance, some …）で「アメリカのレストランの中には，客に会員権を提供し始めたところもある」と言っているので，④が正解。stay in business「持ちこたえる，事業を継続する」 membership「会員権」

(6)「話し手が警察に止められたのはなぜか」
最終文（They told me …）で「荷物を放置してはいけないと警察に言われた」と言っているので，④が正解。leave *A* by *oneself*「*A* を放っておく」

(7)「話し手によれば，企業の人々が最も望んでいるものは何か」
第5文（It turns out …）で「人々は昇給よりも尊重されることを望んでいると分かった」，続く第6文（They also prefer …）で「また学習の機会よりもそれを好んだ」と言っているので，③が正解。prefer *A* to *B*「*B* より *A* を好む」
(8)「キャクストンは大半の著書をどの言語で出版したか」
第5文（In fact, 68％ …）で「彼の著書のうち68％が英語で出版された」と言っているので，①が正解。
(9)「ボビーが注文する可能性が最も高いのは何か」
ボビーが2番目の発言で「グリーンカレーのチキン添えがここの一番人気だけど，辛い料理はそこまで好きじゃない」と言っていたが，その後最後の発言で「辛いのにしよう。この店のスペシャリティを試さないのはいやだな」と言っているので，②が正解。be crazy about ～「～が大好きで」
(10)「フレッドが自転車通勤で一番困っていることは何か」
フレッドが最後の発言で「僕の家があるあたりは坂が多いんだ。家に帰る途中に上るのが大変な坂がある」と言っているので，③が正解。on *one's* way (back) home「～が家に帰る途中に」
(11)「話し手によれば，カカオ豆はチョコレートを作る上でどのように調理されるか」
話し手（【S】）が3番目の発言で「納豆を作るときと同じで豆を発酵させ，次に乾燥させ，そして焙煎する」と言っているので，②が正解。ferment「～を発酵させる」 roast「～を焙煎する」
(12)「女性は何についてのプレゼンをしようとしているか」
女性が最後の発言で「鉛筆ホルダーについて書こうと思っている」と言っているので，③が正解。
(13)「大半の鍵っ子が怖がっていたのはどんなことか」
男性が4番目の発言で「彼らは怖がっていた？」と尋ね，続く5番目の発言で「家に一人でいることだよ」と言うと，話し手が「たいていの子はそうだったね」と答えているので，①が正解。latchkey kid「鍵っ子」
(14)「スーは恐竜を見つけたことで，いくらもらったか」
女性が3番目の発言で「彼女は骨を見つけたことで何ももらわなかった」と言っているので，①が正解。

⒂「フランス人がカツラを着け始めたのはなぜか」

男性が3番目の発言で「フランス人がカツラを着け始めたのは，ルイ13世が若くして禿頭になったときだ」と言い，続いて5番目の発言で，女性の質問に答えて「そう，同情と尊敬の念からだ」と説明しているので，②が正解。bald「禿げた」 sympathy「同情」 sympathetic「同情的な」

◀M3・M2方式▶

1

解答　(1)—④　(2)—③　(3)—①　(4)—②　(5)—①　(6)—②

解説　≪空港での来客とホストの対話≫

(1)空所の後のAの発言に That's good to hear.「それは良かったです」とあるので，④「全て順調でした。ここに来られて良かったです」が正解。

(2)Aが空所の前で「荷物はそれだけですか」と尋ね，さらに空所の後で Me too.「私もです」と言っているので，空所のBの発言としては③の「この小さいのだけです。旅は身軽な方がいいですから」が最適。①の「まだケースを2つ待っています」だと，来客を迎える側のAが「私もです」と応じていることに矛盾する。

(3)空所の後でAが「ホテルへお連れして，その後休憩していただいてから私たちの会社へお越しください」と，今後の行き先を案内しているので，①の「いえ，大丈夫です。まずどちらへ向かいますか」が最適。

(4)Bが空所の前で「会社はホテルから遠いのですか」と尋ね，さらに空所の後で「完璧です。疲れた足を動かすのにちょうどいい距離です」と言っているので，その間にあるAの発言としては②の「いいえ，近いですよ。歩いてほんの10～15分です」が最適。

(5)Bが空所の前で「疲れた足を動かすのにちょうどいい距離です」と言っており，また空所の後で「ええ，準備できています」と言っているので，その間にあるAの発言としては①の「ええ，飛行機に乗った後でまだ少々体がこわばっているでしょう。行きましょうか」が最適。

(6)Bが空所の前で「大阪は初めてなので，街を少し観光できるのを楽しみにしています」と言っており，また空所の後で「それは素晴らしい」と言っているので，その間にあるAの発言としては②の「あなたがこの街を観光する時間を作ってあげられますよ」が最適。

2　解答　(1)—②　(2)—①　(3)—③　(4)—⑥　(5)—⑤　(6)—④

解説　全文の空所および解答上のポイントは以下の通り。

(1)⑤—②—⑦—③，⑥—①—④　be said to *do*「～すると言われている」

(2)②—⑥—③，⑤—⑦—①—④　up to～「最大～まで」

(3)③—⑥—⑤—②，⑦—①—④　greenhouse effect gas「温室効果ガス」

(4)⑤—⑦—②，④—①—③—⑥　as / so＋原級＋as～「～と同じぐらい…」

(5)②—①—④，⑥—⑤—⑦—③　前置詞byは「～の差で」の意味を表し，比較級や増減を表す語句と共に用いられる。英語では，分数は序数を用いて表す。3分の1はa / one third，3分の2は「3分の1が2つ」でtwo thirdsとなる。ただし，2分の1（half）と4分の1，4分の3（a quarter，three quarters）は例外。

(6)⑦—③—⑥—②，⑤—④—①　go＋形容詞（補語）の表現。「形容詞が表すある状態に進行する」という意味となる。

3　解答　(1)—①　(2)—③　(3)—②　(4)—①　(5)—①　(6)—④　(7)—③　(8)—①　(9)—③　(10)—②　(11)—①

解説　(1) utilize→utilizing　前置詞ofの目的語なので，動名詞にする。

「エネルギーを生み出すために太陽光を活用するという考えは決して新しいものではなく，最初に提案されたのは1世紀以上も前である」

(2) great→greatly　動詞varyを修飾するので，形容詞greatではなく副詞greatlyを用いる。

「人間の気分はかなり変わりやすい。日ごとにだけではなく，時間ごとにさえ大きく変わりうる」

(3) as→for　for～reason(s)「～の理由で」

「その地域の環境は2つの理由で破壊され続ける。過剰な耕作と気温上昇だ」

(4) what→which　関係代名詞whatは先行詞を取らない。名詞Oil paintを修飾する関係詞が必要だが，カンマを用いる非制限用法であるからthatは使えず，whichのみが答えとなる。

「油絵は，オランダの画家ヤン=ファン=エイクによって発明されたものであり，ルネサンス期のヨーロッパですぐに受け入れられて広まった」

(5) getting→gaining　gain weight「体重が増える」

「体重が増えるのを避けるために，彼は毎朝駅まで3キロ歩くのを習慣にしている」

(6) any→no　in no time (at all)「あっという間に」

「彼が改訂したレポートを持って戻ってくるのがあまりに速いので驚いた。まさにあっという間に書き直した」

(7) has→have　対応する主語の both of which は複数。

「カズオ=イシグロは『日の名残り』や『わたしを離さないで』などの小説で有名であり，どちらの小説も映画化されて成功している」

(8) birth→born　be born in ～「～年の生まれである」 ここでは過去分詞が Rinzo Mamiya を後置修飾している。Rinzo Mamiya, who was born … の関係代名詞と be 動詞が省略された形と考えればよい。

「間宮林蔵は1775年に農家の子として生まれ，日本の北部を探索することで地理学に多大な貢献をした」

(9) from→by　determined 以下は受動態の分詞構文になっている。受動態の動作の主体を表す前置詞は by。

「人の挨拶の仕方は文化ごとに異なり，宗教や人との適切な距離，性別役割などによって決まる」

(10) recognize→be recognized　to 不定詞の意味上の主語 Japanese literature は認知される側なので，受動態にする。

「日本文学が世界的に認知されるのは簡単ではないが，数多くの優れた翻訳家の恩恵を受けてきた」

(11) estimates→is estimated　It is estimated that ～「～と見積もられている」

「火山の噴火が直撃したとき，その地域の4分の3以上が破壊されたと見積もられている」

4　解答　(1)―④　(2)―③　(3)―①　(4)―②

解説　(1)「デイビッド=スミス？　聞いたことがありません」に対して，④の「もし彼がもう少し大きな声で話せば，助けになりますか」は不適。

hear of ～「～のことを（うわさなどで）聞く」

(2)「あのトラックどいてくれないかな。あそこに駐車したいんだけど」に対する答えとして，③は，特定のトラックである that truck ではなくて trucks という一般的なトラックにすりかえて答えていることから4つのなかでは最も不適。

(3)「お探しの場所は，角の銀行のすぐ隣ですよ」に対して，①の「全然正しくありません。銀行はその隣でしょう」は不適切。right は副詞で「すぐ，まさに」の意味。

(4)「5時か，その少し後までに私が来ないと問題ですか」に対して，②の「正直に言うとそうです。代わりに5時以降に来てもらえますか」では，Aの申し出で問題ないことになり不適切。

5 解答

Ⅰ．(1)―④　(2)―②　(3)―①　(4)―③　(5)―②

Ⅱ．(1)―②　(2)―①　(3)―①　(4)―④　(5)―③

解説　≪イギリス人のアイデンティティ≫

Ⅰ．(1)①「イギリス人のボックスにチェックする人のほうがイングランド人のボックスにチェックする人より多かったが，…」

第2段最終文（Only 46 percent …）に「全部で46％しか『イギリス人』にチェックを付けず，『イングランド人』の51％より少なかった」とあることに矛盾する。tick「～にチェックを付ける」

②「イギリス人のボックスにチェックする人のほうがイングランド人のボックスにチェックする人より多く，イギリス人であることがより重要だということを示していた」

第2段最終文（Only 46 percent …）に一致しない。

③「どれか一つのボックスにでもわざわざチェックしようとする人は少なかったので，人々の考えについて実際にはっきりしたことはなかった」

第2段の記述に一致しない。

④「イギリス人の大多数は，『イギリス人』であることが自分のアイデンティティの最も重要な部分だと感じてはいなかった」

第2段最終文（Only 46 percent …）の記述から，「イギリス人」であるという自己認識は大半の国民にとって重要ではないことが分かるため，④が正解。

(2)①「イギリス人は，他人が自分の国を代表しているのを見るのが好きではない」
第3段最終文（They do not …）に「イギリス人は，自分自身が自国を代表しているように感じたくはない」という記述はあるが，他人がそうすることについてどう感じるかの記述はない。represent「～を代表する」
②「イギリス人は，自分の国に対する感情をあまりおおっぴらにすることを好まない」
第3段第3文（The answer is …）に「イギリス人はふつう積極的に愛国的ではない」と端的に述べられ，続く第4・5文（They often feel … representing their country.）で「彼らは他国の人との会話で，国の代表者のように扱われるのは好まない」と述べられていることに一致する。よって②が正解。patriotic「愛国的な」
③「イギリス人は，イギリス人であることを誇りに思わなければ，愛国心があるとは言えないと感じている」
該当する記述なし。
④「イギリス人は，自国の政府に対してあまり快く思っていない」
該当する記述なし。
(3)①「イギリス人であることが，その話題への興味を増すことにつながるのではないかと心配する人が多い」
該当する記述はないので，これが正解。
②「新たな多文化共生のイギリス社会において，皆が共通の価値観を見つけることが必要だ」
第4段第3文（Perhaps it reflects …）の「それ（イギリスらしさへの関心の増大）は多文化共生社会における共通の価値観を見出す必要を反映しているのかもしれない」に一致する。
③「イギリスがある日崩壊することもあり得るので，その言葉を定義することが重要だ」
第4段最終文（Perhaps it is …）の「イギリスが実際にバラバラになることへの恐怖を反映しているのかもしれない」という記述に一致する。
④「イギリスの世界に対する影響は減っているので，人々は自分のアイデンティティを考える必要がある」
第4段最終文の「それは，イギリスが昔に比べて，はるかに小さい影響し

か他国に及ぼしていない，という認識を反映しているのかもしれない」という記述に一致する。multicultural「多文化共存の」 break up「バラバラになる」

(4)①「すでに国民の祝日が多すぎるので，さらにもう一つ作ることにほとんど意味がない」

第 5 段最終文（(There is actually …）の後半に「公の祝日は，イギリスにとても少ないものの一つだ」とあることに一致しない。

②「かつてはそうした日があったが，イギリスの全地域のための特別な国民の日に置き換えられた」

該当する記述なし。

③「人々は自分のアイデンティティを確実なものだと感じているので，自らのイギリス人らしさを宣言する必要はないと感じている」

第 5 段第 3 文（When in 2006, …）に「政府がイギリス国民の日を設けることを提示したとき，多くの人は鼻で笑った。そうした日がないことこそがイギリスらしさの象徴であり，国旗を振るばかげた日が必要なのは歴史の浅い不安定な国民だけだ」と述べられていることに一致する。よって③が正解。scoff at ～「～を鼻で笑う」 bother with ～「～に手をわずらわす」 rubbish「くだらないこと」

④「イギリス人は自分を個人とはみなしていないので，集団的な国民の祝日は不必要に思える」

該当する記述なし。

(5)①「大半のイギリス人は自分を見下しており，ユーモアはこれを強化する」

該当する記述なし。

②「ユーモアは日常生活や社会的交流に不可欠であり，特に自分に向けられるときはそうである」

最終段（In Britain, you …）においてイギリスにおけるユーモアが論じられており，第 4 文（It is just …）に「(ユーモアは）日々の話し方だ」とある。そして，第 7・8 文（And if the … is highly prized.）で「自分をだしにしたジョークならなお良い。自分を笑い飛ばす力が称賛される」と述べられているので，②が正解だと判断できる。at *one's* expense「～を（冗談の）だしにして」

③「ユーモアがあることは知性の表れであるため，人々は自分がいかに賢いかを見せるためにジョークを言う」
該当する記述なし。
④「ユーモアのある人々はこのことで良い給料をもらうので，ジョークを言うことは裕福になるための良い方法だ」
該当する記述なし。
Ⅱ．⑴ respondent「（アンケート調査などの）回答者」
⑵ explosion「爆発的増大」
⑶ stable「安定した」
⑷ cling to ～「～に固執する」
⑸ insignificant「重要でない」

6 解答

Ⅰ．(1)―④　(2)―①　(3)―②　(4)―③　(5)―②
Ⅱ．(1)―④　(2)―②　(3)―①　(4)―③　(5)―①

解説　≪フランシスコ=ピサロの生涯≫

Ⅰ．⑴①「両親とも上流階級の家庭出身だったが，お金はほとんど持っていなかった」
第1段第3文（He was the …）の「父ゴンサロは軍人，母フランシスカはメイドだった」という記述に一致しない。
②「父は軍人と結婚したが，母は後にメイドになった」
男性である父 Gonzalo が軍人であるから，「父は軍人と結婚した」は誤りである。
③「家族の豚もメイドも，一度も読み書きを教わらなかった」
該当する記述なし。
④「両親はピサロの子供時代の教育や生育に興味がなかった」
第1段第4文（Sadly, neither of …）に「両親はピサロをあまり世話しなかった」とあり，続く第5文（Young Pizarro did …）に「幼いピサロは十分な教育を受けず，読み書きもできなかった」とあることに一致する。よって④が正解。neither of ～「～のどちらも…ない」 give *A* attention「*A* の世話をする」 upbringing「生育」
⑵①「ヨーロッパを出た後で，彼はカリブ海へ，そしてそこから南アメリカへ行った」

第２段第１文（Pizarro's army career …）に「ピサロの軍隊生活はまずイタリアに始まり，後にカリブ海へ移った」とあり，続く第２文（In 1510 he …）に「1510 年に南アメリカの植民地への遠征に参加した」とあるので，①がこれに一致する。expedition「遠征」 colony「植民地」

②「彼はカリブ海を出てイタリアへ向かい，そしてそこへ戻り，コロンビアへ戻った」

イタリアとカリブ海の順序が逆で，後半は記述がない。

③「彼はパナマで名を上げ，そしてヨーロッパへ戻ってからペルーへ行った」

ピサロがヨーロッパに戻ったという記述はない。

④「イタリアで戦闘技術を学んだ後で，彼はヨーロッパで新しい植民地を立ち上げようとした」

該当する記述なし。

⑶①「インカ人はスペイン人と戦うのをやめて，内戦を始めた」

第３段の記述から，逆に内戦をしているところにスペイン人が来て，戦いが始まったのである。civil war「内戦」

②「インカ人は権力を争って，内輪で戦いをしていた」

第３段第２文（They found that …）に「(ピサロとエルナンド=デ=ソトは）彼らが内戦のただ中にあることを知った」とあることに一致する。よって②が正解。

③「スペイン人は，インカの指導者によってキリスト教に改宗させられていた」

第３段第５文（The Spanish tried …）に「スペイン人はアタワルパをキリスト教に改宗させようとした」とあり，スペイン人は改宗させられた側ではない。

④「エルナンド=デ=ソトは，アタワルパに加勢してピサロの軍隊と戦った」

第３段第１文（Fellow explorer Hernando …）より，エルナンド=デ=ソトが加わったのはピサロの部隊であるため誤り。

⑷①「キリスト教を受け入れることを強行に拒んでいたので，彼はインカの指導者によって殺された」

第３段第９文（Despite the Inca …）の記述から，アタワルパはインカの指導者ではなくピサロに殺されたので，誤り。
②「ピサロはアタワルパを投獄したので，そこから出てスペイン人のために財宝を集めなければならなかった」
該当する記述なし。
③「ピサロはアタワルパを捕らえ，そしてその解放と引き換えに大量の金や財宝を要求した」
第3段第7文（Pizarro and his …）に「ピサロらはインカ軍を破り，インカの指導者を捕らえた」とあり，続く第8文（Pizarro demanded they …）に「アタワルパの解放と引き換えにすべての金や財宝を差し出すよう要求した」とあることに一致する。よって③が正解。demand「～を要求する」 freedom「(囚人・奴隷の) 解放，釈放」
④「ピサロはアタワルパをクスコへと追い，そこで戦いが起こり，アタワルパとその軍隊は死んだ」
第3段第10文（The Inca armies …）の記述から，インカ軍がクスコに退いたのはアタワルパの処刑の後であるため，時系列が一致しない。
(5)①「私たちは今ピサロのしたことを誇りに思っているが，彼はそう感じておらず，自らの行いを悔いていた」
該当する記述なし。
②「彼の成し遂げたことは顕著であったが，その結果は南アメリカの民族にとってはとても悪いものだった」
最終段第4文（While this was …）に「今日では，私たちは（ピサロの行いは）すべての文化を一掃した不幸な出来事だったと理解している」とあり，続く第5文（The enslavements and …）で「奴隷化やスペイン由来の伝染病によって，数十年の間に土着の人口は数百万人減った」とあることに一致する。よって②が正解。wipe out ～「～を一掃する」 enslavement「奴隷化」
③「ピサロはスペインから新しい薬をもたらし，インカの人々の多くを病気から救うことに成功した」
最終段第5文の記述から，ピサロは疫病をもたらしてインカ人の命を奪った側であるため誤り。
④「彼はインカの首都をリマからカハマルカに変え，そうしてカハマルカをペルー全土で最も重要な都市にした」

第3段第4文（Atahualpa finally agreed …）にある通り，カハマルカはピサロとアタワルパが会合した場所であり，また最終段最終文（The city Lima, …）にある通り，リマが今日のペルーの首都であるため，一致しない。

Ⅱ．(1) grand「壮大な」

(2) request「～を要求する」 sought は seek「～を求める」の過去形。

(3) take *A* over「*A* の支配権を握る」

(4) hold「支配力」

(5) over the course of ～「～の期間に」

7 解答

Ⅰ．(1)―③　(2)―②　(3)―③　(4)―①　(5)―③

Ⅱ．(1)―②　(2)―④　(3)―①　(4)―③　(5)―②

解 説　≪言語学とは何か≫

Ⅰ．(1)①「部外者とは，流暢なアメリカ英語を理解しない人のことだと考えてよい」本文中に記述なし。

②「部外者だけが，人間言語を人間との意思疎通の手段としている」本文中に記述なし。

③「部外者とは，いかなる人間言語も持たない種のメンバーのことである」第1段第5・6文（It does make … least one language.）の記述から，筆者は insiders を人間（言語を話す存在）と定義していることが分かる。そして，後の同段最終文（This puts us …）で「人間は，outsiders なら理解に苦労する多くのことを当然のこととする特権を得ている」と述べているから，outsiders の定義は「人間の言葉を話さない存在」だと分かる。これらの記述から③が正解だと判断できる。take *A* for granted「*A* を当然だとみなす」 第1段最終文では，*A* にあたるのが so much that … であり，目的語が長いので後置されている。

④「部外者だけが，他の人間が言語を特権的な方法で使う方法をはっきり観察できる」

第1段最終文の記述から，人間言語を観察する上での「特権」とは自らも言語を用いることであるため一致しない。

(2)①「彼らはみな，人間言語に似ているが異なる意味を持っている，ある種の言語を用いる」

様々な生物が人間言語に似た言語を持っている，という本文中の記述はない。
②「鳥は，他の鳥にこの場所を自分のためだけに選んだと伝える方法として，鳴き声を用いる」
第２段第２文（We know, for …）に「多くの鳥がさえずるのは，一つには縄張りを確保するためだ」とあることに一致する。よって②が正解。
③「ミツバチは，他の群れのハチが食料を保管している場所を，同じ群れの他のハチに伝えることができる」
第２段第２文に，ミツバチは食料源の場所を巣の他のハチに伝えるとあるが，「他の群れが保管する食料の場所」を伝えるとは言及されていない。
④「科学者は人間以外の種と意思疎通できるように，様々な人間言語を用いる」
様々な種類の生物についての質問であるので，科学者についての言及は不適。
(3)①「コマドリの活動の季節は秋に限られる」
本文中に記述なし。
②「他の鳥と違って，その鳴き声は縄張りを確保することを目的にしていない」
本文中に記述なし。
③「その鳴き声は，人間の発話と同様にいくつかのフレーズに分割できる」
第２段第５文（Its song is …）に「ヨーロッパコマドリの鳴き声はフレーズに分割され，平均１～２秒続き，それぞれ次のフレーズと異なる」とあることに一致する。よって③が正解。divide *A* into *B*「*A* を *B* に分割する」
④「その鳴き声の各フレーズは，既知の人間言語の意味に対応している」
本文中に記述なし。
(4)①「彼らはやがて，常に互いに話しあっているので，ホモ・サピエンスは意思疎通を多くしていることを理解するだろう」
第３段第５文（They will find …）に「(宇宙人は) 人間が一緒にいると，静かでいることはめったにないと知るだろう」とある。続く第６文（Our alien scientists …）に「宇宙人科学者は，これが意思疎通だとすぐには分からないかもしれない」とあるものの，さらに続く第7・8文（Think how long … have this insight.）では「宇宙人には，人間が鳥の鳴き声の要点を掴んだのと同じような洞察力があると考えてみよう」と述べられているから，筆者は宇宙人に，人間は音声でコミュニケーションをとっていると理解する能力があるという仮定に基づいて論を進めていることが分かる。よって①が正解である。rarely「めったに～ない」 assume「～だと仮定する」 insight「洞察，理解」

②「人間が多種の言語を理解する場合と違って，彼らは人間の意思疎通の方法を理解するのに長い時間がかかるかもしれない」

第3段第7文（Think how long …）に，人間が鳥の鳴き声を理解するのに長い時間がかかったという記述があるため，前半部分が誤り。

③「もし彼らが，人間の言葉は意思疎通のために使われると理解したら，その記録を取ることはできないだろう」

第3段最終文（How would they …）で，筆者は宇宙人が人間の言葉を記録するという想定をしているため，一致しない。

④「彼らは意思疎通において違う波長を用いているので，人間の発話をまったく聞き取れないかもしれない」

第3段第4文（But suppose that …）で，筆者は「宇宙人は人間に近い可聴周波数の範囲で互いに意思疎通しているので，少なくとも人間の言っていることを聞き取れる」と仮定しているので一致しない。

(5)①「息継ぎやためらいの短い休止を除くと，発話は切れ目ない音の流れに聞こえるかもしれない」

最終段第4・5文（Try, if in … among smaller units.）で「全く未知の言語を聞くと，呼吸やためらいの際の中断はあるが，より小さなまとまりの区分は聞き分けられない」とあるものの，an undivided flow of sounds「途切れない音の流れ」として認識しているわけではないため誤り。どこが区分（最小単位）なのかはわからないが，そういう区切れはあることはわかっているのである。同段第7文（It seems then …）の記述より，人間言語を途切れない音の流れと認識するのは部外者（宇宙人）である。

②「例えば three や oranges のような単語は聞き分けられるかもしれないが，その語の意味は特定できないだろう」

最終段の趣旨は，第1文（To us, as …）にある通り，「人間であれば，発話には単語が含まれることは知っている」というものであるが，同段第6文（Therefore, even though …）の記述にあるように，その言語の知識がなければ，単語がどこで始まってどこで終わるかを聞き取ることはできないので誤り。

③「ある音は『言語』であり，別の音はそうでないことは理解できるだろう。何しろ人間はみな部内者だから」

最終段第9・10文（The blessing of … are not ‘language’.）に，「部内者（人間）であることの恩恵は，少なくとも『言語』である音とそうでない音があることを知っていることだ」とあることに一致する。

④「彼らにとって，言語の最小の単位は単語ではなく文かもしれず，これが正確な理解を難しくしている」

最終段第6文（Therefore, even though …）に「そういった（単語のような）単位は存在していたとしても，単位の始まりと終わりがわからない」ということが述べられているので，単語が単位だったとしても理解は難しいことに変わりはないので誤り。

Ⅱ. ⑴ uniquely「他のものと違って，独特に」

⑵ thrilled「わくわくして」

⑶ grasp「～を理解する」

⑷ clue「手がかり」

⑸ interminable「果てしなく続く」　in-（打消）＋terminate「～を終わらせる」＋-ble「～しうる」

日本史

◀A　方　式▶

1　解答　≪古代～近代の日本の歴史書≫

問1．③　問2．⑤　問3．③　問4．③　問5．③　問6．②
問7．④　問8．③　問9．②　問10．⑤　問11．②　問12．④
問13．④　問14．①　問15．④　問16．①　問17．④　問18．④

2　解答　≪遣隋使と遣唐使≫

問1．②　問2．①　問3．②　問4．③　問5．①　問6．③
問7．④

3　解答　≪源平の争乱と鎌倉時代初期の政治≫

問1．③　問2．②　問3．④　問4．①　問5．④　問6．③
問7．③

4　解答　≪江戸時代の文化≫

問1．②　問2．⑤　問3．②　問4．①　問5．③　問6．②
問7．⑤

5　解答　≪幕末～明治時代初期の政治・社会・文化≫

問1．②　問2．③　問3．②　問4．①　問5．④　問6．④
問7．①　問8．③　問9．⑤　問10．②　問11．④

◀M３・M２方式▶

1　解答　≪島津氏と薩摩藩の歴史≫

問１．③　問２．⑤　問３．③　問４．②　問５．②　問６．⑤
問７．①　問８．④　問９．⑤　問10．②　問11．①　問12．③
問13．④　問14．⑦　問15．②　問16．①　問17．④　問18．③

2　解答　≪天平文化≫

問１．③　問２．④　問３．③　問４．①　問５．④　問６．①
問７．②

3　解答　≪室町時代の産業≫

問１．②　問２．③　問３．④　問４．①　問５．④　問６．②
問７．⑥

4　解答　≪江戸時代後期の蝦夷地≫

問１．①　問２．⑤　問３．④　問４．⑤　問５．④　問６．③
問７．①

5　解答　≪桂園時代と大正の政変≫

問１．①　問２．③　問３．①　問４．④　問５．②　問６．③
問７．④　問８．②　問９．⑤　問10．③　問11．④

世界史

◀A　方　式▶

1　解答　≪占星術の歴史≫

1―⑤　2―④　3―①　4―③　5―③　6―②　7―②　8―②
9―③　10―①　11―⑤　12―④　13―②

2　解答　≪宋代の中国の歴史≫

14―④　15―⑤　16―②　17―④　18―③　19―④　20―③　21―③
22―③　23―①　24―①　25―②

3　解答　≪女性の歴史≫

26―③　27―②　28―②　29―⑤　30―④　31―①　32―①　33―②
34―③　35―④　36―②　37―④

4　解答　≪ウクライナの歴史≫

38―⑥　39―③　40―①　41―④　42―③　43―①　44―⑤　45―②
46―②　47―⑤　48―⑥　49―②　50―③

◀M３・M２方式▶

1　解答　≪東南アジアの歴史≫

1—②　2—④　3—①　4—④　5—③　6—④　7—①　8—①
9—②　10—⑤　11—③　12—③　13—②　14—④

2　解答　≪大航海時代とアメリカ大陸の歴史≫

15—②　16—⑤　17—③　18—④　19—①　20—④　21—②　22—⑤
23—③　24—④　25—④　26—①

3　解答　≪18世紀末～19世紀のヨーロッパの文化≫

27—⑤　28—④　29—①　30—④　31—②　32—③　33—④　34—⑤
35—②　36—④　37—②　38—①　39—③　40—①

4　解答　≪清末の中国の歴史≫

41—⑤　42—③　43—③　44—②　45—④　46—①　47—⑤　48—⑤
49—③　50—⑤　51—①

数学

◀A　方　式▶

1　解答　≪小問 3 問≫

1 —⑤　2 —⑧　3 —⑦　4 —③

2　解答　≪2 次関数≫

5 —⑧　6 —⑨　7 —②

3　解答　≪図形と計量≫

8 —④　9 —⑧　10—④

4　解答　≪確　率≫

11—⑦　12—⑧　13—⑧

5　解答　≪図形の性質≫

14—⑧　15—①　16—③

6　解答　≪整数の性質≫

17—⑨　18—①　19—①

◀M３・M２方式▶

1 解答 ≪小問３問≫

1 —⑧　2 —⑦　3 —⑩　4 —①

2 解答 ≪２次関数≫

5 —⑧　6 —①　7 —⑨

3 解答 ≪図形と計量≫

8 —①　9 —⑥　10—⑤

4 解答 ≪確　率≫

11—③　12—⑧　13—⑩

5 解答 ≪図形の性質≫

14—⑤　15—②　16—⑨

6 解答 ≪整数の性質≫

17—③　18—④　19—④

（第十段落）というのが筆者の説明であるから、⑤が正解である。「権利と福祉」を道徳的地位の具体例として示しているのは、第十一段落の内容からである。

問8　傍線部の「それ」とは、次の段落によれば「自分で動き回り、臨機応変な判断を下すことのできる存在」のことであるが、それはまさに人間のことである。「人間一人を育て、一人前にする」ことよりもコストをかけ、「責任を引き受ける覚悟」も必要となるのに、それでも「人間にできることを行う人工物」を開発する必要があるのか、というのが筆者の考えである。これらをまとめた③が正解。①は「責任」について言及していないので不適。

問9　①は第一段落に反するので不適。むしろロボット開発は「手段」であり、究極目標は「人間」の「解明」であると言う人もいる。②は第五段落に合致するので正解。③は第十段落に反するので不適。④は第九段落にあるように将来的に「うまく進展して」いったときの問題で「喫緊の課題」ではないので不適。⑤は本文には書かれていない内容なので不適。

問6　③
問7　⑤
問8　③
問9　②

解説　問4　第四段落の最後のところに「『心のある（動かない）コンピューター』のイメージは、……時代遅れ」で、「『動き回るボディを持たないものには、心は必要ない』という結論に到達している」とある。これらの内容に合致しているのが③。

問5　傍線部と同じ第六段落では「動き回っていろんな未知の環境に入り込み、何か困ったことに出会う可能性」があってこそ「心」が必要である、とされ、固定されたコンピューターには「自分で動いて……能力などは無用」とされる。これに合った選択肢は⑤。

問6　傍線部の「それ」は、直前にあるように「心のあるものを実際に作」ることは、さまざまな研究者が集まっても難しいという課題のことである。その課題に「加えてもう一つ考えておかねばならない問題」とは、次の段落にある「また新たな難問が浮上します。それが、このような存在の道徳的地位の問題です」である。以上の二つの点をまとめた③が正解。傍線部と同じ段落の「人間の心についての探究と、人間的ロボットの研究開発は、互いに連携して進められるべきである」については、「考えなければならないことは言うまでもありません」と、まったく問題視しておらず、当然のこととされているので、「もう一つ考えておかねばならない問題」に言及するための前置きであり、「問題」そのものではない。

問7　「こうした存在」とは、「実際に心ある人造人間としてのロボット」（第九段落）のことで、それは「人間に近い存在」（第十段落）と筆者は表現している。したがって、選択肢はロボットを「人間に近い存在」としているものが正解となり、①・⑤がそれに該当する。さらに「人間と同等ないしそれに近い道徳的地位を与えなければならない」

は「感性を司る」と書かれているので、傍線部の二つ後の文の「好き、嫌い」などの感性は「情報として共有するのが難しい」ということもわかる。これらのことを含んだ説明として④が正解。

問7　第七段落に「学生は知識を学びに大学に来る必要はない……いまの時代に……わからないことは何かを知るために、そして自分と異なる個性を持った人との出会いを通して……適切な問いを立てなければ見えてこない」とある。また第九段落末尾に「大学教育で学んだ学生は……新しい社会や世界を作っていかねばならない。大学はその可能性を広げる場である」とある。これらをまとめた①が正解。

問8　直前が手がかり。「人間関係」の「複雑な感情が働いている」状況を「敏感に察知し、人間の倫理や文化のルールに従って行動する」ために必要なものであるので、③が正解。

問9　①は第二段落に反するため不適。②は第四段落に合致するので正解。③は第六段落に反するので不適。④は第九段落に「大学の教員は常に自分の学問分野の広がりと深さについて熟知し」ている必要があると書いているので、「既存の知識ではなく」は当てはまらないし、「教員」ではなく「研究者」としての自負なので不適。⑤は最終段落の趣旨とずれるので不適。

二

出典　稲葉振一郎『銀河帝国は必要か？　ロボットと人類の未来』〈第一章　なぜロボットが問題になるのか？〉（ちくまプリマー新書）

解答

問1　(ア)―①　(イ)―③　(ウ)―①

問2　A―⑧　B―⑦　C―④　D―⑤

問3　X―②　Y―⑤

問4　③

問5　⑤

▲M3・M2方式▼

一

出典 山極寿一『京大というジャングルでゴリラ学者が考えたこと』〈第六章 これからの大学教育を模索〉（朝日新書）

解答

問1 (ア)―③ (イ)―② (ウ)―②
問2 A―⑧ B―② C―⑤
問3 X―③ Y―⑤
問4 ④
問5 ①
問6 ④
問7 ①
問8 ③
問9 ②

解説 問4 第一・三段落の内容をまとめた④が正解。

問5 次の段落の冒頭の「その理由は『言語』の登場にある」、そして後半の「150年前の電話の発明、40年前のインターネットの登場」「スマホ」「デジタル社会」などに注目。また同じ第五段落の最後に「記憶する事柄が減り、考える必要も薄れて、人間の脳はその容量を小さくし始めたのではないだろうか」と筆者の考えが示されている。以上をまとめた①が正解。④は記憶について言及しておらず、「考える必要」ではなく「費やす時間」とする点も不適。

問6 傍線部の直前に「情報革命によって置き去りにされた」とあるが、それが「意識」であり、第四段落には「意識」

つつ、北海道から沖縄県までの閉じられた空間を前提として」、アイヌや沖縄の人々を「少数派で例外的」とみなし、「マジョリティに属するという安心感をもとうとした」日本人により「思い描かれた一種の幻想」（第四段落）である。そのことをまとめた⑤が正解。

問6　第三段落の最後に「多様性に配慮しているようにみえるが」「植民地の支配や外地への進出を正当化するために都合よく参照された」とあり、これらをまとめた②が正解。

問7　「実体を付与する」という言葉は、直後に「観察や実証が不可能な抽象的な特性によって『日本人』に実体が与えられている」と言い換えられている。あるいは、第一段落に「民族は不変の属性であるかのように本質主義的に実体化され」とある。つまり、本来は個人個人多様であるはずなのに一括りに「日本人」として呼ばれ、そこに何らかの共通する具体的な特性を当てはめることが「実体を付与する」ということである。したがって、④が正解。①「証明する」が不適。②「いくつもの日本文化論を比較検討することで」「判断する」のではない。③「国家を通して語」るのではなく、日本文化論を通じて理解されてきた。⑤日本人の特性が「本質として備わ」っているのではないので不適。

問8　①「日本社会に不可欠」とは言えない。②「古代からずっと他者に対して非寛容な思考をもつ日本の文化」とは書かれていない。④「他者への非寛容に通じる思考」が「人間一般に存在する普遍的なもの」とは言えない。⑤「戦前の軍国主義の時代に発達した特異な考え」が「長らく多くの日本人を励ましてきた」とは書かれていない。したがって③が正解。

問9　歴史的・政治的に民族のとらえ方は変化してきたというのが筆者の主張なので①は不適。②の「科学的に実証」が第五段落に不適。③は第六段落にあるように「安易に結び付けることは適切ではない」のであって「無関係」とまでは言えないので不適。④は第七段落に「現代でも社会分析としての意義を失っていない」とはあるが、「現代日本の全ての事象を考える際に示唆を与えるものである」とまでは言えないので不適。⑤は第九段落に合致。

問8 直後にあるように、イデオロギーを「とりあえず自分に限って、自分にとってのものとして」採用する人のことであり、そして、自分と「同じように考える人がもっと増えることを願う」人のことである。これらに合致する⑤が正解。

問9 ①は第二段落に合致。②は第五段落に合致。③は第六段落に合致。④の「相対主義」は第六段落にあるように「多様な考え方」を容認する考えなので、一つの「考え方以外は採用しない」は不適。⑤は第十一段落に合致。

二

出典 飯高伸五「第二章 『日本人』を問い直す 多様性に寛容な社会にむけて」（宮岡真央子ほか編『日本で学ぶ文化人類学』昭和堂）

解答

問1 (ア)―③ (イ)―② (ウ)―④
問2 A―⑤ B―① C―② D―⑦
問3 X―③ Y―⑤
問4 ④
問5 ⑤
問6 ②
問7 ④
問8 ③
問9 ⑤

解説 問4 「構築されたもの」とは、〝つくられたもの〟という意味である。「民族」を「後天的に取得した属性」とする④が正解。⑤も「生まれた」とする点が「構築」の意味と近いが、「なおかつ」「地域と国家との関係」が不適切。

問5 単一民族説は、「戦後」の「文化的自画像」であり（第三段落）、「外地を喪失した日本は、外地との関係を忘却し生産性が低いといった捉え方をする人も少なくないようだ」とが理由。これらの要素が含まれている②が正解。

問5　直前を見ると、「人間になる」ためには「目を洗練する」ことが必要で、そのためには「様々にありうる価値についての理解を深める」「人文学を学ぶことによって身につけるほかない」と書かれている。自然科学は形而下の問題を扱う学問なので、それだけを身につけても「人間になる」ことはできない。これらのことを指摘しているのは③のみ。

問6　一般に「二元」とは、物事が二つの異なる原理で出来ていることなので、この場合の「二元」とは、形而下の問題は科学的に客観的に一つの正解があると捉え、形而上の問題は第六段落にあるように「答えがない問題」として捉えるという二つの異なる考え方のことである。現代人は、そうした二つの矛盾した考え方で生きているというのが筆者の認識である。①「融合させた」が不適。②「双方向に関係する」という内容が不明。③「重なり合う」のではなく離反しているので不適。④「一致させることに戸惑う」とあるが、一致させようとはしないで「混乱している」（第四段落）ので不適。⑤「としながら」という接続表現が、矛盾した二つの捉え方を的確に説明しているので正解。

問7　第八段落にあるように現代は「形而上学の貧困ないし無秩序」の状況にある。しかし、「意味や価値が不在のままで人は何かをすることができないから」、「答え」が必要となるので、それに対する答えとして出てきたのが「自然主義」である。それは「自然科学を原型とする世界観」であり、精神を「自己保存や種の保存、様々な能力の増大と繁栄を目的とするものとして」理解し、その目的を達成するところに「価値や意味を見いだす」考え方である。つまりは、「形而上学の特殊な一つの形態であるにすぎない」（第十段落）。にもかかわらず、「自然科学を原型とする世界観」なので、「その他の形而上学よりも客観的に正当なものとして自らを理解」している。これらのことを述べている①が正解。②「自然科学の問題に置き換えて」いるわけではない。③「自然科学の原理に立脚してあらゆる問題を力によって解決することを第一とする」のではない。④「相対主義を強力にさせる」のではない。⑤「画期的な哲学」とするのが形而上学を重視する本文の趣旨と異なる。

国語

▲A方式▼

一

出典　須藤孝也『人間になるということ——キルケゴールから現代へ』〈第四章　キルケゴールから現代へ〉（以文社）

解答

問1　(ア)—②　(イ)—①　(ウ)—③
問2　A—④　B—③　C—②
問3　X—①　Y—⑤
問4　②
問5　③
問6　⑤
問7　①
問8　⑤
問9　④

解説

問4　第一段落の「自然科学は、……政治からも大きな後押しを得られ」「理念や真理を探究する伝統に乏しい我が国では、とりわけ自然科学に期待する傾向が強くなる」と、第三段落の「自然科学は生産性が高いが、人文学は

/////////////////// · memo · //////////////////

/////////////////// · memo · ///////////////////

/////////////////// · memo · ///////////////////

· memo ·

· memo ·

/////////////////// · memo · ///////////////////

教学社 刊行一覧

2025年版 大学赤本シリーズ

374大学556点
全都道府県を網羅

国公立大学（都道府県順）

全国の書店で取り扱っています。店頭にない場合は，お取り寄せができます。

1 北海道大学(文系－前期日程)
2 北海道大学(理系－前期日程) 医
3 北海道大学(後期日程)
4 旭川医科大学(医学部〈医学科〉) 医
5 小樽商科大学
6 帯広畜産大学
7 北海道教育大学
8 室蘭工業大学／北見工業大学
9 釧路公立大学
10 公立千歳科学技術大学
11 公立はこだて未来大学 総推
12 札幌医科大学(医学部) 医
13 弘前大学 医
14 岩手大学
15 岩手県立大学・盛岡短期大学部・宮古短期大学部
16 東北大学(文系－前期日程)
17 東北大学(理系－前期日程) 医
18 東北大学(後期日程)
19 宮城教育大学
20 宮城大学
21 秋田大学 医
22 秋田県立大学
23 国際教養大学 総推
24 山形大学 医
25 福島大学
26 会津大学
27 福島県立医科大学(医・保健科学部) 医
28 茨城大学(文系)
29 茨城大学(理系)
30 筑波大学(推薦入試) 医 総推
31 筑波大学(文系－前期日程)
32 筑波大学(理系－前期日程) 医
33 筑波大学(後期日程)
34 宇都宮大学
35 群馬大学 医
36 群馬県立女子大学
37 高崎経済大学
38 前橋工科大学
39 埼玉大学(文系)
40 埼玉大学(理系)
41 千葉大学(文系－前期日程)
42 千葉大学(理系－前期日程) 医
43 千葉大学(後期日程) 医
44 東京大学(文科) DL
45 東京大学(理科) DL 医
46 お茶の水女子大学
47 電気通信大学
48 東京外国語大学 DL
49 東京海洋大学
50 東京科学大学(旧 東京工業大学)
51 東京科学大学(旧 東京医科歯科大学) 医
52 東京学芸大学
53 東京藝術大学
54 東京農工大学
55 一橋大学(前期日程)
56 一橋大学(後期日程)
57 東京都立大学(文系)
58 東京都立大学(理系)
59 横浜国立大学(文系)
60 横浜国立大学(理系)
61 横浜市立大学(国際教養・国際商・理・データサイエンス・医〈看護〉学部)
62 横浜市立大学(医学部〈医学科〉) 医
63 新潟大学(人文・教育〈文系〉・法・経済科・医〈看護〉・創生学部)
64 新潟大学(教育〈理系〉・理・医〈看護を除く〉・歯・工・農学部) 医
65 新潟県立大学
66 富山大学(文系)
67 富山大学(理系) 医
68 富山県立大学
69 金沢大学(文系)
70 金沢大学(理系) 医
71 福井大学(教育・医〈看護〉・工・国際地域学部)
72 福井大学(医学部〈医学科〉) 医
73 福井県立大学
74 山梨大学(教育・医〈看護〉・工・生命環境学部)
75 山梨大学(医学部〈医学科〉) 医
76 都留文科大学
77 信州大学(文系－前期日程)
78 信州大学(理系－前期日程) 医
79 信州大学(後期日程)
80 公立諏訪東京理科大学 総推
81 岐阜大学(前期日程) 医
82 岐阜大学(後期日程)
83 岐阜薬科大学
84 静岡大学(前期日程)
85 静岡大学(後期日程)
86 浜松医科大学(医学部〈医学科〉) 医
87 静岡県立大学
88 静岡文化芸術大学
89 名古屋大学(文系)
90 名古屋大学(理系) 医
91 愛知教育大学
92 名古屋工業大学
93 愛知県立大学
94 名古屋市立大学(経済・人文社会・芸術工・看護・総合生命理・データサイエンス学部)
95 名古屋市立大学(医学部〈医学科〉) 医
96 名古屋市立大学(薬学部)
97 三重大学(人文・教育・医〈看護〉学部)
98 三重大学(医〈医〉・工・生物資源学部) 医
99 滋賀大学
100 滋賀医科大学(医学部〈医学科〉) 医
101 滋賀県立大学
102 京都大学(文系)
103 京都大学(理系) 医
104 京都教育大学
105 京都工芸繊維大学
106 京都府立大学
107 京都府立医科大学(医学部〈医学科〉) 医
108 大阪大学(文系) DL
109 大阪大学(理系) 医
110 大阪教育大学
111 大阪公立大学(現代システム科学域〈文系〉・文・法・経済・商・看護・生活科〈居住環境・人間福祉〉学部－前期日程)
112 大阪公立大学(現代システム科学域〈理系〉・理・工・農・獣医・医・生活科〈食栄養〉学部－前期日程) 医
113 大阪公立大学(中期日程)
114 大阪公立大学(後期日程)
115 神戸大学(文系－前期日程)
116 神戸大学(理系－前期日程) 医
117 神戸大学(後期日程)
118 神戸市外国語大学 DL
119 兵庫県立大学(国際商経・社会情報科・看護学部)
120 兵庫県立大学(工・理・環境人間学部)
121 奈良教育大学／奈良県立大学
122 奈良女子大学
123 奈良県立医科大学(医学部〈医学科〉) 医
124 和歌山大学
125 和歌山県立医科大学(医・薬学部) 医
126 鳥取大学 医
127 公立鳥取環境大学
128 島根大学 医
129 岡山大学(文系)
130 岡山大学(理系) 医
131 岡山県立大学
132 広島大学(文系－前期日程)
133 広島大学(理系－前期日程) 医
134 広島大学(後期日程)
135 尾道市立大学 総推
136 県立広島大学
137 広島市立大学
138 福山市立大学 総推
139 山口大学(人文・教育〈文系〉・経済・医〈看護〉・国際総合科学部)
140 山口大学(教育〈理系〉・理・医〈看護を除く〉・工・農・共同獣医学部) 医
141 山陽小野田市立山口東京理科大学 総推
142 下関市立大学／山口県立大学
143 周南公立大学 新 総推
144 徳島大学 医
145 香川大学 医
146 愛媛大学 医
147 高知大学 医
148 高知工科大学
149 九州大学(文系－前期日程)
150 九州大学(理系－前期日程) 医
151 九州大学(後期日程)
152 九州工業大学
153 福岡教育大学
154 北九州市立大学
155 九州歯科大学
156 福岡県立大学／福岡女子大学
157 佐賀大学 医
158 長崎大学(多文化社会・教育〈文系〉・経済・医〈保健〉・環境科〈文系〉学部)
159 長崎大学(教育〈理系〉・医〈医〉・歯・薬・情報データ科・工・環境科〈理系〉・水産学部) 医
160 長崎県立大学 総推
161 熊本大学(文・教育・法・医〈看護〉学部・情報融合学環〈文系型〉)
162 熊本大学(理・医〈看護を除く〉・薬・工学部・情報融合学環〈理系型〉) 医
163 熊本県立大学
164 大分大学(教育・経済・医〈看護〉・理工・福祉健康科学部)
165 大分大学(医学部〈医・先進医療科学科〉) 医
166 宮崎大学(教育・医〈看護〉・工・農・地域資源創成学部)
167 宮崎大学(医学部〈医学科〉) 医
168 鹿児島大学(文系)
169 鹿児島大学(理系) 医
170 琉球大学 医

2025年版　大学赤本シリーズ

国公立大学 その他

- 171 〔国公立大〕医学部医学科 総合型選抜・学校推薦型選抜※ 医 総推
- 172 看護・医療系大学〈国公立 東日本〉※
- 173 看護・医療系大学〈国公立 中日本〉※
- 174 看護・医療系大学〈国公立 西日本〉※
- 175 海上保安大学校／気象大学校
- 176 航空保安大学校
- 177 国立看護大学校
- 178 防衛大学校 総推
- 179 防衛医科大学校（医学科） 医
- 180 防衛医科大学校（看護学科）

※No.171～174の収載大学は赤本ウェブサイト（http://akahon.net/）でご確認ください。

私立大学①

北海道の大学（50音順）

- 201 札幌大学
- 202 札幌学院大学
- 203 北星学園大学
- 204 北海学園大学
- 205 北海道医療大学
- 206 北海道科学大学
- 207 北海道武蔵女子大学・短期大学
- 208 酪農学園大学（獣医学群〈獣医学類〉）

東北の大学（50音順）

- 209 岩手医科大学（医・歯・薬学部） 医
- 210 仙台大学 総推
- 211 東北医科薬科大学（医・薬学部） 医
- 212 東北学院大学
- 213 東北工業大学
- 214 東北福祉大学
- 215 宮城学院女子大学 総推

関東の大学（50音順）

あ行（関東の大学）

- 216 青山学院大学（法・国際政治経済学部－個別学部日程）
- 217 青山学院大学（経済学部－個別学部日程）
- 218 青山学院大学（経営学部－個別学部日程）
- 219 青山学院大学（文・教育人間科学部－個別学部日程）
- 220 青山学院大学（総合文化政策・社会情報・地球社会共生・コミュニティ人間科学部－個別学部日程）
- 221 青山学院大学（理工学部－個別学部日程）
- 222 青山学院大学（全学部日程）
- 223 麻布大学（獣医、生命・環境科学部）
- 224 亜細亜大学
- 226 桜美林大学
- 227 大妻女子大学・短期大学部

か行（関東の大学）

- 228 学習院大学（法学部－コア試験）
- 229 学習院大学（経済学部－コア試験）
- 230 学習院大学（文学部－コア試験）
- 231 学習院大学（国際社会科学部－コア試験）
- 232 学習院大学（理学部－コア試験）
- 233 学習院女子大学
- 234 神奈川大学（給費生試験）
- 235 神奈川大学（一般入試）
- 236 神奈川工科大学
- 237 鎌倉女子大学・短期大学部
- 238 川村学園女子大学
- 239 神田外語大学
- 240 関東学院大学
- 241 北里大学（理学部）
- 242 北里大学（医学部） 医
- 243 北里大学（薬学部）
- 244 北里大学（看護・医療衛生学部）
- 245 北里大学（未来工・獣医・海洋生命科学部）
- 246 共立女子大学・短期大学
- 247 杏林大学（医学部） 医
- 248 杏林大学（保健学部）
- 249 群馬医療福祉大学・短期大学部
- 250 群馬パース大学 総推
- 251 慶應義塾大学（法学部）
- 252 慶應義塾大学（経済学部）
- 253 慶應義塾大学（商学部）
- 254 慶應義塾大学（文学部） 総推
- 255 慶應義塾大学（総合政策学部）
- 256 慶應義塾大学（環境情報学部）
- 257 慶應義塾大学（理工学部）
- 258 慶應義塾大学（医学部） 医
- 259 慶應義塾大学（薬学部）
- 260 慶應義塾大学（看護医療学部）
- 261 工学院大学
- 262 國學院大學
- 263 国際医療福祉大学 医
- 264 国際基督教大学
- 265 国士舘大学
- 266 駒澤大学（一般選抜T方式・S方式）
- 267 駒澤大学（全学部統一日程選抜）

さ行（関東の大学）

- 268 埼玉医科大学（医学部） 医
- 269 相模女子大学・短期大学部
- 270 産業能率大学
- 271 自治医科大学（医学部） 医
- 272 自治医科大学（看護学部）／東京慈恵会医科大学（医学部〈看護学科〉）
- 273 実践女子大学 総推
- 274 芝浦工業大学（前期日程）
- 275 芝浦工業大学（全学統一日程・後期日程）
- 276 十文字学園女子大学
- 277 淑徳大学
- 278 順天堂大学（医学部） 医
- 279 順天堂大学（スポーツ健康科・医療看護・保健看護・国際教養・保健医療・医療科・健康データサイエンス・薬学部） 総推
- 280 上智大学（神・文・総合人間科学部）
- 281 上智大学（法・経済学部）
- 282 上智大学（外国語・総合グローバル学部）
- 283 上智大学（理工学部）
- 284 上智大学（TEAPスコア利用方式）
- 285 湘南工科大学
- 286 昭和大学（医学部） 医
- 287 昭和大学（歯・薬・保健医療学部）
- 288 昭和女子大学
- 289 昭和薬科大学
- 290 女子栄養大学・短期大学部 総推
- 291 白百合女子大学
- 292 成蹊大学（法学部－A方式）
- 293 成蹊大学（経済・経営学部－A方式）
- 294 成蹊大学（文学部－A方式）
- 295 成蹊大学（理工学部－A方式）
- 296 成蹊大学（E方式・G方式・P方式）
- 297 成城大学（経済・社会イノベーション学部－A方式）
- 298 成城大学（文芸・法学部－A方式）
- 299 成城大学（S方式〈全学部統一選抜〉）
- 300 聖心女子大学
- 301 清泉女子大学
- 303 聖マリアンナ医科大学 医
- 304 聖路加国際大学（看護学部）
- 305 専修大学（スカラシップ・全国入試）
- 306 専修大学（前期入試〈学部個別入試〉）
- 307 専修大学（前期入試〈全学部入試・スカラシップ入試〉）

た行（関東の大学）

- 308 大正大学
- 309 大東文化大学
- 310 高崎健康福祉大学
- 311 拓殖大学
- 312 玉川大学
- 313 多摩美術大学
- 314 千葉工業大学
- 315 中央大学（法学部－学部別選抜）
- 316 中央大学（経済学部－学部別選抜）
- 317 中央大学（商学部－学部別選抜）
- 318 中央大学（文学部－学部別選抜）
- 319 中央大学（総合政策学部－学部別選抜）
- 320 中央大学（国際経営・国際情報学部－学部別選抜）
- 321 中央大学（理工学部－学部別選抜）
- 322 中央大学（5学部共通選抜）
- 323 中央学院大学
- 324 津田塾大学
- 325 帝京大学（薬・経済・法・文・外国語・教育・理工・医療技術・福岡医療技術学部）
- 326 帝京大学（医学部） 医
- 327 帝京科学大学 総推
- 328 帝京平成大学 総推
- 329 東海大学（医〈医〉学部を除く－一般選抜）
- 330 東海大学（文系・理系学部統一選抜）
- 331 東海大学（医学部〈医学科〉） 医
- 332 東京医科大学（医学部〈医学科〉） 医
- 333 東京家政大学・短期大学部 総推
- 334 東京経済大学
- 335 東京工科大学
- 336 東京工芸大学
- 337 東京国際大学
- 338 東京歯科大学
- 339 東京慈恵会医科大学（医学部〈医学科〉） 医
- 340 東京情報大学
- 341 東京女子大学
- 342 東京女子医科大学（医学部） 医
- 343 東京電機大学
- 344 東京都市大学
- 345 東京農業大学
- 346 東京薬科大学（薬学部） 総推
- 347 東京薬科大学（生命科学部） 総推
- 348 東京理科大学（理学部〈第一部〉－B方式）
- 349 東京理科大学（創域理工学部－B方式・S方式）
- 350 東京理科大学（工学部－B方式）
- 351 東京理科大学（先進工学部－B方式）
- 352 東京理科大学（薬学部－B方式）
- 353 東京理科大学（経営学部－B方式）
- 354 東京理科大学（C方式、グローバル方式、理学部〈第二部〉－B方式）
- 355 東邦大学（医学部） 医
- 356 東邦大学（薬学部）

2025年版　大学赤本シリーズ

私立大学②

357 東邦大学(理・看護・健康科学部)
358 東洋大学(文・経済・経営・法・社会・国際・国際観光学部)
359 東洋大学(情報連携・福祉社会デザイン・健康スポーツ科・理工・総合情報・生命科・食環境科学部)
360 東洋大学(英語〈3日程×3カ年〉)
361 東洋大学(国語〈3日程×3カ年〉)
362 東洋大学(日本史・世界史〈2日程×3カ年〉)
363 東洋英和女学院大学
364 常磐大学・短期大学 [総推]
365 獨協大学
366 獨協医科大学(医学部) [医]

な行(関東の大学)

367 二松学舎大学
368 日本大学(法学部)
369 日本大学(経済学部)
370 日本大学(商学部)
371 日本大学(文理学部〈文系〉)
372 日本大学(文理学部〈理系〉)
373 日本大学(芸術学部〈専門試験併用型〉)
374 日本大学(国際関係学部)
375 日本大学(危機管理・スポーツ科学部)
376 日本大学(理工学部)
377 日本大学(生産工・工学部)
378 日本大学(生物資源科学部)
379 日本大学(医学部) [医]
380 日本大学(歯・松戸歯学部)
381 日本大学(薬学部)
382 日本大学(N全学統一方式−医・芸術〈専門試験併用型〉学部を除く)
383 日本医科大学 [医]
384 日本工業大学
385 日本歯科大学
386 日本社会事業大学 [総推]
387 日本獣医生命科学大学
388 日本女子大学
389 日本体育大学

は行(関東の大学)

390 白鷗大学(学業特待選抜・一般選抜)
391 フェリス女学院大学
392 文教大学
393 法政大学(法〈I日程〉・文〈II日程〉・経営〈II日程〉学部−A方式)
394 法政大学(法〈II日程〉・国際文化・キャリアデザイン学部−A方式)
395 法政大学(文〈I日程〉・経営〈I日程〉・人間環境・グローバル教養学部−A方式)
396 法政大学(経済〈I日程〉・社会〈I日程〉・現代福祉学部−A方式)
397 法政大学(経済〈II日程〉・社会〈II日程〉・スポーツ健康学部−A方式)
398 法政大学(情報科・デザイン工・理工・生命科学部−A方式)
399 法政大学(T日程〈統一日程〉・英語外部試験利用入試)
400 星薬科大学 [総推]

ま行(関東の大学)

401 武蔵大学
402 武蔵野大学
403 武蔵野美術大学
404 明海大学
405 明治大学(法学部−学部別入試)
406 明治大学(政治経済学部−学部別入試)
407 明治大学(商学部−学部別入試)
408 明治大学(経営学部−学部別入試)
409 明治大学(文学部−学部別入試)
410 明治大学(国際日本学部−学部別入試)
411 明治大学(情報コミュニケーション学部−学部別入試)
412 明治大学(理工学部−学部別入試)
413 明治大学(総合数理学部−学部別入試)
414 明治大学(農学部−学部別入試)
415 明治大学(全学部統一入試)
416 明治学院大学(A日程)
417 明治学院大学(全学部日程)
418 明治薬科大学 [総推]
419 明星大学
420 目白大学・短期大学部

ら・わ行(関東の大学)

421 立教大学(文系学部−一般入試〈大学独自の英語を課さない日程〉)
422 立教大学(国語〈3日程×3カ年〉)
423 立教大学(日本史・世界史〈2日程×3カ年〉)
424 立教大学(文学部−一般入試〈大学独自の英語を課す日程〉)
425 立教大学(理学部−一般入試)
426 立正大学
427 早稲田大学(法学部)
428 早稲田大学(政治経済学部)
429 早稲田大学(商学部)
430 早稲田大学(社会科学部)
431 早稲田大学(文学部)
432 早稲田大学(文化構想学部)
433 早稲田大学(教育学部〈文科系〉)
434 早稲田大学(教育学部〈理科系〉)
435 早稲田大学(人間科・スポーツ科学部)
436 早稲田大学(国際教養学部)
437 早稲田大学(基幹理工・創造理工・先進理工学部)
438 和洋女子大学 [総推]

中部の大学(50音順)

439 愛知大学
440 愛知医科大学(医学部) [医]
441 愛知学院大学・短期大学部
442 愛知工業大学 [総推]
443 愛知淑徳大学
444 朝日大学 [総推]
445 金沢医科大学(医学部) [医]
446 金沢工業大学
447 岐阜聖徳学園大学 [総推]
448 金城学院大学
449 至学館大学 [総推]
450 静岡理工科大学
451 椙山女学園大学
452 大同大学
453 中京大学
454 中部大学
455 名古屋外国語大学 [総推]
456 名古屋学院大学 [総推]
457 名古屋学芸大学 [総推]
458 名古屋女子大学 [総推]
459 南山大学(外国語〈英米〉・法・総合政策・国際教養学部)
460 南山大学(人文・外国語〈英米を除く〉・経済・経営・理工学部)
461 新潟国際情報大学
462 日本福祉大学
463 福井工業大学
464 藤田医科大学(医学部) [医]
465 藤田医科大学(医療科・保健衛生学部)
466 名城大学(法・経営・経済・外国語・人間・都市情報学部)
467 名城大学(情報工・理工・農・薬学部)
468 山梨学院大学

近畿の大学(50音順)

469 追手門学院大学 [総推]
470 大阪医科薬科大学(医学部) [医]
471 大阪医科薬科大学(薬学部) [総推]
472 大阪学院大学 [総推]
473 大阪経済大学 [総推]
474 大阪経済法科大学 [総推]
475 大阪工業大学 [総推]
476 大阪国際大学・短期大学部 [総推]
477 大阪産業大学 [総推]
478 大阪歯科大学(歯学部)
479 大阪商業大学 [総推]
480 大阪成蹊大学・短期大学 [総推]
481 大谷大学 [総推]
482 大手前大学・短期大学 [総推]
483 関西大学(文系)
484 関西大学(理系)
485 関西大学(英語〈3日程×3カ年〉)
486 関西大学(国語〈3日程×3カ年〉)
487 関西大学(日本史・世界史・文系数学〈3日程×3カ年〉)
488 関西医科大学(医学部) [医]
489 関西医療大学 [総推]
490 関西外国語大学・短期大学部 [総推]
491 関西学院大学(文・法・商・人間福祉・総合政策学部−学部個別日程)
492 関西学院大学(神・社会・経済・国際・教育学部−学部個別日程)
493 関西学院大学(全学部日程〈文系型〉)
494 関西学院大学(全学部日程〈理系型〉)
495 関西学院大学(共通テスト併用日程〈数学〉・英数日程)
496 関西学院大学(英語〈3日程×3カ年〉) [新]
497 関西学院大学(国語〈3日程×3カ年〉) [新]
498 関西学院大学(日本史・世界史・文系数学〈3日程×3カ年〉) [新]
499 畿央大学 [総推]
500 京都外国語大学・短期大学 [総推]
502 京都産業大学(公募推薦入試) [総推]
503 京都産業大学(一般選抜入試〈前期日程〉)
504 京都女子大学 [総推]
505 京都先端科学大学 [総推]
506 京都橘大学 [総推]
507 京都ノートルダム女子大学 [総推]
508 京都薬科大学 [総推]
509 近畿大学・短期大学部(医学部を除く−推薦入試) [総推]
510 近畿大学・短期大学部(医学部を除く−一般入試前期)
511 近畿大学(英語〈医学部を除く3日程×3カ年〉)
512 近畿大学(理系数学〈医学部を除く3日程×3カ年〉)
513 近畿大学(国語〈医学部を除く3日程×3カ年〉)
514 近畿大学(医学部−推薦入試・一般入試前期) [医][総推]
515 近畿大学・短期大学部(一般入試後期) [医]
516 皇學館大学 [総推]
517 甲南大学 [総推]
518 甲南女子大学(学校推薦型選抜) [新][総推]
519 神戸学院大学 [総推]
520 神戸国際大学 [総推]
521 神戸女学院大学 [総推]
522 神戸女子大学・短期大学 [総推]
523 神戸薬科大学 [総推]
524 四天王寺大学・短期大学部 [総推]
525 摂南大学(公募制推薦入試) [総推]
526 摂南大学(一般選抜前期日程)
527 帝塚山学院大学 [総推]
528 同志社大学(法、グローバル・コミュニケーション学部−学部個別日程)

2025年版　大学赤本シリーズ　No. 455
名古屋外国語大学

2024年7月20日　第1刷発行
ISBN978-4-325-26514-6
定価は裏表紙に表示しています

編　集　教学社編集部
発行者　上原 寿明
発行所　教学社
〒606-0031
京都市左京区岩倉南桑原町56
電話　075-721-6500
振替　01020-1-15695
印　刷　太洋社